De hedendaagse architectuur bestaat misschien wel in het Brussel van 1995, maar durft zich nauwelijks te profileren. Al te vaak blijft zij beperkt tot besloten realisaties - soms zelfs verborgen achter oude muren - en mag zij zich gelukkig prijzen er überhaupt te zijn ! Zijn wij dan in deze stad alle vermogen tot verwondering verloren ? Laten we de saaiheid bevechten, laten we voorkomen dat clichés en banaliteit ons stadslandschap voor tientallen jaren in hun greep krijgen. Bouwen is méér dan een louter technische daad, het is een kunst. En deze kunst kan alleen bloeien dankzij enthousiaste bouwheren, politici en ambtenaren die weten waarover ze praten en die een open kijk op de stad hebben, en journalisten die de krant weten te verrijken met doordachte en relevante artikels die getuigen van inlevingsvermogen. Dit boek richt zich tot iedereen en wil een optimistische boodschap uitdragen voor Brussel. Architectuur is een daad van creativiteit, die de meest uiteenlopende vormen kan aannemen en op ontelbare manieren uiting kan geven aan eenieders aspiraties. Ze is één van de kostbaarste uitdrukkingsvormen van de vrijheid en mag als dusdanig niet teloorgaan. De realisaties die u hier te zien krijgt, zijn stuk voor stuk symbolen van emotie, licht, kracht, vernieuwing en welzijn. De fotografen laten ze in onovertroffen beelden tot hun recht komen. In dit boek wilden wij architecten aan bod laten komen die hun vak uitoefenen met grote nauwgezetheid, gevoeligheid en passie. Hun werk is een symbiose tussen de inspanningen van opdrachtgevers, architecten, studiebureaus en aannemers. Ook andere kunstenaars verdienen er een plaatsje in : hun creaties zijn niet zomaar fragmenten op een basis van architectuur, maar elementen die er een heuse osmose mee aangaan. Onze dank gaat uit naar zij die de aanzet tot dit project hebben gegeven, aan de auteurs die ons via hun teksten een boodschap van hoop aanreiken, aan de architecten, aan de technische medewerkers en al diegenen die ons hebben bijgestaan en moreel hebben gesteund.

Joël Claisse,
Architect

Liliane Knopes,
Prisme Uitgeverij

Opgetekend door Pierre Loze

In Brussels in 1995, contemporary architecture does exist, but it hardly dares to show its face. All too often, it can labour only in secret, sometimes even lurking behind old walls, happy in the knowledge that it has survived and exists. Have we in this city lost all sense of wonderment ? Let us not allow spleen to prevail, and may stereotypes and banality not encumber our urban landscape for decades to come. Much more than a mere technical act, building is art, and in order to exist this art needs enthusiastic clients, well-informed and open-minded political authorities and civil servants, and journalists who, in the daily press, know how to talk about it to the public with discernment, pertinence and sensitivity. This book is intended for all and proclaims an optimistic message for Brussels. Architecture is an act of creation which can assume the most diverse forms, and it can express in a thousand ways the diversity of each individual's aspirations. It is one of our most precious expressions of freedom. Let us not allow this light to be extinguished. The creations presented here for your benefit are imbued with emotion, light, strength, as well as with a sense of renewal and well-being and they have been marvellously captured for the printed page by photographers. We have thus collated in this book the work of architects who do their job conscientiously with sensitivity and passion. They reflect a symbiosis between the client, the architect, the technical offices and the contractors who made all this possible. The book also features the work of other artists. Their contributions are not fragments added to the architecture as an afterthought. Rather, they are in osmosis with the work of the architects. We wish to express our gratitude to those who gave initial impetus to this project, to the authors of the texts who through their writings have given expression to their hopes, to the architects, to the technical team and to all those who have provided us with advice and moral support.

Joël Claisse,
Architect

Liliane Knopes,
Prisme Editions

Comments recorded by Pierre Loze

BRUXELLES
ARCHITECTURES 1989-1995
VILLE NOUVELLE

HET NIEUWE
ARCHITECTUUR 1989-1995
BRUSSEL

BRUSSELS
ARCHITECTURES 1989-1995
NEW CITY

Cet ouvrage a pu voir le jour grâce au soutien de
Dit boek kwam tot stand met de steun van
This book was produced with the support of

REGION DE BRUXELLES-CAPITALE
BRUSSELS HOOFDSTEDELIJK GEWEST.

COMMISSION COMMUNAUTAIRE FRANCAISE.

AG 1824 SA MEMBRE DU GROUPE FORTIS /
CGER ASSURANCES SA /
GENERALE DE BANQUE /
TRACTEBEL DEVELOPMENT SA.

ART & BUILD / ATELIER D'ART URBAIN / COMPAGNIE
IMMOBILIERE DE BELGIQUE / GLAVERBEL GROUP /
HUDEVAD BELGIUM SA / LOEFF CLAEYS VERBEKE /
ORDRE NATIONAL DES ARCHITECTES / NATIONALE
RAAD VAN ARCHITECTEN / SPRL BUREAU D'ETUDES
R & J MATRICHE / REYNAERS / NV VERVLOET SA /
UNIVERSITE LIBRE DE BRUXELLES.

AMBASSADE D'ANDORRE / CLAIRE BATAILLE & PAUL
IBENS DESIGN NV / BAUMANN SA / BERNARD BAINES /
b GROUP SA / PIERRE BLONDEL / CARRIERES DU HAINAUT SA /
CBR SA / CIT BLATON SA / CODIC SA / COOPARCH-R.U. SCRL /
JEAN COSSE / JACQUES DELENS SA / MAURICE DELENS SA /
DELEUZE, METZGER ET ASSOCIES / MICHEL DE VISSCHER
ET ASSOCIES/ WILLY D'HUYSSER / ENVIRONMENT
ACOUSTICS SA / NV EXPOLINE SA / EGTA SA / ELMA
OBREG / FE SPRL / FRANKE SA / GEBERIT SPRL / GEOCAL SA /
GTI SA / GYPROC / IBENS NV / INGBER ASSOCIÉS BVBA /
INGENIUM NV / KING & CO SA / KORAMIC-TERCA SA /
NV KREDIETBANK SA / KREON NV / VICTOR LEVY / NV
LIEDSSEN SA / LUC MAES / MARCQ ET ROBA /
ONTWERPBURO NERO / NV OTIS SA / POPONCINI &
LOOTENS / SERGE ROOSE / RUTTIENS ET FILS SA /
SAMYN ET ASSOCIES SPRL / SECO SC / SETESCO SA /
SYMBIANCE / TOP MOUTON / TRAVHYDRO SA /
VAN LAERE NV / VAN ROEY NV / WILHELM & CO SA.

Que tous en soient ici remerciés
Aan allen onze oprechte dank
May they all be thanked herewith

P. 9
HERVE HASQUIN,
Ministre de la Région
de Bruxelles - Capitale /
Minister van het Brussels
Hoofdstedelijk Gewest /
Minister of the Brussels
Capital Region

P. 13
JOËL CLAISSE
Architecte / Architect

P. 34
MARC ERRERA
Architecte / Architect

P. 42
PHILIPPE SAMYN
Architecte / Architect

P. 82
PIERRE LOZE
Ecrivain / Schrijver / Writer

P. 113
LUCIEN-JACQUES BAUCHER
Architecte / Architect

P. 122
ANDRE JACQMAIN
Architecte / Architect

P. 152
PAUL-DAVID PERRAUDIN
Architecte / Architect

P. 161
JAN BRUGGEMANS
Architecte / Architect

P. 118
CHRISTIAN KIECKENS
Architecte / Architect

P. 172
PAUL LIEVEVROUW
Architecte / Architect

P. 193
JACQUES ARON
Architecte / Architect

P. 199
MICHEL HUSSON
Designer

P. 223
**COMMENTAIRES
TOELICHTING
COMMENTS**

PRÉFACE

Bruxelles joue désormais le double rôle de centre national et international. La capitale attire à elle le siège de nombre d'institutions tant publiques que privées, d'organismes et de sociétés. Elle doit pouvoir accueillir harmonieusement ses nouveaux résidents et les multiples activités qui s'y développent. Il appartient aux responsables politiques d'encourager son évolution comme pôle de développement, en ayant une vision de son devenir et de son rôle international.

Dans cette perspective, l'architecture contemporaine a un rôle primordial. Bien sûr, le respect du patrimoine du passé est essentiel. Sa richesse et sa place dans la culture et l'identité de la ville, la nécessité de son entretien ou de sa restauration ne font aucun doute. Mais ce que l'on construit aujourd'hui fera aussi, un jour, partie du patrimoine et doit l'être avec soin et invention, animé du souci de la qualité et d'une réelle recherche d'originalité. Non, l'architecture ne s'est pas arrêtée au néoclassicisme des années 1770, à l'éclectisme de 1900, ni même aux créations qui ont précédé la Seconde Guerre Mondiale. Elle n'a pas vraiment trouvé sa voie à Bruxelles, ni mobilisé la population autour de projets ou de réalisations remarquables. Mais avons-nous su déceler les talents quand il le fallait, les encourager et leur faire confiance ?

Malgré les nombreuses occasions qui se sont présentées depuis trente ans, Bruxelles n'a pas accordé la priorité à des bâtiments aussi interpellants que le centre Pompidou, la Pyramide du Louvre ou la Grande Arche. Le constat est accablant pour une ville qui avait et a toujours tant d'atouts pour elle, des institutions internationales à abriter, des symboles européens à honorer, une identité à assumer.

L'architecte français Jean-Michel Wilmotte, venu récemment présenter ses travaux d'architecture et d'aménagement urbain, rappelait avec humour ses débuts comme étudiant en architecture dans deux écoles de la région bruxelloise où on lui conseilla de s'orienter... vers une autre profession. Heureusement, il put poursuivre avec succès ses études dans son pays natal.

L'originalité, la capacité de création ne doivent pas nous faire peur, il ne faut pas que les stéréotypes brisent l'invention. Dans les écoles, dans les administrations, parmi les acteurs immobiliers, dans la presse et parmi les citoyens, il nous faut reprendre confiance dans ce que l'architecture peut apporter à la société et exiger davantage d'elle. Le rôle des architectes et des urbanistes est d'anticiper, de contribuer à ce que les évolutions prennent forme, de donner un visage à notre avenir.

Historien moi-même, attaché au passé et passionné d'histoire de l'art, je perçois toutes les leçons que nous pouvons y puiser, la richesse des enseignements qu'ils contiennent. Mais l'admiration que nous vouons aux témoignages laissés et le respect qu'on leur doit ne doivent pas nous contraindre dans des attitudes passéistes qui font obstacle à la création contemporaine, qu'il convient d'encourager.

Hervé Hasquin,

Ministre de l'Aménagement du Territoire,
des Travaux publics et des Communications de la
Région de Bruxelles-Capitale.

VOORWOORD

Brussel vervult voortaan de dubbele rol van nationaal en internationaal centrum. De hoofdstad vormt de zetel voor tal van instellingen, zowel publieke als private, organismen en maatschappijen. Zij moet in staat kunnen zijn op evenwichtige wijze deze nieuwe bewoners en de hiermee gepaard gaande activiteitenstroom op te vangen. Het is de taak van de politieke gezagsdragers om de rol van Brussel als ontwikkelingspool aan te moedigen door een klare kijk te hebben op haar taak en haar internationale rol.

In dit opzicht speelt de hedendaagse architectuur een voorname rol. Men mag daarbij evenwel het belang van het verleden niet oneerbiedig zijn. Haar rijkdom en haar culturele positie, alsook de identiteit van de stad, de noodzaak deze te onderhouden of te restaureren lijden geen twijfel. Hetgeen vandaag gebouwd wordt, zal later ook deel uitmaken van het erfgoed en zal met veel zorg en creativiteit, alsmede met de nodige kwaliteit en de vereiste originaliteit moeten worden bewerkstelligd. Het is fout te denken dat de architectuur halt hield bij het neoclassicisme van 1770 of bij het eclectisme van 1900 noch bij de bouwwerken van vóór de Tweede Wereldoorlog. Zij heeft niet echt ingang gevonden in Brussel, noch heeft zij de bevolking aangezet tot opmerkelijke projecten of werken. Maar hebben wij eigenlijk wel de talenten op het juiste moment ontdekt of aangemoedigd, ja, hen zelfs vertrouwen geschonken ?

Ondanks de talrijke kansen die zich de jongste dertig jaar voordeden, gaf Brussel geen voorrang aan gebouwen die even indrukwekkend waren als le centre Pompidou, la Pyramide du Louvre of la Grande Arche. De vaststelling is bezwarend voor een stad die alle troeven in handen had en nog steeds heeft, zoals internationale instellingen herbergen, Europese waarden op te houden, een eigen identiteit aan te nemen.

De Franse architect Jean-Michel Wilmotte die onlangs zijn werken over architectuur en stadsordening kwam voorstellen, herinnerde ons op grappige wijze aan de tijd toen hij als student architect school liep in twee instellingen in het Brusselse en waar men hem vroeg... een andere beroepskeuze te maken. Gelukkig kon hij zijn studies met vrucht en in zijn geboorteland verderzetten.

We mogen ons niet terughoudend opstellen tegenover de originaliteit en het scheppingsvermogen; men kan niet toelaten dat stereotypen de schepping tegenhouden. Het is onze taak, zowel in het onderwijs als in de besturen, de vastgoedsector, de pers als bij de bevolking, opnieuw vertrouwen te hebben in wat de architectuur ons te bieden heeft en om nog méér van haar te eisen. De rol van de architecten en de planologen bestaat erin te anticiperen en bij te dragen zodat de evoluties vorm krijgen en hierdoor ook onze toekomst.

Als geschiedkundige, die pleegt vast te houden aan het verleden en een passie heeft voor de kunstgeschiedenis, kan ik hieruit alle lessen trekken alsook de enorme hoeveelheid aan informatie die deze bevatten. De bewondering daarentegen die wij voelen voor deze getuigenissen uit het verleden en het respect die wij hen verschuldigd zijn, mogen geen aanleiding geven tot nostalgische houdingen die een hindernis vormen voor de aan te moedigen hedendaagse schepping.

Hervé Hasquin,

Minister van Ruimtelijke Ordening,
Openbare Werken en Verkeer
van het Brussels Hoofdstedelijk Gewest.

PREFACE

In today's world, Brussels plays a two-fold role as a national and as an international centre. As such, the capital draws to itself the headquarters of many public and private institutions, organizations and business corporations. Consequently, it must be able to welcome its new residents and incorporate the many activities carried out there in a harmonious manner. It behoves the competent political authorities to encourage its evolution as a pole of development, embracing a vision of its international role and destiny.

Contemporary architecture has a paramount role to play in the context of this vision. Of course, respect for the heritage of the past is essential. There can be no doubt as to the richness of this heritage and its place within the culture and the identity of the city, and that it needs to be maintained or restored. However, what we are building today will also one day form part of the city's heritage, and we must build with care and inventiveness, motivated by a concern for quality and a genuine striving after originality. No, architecture did not end with the neoclassicism of the 1770s, with the eclecticism of the turn of the century, or for that matter with the creations that preceded the Second World War. Architecture has not really found its way in Brussels or mobilized its citizens around any significant projects or achievements. But can we say that we have been effective in identifying talented people, encouraging them and then putting our trust in them ?

Despite the many opportunities which have presented themselves over the last thirty years, Brussels has not given priority to buildings as striking as the Pompidou centre, the Louvre Pyramid or the Grande Arche in Paris. The facts stand as a clear testimony to the many opportunities missed by a city which has had and still has so many advantages bestowed upon it as the home of international institutions and as a place endowed with European symbols to honour and an identity to assume.

The French architect Jean-Michel Wilmotte, who recently came to present his work in the field of architecture and urban planning, humorously recalled his debut as a student of architecture in two schools in the Brussels region where he was advised... to look for a career in some other profession. Fortunately, he successfully persevered in his course in his native land.

We must not be afraid of originality and creativity. Stereotypes must not be allowed to destroy inventiveness. In our schools and administrations, among the actors in the real estate sector, in the press and among our citizens, we must once again be confident in what architecture can offer society and indeed demand more from it. The task of the architects and urban planners is to anticipate trends and to help these trends take shape, putting a new countenance on our future.

As a historian with a fond attachment to the past and a passion for art history, I appreciate all the lessons which can be learned from former eras and the rich instructions to be gleaned from the past. However, the admiration we feel for the testimony of the work of the architects of the past and the respect which we owe them must not force us to adopt backward-looking attitudes that impede contemporary creation and which, on the contrary, we must encourage.

Hervé Hasquin,

Minister of Town and Country Planning,
Public Works and Communications in
the Brussels Capital Region

BRUXELLES, L'ARCHITECTURE, LES ESPACES PUBLICS ET LA CITOYENNETE

Par Joël CLAISSE, Architecte

Pour l'architecte qui vit et travaille dans cette ville, l'architecture est bien plus que la préoccupation de construire des bâtiments. Elle englobe plus largement le souci de l'espace urbain où son travail s'inscrira parmi d'autres et prendra sens. Elle envisage ces séquences d'événements visuels et spatiaux qui font la ville. Nous marchons ou roulons dans des rues, d'autres leur succèdent, nous découvrons des squares ou des places, des monuments ou des bâtiments qui sont des repères, les architectures se suivent et s'enchaînent les unes aux autres formant un décor varié. Il y a ces façades bâties au XIXème siècle et au début du XXème siècle qui constituent des enfilades magnifiques auxquelles se mêlent parfois des interventions plus récentes ou même contemporaines, des contrastes, des effets de surprise. Chaque rue a son ambiance particulière, on en préfère certaines à d'autres, on passe plus volontiers par celle-ci ou celle-là, chacun dans cette diversité a ses préférences ou même ses petites aversions.

Cette variété de décors qui n'est jamais lassante, c'est sans doute ce que Bruxelles offre de mieux. On ne se fatigue pas de goûter cette diversité, cette richesse, cette profusion de formes, elles sont ce que nous avons de plus précieux. Bruxelles éclectique et 1900, Bruxelles art déco et moderniste se mêlent étroitement et nous racontent l'histoire de l'architecture des cent dernières années au fil des promenades dans ses quartiers si divers. L'architecte qui bâtit dans cette ville, s'il est consciencieux, ne peut éviter de s'interroger sur la justesse de l'acte qu'il pose en apportant lui aussi sa contribution dans cet espace.

Cette ville a ses moments de grâce où elle enthousiasme et nous révèle son aspect le plus attachant de ville de charme. Elle a ses heures privilégiées, au petit jour, quand le silence fait ressortir l'harmonie de ses rues, ou la nuit quand, sous l'éclairage, elle se montre sous un aspect insolite ou flatteur que le plein jour nous avait laissé ignorer.

Dans ces moments, on voudrait croire que ce décor de rues et de squares a été mis en place pour le seul plaisir de la promenade à pied. Les matinées de printemps y ont une saveur incomparable, quand sous la lumière vive et si blanche chaque bâtiment se montre sous son meilleur aspect, nous invite à lever les yeux pour détailler son architecture et même nous laisse à penser qu'il a été dessiné pour le seul plaisir de la vue.

Mais, si cette ville peut susciter ces moments de bonheur, elle a aussi ses dysfonctionnements, ses négligences qui conduisent à l'indifférence et à la violence : comment se fait-il que, malgré ce potentiel extraordinaire, il y ait une sorte de laisser-aller qui semble par inattention ou incurie lentement mettre en péril ses qualités, alors qu'elles pourraient être au contraire confortées et renforcées ? Pourquoi ne faisons-nous pas tout ce qu'il faut pour que cette ville se sente vraiment bien ? Les étrangers qui s'y installent nombreux, amenés par les institutions internationales, lui trouvent des qualités exceptionnelles malgré ses défauts auxquels ils nous pressent de remédier. Pourquoi les espaces publics ne font-ils pas l'objet d'une attention, d'un soin plus rigoureux ?

Comment avons-nous pu nous laisser à ce point envahir par l'automobile ? Comment avons-nous pu accepter de laisser surgir des ghettos dans cette ville alors que tout ce qui en faisait le charme et la variété venait de sa mixité ? Comment avons-nous pu laisser ces grandes avenues plantées d'arbres se détériorer au profit d'un trafic trop rapide ?

Avec quel manque de respect des rues et des places, et surtout des riverains qui les peuplaient, nos espaces publics ont-ils été aménagés ! D'espaces publics, ils sont devenus lieux de transit, ou de passage. La promenade est devenue le trafic, aussi rapide que possible, le regard a cessé de s'élever vers les façades et n'a plus guetté que les signaux lumineux, et ceux qui ont quitté ces rues trop bruyantes sont venus à leur tour y passer le plus vite possible, pour se rendre vers des résidences plus lointaines.

Bien que l'on ait commencé à renverser la tendance, on mesure encore le chemin à parcourir. Les aménagements urbains sont encore en majorité disparates, faits à l'étourdie, sans soin esthétique, sans concept architectural global, avec des matériaux hybrides et des mises en oeuvre négligées. La signalisation est pléthorique, mal étudiée, inefficace. Dans des lieux centraux de la ville dont les espaces devraient être traités avec la plus grande qualité, on trouve sur quelques mètres carrés des dizaines de panneaux qui se concurrencent, dont l'implantation rend l'entretien des espaces publics, leur nettoyage en particulier, quasi impossible.

Les trottoirs n'ont cessé de se rétrécir, ils doivent redevenir larges et donner aux piétons l'envie de marcher. Les plantations doivent retrouver place dans les rues et contribuer à leur caractère. Elles doivent être bien étudiées, appropriées à la largeur des rues, à l'orientation et l'ensoleillement, aux possibilités d'entretien, il faut des arbres ou arbustes nombreux mais pas trop ombrageants, taillés régulièrement. Les rues doivent redevenir moins larges pour qu'on n'y roule pas à 80 ou à 100. Le rétrécissement des voies de circulation est un moyen beaucoup plus efficace que tout autre pour redonner une allure agréable aux déplacements en voiture. Il impose naturellement une autre vitesse, des précautions de croisement, un ralentissement aux carrefours qui évitent bien des accidents. Il n'est pas nécessaire de rouler vite en voiture à Bruxelles. Cette ville est petite, elle se traverse rapidement, même en y roulant lentement, dans un trafic fluide et sans soubresaut. On pourrait même s'y déplacer principalement à pied ou à vélo, à condition d'y restaurer une sécurité et un confort indispensables à cette évolution. La promenade dans les rues pourrait alors à nouveau faire partie de notre vie quotidienne, être l'occasion de nos moments de réflexion le soir, ou de détente le matin, avec, au retour, pourquoi pas, des lieux conviviaux où s'arrêter, des places, des terrasses de cafés, des lieux de rencontre.

Cet objectif peut sembler lointain, inaccessible, il tient pourtant dans quelques formules simples : vitesse des véhicules modérée partout, priorité aux piétons, aux cyclistes, des transports en commun fiables, silencieux, rapides et confortables, et, pour ceux qui en ont encore besoin, des voitures électriques roulant lentement se déplaçant au rythme de la promenade généralisée.

Dans l'ambiance d'une ville de ce genre, la courtoisie redevient possible, et l'on n'imagine pas un acte architectural irrespectueux du contexte, indifférent à ce qui l'entoure. Les quartiers mono-fonctionnels, réservés notamment aux bureaux ou aux commerces, y sont incongrus et inacceptables. Il ne peut y avoir de telles zones dans une telle ville. Il faut parfois simplement revenir aux questions essentielles : pourquoi vivons nous ensemble ? A quoi bon la ville et pourquoi vivre ensemble si nous ne nous parlons plus ? La ville est un lieu de rencontre et de plaisir de vivre ensemble. C'est un lieu d'échange et de diversité. Si l'on s'y déplace trop vite, trop isolé et enfermé dans des voitures comme dans un cocon, vers des lieux monofonctionnels qui obéissent au même principe de séparation, la ville n'a plus d'intérêt.

C'est la ville de la solitude, du danger, de la violence. Le bruit, la pollution, les accidents, la difficulté de communiquer, les déplacements à pied rendus pénibles par le bruit et la pollution, les parcours à vélo devenus périlleux, les enfants qui ne connaissent plus le plaisir de jouer dehors, d'aller chez les voisins ou de fréquenter l'école de leur quartier sans être accompagnés et véhiculés en sont la conséquence.

Reprenons les albums de notre enfance et feuilletons les, souvenons nous : des rues propres, bien entretenues, des piétons nombreux se croisant dans les rues, des enfants qui ouvrent les yeux sur la vie en même temps qu'ils découvrent leur quartier : Quick et Flupke et bien sûr, l'agent 15. Car bien sûr nous n'y reviendrons pas sans un peu de contrainte pour chacun. Il faudra gendarmer un peu pour que chacun retrouve ces habitudes qui débouchent directement sur des valeurs de convivialité et de respect d'autrui qui feront à nouveau une ville propre, qui invite à la promenade, une ville conviviale où chaque acte architectural est un acte d'utilité et de communication, un geste pour soi et pour autrui. Nous pouvons, je crois, être optimiste sur l'évolution qui nous attend. Les instructeurs automobiles l'ont déjà compris et préparent de petites voitures moins polluantes, moins agressives, plus urbaines. L'automobile est une invention merveilleuse, elle ne disparaîtra pas, mais nous en ferons une utilisation plus appropriée, nous la garderons pour les bonnes occasions, nous l'utiliserons plus intelligemment.

Les premiers signes d'une évolution des espaces publics urbains sont en train de se manifester. Il reste beaucoup de chemin à parcourir, certes, mais les quelques réalisations, quoique partielles et imparfaites montrent déjà des résultats. Aux abords des avenues qui ont été réaménagées et rendues plus agréables, on vit mieux, on prend plus de soin des maisons, des restaurants ou des commerces de qualité s'ouvrent, aménagés avec goût. La qualité de l'espace public appelle l'architecture. Elle est le terreau le plus propice où elle fleurit comme un don que celui qui bâtit fait à ses concitoyens.

Il semblerait que l'on soit en bonne voie. Sans doute est-t-il essentiel que l'on réalise à quel point les architectes à qui l'on a tout reproché ne détiennent pas seuls la clef de cette évolution et combien eux-mêmes l'attendent pour renouer le fil d'une tradition et susciter dans la ville de nouveaux événements visuels qui s'ajouteront aux autres.

Propos recueillis par Pierre Loze.

Door Joël CLAISSE, Architect

BRUSSEL : ARCHITECTUUR, OPENBARE RUIMTE EN BURGERSCHAP

Voor de architect die woont en werkt in deze stad is de architectuur veel meer dan louter het optrekken van gebouwen. Ze omvat immers ook de bekommernis om het stadslandschap waarvan zijn werk deel zal uitmaken en waarin het betekenis zal krijgen. Daarom moet zij rekening houden met de opeenvolging van visuele en ruimtelijke facetten die samen het stadsbeeld vormen. Wij lopen of rijden door straten, slaan een zijstraat in, ontdekken plantsoenen en pleinen, richten onze stappen naar monumenten of gebouwen, zien hoe uiteenlopende architectuurstijlen elkaar opvolgen en samen een afwisselend decor construeren. Panden uit de 19de of het begin van de 20ste eeuw vormen schitterende gevelrijen die hier en daar plaats maken voor een meer recente of zelfs hedendaagse constructie, met een vaak fascinerend contrastspel en verrassende effecten. Elke straat ademt een eigen sfeer uit, en iedereen heeft wel een eigen voorkeur, gaat liever via die straat of dat steegje. Elk van ons vindt in deze verscheidenheid wel iets naar eigen smaak of iets dat hem veeleer een blokje om doet lopen.

Een enorm gevarieerd straatbeeld dat nooit gaat vervelen, het is onmiskenbaar één van de grootste troeven van Brussel. We blijven geboeid door deze verscheidenheid, deze rijke architectuur, deze overvloed aan vormen. Ze zijn onze meest kostbare schat. Het eclectische Brussel, het Brussel van 1900, het art deco Brussel, het modernistische Brussel, ze zijn innig met elkaar vergroeid en schetsen ons – tijdens een wandeling door de talloze stadsbuurten met hun eigen gezicht – een beeld van de architectuur van de laatste honderd jaar. De plichtmatige architect die in deze stad mag bouwen, kàn niet anders dan zich afvragen of hij met zijn ontwerp op de juiste wijze bijdraagt tot deze unieke configuratie.

Deze stad heeft momenten van weergaloze charme, waarbij zij ons verrukt en ons inneemt met haar meest betoverende aanblik. Ze weet ons voor zich te winnen, 's ochtends bij het krieken van de dag, als de stilte de harmonie van haar straten nog beter doet uitkomen, of 's nachts, als ze zich baadt in het straatlicht en zich aan ons blootgeeft zoals we haar overdag nooit hebben gezien, vreemd en verleidelijk. Het is op zo'n ogenblikken dat we de indruk krijgen dat dit decor van straten en plantsoenen alleen maar werd aangelegd voor het visuele genoegen van de wandelaar. Neem nu die lenteochtenden met hun onovertroffen sfeer, als onder het felle, haast witte licht elk gebouw zich van zijn beste kant laat zien, als wij als vanzelf de ogen opslaan om de architectuur ervan te proeven, als wij bijna gaan vermoeden dat dit hele gebouw daar uitsluitend werd neergezet om onze zintuigen te strelen.

Maar deze stad kent niet alleen haar gelukkige momenten. Ze heeft immers ook te kampen met ondoordachte ingrepen en nalatigheid, die op hun beurt aan de basis liggen van onverschilligheid en geweld. Hoe is het mogelijk dat deze stad, ondanks de uitzonderlijke mogelijkheden die zij in zich draagt, zozeer heeft te lijden onder achteloosheid, onoplettendheid en onachtzaamheid dat haar vele kwaliteiten in het gedrang komen, terwijl zij net zouden moeten worden gevrijwaard en versterkt ? Waarom doen wij niet al het mogelijke opdat deze stad tenvolle zichzelf kan zijn ? De vele buitenlanders die er neerstrijken, aangetrokken door de internationale instellingen, vinden dat zij uitzonderlijke troeven te bieden heeft en vragen ons met aandrang om de onvolkomenheden weg te werken. Waarom krijgt de openbare ruimte niet meer aandacht, wordt zij niet beter verzorgd ? Waarom hebben wij de stad zozeer te grabbel gegooid voor de auto ? Waarom hebben wij lijdzaam toegekeken hoe in deze stad getto's zijn ontstaan, terwijl precies haar gemengde karakter haar charme en haar verscheidenheid uitmaakte ? Waarom hebben wij die prachtige lanen met hun vele bomen laten verkommeren te midden van een waanzinnige verkeersdrukte ?

De openbare ruimte in onze stad is aangelegd met een totaal gebrek aan respect voor de straten en de pleinen, en vooral voor de mensen die er woonden. Wat eerst een openbare ruimte was, is nu een doorgangsruimte, alleen nog goed voor even langskomen en weer weg. De wandeling heeft plaats gemaakt voor de – zo snel mogelijke – autorit, de blik blijft niet meer rusten op de gevels maar op de verkeerslichten. Zij die deze al te lawaaierige straten hebben verlaten om in een rustige randgemeente te gaan wonen, komen nu op hun beurt nog slechts even langs in de stad en willen zo vlug mogelijk weer weg.

Hoewel de eerste aanzet tot een trendommekeer is gegeven, blijft er nog een lange weg te gaan. Stadsvernieuwing jawel, maar nog grotendeels onsamenhangend, onbezonnen, zonder esthetische bekommernis, zonder globaal architecturaal concept, met hybride materialen en een achteloze uitvoering. Er is een wildgroei van ondoordachte en ondoeltreffende signalisatie. Op centrale plaatsen in de stad, waar de openbare ruimte met de grootst mogelijke zorg zou moeten worden omringd, vindt men op een paar vierkante meter tientallen borden die elkaar verdringen en die het onderhoud en met name het schoonhouden van de openbare ruimte nagenoeg onmogelijk maken.

De trottoirs die in het verleden alsmaar smaller werden, moeten weer verbreed worden en de voetgangers opnieuw zin in een wandeling geven. De aanplantingen moeten opnieuw een plaats in het straatbeeld krijgen en bijdragen tot de eigenheid ervan. Ze moeten doordacht zijn, afgestemd op de breedte van de straat, op de oriëntatie en de bezonning, op de onderhoudsmogelijkheden. Er is behoefte aan bomen en struiken die niet teveel schaduw werpen en regelmatig gesnoeid worden. De straten zelf moeten minder breed worden : 80 of 100 km per uur is veel te snel. Het versmallen van de verkeerswegen is de efficiëntste manier om verplaatsingen met de wagen opnieuw aangenaam te maken. Het is een maatregel die het aantal ongevallen sterk zal doen afnemen, omdat hij als vanzelfsprekend aanzet tot een matige snelheid, voorzichtigheid bij het kruisen, vertragen bij een kruispunt. Het is niet nodig om snel te rijden in Brussel. Deze stad is klein en laat zich in een handomdraai doorkruisen, ook als men traag rijdt. Omdat het verkeer dan een stuk vlotter verloopt, zonder horten en stoten. Het is zelfs niet uitgesloten dat het merendeel van de verplaatsingen hier te voet of per fiets gebeurt, op voorwaarde dat wordt gezorgd voor de veiligheid en het comfort die deze trend kunnen ondersteunen. Een wandeling door de

straten zou dan opnieuw deel kunnen uitmaken van ons dagelijkse leven, als een gelegenheid tot nadenken 's avonds, tot ontspanning 's morgens. En, waarom niet, op de terugweg zouden we halt kunnen houden voor een gemoedelijk gesprek onder een boom, op een terrasje, in een ontmoetingscentrum.

Hoewel dit een ver en onrealiseerbaar toekomstbeeld kan lijken, zijn er slechts enkele eenvoudige formules voor nodig : snelheid voor voertuigen met gematigde snelheid; voorrang voor voetgangers en fietsers; een betrouwbaar, snel en comfortabel openbaar vervoer dat geen geluidsoverlast veroorzaakt; en voor wie per se met de wagen wil rijden : elektrische, traagrijdende auto's die zich verplaatsen met de snelheid van de voetgangers die het straatbeeld overheersen.

In een stad die een dergelijke sfeer uitademt, is er opnieuw plaats voor hoffelijkheid, en is er niet langer plaats voor een architectuur die geen rekening houdt met de context en zich onverschillig opstelt tegenover de omgeving. Monofunctionele wijken die voorbehouden zijn voor kantoren of winkels zijn in zo'n stad ongepast en onaanvaardbaar en moeten kost wat kost worden geweerd.

Soms moet men gewoon terug naar de fundamentele vragen. Waarom leven wij samen ? Waartoe dienen de stad en ons samenleven als wij niet langer met elkaar praten ? De stad moet een ontmoetingsruimte zijn, waar het aangenaam is om samen te leven. Een oord van uitwisseling en diversiteit. Niet langer een stad zonder hart, waarin men zich veel te snel en veel te geïsoleerd verplaatst in wagens als cocons, naar monofunctionele wijken waar hetzelfde scheidingsprincipe geldt. Want dat is een stad van eenzaamheid, gevaar en geweld. Resultaat : geluidsoverlast, vervuiling, ongevallen, een moeizame communicatie, voetgangers die verstikken in lawaai en vervuiling, gevaarlijke fietstochten, kinderen die niet langer het genoegen hebben om buiten te kunnen spelen, kinderen die nog alleen onder begeleiding of met de wagen naar de buren of de buurtschool worden gebracht...

Als we even bladeren door het album van onze kindertijd, lijkt het allemaal zo lang geleden. Propere, goed onderhouden straten, voetgangers alom, kinderen die tegelijk met hun buurt ook het leven ontdekken : Quick en Flupke en uiteraard agent 15. Natuurlijk zal elk van ons een inspanning moeten doen om het zover te laten komen. Natuurlijk zal er een oogje in het zeil moeten worden gehouden opdat iedereen opnieuw aanknoopt met de gewoonten van toen, die ongetwijfeld zullen leiden tot een meer mensvriendelijke stad en meer respect voor de anderen. Maar zal dat alles niet méér dan de moeite waard zijn als we opnieuw kunnen wonen in een propere stad die uitnodigt tot wandelen, een stad op mensenmaat waarin elke architecturale daad getuigt van betekenis en communicatie, zich profileert als een gebaar naar zichzelf én de anderen toe.

Volgens mij mogen we de toekomst optimistisch tegemoet zien. De autoconstructeurs spelen in op de evolutie en werken volop aan kleine, minder vervuilende, minder agressieve, meer stadsgerichte wagens. De auto is een schitterende uitvinding en zal nooit uit het straatbeeld verdwijnen, maar we moeten er op een doordachtere wijze gebruik van maken, hem houden voor de goeie gelegenheid, hem intelligenter integreren in ons bestaan.

Stilaan zien we de eerste tekenen van een evoluerende openbare ruimte in de stad. Er valt nog een lange weg te gaan, maar de eerste resultaten zijn er, zij het in de vorm van gedeeltelijke realisaties waarop nog één en ander aan te merken valt. Rond heraangelegde en fraaier ogende lanen is het beter wonen. Men besteedt meer aandacht aan de huizen, smaakvol ingerichte kwaliteitsrestaurants en -winkels openen hun deuren. De kwaliteit van de openbare ruimte berust op de kwaliteit van de architectuur. Zij is de vruchtbare grond waaruit het gebouw oprijst als een gift van de bouwer aan zijn medeburgers.

Het lijkt erop dat we op de goede weg zijn. Belangrijk is wel dat men moet beseffen dat de architecten – naar wie in het verleden alle schuld toegeschoven werd – deze evolutie niet alléén kunnen schragen, hoezeer zij er ook naar uitkijken om opnieuw aan te knopen bij de traditie en het stadslandschap te verrijken met nieuwe visuele creaties die het bestaande straatbeeld aanvullen.

Opgetekend door Pierre Loze.

BRUSSELS, ARCHITECTURE, PUBLIC SPACE AND CITIZENSHIP

By Joël CLAISSE, Architect

For an architect living and working in this city, architecture is much more than simply designing buildings. It embraces a much wider field and encompasses the architect's concern for the urban space in which his work will eventually take shape and take on meaning alongside the fruit of other people's labours. It is germane to the very sequences of visual and spatial events which ultimately make the city what it is. As we walk or drive through street after street, we discover squares and terraces, monuments and buildings which serve as landmarks, and a multifarious decor of ever changing and evolving forms of architecture. One sees magnificent rows of house fronts built in the 19th Century and at the start of the 20th Century blending with more recent or even contemporary constructions, producing sharp contrasts and here and there even a few real surprises. Each street has its own ambience, and we tend to be drawn to certain streets in preference to others. While recognizing the value of diversity, we all have our preferences and of course our pet hates.

This variety of decor which never becomes tiresome is no doubt Brussels' most compelling feature. We never grow weary of enjoying this diversity, and this wealth, this profusion of form is our most precious city heritage. Brussels eclectic, Brussels 1900, Brussels art déco and Brussels the modernist are fused into one and stand as a living witness to the history of architecture over the last hundred years to people passing through these so diverse districts. Against this background, any conscientious architect building in Brussels cannot help but wonder whether he is doing the right thing in making in his turn his contribution to this living city.

Brussels has its moments of true grace when it burgeons out and reveals its most charming side. It also has its magical moments, especially in early morning when the dawn silence brings out the harmony of its streets, or at night when the city is lit up disclosing and highlighting an unusual and particularly winsome feature which the daylight had blinded us to. In such moments, we take delight in the fanciful notion that this decor of streets and squares was made with the sole aim of enhancing the pleasure of strolling. Spring mornings have an incomparable savour in this city, when each building puts on its best attire in the brilliant white light, inviting us to lift up our eyes to admire every detail of its architecture and convincing us that it was designed for the pleasure of our eyes only.

However, in this city which can engender such moments of bliss, there are also moments when the beauty is torn asunder, and when negligence leads to indifference and even to violence. How is it that, despite this extraordinary potential, a sort of devil-may-care attitude infiltrates the spirit of things, slowly dulling the senses or engendering apathy to the detriment of these qualities which on the contrary might be consolidated and reinforced ? Why don't we do everything we can to make this city what it could and should be ? The many foreigners who come to settle in the city, sent by international institutions, do not deny its exceptional qualities but plead with us to remedy its defects. Why is more attention and more painstaking care not given to our public spaces? How have we allowed the car to strangle the city to the point it has? How have we allowed ghettoes to spring up in this city knowing that all its charm and variety are due to its function as a cultural melting-pot?

How could we allow those splendid broad tree-lined avenues to deteriorate just to benefit road traffic which, in any case, is far too fast? The way in which we have redesigned, for better or for worse, our public spaces show a total lack of respect for our streets and squares, and more especially for the people who live there! What were once public spaces have become transit areas or mere passageways. The stroller has become a motorist, who drives as fast as possible and never raises his eyes to the facades but only fixes his gaze on the traffic lights. Meanwhile, the people who deserted the now noisy streets have in turn become mere passers-by who rush past in the helter-skelter of traffic to reach their new home much further away.

We have in fact begun to reverse the trend, but there is still a long way to go. City planning is for the most part haphazard and disparate, with no concern for aesthetic appeal and no overall architectural concept, using hybrid materials and slap-dash practices. Road signs are badly designed, inefficient and, moreover, overabundant. In certain parts of the centre of the city where the available space should be given treatment of the highest quality, what we find are several square metres packed with dozens of conflicting signposts which are put up in such a way that they make it well nigh impossible to maintain and, more particularly, to clean the street.

The pavements which have constantly been reduced in size must be made wide once again to make them inviting for pedestrians to walk on. In addition, trees and shrubs must be planted to enhance the character of the streets. These must be carefully planned and in keeping with the width of the street, the orientation of the street, the amount of sunlight and the possibilities for cleaning and maintenance. While the streets need lots of trees and shrubs, they must not be too shady and must be cut and pruned regularly. The streets must be made narrower again to prevent motorists from driving at 80 or 100 kilometres an hour. Narrowing the roads is by far the most efficient way to make travelling by car more pleasant by obliging motorists to change their speed, to take more care when cars are coming in the opposite direction, and to avoid many accidents by slowing down at crossroads. There is in fact no need to drive fast in Brussels. After all, it is a small city and it does not take long to cross from one side to another, even when you drive slowly, if the traffic is flowing steadily with no holdups. It is a city where you can even travel mainly by bicycle or on foot, provided the necessary safety and comfort are assured. If this became a reality, going for a stroll could once again become part of our daily routine and provide opportunities for moments of quiet reflection in the evening or anti-stress relaxation in the morning and even, why not, some convivial places along the way to stop, perhaps on the square, on a pavement cafe or at some other public meeting-place.

This prospect may seem rather remote and inaccessible, but it only takes a few changes to make it a reality : moderated speed everywhere, right of way for pedestrians and cyclists, reliable, quiet, fast and comfortable public transport and, for those who still need them, electric cars moving at a slow speed in rhythm with the relaxed strolling pace of life. In a city where this atmosphere reigns, the social graces once again become possible, and it is unlikely in such circumstances that any act of architectural irreverence would be perpetrated in a way which demonstrates indifference to the surrounding environment. The idea of mono-functional districts reserved, for example, for offices or trading premises, is incongruous and inadmissible. There can be no such exclusive zones in a city of this kind.

It is sometimes essential to come back to basics : Why do we live together? What is the purpose of a city anyway and why do we carry on living together if we don't communicate any more? After all, the city is a meeting-place, a place to enjoy the pleasure of communal life. It is also a place for exchanges of ideas and diversity. Insofar as we move around too fast and are totally isolated and enclosed in cars as in a cocoon, heading for mono-functional places which conform to the same principle of partitioning, the city has effectively lost its raison d'être. It becomes the city of solitude, danger and violence. Ultimately, this atmosphere breeds noise, pollution, accidents and communication breakdown, and creates a city where it becomes dangerous to go by bicycle and where children can no longer experience the pleasure of playing outside, going to the neighbour's or going to their local school without being escorted either on foot or by car.

If we take out the photograph album of our childhood and leaf through the well-worn pages, we can see how things used to be : clean and well-maintained streets, lots of people strolling in the streets, children whose eyes open up to life around them and at the same time to their local neighbourhood, Tintin and Snowy and, of course Superman. Certainly, a trip back in time inevitably brings with it some constraints for everyone. A degree of coercion is required if everyone is to get back into those habits which in fact engender the values of conviviality and respect for other people, values which will renew the face of the city to make it an inviting place to stroll, a convivial city where each architectural contribution is designed for utility and communication, an act undertaken to benefit oneself and others.

I believe we can look forward to the future with optimism. Car manufacturers have seen the way things are going and are designing smaller cars which cause less pollution and which are less aggressive and more city-friendly. The car is a marvellous invention, and it will not disappear, but we must learn to use it more civilly. It is something which in future we will use for special occasions, and we will use it more intelligently.

We are beginning to see the first tentative signs of a new approach to urban public spaces. We still have a long way to go, of course, but the albeit piecemeal and far from perfect achievements which have been accomplished to date are already bearing fruit. Life is now better than it was along the avenues which have been redesigned and made more people- friendly. More care is now being taken of houses, whilst high-quality and more tastefully designed restaurants and shops are opening up here and there. The quality of public spaces is the essence of architecture. It is, furthermore, a highly fertile soil on which the city grows and flourishes like a spreading tree planted by the architect for the people who live there.

We seem to be going the right way. However, it is important to realize fully that architects, who have been blamed for everything, are not alone in controlling the trends and to understand how much they too fervently hope to be able to restore the architectural heritage to its former status and to be the initiators of new visual events adding to those which already grace our city.

Interview by Pierre Loze.

Espaces publics et signes dans la ville /
Publiekenruimten en tekens in de stad /
Public spaces and signs in the city

p. 22 ▷ p. 32

FLORENCE FRESON

Les Monolithes d'Uccle

Monolieten van Ukkle

Uccle's Monoliths

Rond-Point de la rue de Stalle
Prolongée
1180 Uccle

1993

FLORENCE FRESON
Artiste Sculpteur/Beeldhouwer/Sculptress

REGION BRUXELLES-CAPITALE
Maître d'Ouvrage/Opdrachtgever/Client

COMMISSION ARTISTIQUE DES INFRASTRUCTURES DES DEPLACEMENTS
Commission Consultative/Commissie Consultatie/Consulting Commission

AED-BRUXELLES-CAPITALE, BUREAU D'ETUDES GREISCH (Fondations)
Ingénieurs Stabilité/ Ingenieurs Stabiliteit/Structural Engineers

LES NUTONS sa
Entreprise Générale/Algemene Aannemer/General Contractor

SERGE BRISON, PHILIPPE DE GOBERT
Photographes/Fotografen/Photographers

VICTOR LEVY

Tower 66

Chaussée de Waterloo 1361
1180 Uccle

1992

VICTOR LEVY
Architecte / Architect
C. Legrain
Collaboratrice / Medewerkerster /
Collaborator

DRIVE SERVICE
Maître d'Ouvrage / Opdrachtgever / Client

RIGOLE 3B
Entreprise Générale / Algemene Aannemer /
General Contractor

MARTIN WYBAUW
Photographe / Fotograaf / Photographer

ARCHITECTURE ET CONSTRUCTION ENTRE REVE ET REALITE (A2RC)

Aménagement urbain

Stadsvernieuwing

Town facilities

Place de Jamblinne de Meux
1040 Schaerbeek

1994

A2RC sa
Architecte / Architect
BRIGITTE D'HELFT, MICHEL VERLIEFDEN
Associés / Vennoten / Partners
S. MERSCH
Collaboratrice / Medewerkerster / Collaborator

MIQUEL NAVARRO
Artiste Sculpteur / Beeldhouwer / Sculptor

MINISTERE DES COMMUNICATIONS ET DE L'INFRASTRUCTURE DIRECTION TRAVAUX A FINANCEMENT FEDERAL
Maître d'Ouvrage / Opdrachtgever / Client

ARBEL sa
Entreprise Générale / Algemene Aannemer / General Contractor

SERGE BRISON
Photographe / Fotograaf / Photographer

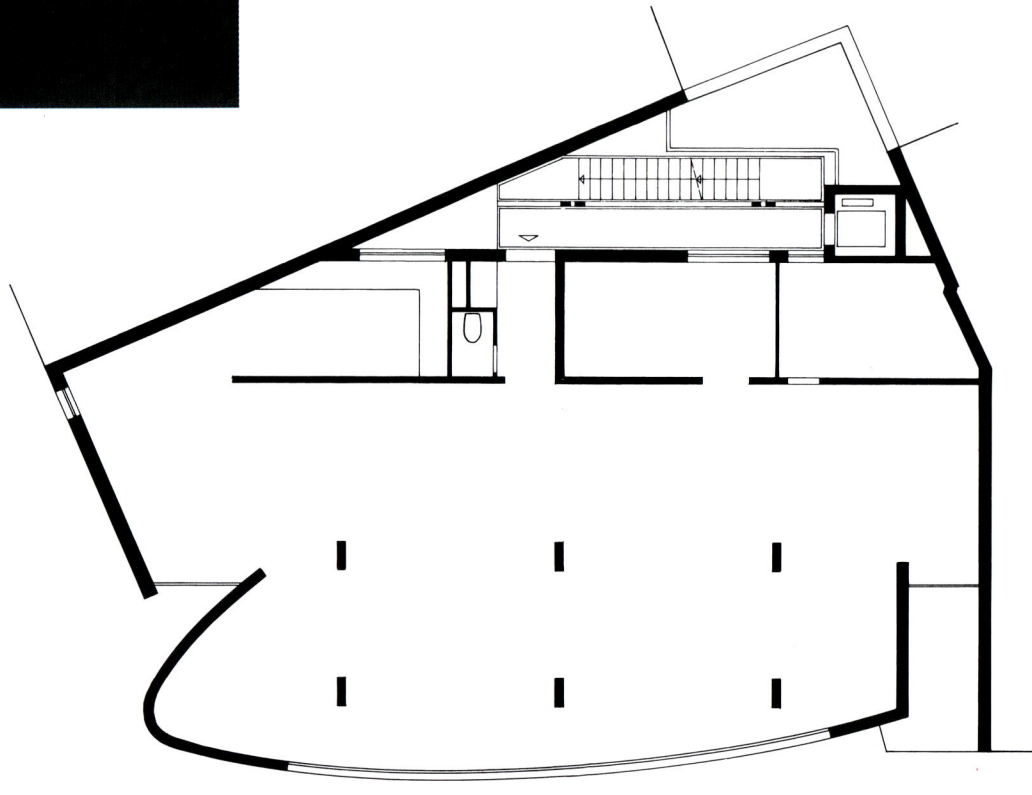

APPARTEMENT A

MAURO POPONCINI
PATRICK LOOTENS

Commerces et appartements "Porte des Flandres"

Winkels en appartementen "Vlaanderenpoort"

Commercial premises and apartments "Porte des Flandres"

Chaussée de Gand 1
1080 Molenbeek

1994

POPONCINI & LOOTENS
IR ARCHITECTEN bvba
Architecte / Architect

sa RENO INVEST nv
(SDRB et VAN ROEY nv)
Maître d'Ouvrage / Opdrachtgever / Client

sa SOLID nv
Ingénieurs Stabilité / Ingenieurs Stabiliteit / Structural Engineers

SECO
Contrôle Technique / Technische Control / Technical Control

VAN ROEY nv
Entreprise Générale / Algemene Aannemer / General Contractor

POPONCINI & LOOTENS
Photographes / Fotografen / Photographers

BOB VAN REETH

Stade Roi Baudouin
Koning Boudewijn Stadion

King Baudouin Stadium

Heyzel

1995

AWG cvba
BOB VAN REETH
Architecte / Architect

MINISTERE DES TRAVAUX ET DE L'INFRASTRUCTURE, UNION DU FOOTBALL BELGE, VILLE DE BRUXELLES
Maître d'Ouvrage / Opdrachtgever / Client

TRACTEBEL-DEVELOPMENT
Ingénieurs Stabilité / Ingenieurs Stabiliteit / Structural Engineers

A.M. BESIX, JACQUES DELENS, FRANKI, VAN ROEY T.V.,
BUREAU D'ETUDES GREISCH sa,
WJ & MC VAN CAMPENHOUT nv
Entreprises Générales / Algemene Aannemers / General Contractors

WIM VAN NEUTEN
Photographe / Fotograaf / Photographer

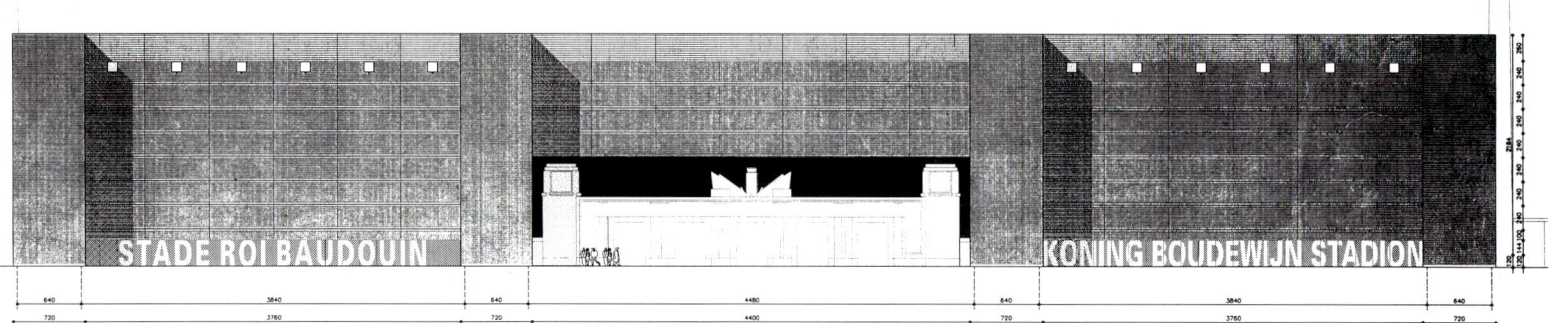

GROEP PLANNING

Extension des Commissions du Parlement Europeen

Uitbreiding van de Commissies van het Europees Parlement

Extension of the Commissions for the European Parlament

Rue Belliard 107/113
1040 Bruxelles

1989

GROEP PLANNING
Concepteur / Ontwerper / Designer

JEAN-PAUL LAENEN
Artiste Sculpteur / Beeldhouwer / Sculptor

MINISTERE DES TRAVAUX PUBLICS
Maître d'Ouvrage / Opdrachtgever / Client

GIREC sa
Ingénieurs Stabilité / Ingenieurs Stabiliteit / Structural Engineers

IDEE sa
Ingénieurs Techniques Spéciales / Ingenieurs Technieken / Mechanical Engineers

CEDIA
Ingénieurs Acoustique / Ingenieurs Akoestiek / Acoustics Engineers

CFE sa
Entreprise Générale / Algemene Aannemer / General Contractor

LIEVE COLRUYT
Photographe / Fotograaf / Photographer

**Commerces, galeries, restaurants, musées, théâtre /
Winkels, galerijen, restaurants, musea, theater /
Commercial premises, galleries, restaurants, museums, theatre**

p. 49 ▷ 81 & p. 97

**Espaces de travail, architecture éphémère /
Werkruimten, tijdelijke architectuur,
Working places, ephemeral architecture**

p. 98 ▷ 112

LA VILLE ET SES HABITANTS

**Par Marc ERRERA,
Architecte**

Jusqu'à la fin du siècle passé, il existait un tissu de relations humaines qui liait étroitement les gens entre eux. Dans ce maillage serré, chacune des strates sociales assumait son rôle; des complémentarités et des relations de solidarité s'établissaient.

La mobilité sociale était assez lente et rare : il était difficile de sortir de sa classe sociale et il n'était pas plus aisé d'entrer dans une autre. Les activités des uns et des autres s'entremêlaient dans l'espace où les déplacements étaient relativement limités et, de ce type de relation sociale, résultaient une architecture et un urbanisme : une architecture de la ville porteuse d'images et une structure de tissu urbain. La ville présentait une continuité, elle formait une entité bien distincte de la campagne et, malgré son unité, une certaine variété y était possible. L'unité y était toutefois prépondérante et prévalait sur la variété clairement ressentie comme secondaire.

L'unité de forme et la cohérence de ce type de ville était à l'évidence le résultat du mode de vie et des relations entre les habitants. Il nous semble aujourd'hui présenter une grande qualité de vie et une perfection rarement atteinte que nous cherchons à retrouver. En effet, nous essayons d'en conserver ou d'en reproduire les caractéristiques à travers force décrets, lois, règlements et par un contrôle sévère des permis de bâtir qui ne s'obtiennent qu'après des mois de palabres avec l'administration. Mais n'est-il pas illusoire de vouloir ainsi perpétuer ou reproduire une forme d'architecture de l'image – qui, certes, a fait ses preuves, en ayant à l'esprit la qualité de vie qui s'y trouvait autrefois, en songeant aux repères qu'elle offrait et qui permettaient de s'y retrouver et de s'y sentir bien – sans s'interroger sur la façon dont nous vivons aujourd'hui et sur nos capacités actuelles d'engendrer ce type de ville et de continuer à y vivre ?

Sommes-nous restés les mêmes ?
L'homme de cette fin du XXème siècle a bien changé. Il a le sentiment qu'il peut se passer de ses concitoyens. Les médias lui permettent de s'isoler dans une vie confortable et bien remplie, sans ressentir le sentiment de solitude. Il ne recherche plus comme avant ce tissu de relations étroites. Les chaînes de télévisions, le magnétoscope, le fax, le téléphone ont induit un autre type de relation, de loisir et de travail. La chaleur humaine ne passe plus autant qu'avant par le contact direct avec ses semblables mais par les médias : elle survient à travers la qualité d'un film, d'un reportage, d'un débat télévisé; par l'échange médiatique qui est devenu international.

Cette situation a rendu les rencontres physiques moins nécessaires et plus choisies. La ville héritière du forum s'est vidée de cette fonction qui s'est déplacée vers les médias.

L'individualité est d'autre part valorisée, mise en évidence et ressentie comme très positive. Dans le même temps, les solidarités familiales et sociales d'autrefois se sont amenuisées : les relations familiales perdent leur importance, la famille se réduit au couple parental et aux enfants qui en sont issus. Le tissu des relations de voisinage ne nous intéresse plus; il n'est plus recherché ni valorisé : le voisin idéal est celui que l'on voit et entend le moins.

Cette possibilité d'isolement, porteuse de valeurs de liberté et d'indépendance peut évidemment déboucher sur la solitude. Elle nous met aussi en position d'être tous un jour ou l'autre, en cas de difficulté, en position d'assisté social bénéficiant de l'assistance médicale ou sociale à laquelle nous avons droit. C'est précisément l'assurance de l'obtenir, lorsqu'elle est nécessaire, qui nous permet cette indépendance et cette liberté individuelle auxquelles nous tenons tant. Nous pouvons ainsi nous isoler de tout et de tous, n'être lié à rien ou personne si nous le souhaitons.

Le résultat et l'expression évidente de cette conception de la société, nous les trouvons dans les banlieues où nous rencontrons ces maisons isolées, entourées de jardins, installées à une distance suffisante les unes des autres pour que chacun dispose de son espace vital. Elles ne forment pas des quartiers liaisonnés, discernables et distincts de la campagne comme ceux des villes d'autrefois, mais s'implantent en s'ajoutant les unes après les autres, se multipliant tant qu'il y a de la place, envahissant la campagne. A la cohérence, à l'unité d'espace, de temps, de matériau et de forme qui caractérisait la ville du XIXème siècle succèdent ainsi des maisons individuelles correspondant aux formes les plus individualisées et variées de l'habitation privée, desservie par les déplacements rapides en automobile, engendrant la discontinuité spatiale des banlieues. Ce qui était naguère exceptionnel et relevait du mode d'habitat princier ou nobiliaire s'est généralisé et démocratisé engendrant une typologie nouvelle.

Les banlieues américaines nous offrent les exemples les plus achevés de ce genre de développement urbain qui n'a plus rien à voir avec celui des villes anciennes. Nous ne semblons cependant pas pouvoir assumer complètement ce type d'habitat moderne et, bien que nous soyons déjà profondément engagés dans un mode de vie qui l'induit, nous conservons un attachement pour nos anciens centres urbains historiques; nous gardons à l'esprit l'image d'une forme d'habitat du passé que nous ne voulons pas voir disparaître complètement. Une série de règlements et de plans s'efforcent de la conserver ou ressusciter sous cette forme mais en vain. Rien n'y fait, l'homme a changé beaucoup plus vite que son environnement. Et cet homme individualiste, imbu de sa propre liberté supporte à peine celle de son voisin. Il endure difficilement l'affirmation de ses goûts et de son individualité, les manifestations visuelles ou acoustiques de son existence. Ainsi toute intrusion d'éléments nouveaux, construction, agrandissement ou simple modification dans un contexte bâti, urbain ou de banlieue, donnent-ils lieu à des contestations de la part du voisinage.

Autrefois, seule l'architecture du prince pouvait être porteuse d'affirmation et s'établir isolément. La jalousie ou l'envie n'avaient pas le loisir de s'exprimer pas plus que la contestation. Aujourd'hui la distribution des possibilités d'affirmation et de contestation s'est modifiée et répartie tout autrement. Mais le mur mitoyen n'est plus l'expression d'une convivialité d'une volonté de vivre ensemble, il n'est plus que le résultat d'une typologie que les limites de moyen et d'espace imposent. Lorsqu'il dispose de moyens plus importants, l'homme d'aujourd'hui s'isole d'avantage; il s'éloigne des villes où l'on se gène trop l'un et l'autre et il s'établit dans les banlieues vertes qui se bâtissent, trouvant ainsi un isolement qui lui convient ou même à la campagne, loin de tous, dans une solitude plus magnifique encore.

Toutes les valeurs de la société convergent vers cet isolement, tous les progrès des transports, des médias de la communication le permettent; ceux des médias visuels ou sonores le suggèrent ou le réclament même tant il est vrai que ne voulant pas être gênés, nous ne tenons pas non plus "à nous gêner" et avons besoin d'espace et d'isolement pour vivre comme nous l'entendons.

Ainsi, abandonnons-nous les villes que nous laissons se dégrader, aussi bâtissons-nous dans les banlieues vertes en empiétant sur la campagne qui disparaît. De la ville ancienne à laquelle nous prétendons être attachés même lorsque nous n'y vivons plus et que nous voudrions voir conservée lorsque nous y venons, nous n'apprécions plus que le décor et les signes extérieurs d'affluence et de convivialité. Nous sommes heureux de profiter occasionnellement de l'animation d'un ancien centre urbain qui nous rappelle les formes de convivialité et de sociabilité d'autrefois mais très peu de gens sont disposés à y vivre vraiment et à y contribuer à un tissu de relations urbaines. De la ville, nous ne retenons que le plaisir mais pas les devoirs de collectivité.

Telle est notre société d'aujourd'hui et tels sont l'architecture et l'urbanisme et donc les problèmes des anciens centres urbains qui en résultent. Nous vivons dans une société dont nous n'acceptons pas encore les conséquences.

Les contraintes physiques et matérielles qui sont à l'origine de l'allure des cités anciennes ont assurément disparu. Elle ne se retrouveront plus. Mais ce type de groupement humain, dense, concentrant les habitants et les activités, moins dispendieux en énergie, demeure toujours justifiable sur le plan social, économique ou écologique. Si l'on veut que les anciens centres urbains ne deviennent pas des coquilles vides, de lointains et superficiels souvenirs de ce qu'ils ont été, si l'on veut qu'une véritable convivialité urbaine y renaisse, sans doute est-il nécessaire d'imaginer et de mettre en place des incitants fiscaux, économiques, écologiques et culturels, capables de donner aux citoyens l'envie de venir y vivre dans de nouvelles conditions plus intéressantes que celles des banlieues.

L'étude et la mise au point de ces incitants réclament sans doutes des compétences supérieures, qu'il faut susciter dans les facultés des universités européennes. Il s'agit en effet d'imaginer, de concrétiser et de mettre en place progressivement de nouvelles mesures originales et efficaces, d'anticiper et de mesurer très précisément toutes leurs conséquences afin qu'elles ne fragilisent pas davantage la société ou l'économie mais leur soient au contraire profitables. On imagine mal que de telles mesures puissent être inventées et mises en application à un niveau régional où se jouent des rivalités interrégionales ou communales ou même à un niveau national : seule une approche européenne de ces questions auxquelles tous les pays de la CEE sont confrontés permettrait de faire face à cette problématique des villes et des anciens centres urbains où l'identité historique et culturelle de l'Europe est en jeu.

Propos recueillis par Pierre Loze.

**Door Marc ERRERA,
Architect**

DE STAD EN HAAR INWONERS

Tot eind vorige eeuw bestond er een structuur van intermenselijke relaties die zorgde voor een nauwe band tussen de mensen onderling. Binnen dit dichte netwerk vervulde elke sociale laag haar eigen rol en kwamen complementariteiten en solidariteitsverhoudingen tot stand.

Sociale mobiliteit was zeldzaam en kwam slechts traag op gang : het was moeilijk om de eigen sociale klasse te ontstijgen, en het was al even moeilijk om een andere sociale klasse binnen te dringen. De individuele activiteiten raakten vermengd in de ruimte, want de verplaatsingen bleven relatief beperkt. Uit dit sociale verband ontstonden een specifieke architectuur en een specifieke stedebouw : een stadsarchitectuur als drager van beelden, een welbepaalde stadsstructuur. De stad vertoonde een zekere continuïteit, vormde een entiteit die duidelijk los stond van het platteland en die ondanks haar eenheid toch ruimte liet voor een zekere afwisseling. Toch stond de eenheid voorop en was zij duidelijk belangrijker dan de verscheidenheid, die als ondergeschikt werd beschouwd.

De eenheid van vorm en de coherentie van dit soort stad waren onmiskenbaar het resultaat van de levenswijze en de relaties tussen haar inwoners onderling. Voor de waarnemer van vandaag lijkt deze stad een grote levenskwaliteit te bieden en een zelden geziene perfectie die wij graag hersteld zouden zien. Vandaar dat wij de eigenschappen ervan trachten te vrijwaren of te reproduceren door middel van talloze decreten, wetten en reglementen, en door een strenge controle van de bouwvergunningen, die pas na maanden van administratieve beslommeringen worden afgeleverd. Maar is het geen illusie te trachten de architectuur van het beeld – die weliswaar haar sporen heeft verdiend – voort te zetten of na te bootsen vanuit het ideaal van de voormalige levenskwaliteit en met het referentiekader voor ogen dat de vroegere stad te bieden had en waarmee het aangenaam leven was ? Blijft immers niet de vraag : hoe leven wij vandaag ? En moeten we ons niet evenzeer afvragen of wij überhaupt in staat zijn de stad van vroeger te recreëren en erin te blijven wonen ?

Zijn wij niet te zeer veranderd ?
De mens van het eind van de XXste eeuw is niet langer dezelfde. Hij heeft de indruk dat hij het best zonder zijn medeburgers kan stellen. De media geven hem de kans zich terug te trekken in een comfortabel en goed gevuld leventje zonder dat hij het gevoel heeft eenzaam te zijn. De moderne stadsbewoner is niet langer op zoek naar die structuur van nauwe relaties. De TV-stations, de videorecorder, de fax en de telefoon hebben aanleiding gegeven tot andersoortige relaties, een andere vrijetijdsbeleving, andere werkomstandigheden. De menselijke warmte berust niet meer zozeer op het rechtstreekse contact met onze medeburgers als wel op de media : ze is te vinden in de kwaliteit van een film, een reportage, een televisiedebat; ze sluimert in een mediagebeuren dat internationaal is geworden. Deze context heeft ertoe geleid dat fysieke ontmoetingen minder nodig zijn en voorbehouden blijven voor speciale omstandigheden. De stad, ooit gegroeid uit het forum, heeft zich van deze functie ontdaan, en de media hebben ze gretig overgenomen.

Anderzijds wordt veel belang gehecht aan de individualiteit, die overal de nadruk krijgt en als zeer positief wordt ervaren. Tegelijkertijd neemt de vroegere familiale en sociale solidariteit voortdurend af : familierelaties boeten aan belang in, het begrip "familie" op zich wordt verengd tot het ouderpaar en de kinderen die zij op de wereld hebben gezet. De structuur van het buurtleven boeit ons niet meer. Het wordt niet langer onderhouden noch gewaardeerd : de ideale buur is diegene die wij het minst zien en horen.

Deze mogelijkheid tot isolement, die waarden als vrijheid en onafhankelijkheid in zich draagt, kan uiteraard ontaarden in eenzaamheid. Tegelijk echter weten wij dat we ooit, als we in de problemen komen, als bijstandstrekker gebruik kunnen maken van de medische of sociale hulpverlening waarop wij recht hebben. Het is precies die zekerheid – we krijgen bijstand als we er behoefte aan hebben – die ons toelaat ons onafhankelijk op te stellen en te genieten van die individuele vrijheid die ons zo aan het hart ligt. Als we dat willen, kunnen we ons probleemloos van alles en iedereen isoleren en met niets of niemand nog enige band onderhouden.

Het resultaat, het logische gevolg van deze maatschappijbeschouwing, is te zien in onze voorsteden, met hun alleenstaande huizen, omringd door tuinen en gebouwd op voldoende afstand van elkaar om onze individuele leefruimte niet in het gedrang te brengen. Het gaat hier niet langer om verbonden wijken die zich duidelijk onderscheiden van het platteland (zoals dat bij de vroegere steden het geval was), maar om een geheel van huizen die ergens neergepoot worden en zich aaneenrijgen zolang er

plaats is, waarbij het platteland meer en meer ingenomen wordt. De samenhang, de eenheid van ruimte, tijd, materiaal en vorm waardoor de stad van de XIXde eeuw werd gekenmerkt, maakt dus plaats voor een opeenvolging van afzonderlijke privéwoningen met de meest geïndividualiseerde en uiteenlopende vormen, vanwaaruit de bewoners zich verplaatsen met snelle auto's en zodoende de ruimtelijke discontinuïteit van de voorsteden in de hand werken. Wat vroeger uitzonderlijk was en voorbehouden bleef voor de vorstelijke of adellijke woonwereld, heeft zich mettertijd veralgemeend en gedemocratiseerd, met een nieuwe typologie tot gevolg.

De Amerikaanse voorsteden zijn een schoolvoorbeeld van dit soort stadsontwikkeling, dat in niets nog lijkt op die van de vroegere steden. Toch lijken wij deze moderne woonvorm niet helemaal te kunnen aanvaarden, en hoewel wij reeds helemaal in de ban zijn van de levenswijze die ermee gepaard gaat, blijven wij in zekere zin ook verknocht aan onze oude historische stadscentra, blijft ons het beeld voor ogen staan van een woonvorm uit het verleden die wij niet helemaal willen zien verdwijnen. Een hele reeks reglementen en plannen doen al het mogelijke om deze woonvorm te behouden of opnieuw tot leven te wekken, maar tevergeefs. De mens is nu eenmaal sneller geëvolueerd dan zijn omgeving. En die individualistische mens, vervuld als hij is van zijn eigen vrijheid, kan nauwelijks overweg met die van zijn buurman. Hij heeft moeite met de bevestiging van diens smaak en individualiteit, met de visuele of akoestische uitingen van zijn bestaan. Dus geeft elk nieuw element bij het bouwen, vergroten of verbouwen – zowel in de stad als in de rand – aanleiding tot protest vanwege de buurt.

Vroeger liet alleen de vorstelijke architectuur ruimte voor zelfbevestiging en isolement. Voor jaloezie en afgunst was er geen plaats, evenmin als voor protest. Tegenwoordig zijn de mogelijkheden voor zelfbevestiging en protest veel groter, liggen de kaarten totaal anders. Maar de gemeenschappelijke muur is niet langer de uiting van een streven tot samenleven : ze is louter het resultaat van een typologie die bepaald wordt door een beperking van middelen en ruimte. Als hij kan terugvallen op meer middelen, gaat de moderne mens zich nog meer isoleren : hij trekt weg uit de stad waar de mensen elkaar te veel voor de voeten lopen en vestigt zich in de groene rand waar hij het gewenste isolement vindt. Soms trekt hij zich zelfs terug op het platteland, ver van iedereen, in grootse eenzaamheid.

Alle waarden van de samenleving convergeren in dit isolement, en alle vooruitgang op het vlak van transport en communicatiemedia maakt dat isolement mogelijk. De audiovisuele media dringen het zelfs op : wij willen immers niet alleen niet lastig gevallen worden maar laten ons liefst ook niet in verlegenheid brengen en hebben dus behoefte aan ruimte en isolement om te kunnen leven zoals we willen.

Bijgevolg verlaten we de steden, die ten prooi zijn aan verval, en bouwen wij in de groene rand, ten koste van het platteland dat stilaan verloren gaat.

Van de vroegere stad – waaraan wij beweren verknocht te zijn ook al wonen we er niet meer en die wij graag behouden willen zien als we er eens komen – waarderen wij nog alleen het decor en de uiterlijke tekenen van drukte en gemoedelijkheid. Wij prijzen ons gelukkig af en toe te kunnen genieten van de bedrijvigheid in een oud stadscentrum dat ons de gemoedelijkheid en het buurtleven van vroeger in herinnering brengt, maar weinigen onder ons zijn in staat om er ook écht te wonen en daarmee bij te dragen tot een echt stadslandschap. Van de stad onthouden wij alleen de genoegens. De lasten van een leven in gemeenschap zien wij liefst over het hoofd.

Zo zit onze huidige maatschappij in elkaar, en zo is het gesteld met de architectuur en de stedebouw. Logisch dat de oude stadscentra met allerlei problemen te kampen hebben. Wij leven in een maatschappij waarvan we de gevolgen nog niet aanvaarden.

De fysieke en materiële druk die het gezicht van de oude stadskernen bepaalde, is onmiskenbaar verdwenen en komt nooit meer terug. Maar dit soort menselijke groepering, waarbij inwoners en activiteiten sterk geconcentreerd zijn en de energierekening beduidend lager ligt, blijft altijd te rechtvaardigen op sociaal, economisch of ecologisch vlak. Als we willen vermijden dat de oude stadscentra verworden tot lege schelpen, tot vage en oppervlakkige herinneringen aan wat zij ooit zijn geweest, als we willen dat er opnieuw een echte stedelijke gemoedelijkheid tot stand komt, moeten we absoluut de nodige fiscale, economische, ecologische en culturele stimulansen bedenken en beschikbaar stellen. Alleen dan kunnen we de burger ertoe aanzetten opnieuw in de stad te gaan wonen, in nieuwe omstandigheden die aantrekkelijker zijn dan die in de voorsteden.

Voor het bestuderen en uitwerken van deze stimulansen zullen ongetwijfeld hogere vaardigheden vereist zijn, die moeten worden aangeleerd in de faculteiten van de Europese universiteiten. Er moeten immers geleidelijk originele en efficiënte nieuwe maatregelen worden bedacht, geconcretiseerd en geïmplementeerd, terwijl de gevolgen daarvan nauwkeurig moeten worden voorspeld en gemeten, zodat zij de samenleving of de economie niet nog kwetsbaarder maken maar ze integendeel ten goede komen. Het lijkt ondoenbaar om dergelijke maatregelen uit te werken en toe te passen op regionaal niveau – waar de rivaliteit tussen gewesten of gemeenten immers stokken in de wielen kan steken – of zelfs op nationaal niveau : alleen een Europese aanpak waarbij alle landen van de EG betrokken zijn, kan leiden tot een oplossing voor deze problematiek van de steden en de oude stadscentra. De historische en culturele identiteit van Europa staat op het spel…

Opgetekend door Pierre Loze

THE CITY AND ITS INHABITANTS

By Marc ERRERA, Architect

Up until the end of the last century, society was made up of a web of interpersonal relationships which created close ties between people. Within this tightly-knit fabric, all levels of the social hierarchy played their part, and complementarity and solidarity were meaningful values. Social mobility was rather slow and rare, as it was difficult to climb out of one's social class and in fact no easier to gain access to another class. People socialized as they went about their business in an environment where travelling and commuting were relatively limited. It was this type of social intercourse which gave birth to a certain form of architecture and urban planning which projects the image of the city and reflects the very urban fabric. The city was seen as a continuum, a life force which formed an entity quite distinct from the countryside, and which, despite its unity, could offer a certain variety. Nonetheless, unity was seen as the predominant feature while variety was clearly perceived as a secondary element.

The unity of form and the coherence achieved by this type of city was evidently the result of the lifestyle and the interpersonal relations prevailing within it. These structural elements now seem to offer a high quality of life and one of those rare pinnacles of perfection to which we strive to return. In fact, we now endeavour to preserve or perhaps reproduce its characteristics through a welter of decrees, laws and statutory regulations and through the strict control of building permits which can only be secured after months of hard-fought negotiations with the administration. But isn't it illusory to seek in this way to perpetuate or reproduce a form of architecture of the image – an image which, it must be admitted, has shown its worth, bearing in mind the quality of life of that bygone era and the pointers which it offered and which allowed the people of those times to find themselves and feel, not alienated, but at peace with themselves – without taking a good hard look at how we live nowadays and asking ourselves whether we can still hope to be able to create this type of city and continue to live there ?

Have we in some way changed ?

We can say incontestably that at the end of the 20th century man has changed considerably. He now feels that he can do without his fellow citizens. With the emergence of modern media, he can now isolate himself in a comfortable and self- sufficient environment without feeling he is alone. He is no longer in search of this web of close relationships. The television channels, the video, the fax and the telephone have created new forms of social intercourse, leisure and work. Human warmth is no longer a feeling gained through direct contact with one's fellow man but through the media, whether it be through the quality of a film, a TV documentary or a debate, in other words, through a form of media-based dialogue which has become international. This situation has made physical contact between people a matter of choice rather than of necessity. The city, which is heir to this type of social forum, has forfeited this function which has been hijacked by the media.

Individualism is on the other hand vaunted and looked upon as a virtue. At the same time, the values of family and social solidarity which once existed have been diminished. Family ties have lost their value, and the old extended family has been reduced to the modern nuclear family, that is, the parents and the direct offspring. People are no longer interested in the web of neighbourhood relationships. Neighbourliness is neither valued nor sought after : the ideal neighbour is someone we never see or hear.

The possibility to isolate oneself can, on the positive side, bring freedom and independence. However, it can also lead to solitude. It also puts us in a position where, some day, we may experience difficulty and find ourselves needing social assistance and requesting the medical or social welfare facilities to which we are entitled. It is precisely the fact that we are sure of obtaining this assistance when we need it that allows us to enjoy this independence and individual freedom which are so dear to us. Knowing this, we can cut ourselves off from everyone and everything, and if we wish, alienate ourselves from everyone and everything.

The result and the clear expression of this conception of society can be seen in the suburbs where we find all those houses which are isolated and surrounded by gardens, and set at a sufficient distance from one another to ensure that each has sufficient living space. The suburbs no longer form interconnected and clearly discernible zones which are distinct from the countryside as was the case in earlier times, but the houses are added to the district one by one wherever there is space available until the countryside is effectively taken over. Instead of the coherence, and the unity of space, time, materials and form which characterized the city of the 19th century, we now witness the emergence of an environment with individual homes offering the most personalized and varied forms of private housing with fast roads for handy commuting by car, creating the spatial discontinuity characteristic of the suburbs. What was formerly an exceptional and even princely or noble form of residence has been generalized and democratized, creating a new lifestyle.

American suburban life offers the consummate example of this form of urban development which is quite unlike the structure of earlier cities. Nonetheless, we seem unable to fully accept this new type of habitat, and although we are already totally committed to the lifestyle which engenders this infrastructure, we nonetheless remain attached to our traditional historical city centres. We still have a place in our hearts for the image of the former habitat which we are unwilling to let go of completely. Regulations and plans are drawn up in an effort to preserve or resurrect the habitat of the past, but alas in vain. All efforts come to nought, because man has changed much faster than his environment. Modern man is an individualist imbued with a sense of his own freedom, while he has great difficulty accepting his neighbour's freedom. He finds it difficult to put up with his neighbour's assertion of his tastes and individuality, and with the visual or acoustic manifestations of his existence. In this context, any intrusion by new design features, buildings, extensions or even simple changes to a built-up area, whether it is in the city or in the suburbs, meets with opposition on the part of the neighbours.

Formerly, only the nobility could express through architecture a form of self-assertion and splendid isolation. There was no room for envy or jealousy, or for that matter opposition. Nowadays, the possibilities for self-assertion and opposition are distributed in a completely different manner. However, the party wall is no longer the expression of conviviality and a willingness to live as part of a community but rather the result of a structural form imposed by the limitations of space and resources. And as soon as modern man gets to the point where he can afford to make a choice, he opts for greater isolation. He abandons the town where people live in what he sees as promiscuity to settle down in newly-built verdant suburbs where he finds the isolation more to his liking, or even to the countryside, far from the madding crowd, in even more splendid isolation.

All the values of our society converge towards this form of isolation, and it is possible through all the technological advances in transportation and media communication. In addition, this message is put across and currently proclaimed by the visual and sound media, and we are constantly reminded that we don't want to be bothered by other people and, moreover, we don't want to be bothered about anything. In a word, we need space to live and we need isolation to live the way we want.

We thus abandon our cities which we allow to degenerate, while we build sprawling suburbs over the ever-receding countryside.

As for the old city to which we claim to be sentimentally attached (when we in fact no longer live there and which we would like to see preserved when we visit it), we reach the point where we only appreciate its decor and the external signs of affluence and conviviality. We like now and again to savour the hustle and bustle of the city which reminds us of the community spirit and socialization which formerly prevailed there, while at the same time very few people are willing to go out of their way to to live there and contribute to the community spirit of the city. Ultimately, we only appreciate the presence of the city but not the obligations that come with city life.

This is the society we now live in, and this is what architecture and town planning have become, engendering the problems which we now face in traditional urban centres. We are in fact living in a society of which we have not yet learned to accept the consequences.

The physical and material constraints which made the old cities what they were have now disappeared once and for all. There is no turning back. However, this type of human settlement, characterized by high density, high concentration of inhabitants and activity, and low energy consumption is still justifiable from a social, environmental and economic standpoint. If we are to avoid allowing our traditional urban centres becoming empty shells, remote and superficial places like ghost towns, and if we want to see the rebirth of a community spirit in the city, the solution is to be found by devising incentives of a fiscal, economic, environmental and cultural nature which will make today's citizens want to live in the city in living conditions which are different from those of the past and which offer a better lifestyle than in the suburbs.

The study and implementation of these incentives will no doubt require a high level of academic skills which must be encouraged in the faculties of European universities. The task in effect will be to progressively design, implement and set in place new, original and effective measures and to anticipate and measure in a highly accurate manner all their consequences to ensure that they do not further jeopardize society or the economy but on the contrary encourage their development. There is little likelihood that such measures could be devised and applied at a regional level within a context of rivalry between regions and municipalities, or even at a national level. Indeed, it is the very historical and cultural identity of Europe which is at stake, and the problems which are facing the cities and traditional urban centres in all the member States of the EU can only be dealt with through a European approach.

Interview by Pierre Loze.

REFLEXIONS

**Par Philippe SAMYN,
Architecte**

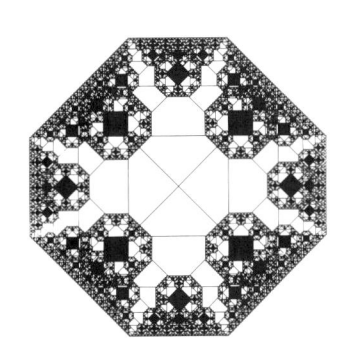

Les missions qu'un architecte est amené à traiter en amont et en aval de l'acte de bâtir proprement dit, études de faisabilité ou études de maintenance, peuvent sembler des aspects périphériques et très humbles du métier. Elles sont pourtant très riches en enseignements au point de faire réfléchir sur les orientations fondamentales de l'art de bâtir. Il s'agit de bâtir et de bien le faire, mais aussi d'éveiller le maître d'ouvrage à des questions dont il soupçonne à peine qu'elles le concernent et d'établir une relation de confiance qui permettra à l'architecte de défendre les intérêts de son client – entreprise ou particulier – bien au-delà de la vision que celui-ci en a. Il en va de même pour le pouvoir public et politique, la qualité constructive étant à long terme plus importante que la fonction immédiate.

Parfois le maître d'ouvrage ou le gestionnaire public se prive d'une sensibilité à laquelle il n'a jamais eu accès et se cantonne dans une conception limitée ou conventionnelle des choses. L'architecte a le devoir de l'informer des agréments mais aussi des avantages qu'il peut tirer par exemple d'espaces mieux éclairés naturellement, ayant des hauteurs de plafonds qui ne s'en tiennent pas aux normes. Trop souvent un minimum codifié devient finalement une norme; ce qui est une base d'entente devient un maximum et est pris comme standard. Beaucoup de bâtiments à Bruxelles ont été conçus ainsi avec des hauteurs de plafonds qui en rendent la convertibilité ou l'adaptation actuelle impossibles. Sur toutes ces questions, il faut pouvoir dialoguer sereinement avec les acteurs dont dépendent les permis d'urbanisme et d'environnement et, simultanément, il s'agit d'exercer une mission de conseil auprès des maîtres d'ouvrage et des utilisateurs du bâtiment qui porte au-delà de sa construction, sur la vie que celui-ci connaîtra, d'objectiver les coûts de maintenance et de fonctionnement, et d'inclure leur prise en compte au stade de la conception même de l'édifice. Après vingt ou trente ans d'utilisation, certains bâtiments se comportent mieux que d'autres, et leur état et durée de vie à venir peuvent varier beaucoup. Les lois fiscales sanctionnent cette réalité par une fiction : l'amortissement d'un bâtiment. L'administration des Contributions estime qu'un bâtiment de logement est amorti sur 33 ans, mais souvent la provision annuelle devrait être bien supérieure au 33ème de la valeur initiale du bâtiment pour faire face à sa maintenance.

Il est important qu'un bâtiment ait une durée de vie suffisante et qu'il puisse être adapté ou converti à des utilisations différentes de celles pour lesquelles il a été prévu. Les architectes, comme le pouvoir politique, ont involontairement très mal servi cette cause dans la plus grande partie de ce qui s'est construit depuis quarante ans. La société les a poussés en dehors du droit chemin en institutionnalisant l'éphémère. Le bâtiment a été conçu comme un produit fini visant une efficacité à court terme et les résultats de cette attitude s'observent à présent un peu partout à Bruxelles. L'architecture s'est si peu occupée de pérennité qu'elle a créé une charge très lourde pour les générations à venir. Au bout de quelques années, on voit se mettre en place, dans certains cas, un mécanisme de mort lente des bâtiments qui se taudifient inévitablement, parce que leur structure et leur morphologie sont entachées de défauts majeurs et ne permettent pas qu'il en aille autrement. Certaines grandes copropriétés sont ainsi vouées aux difficultés, devenues quasi ingérables et donc très instables. Pour certains propriétaires, le bâtiment dont ils possèdent une part est considéré au même titre qu'une action. Toute dépense en diminue donc le rendement. Le bâtiment devient une abstraction consommable, et si les charges de maintenance deviennent trop lourdes, il est laissé à l'abandon. Lorsqu'une proportion trop importante du patrimoine d'une ville est atteint par ce processus, les conséquences peuvent être désastreuses.

Il est donc essentiel qu'au moment où il construit, l'architecte fasse tout pour éviter de créer des charges occultes qui pèseront à l'avenir et sensibilise l'autorité publique et les maîtres d'ouvrage à ce propos. Comment inciter à plus de raison un maître d'ouvrage avec qui l'on bâtit et les acteurs urbains (dont on attend qu'ils délivrent les permis d'urbanisme et d'environnement avec plus de diligence), sinon en trouvant une utilité immédiate à ce qu'on propose ? Il s'agit de rentabiliser la sagesse : rendre ainsi possible un raisonnement sensé est beaucoup plus important que de s'occuper de la façade et de son dessin. La question n'est pas d'envisager l'immortalité de l'objet bâti en soi, ni de préserver son intégrité formelle extérieure, mais de mettre en oeuvre un processus et des concepts qui aient une pérennité. De manière générale, il faut revenir à des bâtiments solides, d'une morphologie et d'une structure simple et claire, ayant des plafonds suffisamment hauts, éclairés naturellement, qui ne soient ni trop profonds, ni trop élevés, qui puissent être aisément réaffectables à d'autres fonctions que celles initialement prévues où l'escalier retrouve une signification et une utilité, et ne se réduise plus à sa fonction de secours. Il en résulte un agrément immédiat dans les circulations. Les structures conçues selon des tracés géométriques sont aussi celles qui rencontrent à la fois les critères de solidité, d'harmonie et de possibilité d'usages multiples.

Il faut aussi essayer de concevoir à nouveau des bâtiments dont on puisse aisément réparer et entretenir des parties sans s'encombrer de charges excessives ou de coûts de maintenance démesurés. D'où l'utilité d'un certain artisanat du bâtiment pour l'exécution de certaines parties, plutôt que le recours systématique à des composants industriels dont la fabrication n'est plus garantie 20 ou 30 ans plus tard. Nous avons intérêt à créer des locaux plus luxueux par leurs espaces plus larges, générateurs d'agrément, de conditions de travail meilleures, de sérénité mais aussi à les réaliser avec des matériaux moins luxueux, aisément réparables, entretenables ou renouvelables faisant appel aux ressources locales, à l'industrie de base, à l'artisanat du bâtiment.

L'architecture contemporaine s'est trop souvent attachée uniquement à la vue, elle est devenue une réduction à l'image au détriment des autres sens qui entrent en jeu dans sa perception, odorat, toucher ou des dimensions d'espace ou de temps qui y sont impliquées. Il faut retrouver une architecture qui sollicite les sens et éduquer dans cette voie clients et utilisateurs, et créer ainsi de meilleurs environnements de travail et de vie, plus harmonieux et donc plus efficaces. On peut donc s'interroger dans cette perspective sur l'opportunité de réintroduire des matériaux naturels, comme le bois ou la pierre, de préférence à des composants industriels et les défendre du double point de vue de la joie de vivre et des faibles coûts de maintenance ou d'entretien qui en résultent. Certes la société est demanderesse d'une architecture de prototype, elle est encore impliquée dans des processus d'hypercompétitivité des coûts et dans des procédés de construction hâtive qui amènent les architectes à devoir chaque fois tout réinventer et à réduire leur mission à une efficacité immédiate. Mais il faut être conscient du fait que nous produisons ainsi un patrimoine qui n'aura qu'une durée de vie limitée et qui génèrera de gros problèmes de maintenance. Il faut redonner son rang et son importance à l'architecture; nous avons le devoir de prendre une position tranchée et de garder le cap avec force, il faut éduquer à nouveau les maîtres d'ouvrage, éveiller les pouvoirs publics et le public sur l'importance de ces questions, et réapprendre à la société dans son ensemble à différer le court terme pour investir durablement dans le long terme.

Nous revenons de loin et sommes confrontés à une maladie grave qui atteint notre société. Et à l'instar du médecin qui, face au malade commence par être gentil, faisant ainsi débuter la cure, il nous faudra sans faiblir être à l'écoute, nous investir, patienter, sans sous-estimer tout l'amour qu'il nous faudra donner dans cette traversée du désert, pour revenir à une conception vraie et pleine de l'architecture.

Propos recueillis par Pierre Loze

BEDENKINGEN

**Door Philippe SAMYN,
Architect**

De taken die een architect moet vervullen vóór en na het eigenlijke bouwproces – uitvoerbaarheidsstudies, onderhoudsstudies – worden vaak beschouwd als marginaal of ondergeschikt. Toch zijn zij erg leerrijk voor de fundamentele oriëntaties van de bouwkunst zelf. Zo was mijn team herhaaldelijk getuige of technisch verslaggever van een aspect van het Brusselse bouwgebeuren dat er ons alleen maar vaster van overtuigde dat we onze opdracht voor de volle 100 %, in al haar facetten moeten volbrengen. We moeten immers niet alleen goed bouwen, maar ook de bouwheer wijzen op kwesties waarvan hij nauwelijks vermoedt dat ze hem aanbelangen en een vertrouwensrelatie tot stand brengen die de architect toelaat enerzijds de belangen van zijn klant (onderneming of particulier) te behartigen en anderzijds de visie van die klant op het project te overstijgen. Hetzelfde geldt overigens voor de overheid en de politiek, want de constructieve kwaliteit is op lange termijn belangrijker dan de onmiddellijke functionaliteit.

Soms ontbreekt het de bouwheer of de overheid aan inlevingsvermogen en nemen zij genoegen met een beperkte of conventionele opvatting van de gang van zaken. De architect heeft dan de plicht hen te informeren over de genoegens en de voordelen van bijvoorbeeld ruimten met een betere natuurlijke verlichting, ook al vallen de plafondhoogten dan buiten de normen. Al te vaak immers wordt een wettelijk minimum een norm, of groeit een uitgangspunt uit tot een maximum dat als standaard wordt gezien. In Brussel werden talloze gebouwen opgetrokken met plafondhoogten die de verbouwing of aanpassing ervan onmogelijk maken. Over al deze kwesties moet een serene dialoog mogelijk zijn met de partijen die de stedebouwkundige en milieuvergunningen moeten uitreiken, terwijl de architect voorts een functie moet vervullen als adviseur van de bouwheer en de gebruikers (los van de constructie zelf, met betrekking tot het eigenlijke gebruik) en tenslotte de onderhouds- en werkingskosten moet objectiveren om ze reeds bij het ontwerp van het gebouw te kunnen verrekenen. Na twintig of dertig jaar staan sommige gebouwen er beter voor dan andere, en de staat van het gebouw en de resterende levensduur ervan kunnen enorm verschillen. De fiscale wetgeving loochent deze realiteit met behulp van een fictief instrument : de afschrijving van een gebouw. De Belastingsdiensten gaan er immers van uit dat een woongebouw afgeschreven wordt op 33 jaar, maar vaak zou de jaarlijkse provisie een stuk hoger moeten liggen dan 1/33ste van de oorspronkelijke waarde van het gebouw om de onderhoudskosten te dekken.

Het is van belang dat een gebouw een voldoende levensduur heeft en dat het kan worden aangepast of verbouwd voor doeleinden die verschillen van de aanvankelijke bestemming. Architecten en politieke overheid hebben hier ongewild zwaar tegen gezondigd bij het merendeel van wat er de jongste veertig jaar is gebouwd. De maatschappij heeft hen van het rechte pad geleid door het kortstondige te institutionaliseren. Een gebouw werd gezien als een afgewerkt produkt met een efficiëntie op korte termijn, en de resultaten van deze mentaliteit zijn momenteel zowat overal in Brussel te merken. De architectuur liet zich zo weinig gelegen aan de toekomst dat zij een zeer zware last op de schouders van de komende generaties heeft geladen. In sommige gevallen komt reeds na een paar jaar het mechanisme van de trage dood op gang : de gebouwen verkrotten zienderogen omdat hun structuur en hun morfologie te lijden hebben onder zware gebreken die elke remedie onmogelijk maken. Bepaalde grote flat- en kantoorgebouwen gaan erg moeilijke tijden tegemoet, omdat zij nagenoeg niet meer te beheren zijn en hun lot dus erg onzeker is. Sommige eigenaars beschouwen het gebouw waarvan zij een deel bezitten als een aandeel. Elke uitgave doet het rendement dalen. Het gebouw is een consumptie artikel dat afgedankt wordt zodra de onderhoudskosten te hoog komen te liggen. Als een te groot deel van het patrimonium van een stad door dit proces aangetast raakt, kunnen de gevolgen rampzalig zijn.

Essentieel is dus dat de architect bij het optrekken van een gebouw alles doet om verborgen kosten te vermijden die de toekomst van het gebouw hypothekeren, en dat hij de overheid en de bouwheren terzake bewust maakt. Het is alleen door een onmiddellijk nut te vinden voor wat men voorstelt dat men de bouwheer waarmee men samenwerkt en de stedelijke overheid (die de diverse vergunningen sneller moet afleveren) tot meer redelijkheid kan aanzetten. De architect moet het gezond verstand rendabel maken : het is veel belangrijker dat hij daardoor de deur openzet naar een verstandige redenering dan dat hij zich toelegt op de gevel en het ontwerp ervan. We moeten niet streven naar de onsterfelijkheid van het gebouw op zich, noch naar het vrijwaren van de externe vormintegriteit, maar naar een proces en naar concepten die enige duurzaamheid in zich dragen.

Over het algemeen moeten we teruggrijpen naar stevige gebouwen, met een eenvoudige en duidelijke morfologie en structuur, voldoende hoge plafonds, natuurlijk verlicht, niet te diep of te hoog, makkelijk te gebruiken voor andere functies dan de oorspronkelijke, en waarin de trap opnieuw betekenis krijgt en zinvol gebruikt wordt in plaats van louter een functie te vervullen in noodgevallen. Dat heeft trouwens onmiddellijk voordelen voor de doorstroming. De structuren volgens geometrische tracés zijn meteen ook diegene die voldoen aan de criteria stevigheid, harmonie en meervoudige inzetbaarheid.

We moeten ook trachten opnieuw gebouwen te ontwerpen waarvan delen probleemloos hersteld en onderhouden kunnen worden zonder overdreven uitgaven of buitensporige onderhoudskosten. Vandaar dat we voor de uitvoering van bepaalde gedeelten moeten aankloppen bij de ambachtslui uit de bouw, in plaats van stelselmatig gebruik te maken van industriële componenten waarvan niet zeker is of ze 20 of 30 jaar later nog gemaakt worden. We moeten lokalen ontwerpen die luxueuzer zijn door hun grotere ruimte waarin het prettig is om te wonen en beter om te werken, maar tegelijk moeten we ze realiseren met minder luxueuze materialen, die zich makkelijk laten herstellen, onderhouden of vernieuwen. Daarbij moeten we een beroep doen op de plaatselijke vaklui, de basisindustrie, de ambachtslui uit de bouw.

De hedendaagse architectuur legt zich nog al te vaak uitsluitend toe op wat het oog te zien krijgt; ze beperkt zich tot het beeld, wat ten koste gaat van de andere zintuigen die bij de waarneming van het gebouw betrokken zijn (geur, tastzin) en van de dimensies tijd en ruimte. We moeten opnieuw aanknopen bij een architectuur die de zintuigen aanspreekt en we moeten klanten en gebruikers ook in die zin opvoeden. Op die manier scheppen we betere woon- en werkomgevingen, die harmonieuzer zijn en dus ook efficiënter. In die optiek moeten we ons afvragen of we niet beter opnieuw gebruik zouden gaan maken van natuurlijke materialen (hout, steen) in plaats van industriële componenten : ze bieden immers het dubbele voordeel van meer levensvreugde en minder onderhoudskosten. Het is natuurlijk zo dat de samenleving momenteel nog steeds vraagt om een prototype-architectuur en dat zij verwikkeld is in een intens concurrentieproces op kostenniveau en in overhaaste bouwprocédés die de architecten ertoe dwingen telkens weer alles om te gooien en hun opdracht te volbrengen in het teken van onmiddellijke efficiëntie. Maar we mogen niet vergeten dat we daarmee een patrimonium in het leven roepen dat slechts een beperkte levensduur heeft en voor grote onderhoudsproblemen zal zorgen. De architectuur moet opnieuw de plaats innemen die haar toekomt en de aandacht krijgen die zij verdient. Het is onze plicht een uitgesproken standpunt in te nemen en een resolute koers te varen : we moeten de bouwheren, de overheid en het grote publiek heropvoeden en rond deze problematiek sensibiliseren, en we moeten de maatschappij in haar geheel leren de korte termijn ondergeschikt te maken aan duurzame investeringen in de lange termijn.

Nadat de architectuur op sterven na dood is geweest, blijft onze samenleving in de greep van een ernstige ziekte. En net als de dokter die de patiënt opvangt met een vriendelijk woord, waarmee meteen de aanzet tot het herstel is gegeven, moeten wij eerst en vooral ons oor te luisteren leggen, ons tenvolle voor de goede zaak inzetten, geduld oefenen. Als we dan bovendien ook nog beseffen dat we bij deze tocht door de woestijn blijk zullen moeten geven van heel veel goede wil, zullen we de architectuur ongetwijfeld weldra opnieuw haar volle betekenis kunnen geven.

Opgetekend door Pierre Loze

By Philippe SAMYN, Architect

REFLECTIONS

The tasks which an architect is called upon to deal with at the upper and lower levels of the actual construction process, i.e. the feasibility and maintenance studies, may seem secondary matters and indeed very inconsequential aspects of the job. Nonetheless, there are many lessons which can be drawn from such tasks, and they encourage the architect to reflect on the fundamental choices which he faces within the art of building. In this context, my team has on several occasions been the observer and the technical chronicler of an aspect of Brussels constructions which has strengthened our conviction for the need to do our work thoroughly in all its multiple aspects. Our job is not only to build – and to build well – but also to make the owner more aware of matters which he hardly suspects as being of his concern, and at the same time to develop a trusting relationship which allows the architect to uphold his client's interests – whether it be a company or a private individual – going well beyond the vision that the client himself has of his own interests. This can also be said of his dealings with public and political authorities, as the quality of architecture is a long-term concern which goes beyond the immediate needs.

Sometimes, the owner or the public real estate manager distances himself from a form of sensitivity to which he has never had access and confines himself to a mundane or conventional view of things. The architect is under the obligation to inform him of the enhancements which can come with this perception as well as of the advantages to be gained, for example, by providing better natural lighting or non-standard ceiling heights. Too often, a codified minimum requirement ultimately becomes a norm, and what is taken to be a basis for an understanding becomes a maximum and is then adopted as the standard. Many of the buildings we see in Brussels were designed with ceiling heights which now make it impossible to convert or adapt them. On all such matters, we must be able to sit down and talk with the authorities involved in issuing environmental and building permits. At the same time there is a need for advice to be given to clients and users of buildings, not simply in terms of the construction itself, but also in terms of the life span of the building. This advice will include an objective assessment of the maintenance and operating costs, which should be taken into account as early as the design stage. It should be remembered that after twenty or thirty years of use, some buildings are more serviceable than others, and there can be wide variations in their condition and their service life. Indeed, our tax legislation enshrines this reality in what is in effect a fictitious concept : the amortization of a building. The Inland Revenue Department in fact calculates that a residential building is amortized over a period of 33 years, but in many cases the annual provision should be much greater than 1/33 of the initial value of the building to cover maintenance.

It is important that a building should have a sufficiently long service life and that it can be adapted or converted for purposes other than those for which it was initially designed. Architects, like political authorities, have unwittingly served this cause very badly in most of the constructions which have been built over the last forty years. Society has in effect forced them off the straight and narrow by institutionalizing the "quick fix" solution. In this context, the building is seen as a finished product offering short-term efficiency, and the results of this attitude can now be seen all around Brussels. Architecture has paid so little heed to the need for durable quality that it has laid a very heavy burden on the shoulders of future generations. In certain cases, modern buildings are undermined after a few years by a process of slow demise, and they gradually but inevitably become dilapidated hovels because their structure and morphology are marred by major design faults which make the decline and degeneration of the building unavoidable. Certain large properties under co-ownership are thus bound to have problems, and become virtually impossible to manage and thus very unstable. For certain owners, the building of which they are part owners is considered as a share in a financial asset. Thus, any expense reduces the rate of return. The building becomes an abstract financial object or a consumer product, and if the maintenance costs become too burdensome, the building is left in a state of neglect. Now, when this process affects too high a proportion of the buildings which form the architectural heritage of a city, the consequences can be disastrous.

Against this background, it is essential that when an architect starts to build, he should do his utmost to avoid creating hidden service charges which are bound to become a burden, and he should take steps to inform the public authorities and the owners of this danger. What better way to foster good practices among the owners who commission the building and the city authorities (bearing in mind that we are looking to them to issue environmental and building permits more rapidly) than by pointing out the immediate usefulness of our proposal ? Our task is to make good architectural practices profitable. The need to encourage sound reasoning is in this regard of much greater importance than the design details of the facade. It is not that we must strive to design with the immortality of the building in mind, or for that matter to preserve its formal, external integrity, but that we must be the initiators of a process and of design concepts which assure durability.

Generally speaking, we must get back to designing solid buildings based on a clear and simple structure and morphology which are neither too deep nor too high, providing natural lighting, sufficiently high ceilings and which can be easily converted for purposes other than those for which they were initially designed and in which the staircase is not simply a means of escape but an object endowed with meaning and functional quality. The result is immediate free and easy traffic. In addition, the structures which are designed according to geometric criteria are also those which enhance the solidity and harmony of the construction and offer multiplicity of use. We must also get back to designing buildings of which the constituent parts can be easily repaired and maintained without excessive burdens and maintenance costs. There is a need, therefore, for a degree of craftsmanship in the finishing of certain parts of the building in preference to systematic use of industrial components which cannot offer a sufficient guarantee of quality 20 or 30 years later. It is, indeed, in our interest to create living areas which are more luxurious in terms of space which create a sense of well-being and offer better working conditions as well as a sense of serenity. At the same time, we must do all this with materials which are less lavish and which are easy to repair, maintain or replace. Lastly, we must utilize local resources, the basic industrial infrastructure and the skills of the craftsman.

Contemporary architecture has too often confined itself to visual impact, reducing it to a mere image to the detriment of the other senses involved in our perception, such as smell and touch, as well as the dimensions of space and time. We must get back to a form of architecture which calls on the use of our senses and in this regard serves to educate the clients and users of the building. We must in this way create better living and working environments, spaces which are more harmonious and thus more efficient. In this regard, we can in fact consider the possibility of reintroducing natural materials such as wood or stone in preference to industrial components and defending their use on the grounds that they enhance the atmosphere and offer low maintenance costs. Of course, insofar as society demands a prototypical form of architecture, it must bear some responsibility for the extremely tough competition in terms of costs and the excessive haste with which building work is undertaken. These factors force the architect at every turn to get back to the drawing board and to whittle down his designs to the level of basic efficacy. However, we must bear in mind that we are thus producing an architectural heritage with a limited service life which is bound to create major maintenance problems in the future. Architecture must be elevated to its proper role and status. It is our duty to make our stand and to continue determinedly along the proper path. To do this we must reeducate the owners, increase awareness of the importance of these issues among the public authorities and the general public and, lastly, strive to make society understand the need to disregard any short-term interests in favour of more durable long-term investments.

The state of health of our society has long been neglected and we are now faced with a serious illness. In this regard, we are like the doctor who, having examined the patient, initiates the treatment with soothing words and gestures. In the same way, we must be constantly on the lookout and work with devotion and patience, without underestimating the extent of the dedication which will be demanded of us and the difficulties we will face during this illness as we work to breathe life and spirit back into contemporary architecture.

Interview by Pierre Loze
20 May 1995

Interview by Pierre Loze

SUZON INGBER
GUY HERMANS

Galerie "Theoremes"

Galerie "Theoremes"

"Theoremes" Gallery

Rue Nouveau Marché aux Grains 22-23
1000 Bruxelles

1989

SUZON INGBER, GUY HERMANS
Architectes d'Intérieur /
Binnenhuisarchitecten / Interior Architects

THEOREMES sprl
Maître d'Ouvrage / Opdrachtgever / Client

MARTIN WYBAUW
Photographe / Fotograaf / Photographer

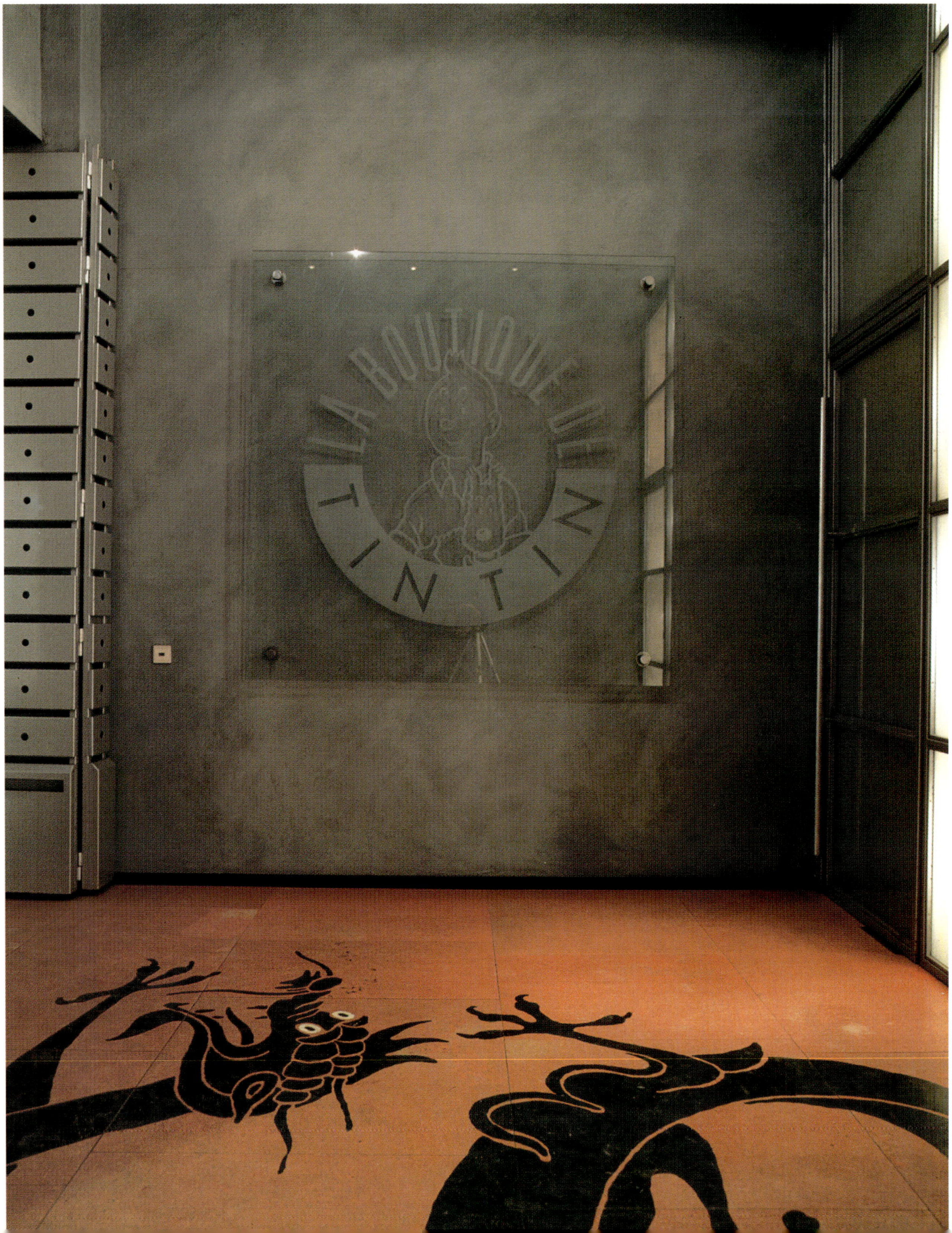
LA BOUTIQUE
TINTIN

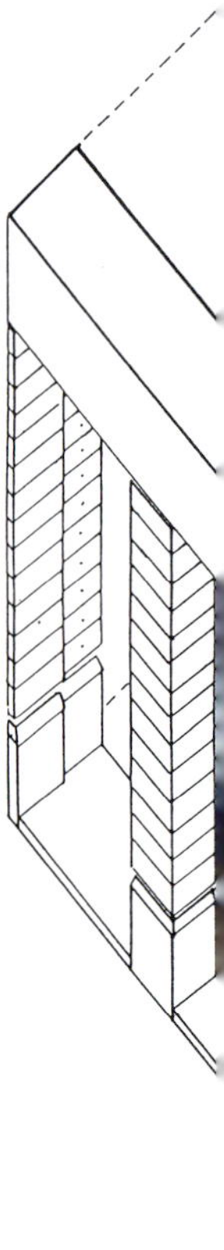

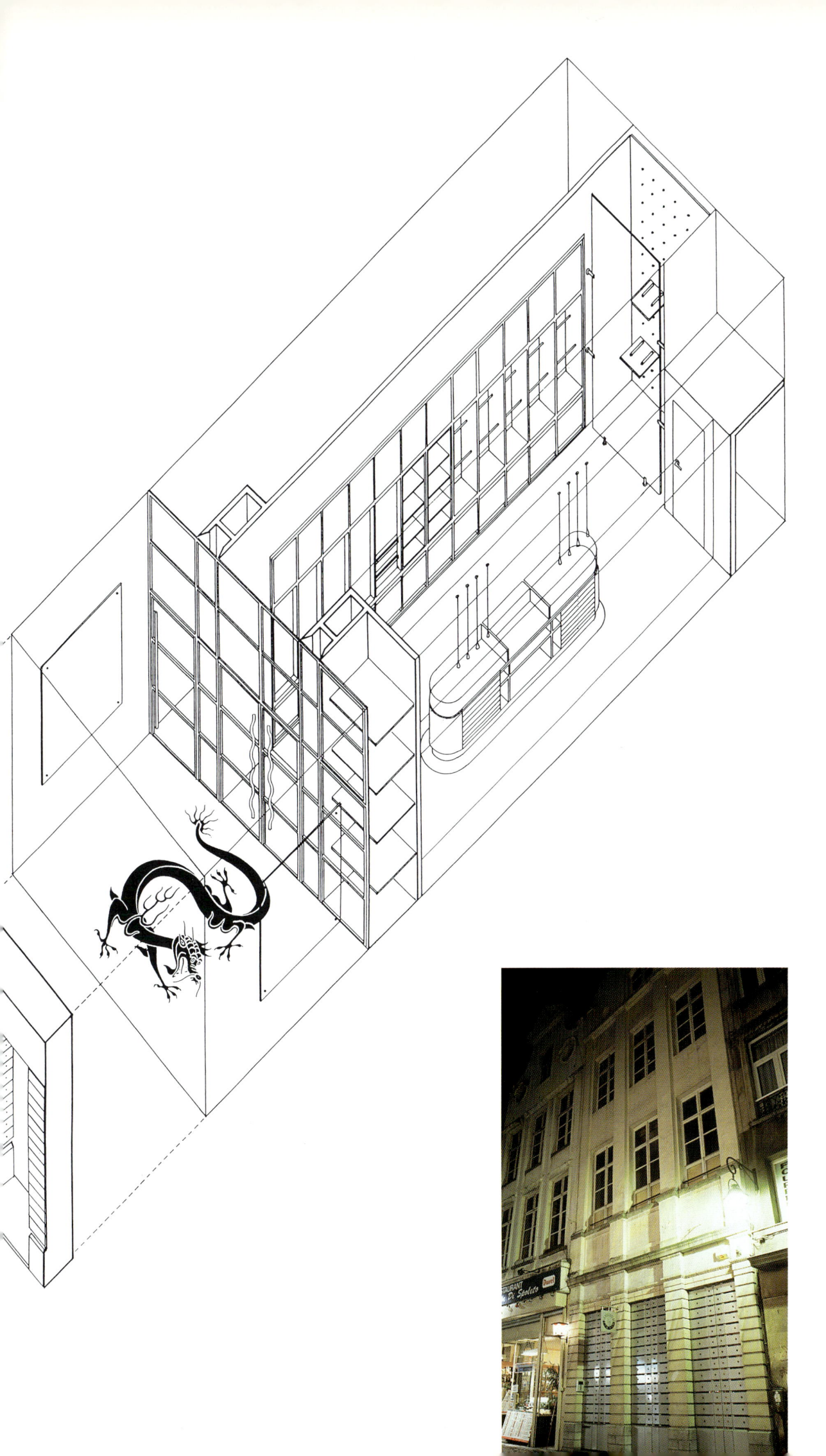

VICTOR LEVY

La boutique de Tintin

Boetiek Tintin

Tintin boutique

Rue de la Colline 13
1000 Bruxelles

1989

VICTOR LEVY
Architecte / Architect

M-R. Debacker, M. Rabinowicz
Collaborateurs / Medewerkers / Collaborators

RETAIL ADVENTURES
Maître d'Ouvrage / Opdrachtgever / Client

RIGOLE, VANDERMEIRSH, HERIS
Entreprises / Aannemers / Contractors

VICTOR LEVY
Photographe / Fotograaf / Photographer

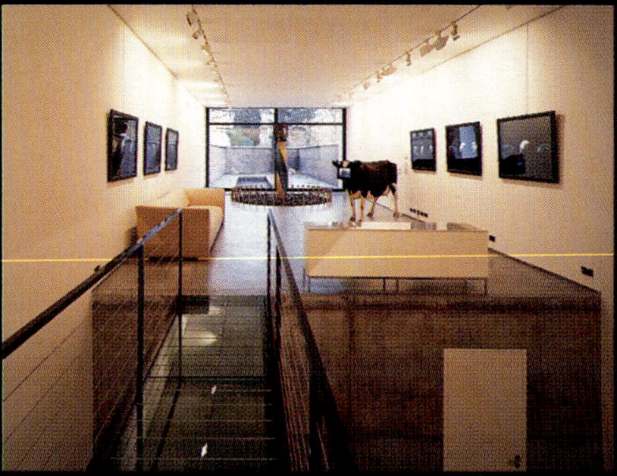

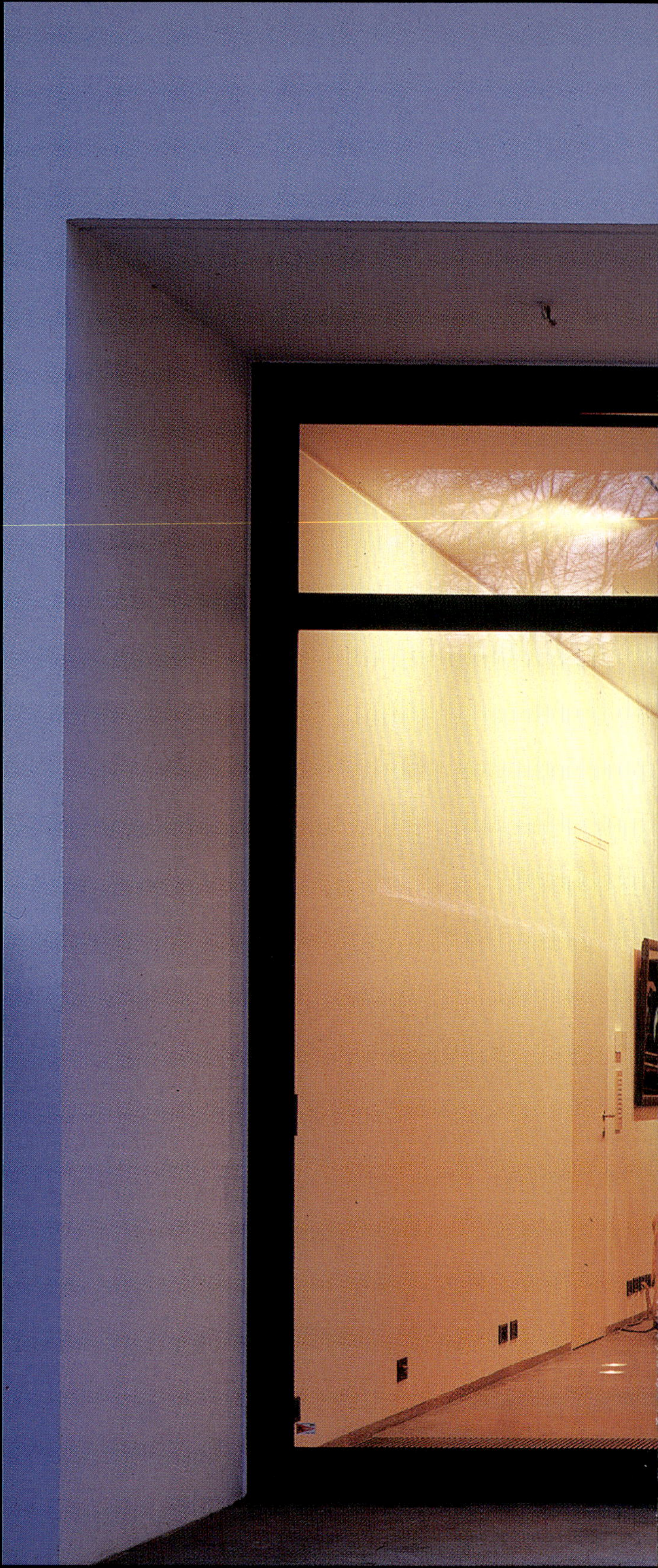

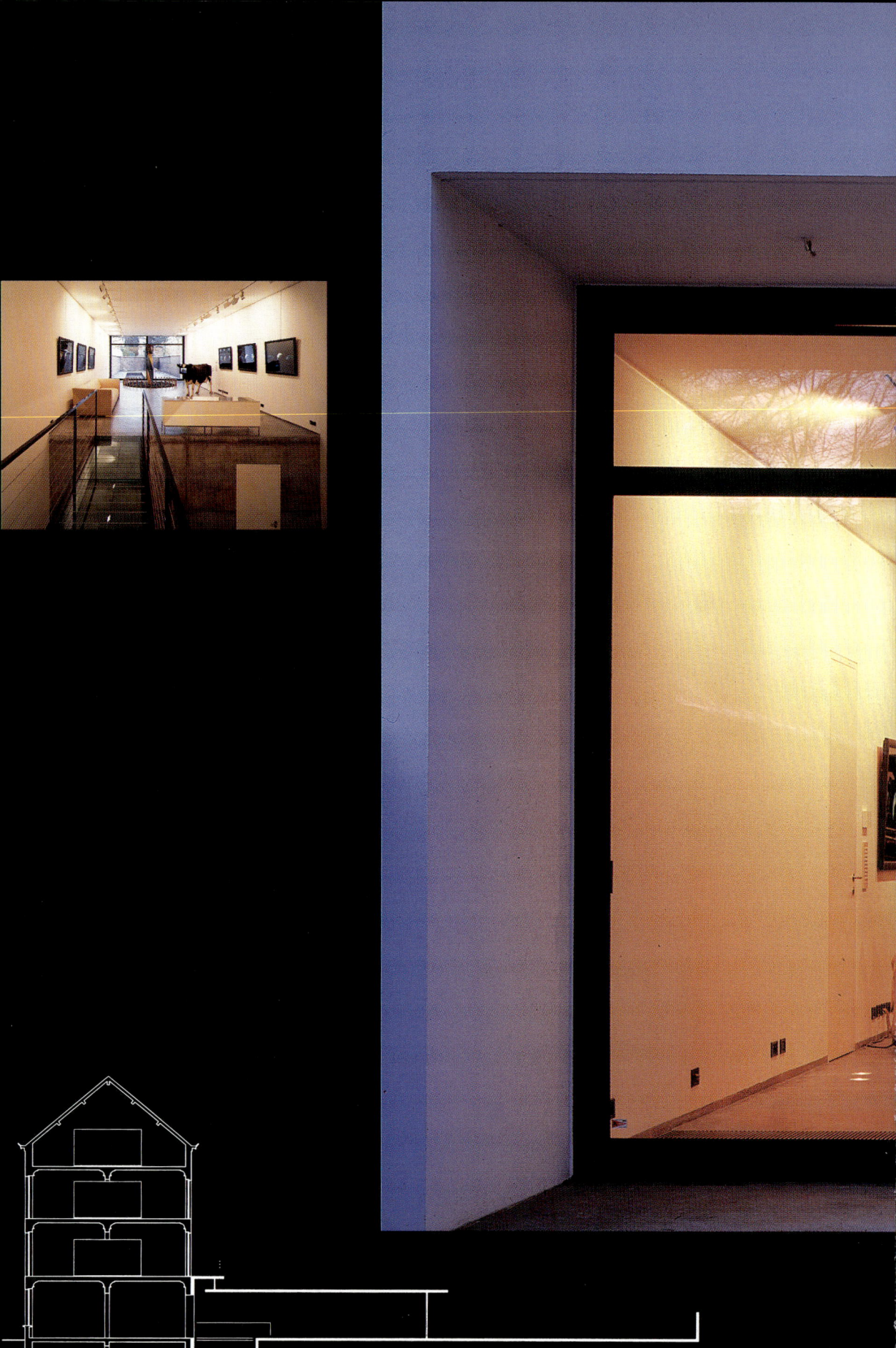

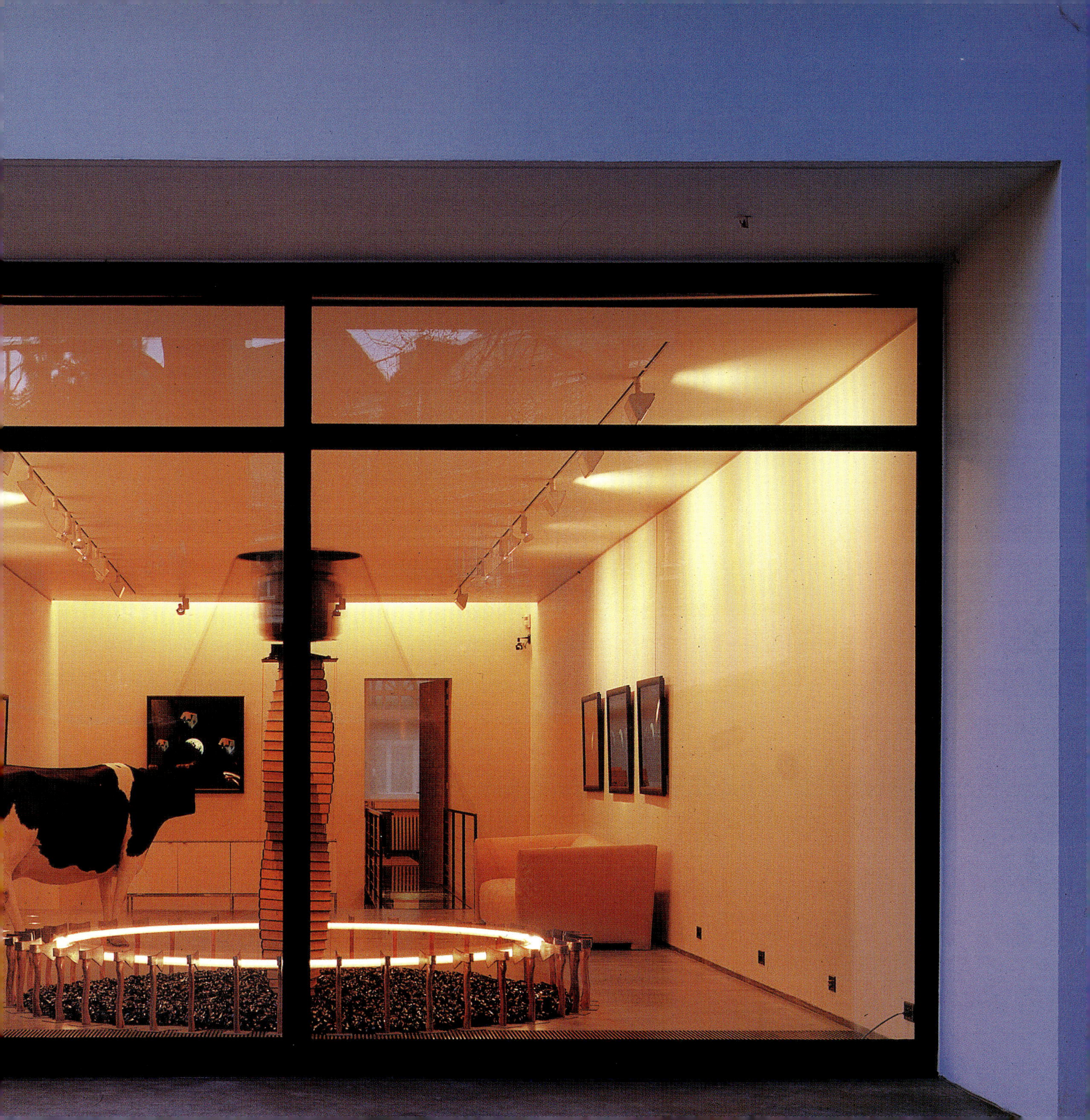

SERGE ROOSE

Galerie Willy D'Huysser
Galerie Willy D'Huysser
Willy D'Huysser Gallery

Place du Grand Sablon 35
1000 Bruxelles

1990

ATELIER D'ARCHITECTURE
SERGE ROOSE sprlu
Architecte / Architect
J-P. Herter
Collaborateur / Medewerker / Collaborator

WILLY D'HUYSSER
Maître d'Ouvrage / Opdrachtgever / Client

ATENCO
Ingénieurs Stabilité / Ingenieurs Stabiliteit / Structural Engineers

IBENS sa
Entreprise Générale / Algemene Aannemer / General Contractor

WIM VAN NUETEN
Photographe / Fotograaf / Photographer

Prix de la société Runtal pour l'intégration Urbaine et l'aménagement contemporain
1992
Prix / Prijs / Prize

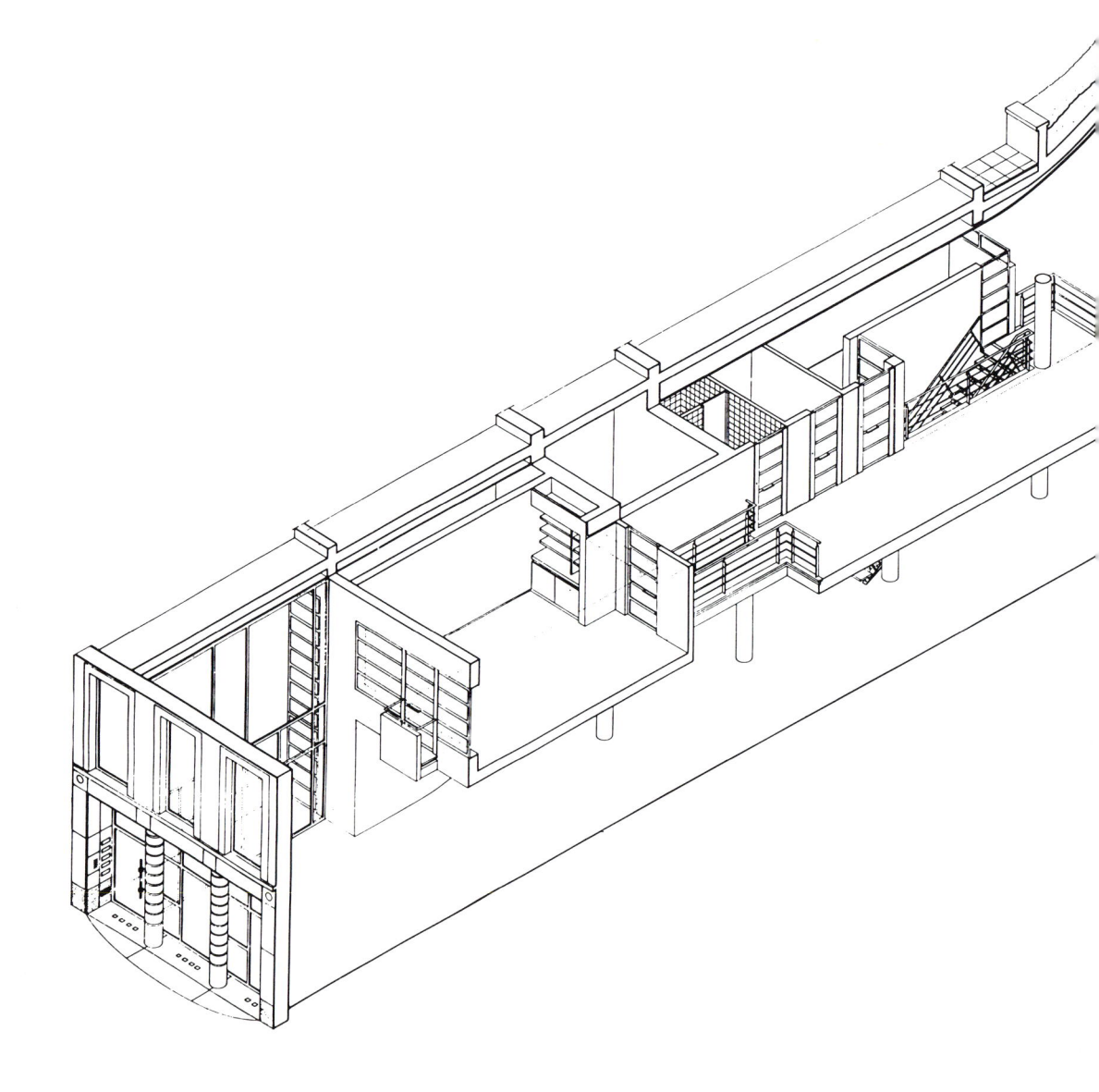

55

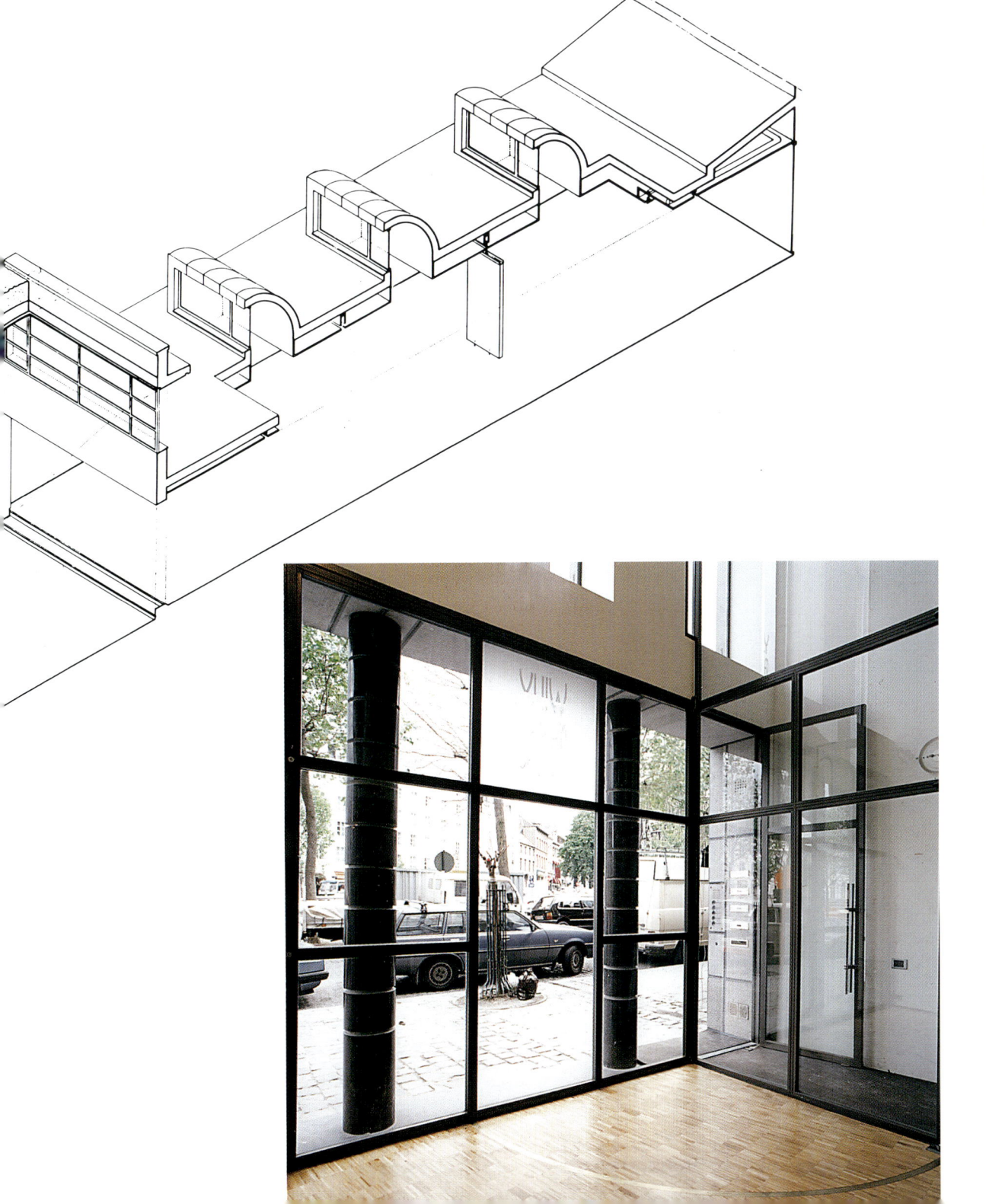

MICHEL KEYMOLEN

Salon de café
"Sur la Route d'Ispahan"

Koffiesalon
"Sur la Route d'Ispahan"

Cafe Lounge
"Sur la Route d'Ispahan"

Avenue Brugmann 150
1060 Bruxelles

1995

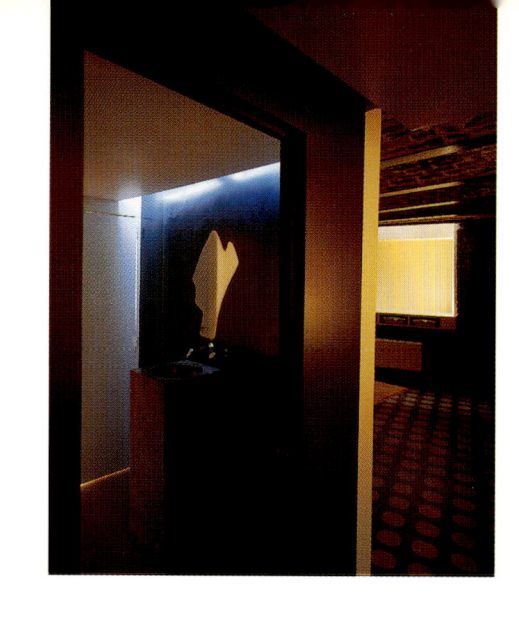

MICHEL KEYMOLEN
Architecte d'Intérieur / Binnenhuisarchitect / Interior Architect

FRANCE BINON, SERGE BRISON, PHILIPPE HALLUENT
Maître d'Ouvrage / Opdrachtgever / Client

SERGE BRISON
Photographe / Fotograaf / Photographer

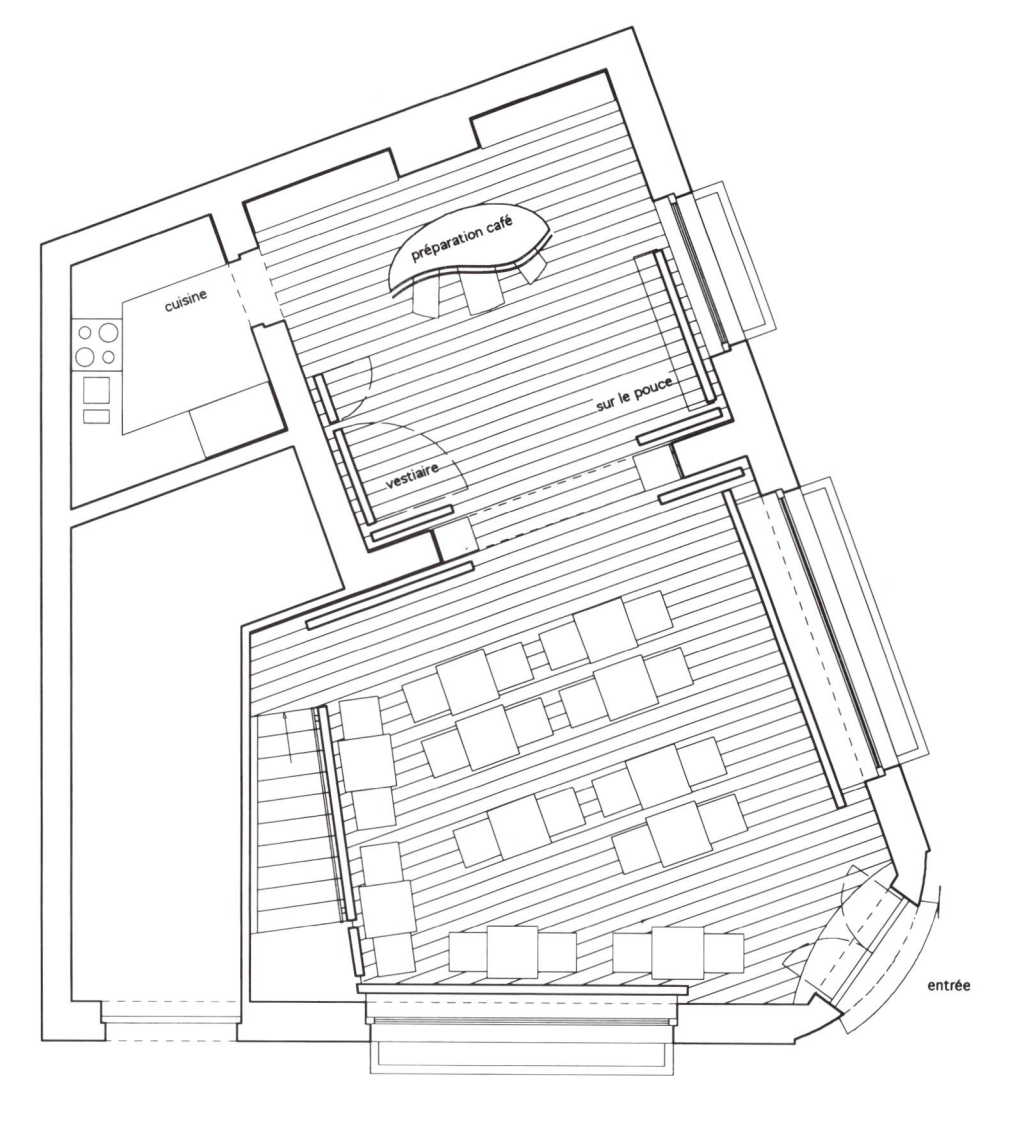

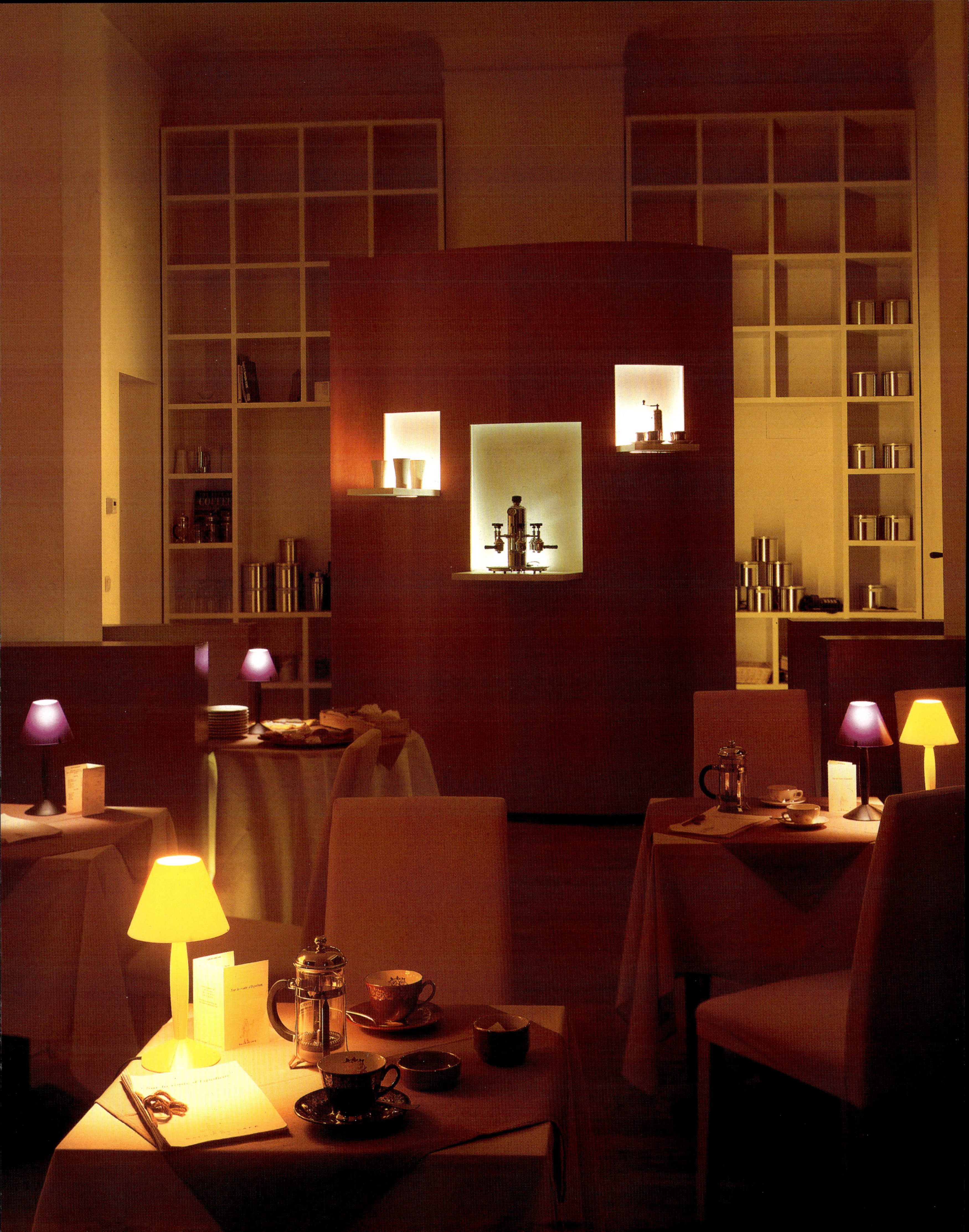

XAVIER DE SMEDT
THIERRY COLS

Restaurant "La Manufacture"

Restaurant "De Manufacture"

Restaurant "The Manufacture"

Rue Notre Dame du Sommeil 12
1000 Bruxelles

1991

DE ARCHITEKTEN ASSOCIATIE
Architecte / Architect
XAVIER DE SMEDT, THIERRY COLS, FONS WEEKX, STIJN LALEMAN, BERTRAND LECHARNY, GILBERTE WYCKMANS
Associés / Vennoten / Partners

INSTORE
Architecture Intérieure /
Binnenhuisarchitecture / Interior Architecture

DELVAUX CRÉATEUR
Maître d'Ouvrage / Opdrachtgever / Client

ROBERT PLUYS
Ingénieur Stabilité / Ingenieur Stabiliteit /
Structural Engineer

HENRI RUTTIENS et Fils
Entreprise Générale / Algemene Aannemer /
General Contractor

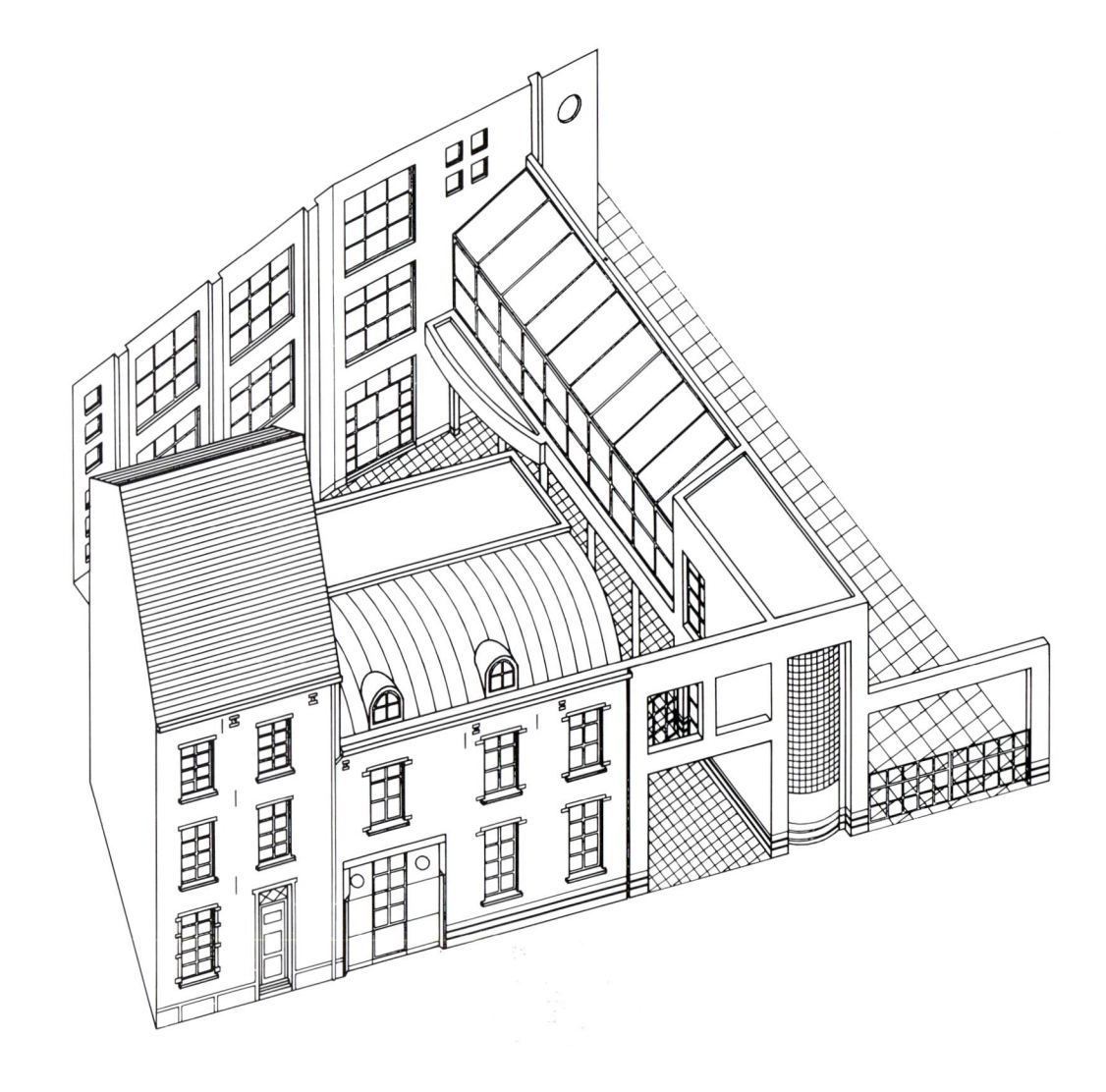

MARTIN WYBAUW
Photographe / Fotograaf / Photographer

59

OLIVIER BASTIN

Restaurant "Le Yen"

Restaurant "De Yen"

Restaurant "The Yen"

Rue Lesbroussart 49
1050 Ixelles

1991

OLIVIER BASTIN
Architecte / Architect

M. NGUYEN
Maître d'Ouvrage / Opdrachtgever / Client

LUC et FRANCOIS DELVAUX
Ingénieurs Stabilité / Ingenieurs Stabiliteit / Structural Engineers

SERGE BRISON
Photographe / Fotograaf / Photographer

BELGIAN ARCHITECTURAL AWARD 92,
Concours de Réalisations Architecturales
Récentes : Mention spéciale
Prix / Prijs / Prize

PLAN REZ+1 NIV. 440

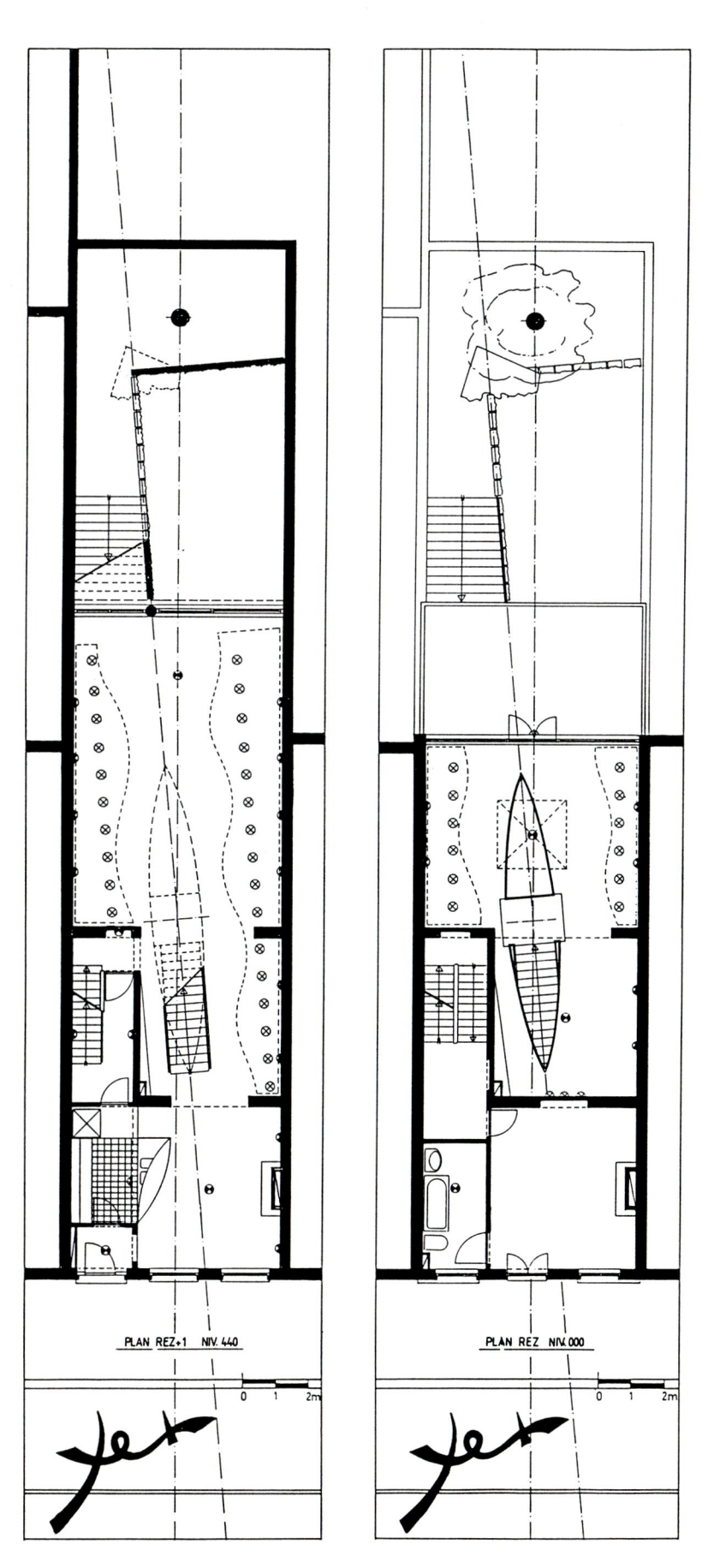

PLAN REZ NIV. 000

62

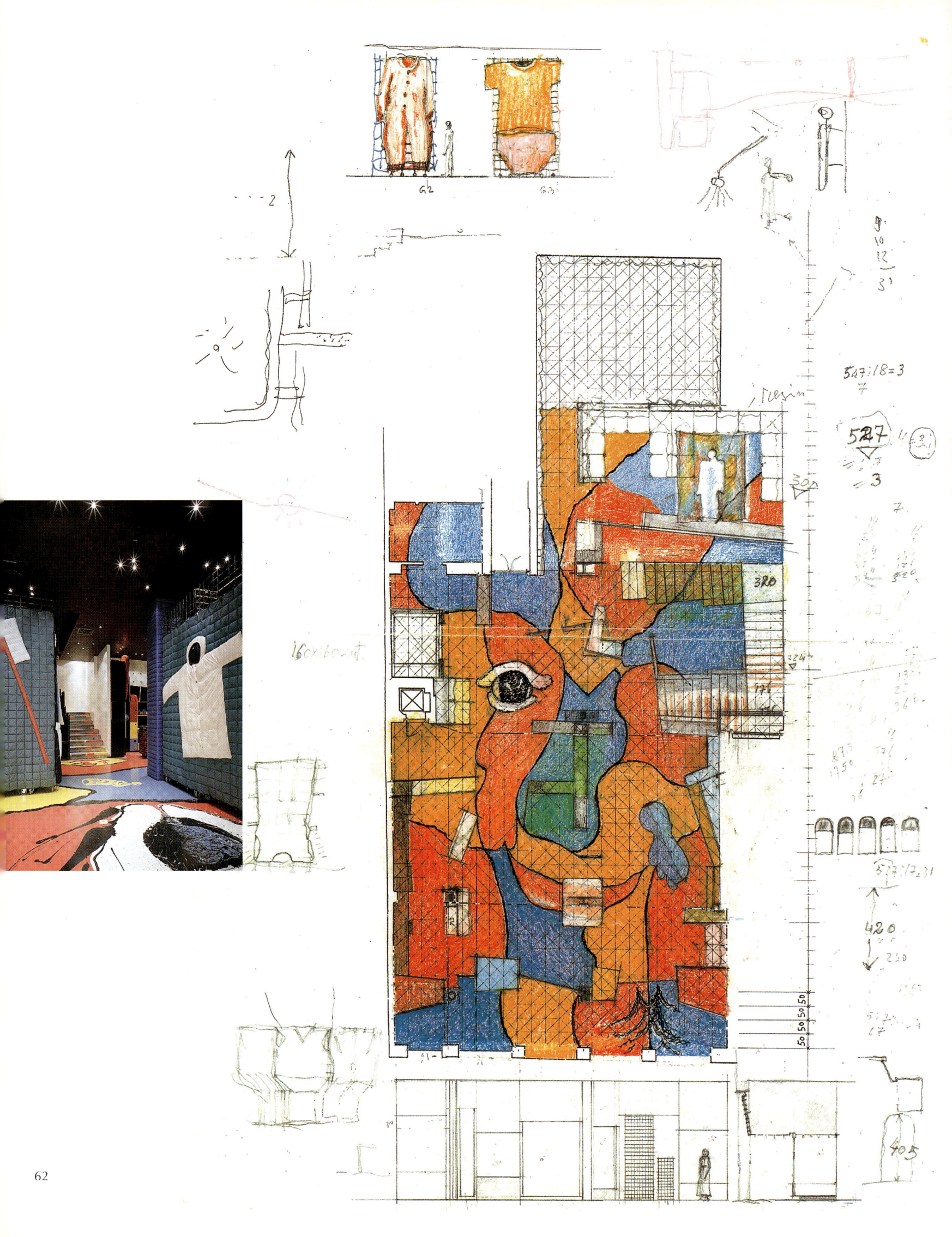

GAETANO PESCE

Magasin Dujardin
Boetiek Dujardin
Dujardin store

Avenue Louise 82/84
1050 Bruxelles

1994

GAETANO PESCE
Architecte/Architect
E.Mourmane
Collaborateur / Medewerker / Collaborator

ANCIENNE MAISON DUJARDIN sa
Maître d'Ouvrage / Opdrachtgever / Client

ARCADE sa
Ingénieurs Stabilité / Ingenieurs Stabiliteit / Structural Engineers

IBENS sa, ETS BOULENGER
Entreprises / Aannemers / Contractors

ALBERTO FERRERO
Photographe / Fotograaf / Photographer

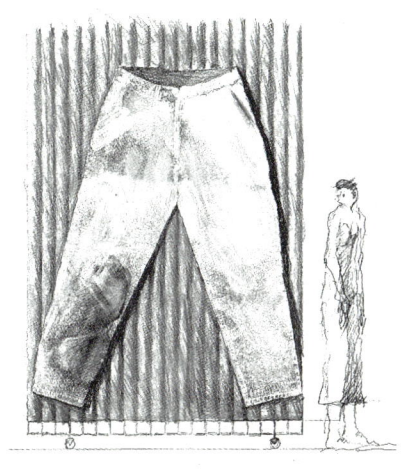

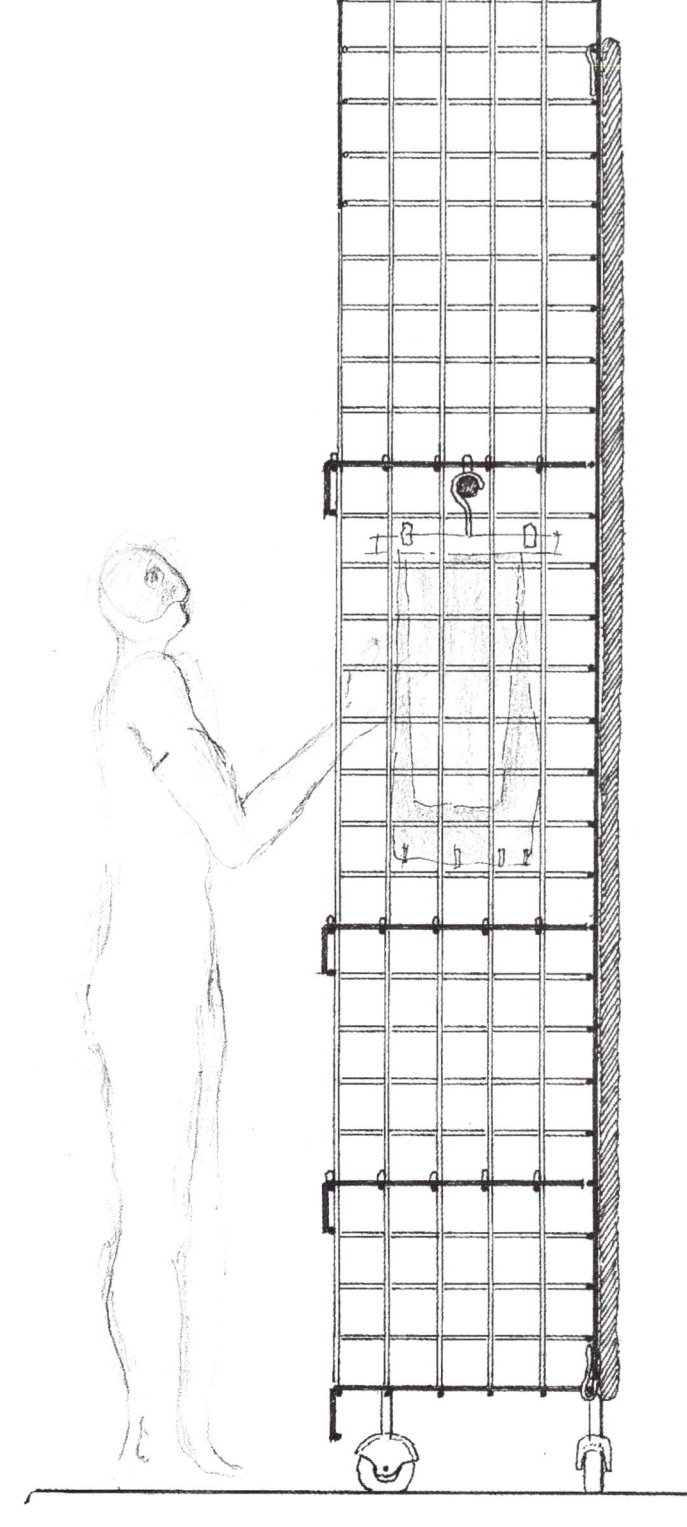

GAETANO PESCE

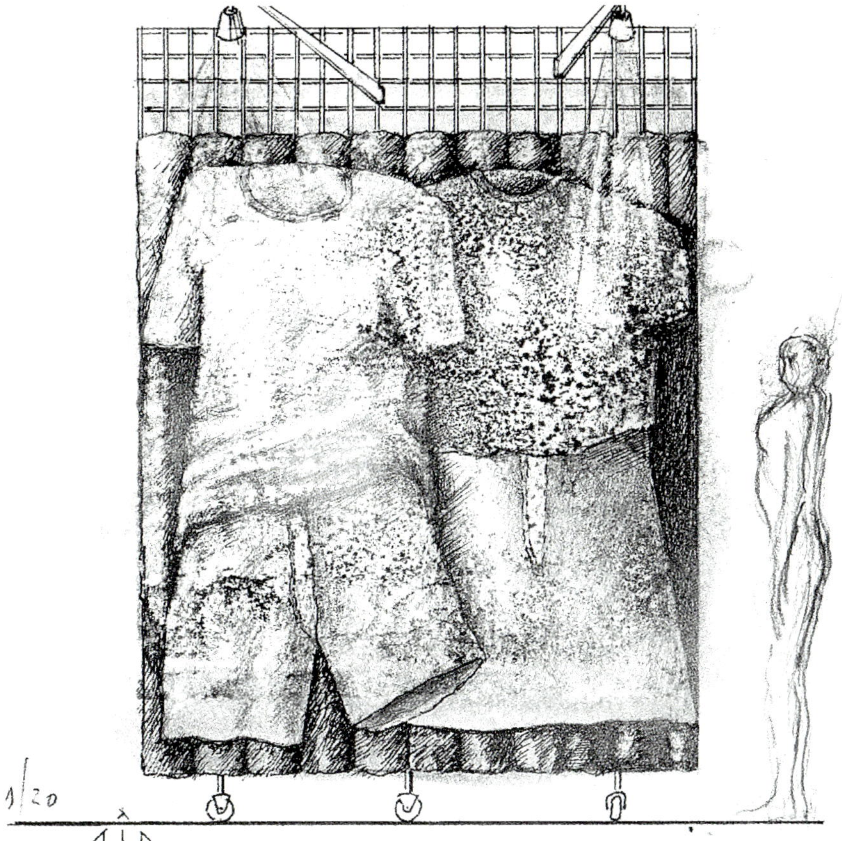
1/20

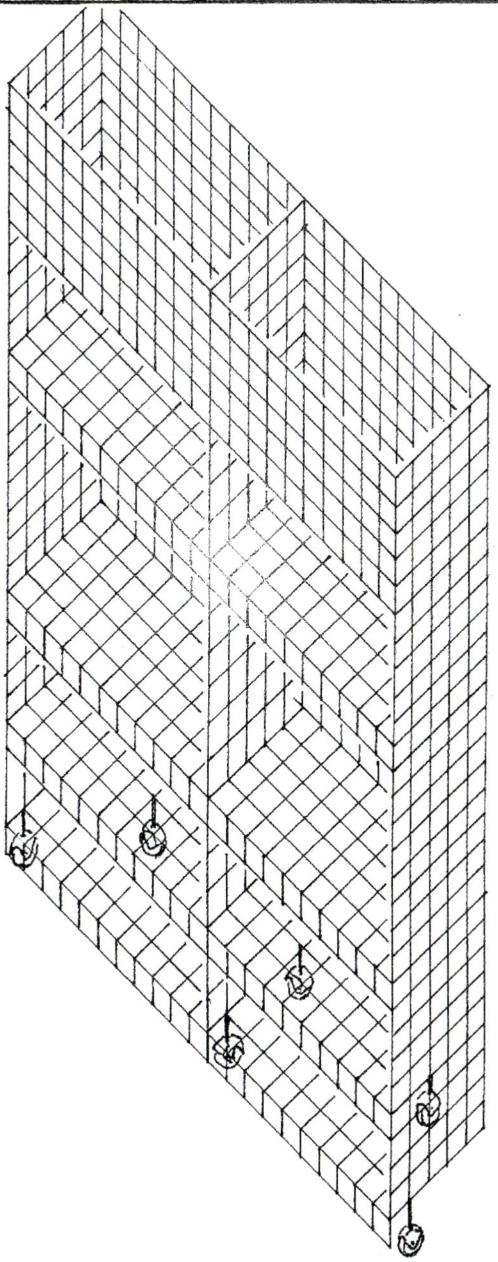

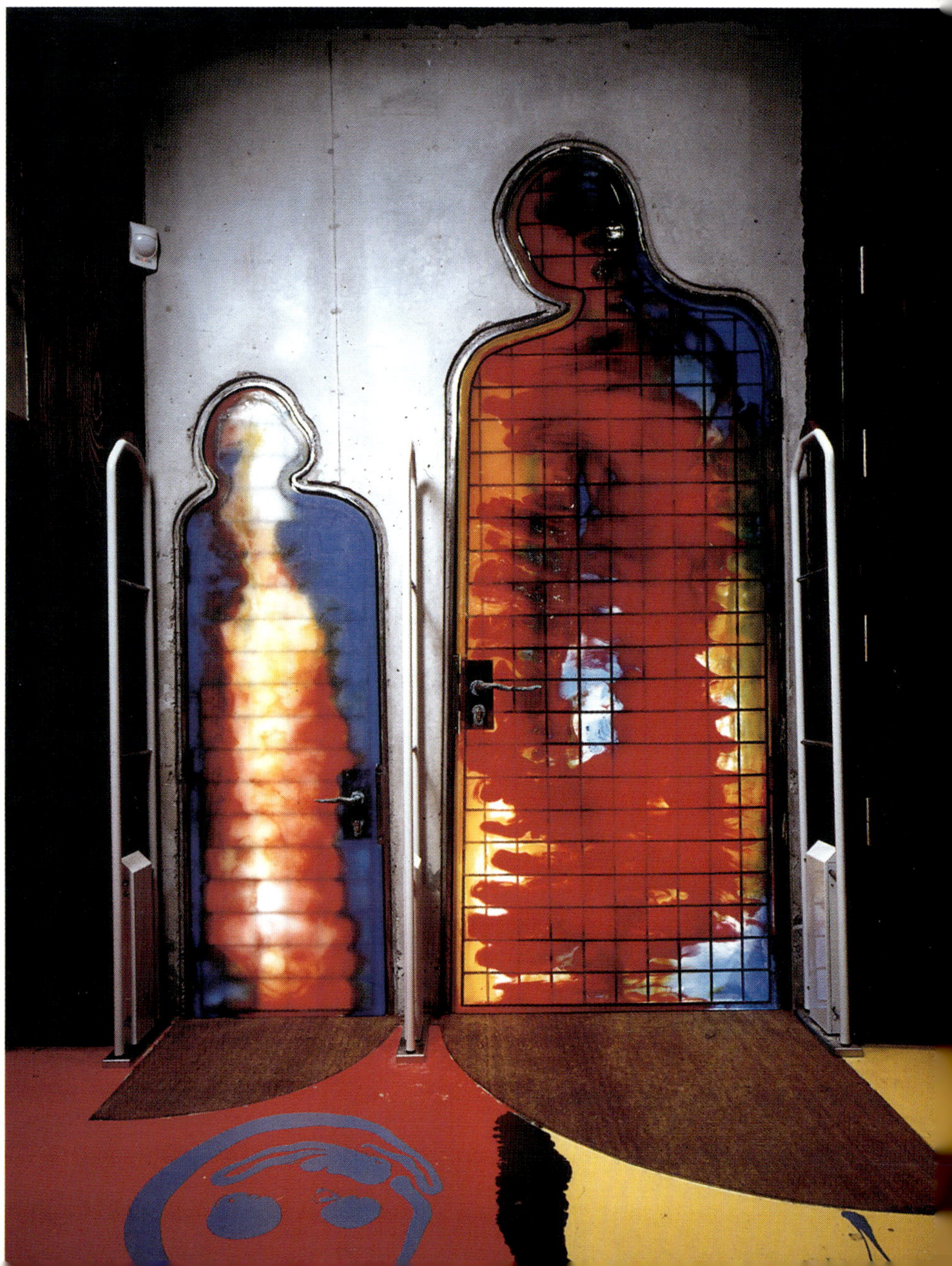

ATELIER D'ART URBAIN

**Ateliers et show room
"nv Vervloet sa"**

Ateliers en showroom
"nv Vervloet sa"

"nv Vervloet sa" workshops
and show-room

Rue de la Borne 78
1080 Molenbeek-St-Jean

1992

ATELIER D'ART URBAIN sc
Architecte / Architect
**SEFIK BIRKIYE, GREGOIRE de
JERPHANION, DOMINIQUE DELBROUCK,
CHRISTIAN SIBILDE**
Associés / Vennoten / Partners

nv VERVLOET sa
Maître d'Ouvrage / Opdrachtgever / Client

LESAGE & PAELINCK sprl
Ingénieurs Stabilité / Ingenieurs Stabiliteit /
Structural Engineers

sprl JC DELFOSSE bvba
Entreprise Générale / Algemene Aannemer /
General Contractor

SERGE BRISON
Photographe / Fotograaf / Photographer

67

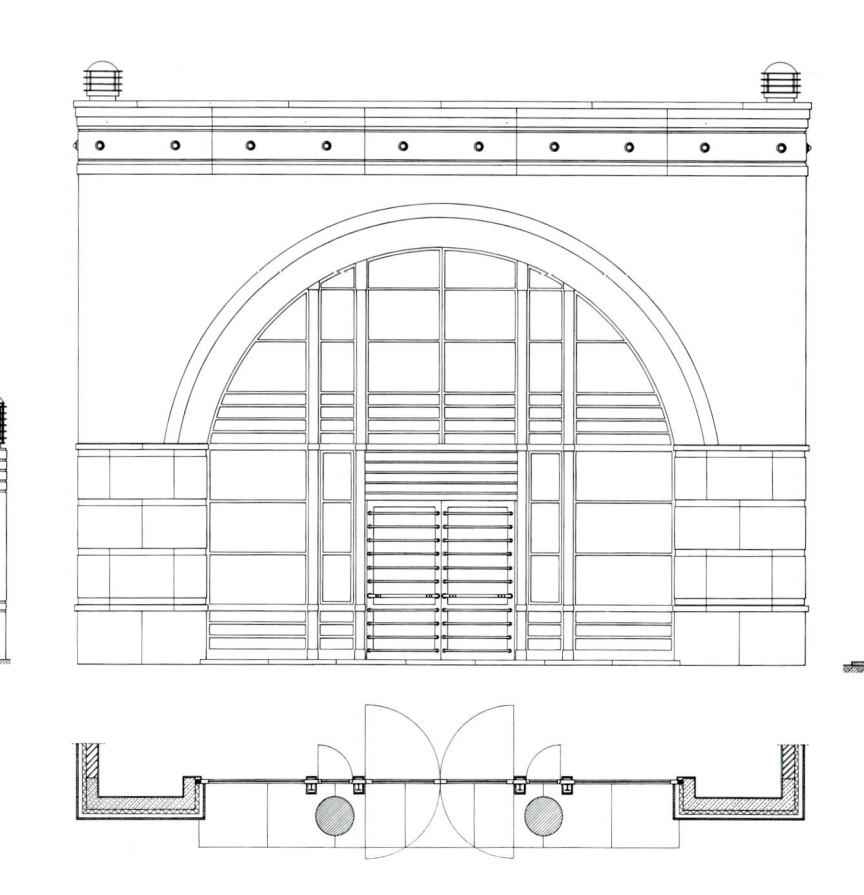

MARCO KADZ

Ambassade de la Principauté d'Andorre

Ambassade van het Prinsdom Andorra

Embassy of the Principality of Andorra

Rue de la Montagne 10
1000 Bruxelles

1991

MARCO KADZ
Architecte / Architect

AMBASSADE DE LA PRINCIPAUTE D'ANDORRE
Maître d'Ouvrage / Opdrachtgever / Client

SERGE BRISON
Photographe / Fotograaf / Photographer

PREMIER ETAGE

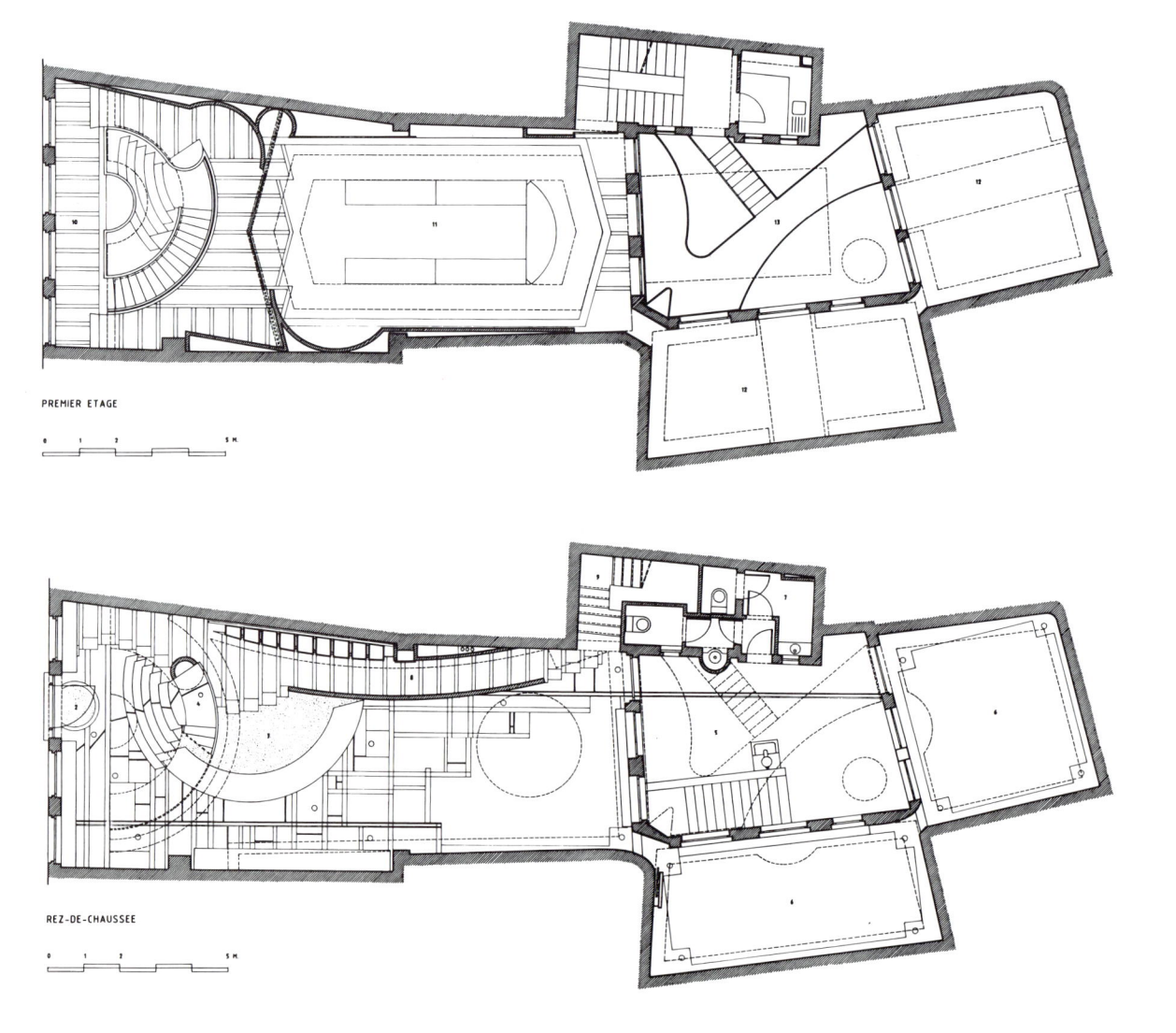

REZ-DE-CHAUSSEE

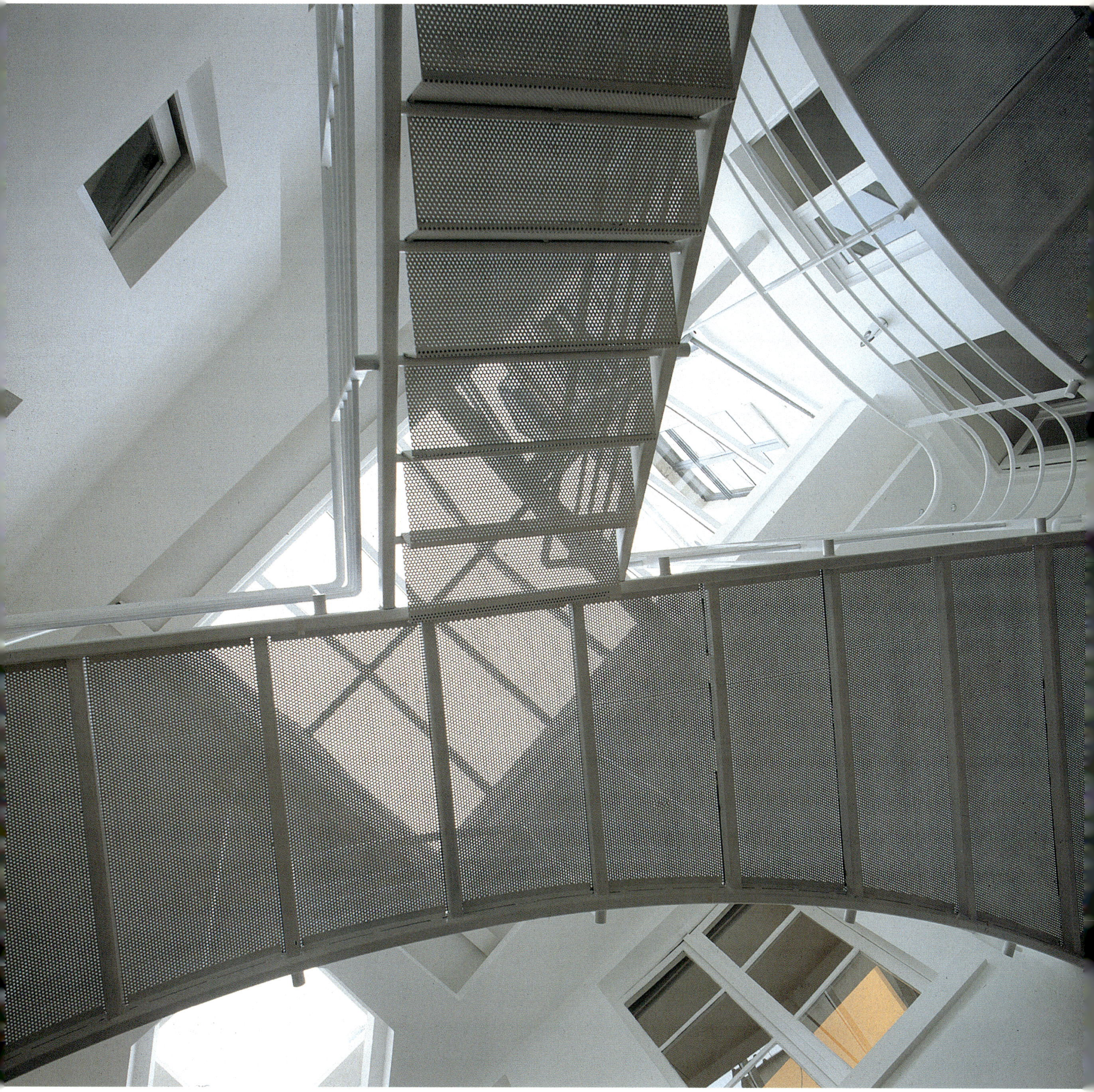

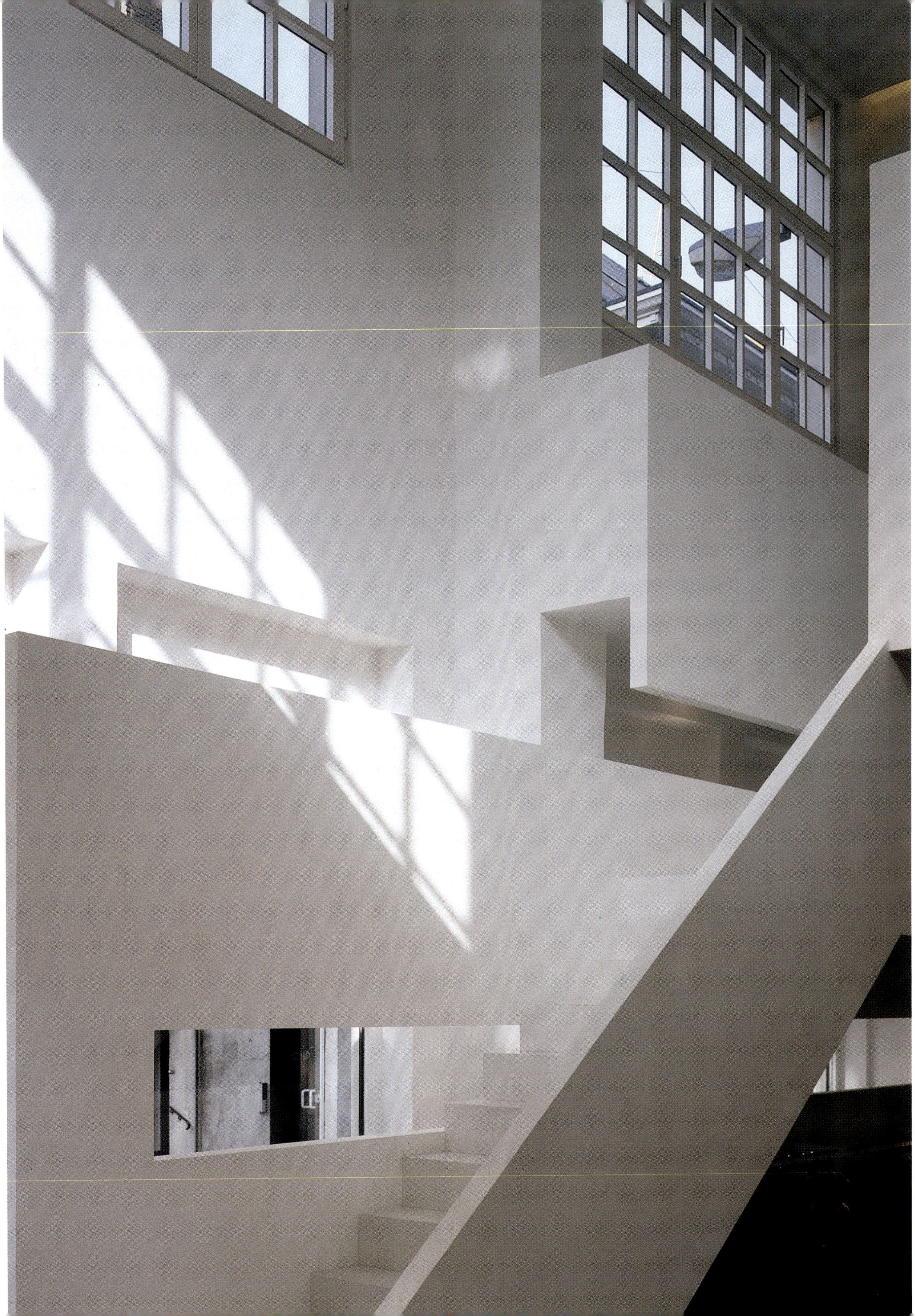

VINCENT VAN DUYSEN

Boutique "Natan"

Boetiek "Natan"

Boutique "Natan"

Rue de Namur 78
1000 Bruxelles

1995

VINCENT VAN DUYSEN
Architecte / Architect

K. Potvlieghe
Collaboratrice / Medewerkerster /
Collaborator

NATAN S.A.
Edouard VERMEULEN
Maître d'Ouvrage / Opdrachtgever / Client

DESCAMPS
Entreprise Générale / Algemene Aannemer /
General Contractor

ALBERTO PIOVANO
Photographe / Fotograaf / Photographer

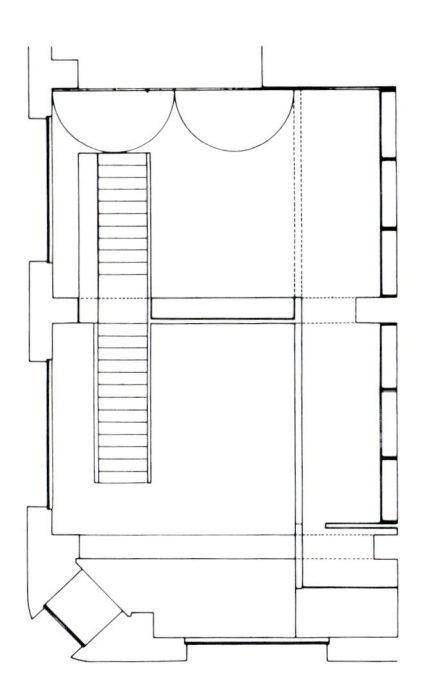

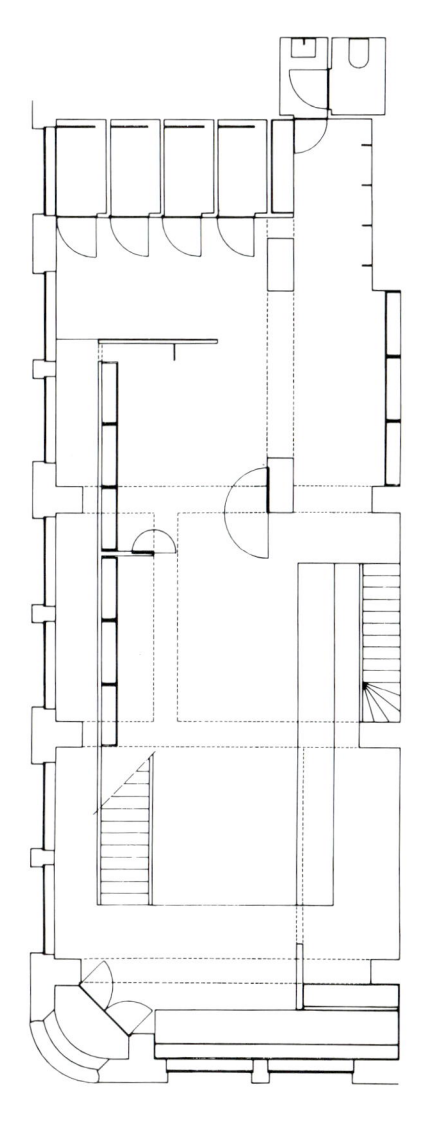

ERIC VELGHE
QUENTIN WILBAUX

Sony Music

Rue H. Evenepoel 9/11
1040 Bruxelles

1991

SYMBIANCE sc
Architecte / Architect
ERIC VELGHE, QUENTIN WILBAUX
Associés / Vennoten / Partners

SONY MUSIC
Maître d'Ouvrage / Opdrachtgever / Client

J.P. RENSBURG
Ingénieur Stabilité / Ingenieur Stabiliteit / Structural Engineer

E. ROMBAUT
Entreprise Générale / Algemene Aannemer / General Contractor

BERNARD BOCCARA
Photographe / Fotograaf / Photographer

**BELGIAN ARCHITECTURAL AWARD 92,
Concours de Réalisations Architecturales
Récentes : Mention spéciale**
Prix / Prijs / Prize

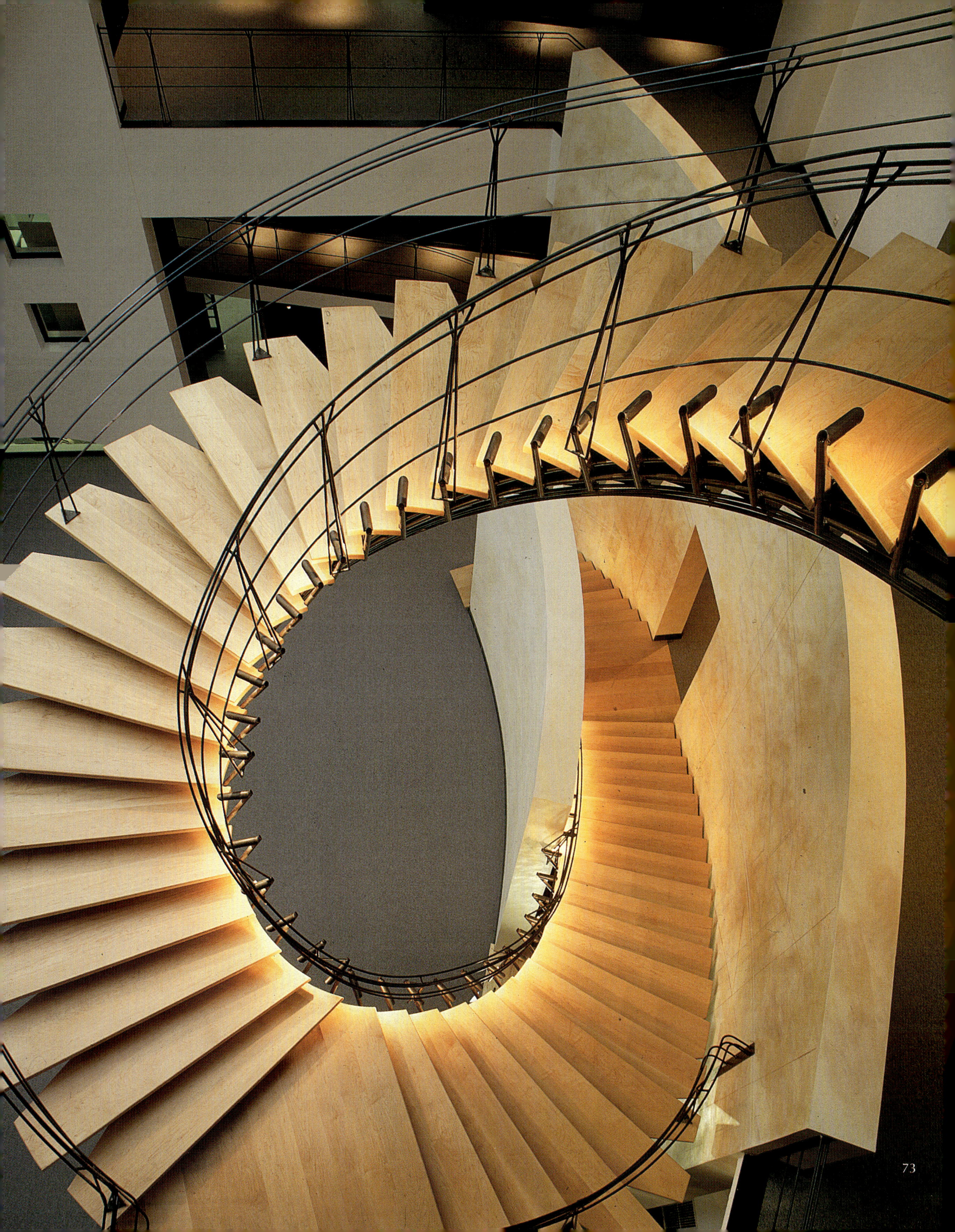

COOPARCH scrl (JEAN de SALLE & PIERRE VAN ASSCHE)
JACQUES-YVES FRATEUR
OZON ARCHITECTURE sc (BERNARD BAINES & PIERRE VAN ASSCHE)

Projet de réaffectation des anciens "Magasins Waucquez" de l'architecte Victor Horta en "Centre Belge de la bande dessinée"

Herinrichting van de oude "Magazijnen WAUCQUEZ" van architect Victor Horta tot "Belgisch Centrum van het Beeldverhaal"

Project for the transformation of the former "WAUCQUEZ Shops" by the architect Victor Horta into the "Belgian Cartoon Strip Centre"

Rue des Sables 20-22
1000 Bruxelles

1989

ETUDE DE REAMENAGEMENT / STUDIE VAN DE VERBOUWING / TRANSFORMATION STUDY
COMMISSION REAFFECTATION DU PATRIMOINE ARCHITECTURAL DE LA COMMISSION FRANCAISE DE LA CULTURE
JEAN BREYDEL
Architecte Coordinateur / Coordinatie Architect / Coordinating Architect

COOPARCH scrl
Architecte Auteur Etude d'Aménagement / Architect Auteur van de Verbouwing / Architect Transformation Project Designer

REALISATION DE L'AMENAGEMENT / REALISATIE VAN DE VERBOUWING / TRANSFORMATION WORKS
Terminé en 1989

Phase 1 : Travaux Extérieurs / Buitenwerken / Exterior works
JACQUES-YVES FRATEUR & PIERRE VAN ASSCHE (COOPARCH scrl)
Architectes / Architecten / Architects

Phase 2 : Travaux Intérieurs / Binnenwerken / Interior works
JEAN de SALLE & PIERRE VAN ASSCHE (COOPARCH scrl)
Architectes / Architecten / Architects

Phase 3 : Aménagements Mobiliers / Ontwerp meubilair / Furniture design
BERNARD BAINES & PIERRE VAN ASSCHE (OZON sc)
Architectes / Architecten / Architects
COOPARCH scrl : A. OLEFFE, S. DEVAUX, Ch. FRISQUE, P. WAROLUS
OZON sc : B. RICHE
Collaborateurs / Medewerkers / Collaborators

REGIE DES BATIMENTS DU MINISTERE DES TRAVAUX PUBLICS
CENTRE BELGE DE LA BANDE DESSINEE
Maître d'Ouvrage / Opdrachtgever / Client

REGIE DES BATIMENTS
Ingénieurs Stabilité / Ingenieurs Stabiliteit / Structural Engineers

MAURICE DELENS sa
Entreprise Générale / Algemene Aannemer / General Contractor

PIERRE VAN ASSCHE
Photographe / Fotograaf / Photographer

Prix Charles Duyver 1991 (PIERRE VAN ASSCHE)
Règle d'Or de l'Urbanisme 1991 : Prix de la Mise en Valeur du Patrimoine (COOPARCH scrl)
Prix Europa Nostra 1992
Prix / Prijs / Prize

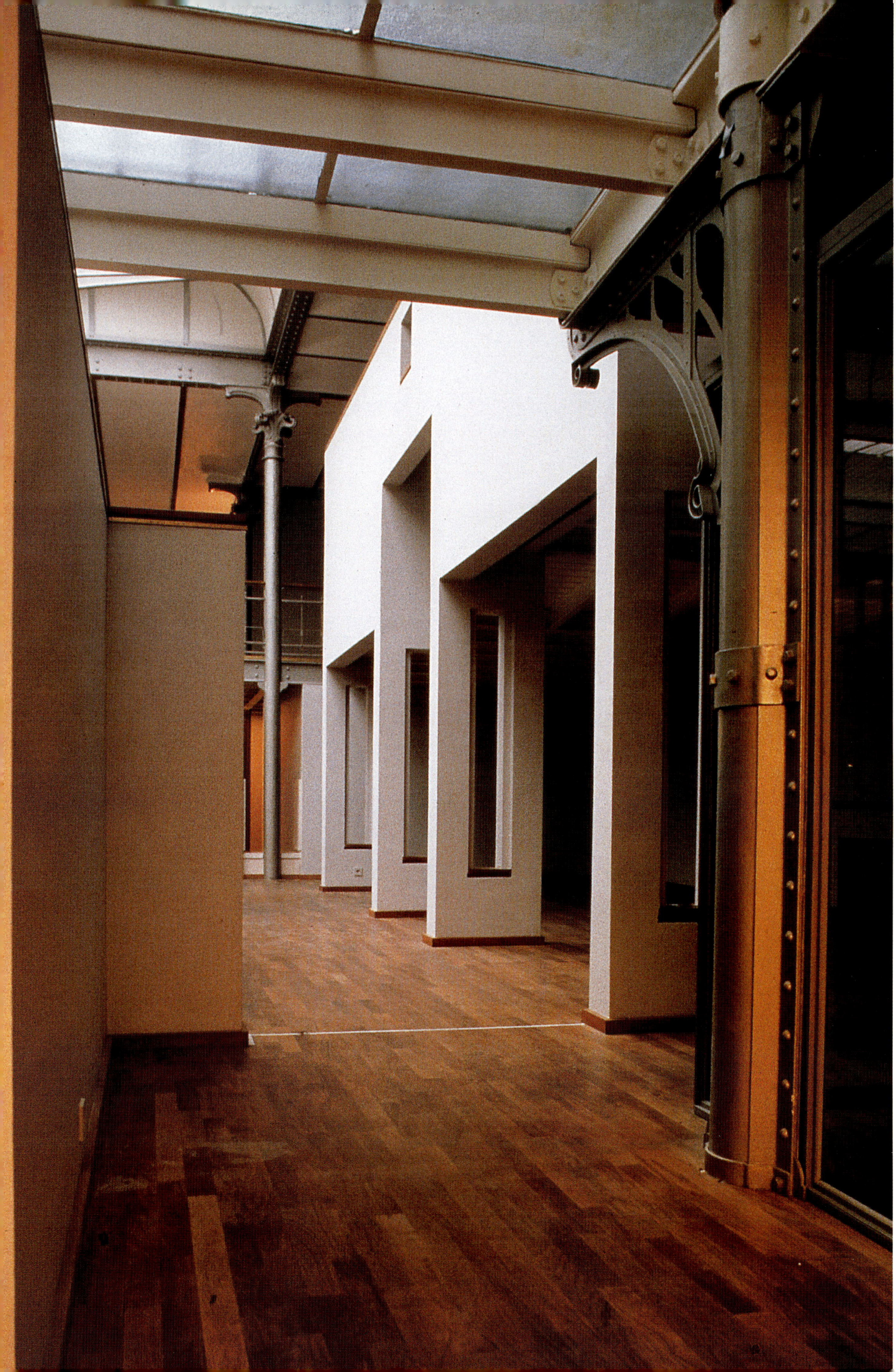

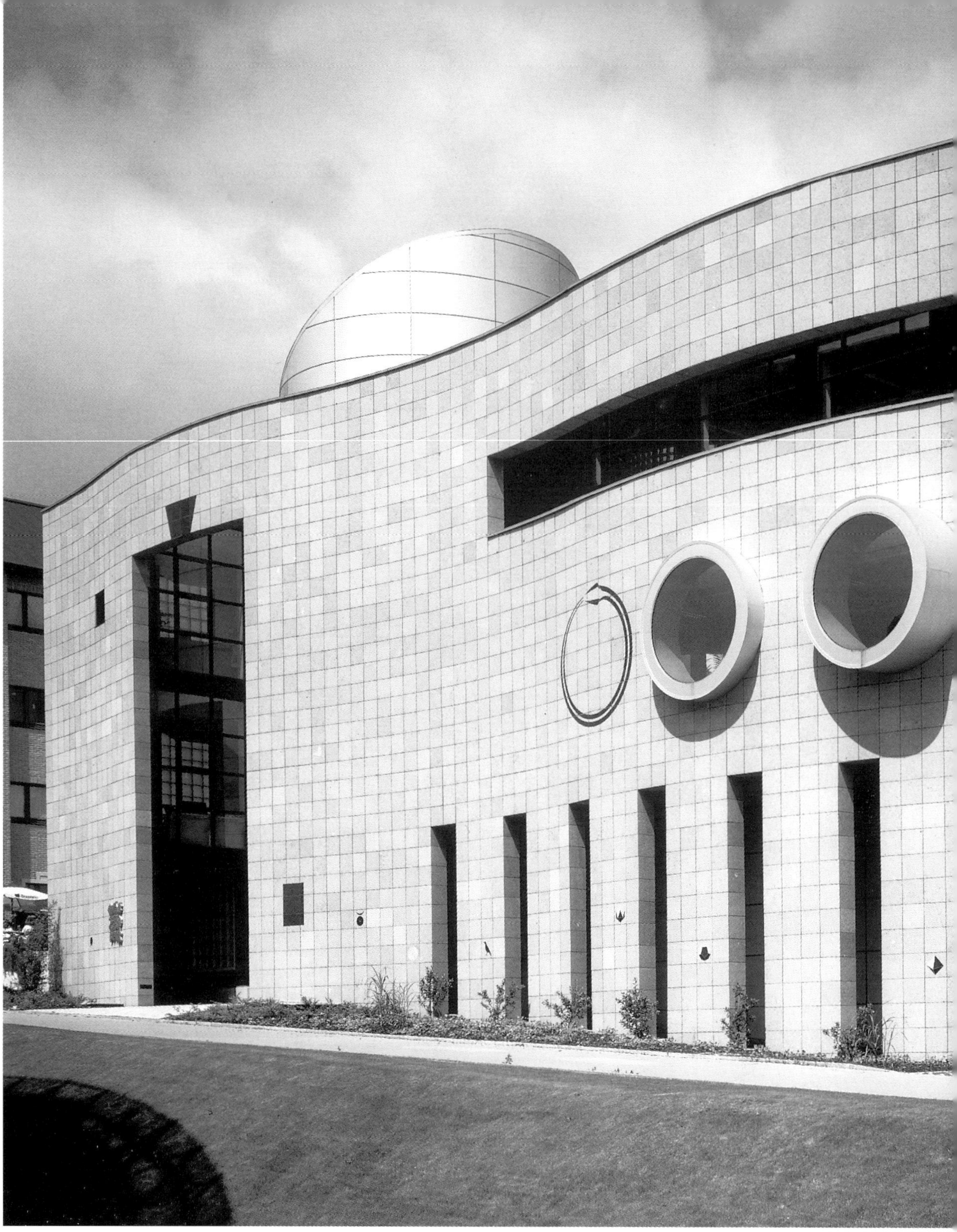

BASTIN & EVRARD

ART & BUILD
PIERRE LALLEMAND
MARC THILL
PHILIPPE VAN HALTEREN
ISIDORE ZIELONKA

Musée de la médecine

Geneeskundemuseum

Museum of Medecine

Campus Hospitalo Facultaire Erasme
1070 Anderlecht

1994

ART & BUILD
Architecte / Architect
PIERRE LALLEMAND, MARC THILL,
PHILIPPE VAN HALTEREN,
ISIDORE ZIELONKA
Associés / Vennoten / Partners
E. Duchateau, F. Engels, E. Maes
Collaborateurs / Medewerkers / Collaborators

FACEM asbl
(Fondation Pour l'Art, la Culture
et la Médecine)

UNIVERSITÉ LIBRE DE BRUXELLES
Maître d'Ouvrage / Opdrachtgever / Client

SETESCO
Ingénieurs Stabilité / Ingenieurs Stabiliteit /
Structural Engineers

SOLBREUX et ASSOCIÉS
Ingénieurs Techniques Spéciales /
Ingenieurs Technieken /
Mechanical Engineers

EGTA
Entreprise Générale / Algemene Aannemer /
General Contractor

SERGE BRISON,
CHRISTINE BASTIN & JACQUES EVRARD
Photographes / Fotografen / Photographers

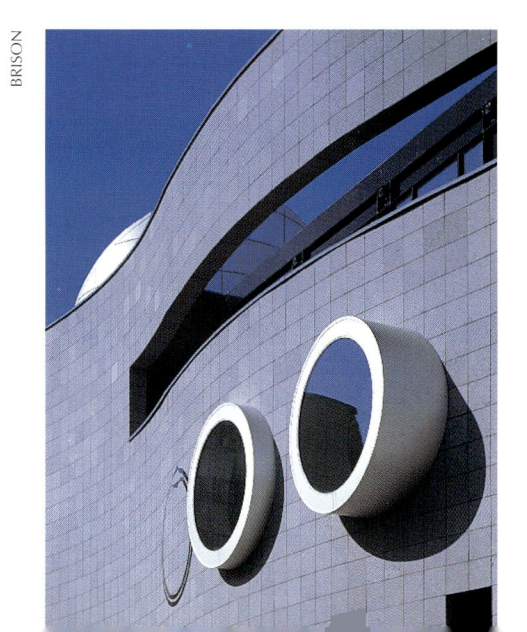

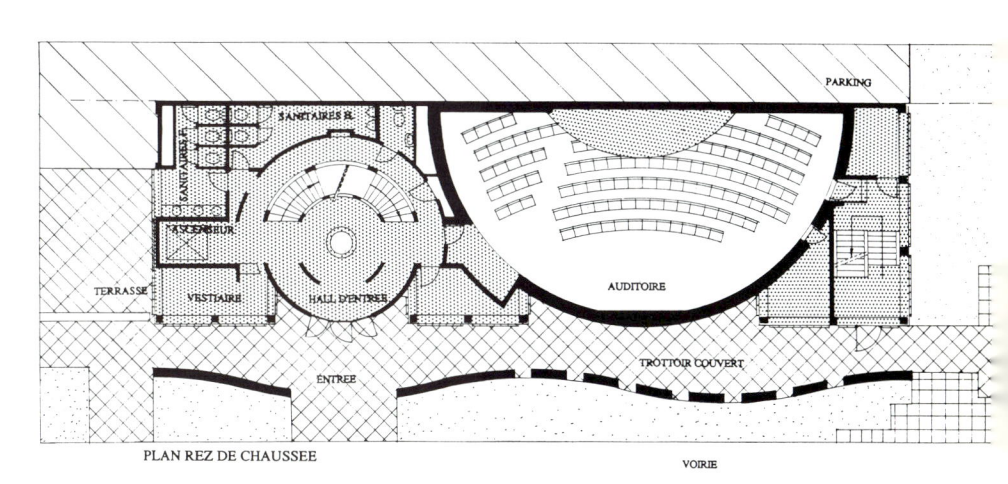

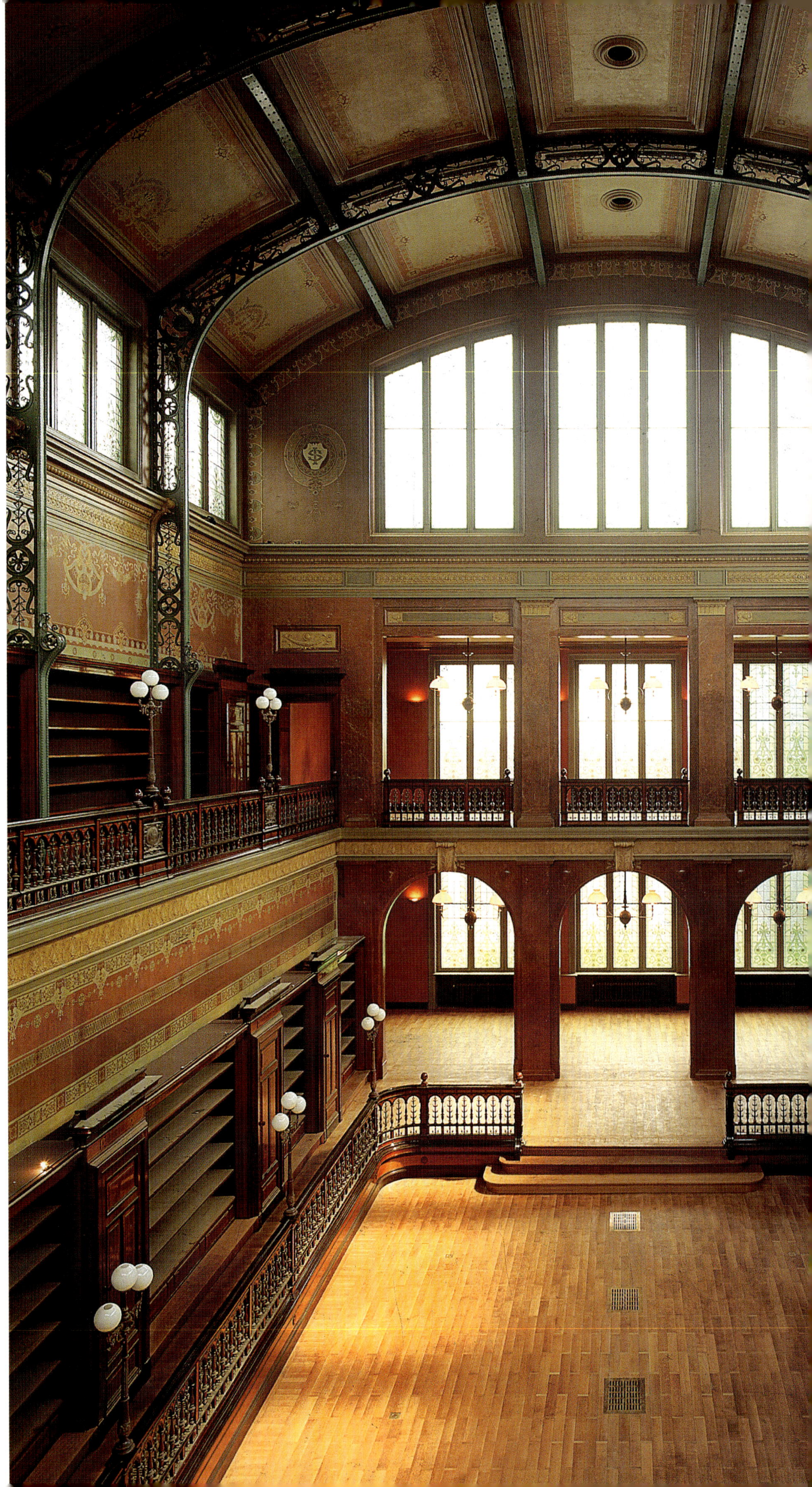

LUC DELEUZE, FRANCIS METZGER

Restauration et renovation Institut de Sociologie Solvay

Herstelling Renovatie van de Instituut voor Sociologie Solvay

Restoration and Renovation of Solvay's Institute of Sociology

Parc Léopold
1040 Etterbeek

1994

DELEUZE-METZGER ET ASSOCIES sa
Architecte / Architect
JEAN-LUC BRISY, LUC DELEUZE, FRANCIS METZGER
Associés / Vennoten / Partners
Ch. Godfroid, O. Hendoux, A. Kas, A. Khouri, J.C.Decloet, V. Dewaechter, V. Bury, O. Smeyers
Collaborateurs / Medewerkers / Collaborators

SDRB
(Société de Développement Régional de Bruxelles)
Maître d'Ouvrage / Opdrachtgever / Client

GROUP SOLID
Ingénieurs Stabilité / Ingenieurs Stabiliteit / Structural Engineers

SOLITECH
Ingénieurs Techniques Spéciales / Ingenieurs Technieken / Mechanical Engineers

SECO
Contrôle Technique / Technische Control / Technical Control

VAN RYMENANT sa
Entreprise Générale / Algemene Aannemer / General Contractor

MARIE-FRANCOISE PLISSART
Photographe / Fotograaf / Photographer

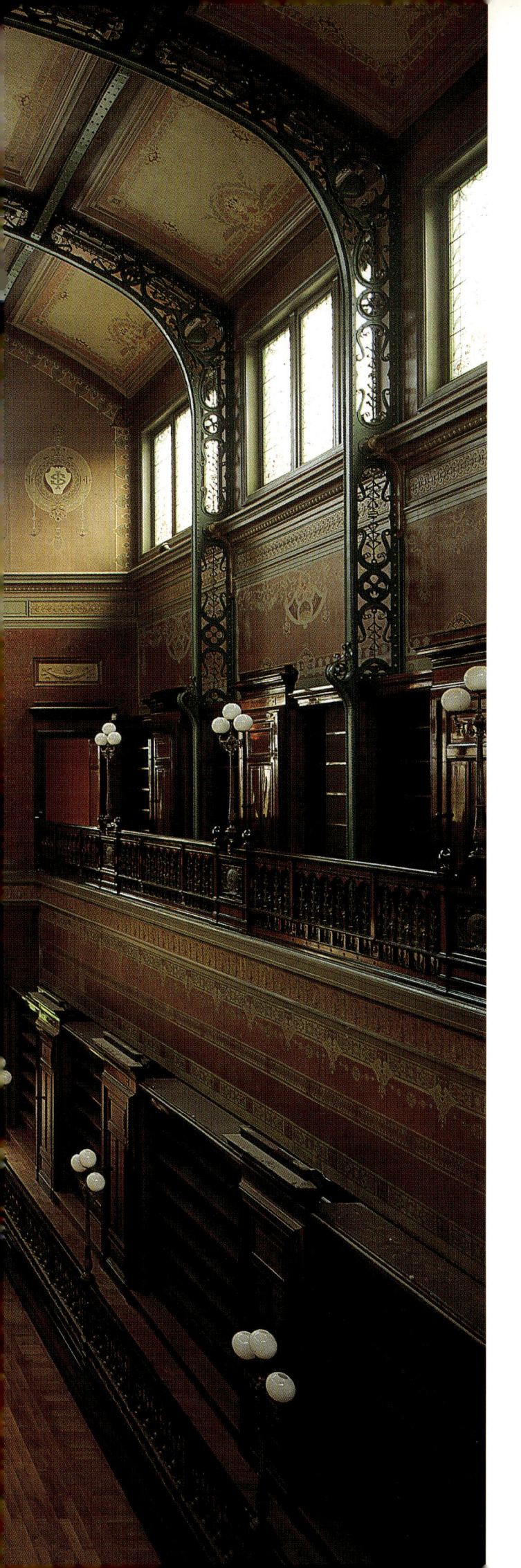

EURO BELGIAN ARCHITECTURAL AWARD 95, Concours Européen de Réalisations Architecturales Récentes : Mention spéciale
NOMINATION AU CALSBERG PRIZE 95 (Danemark)
MASTER FOODS DES DEMEURES HISTORIQUES : Mention d'honneur
Prix / Prijs / Prize

EUGEEN LIEBAUT

"Plateau"

Centre artistique polyvalent

Interfunctioneel Centrum
voor Podiumkunsten

Interfunctional Centre for
Performing Arts

Henderstraat 30
1050 Bruxelles

1990

EUGEEN LIEBAUT
Architecte/Architect

PLATEAU
Maître d'Ouvrage/Opdrachtgever/Client

DIRK JASPAERT
Ingénieur Stabilité/Ingenieur
Stabiliteit/Structural Engineer

DE RIDDER
Entreprise Générale/Algemene
Aannemer/General Contractor

TRUDO ENGELS
Coordinateur des Travaux/Werf
coordinatie/Works coordinator

SASKIA VANDERSTICHELE
Photographe/Fotograaf/Photographer

81

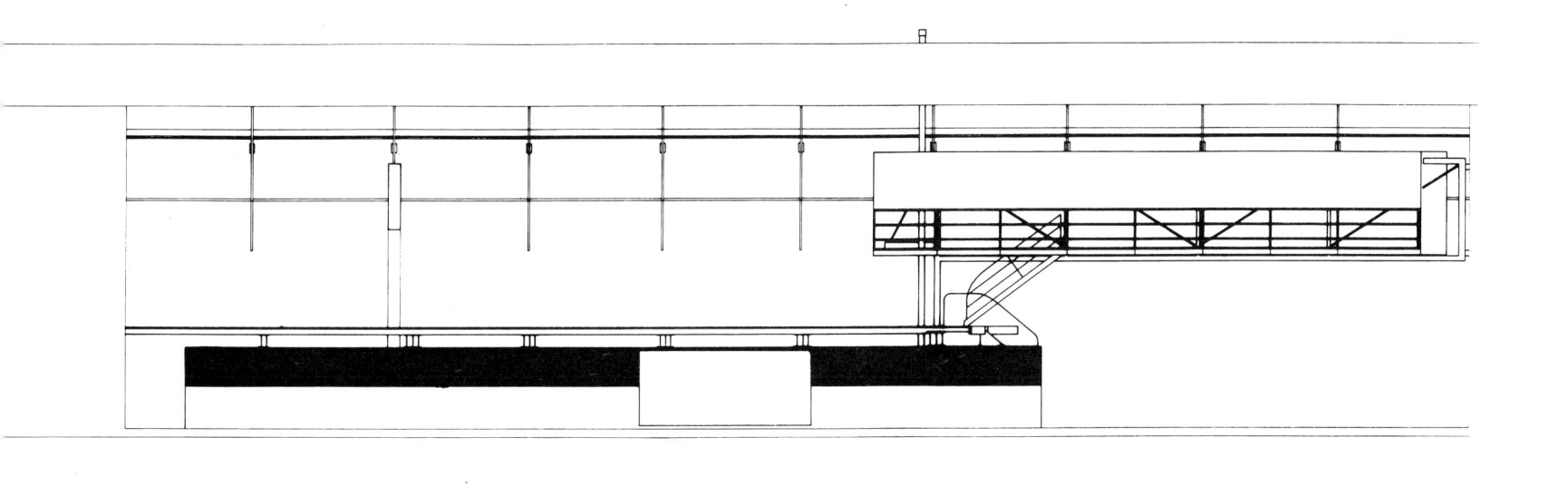

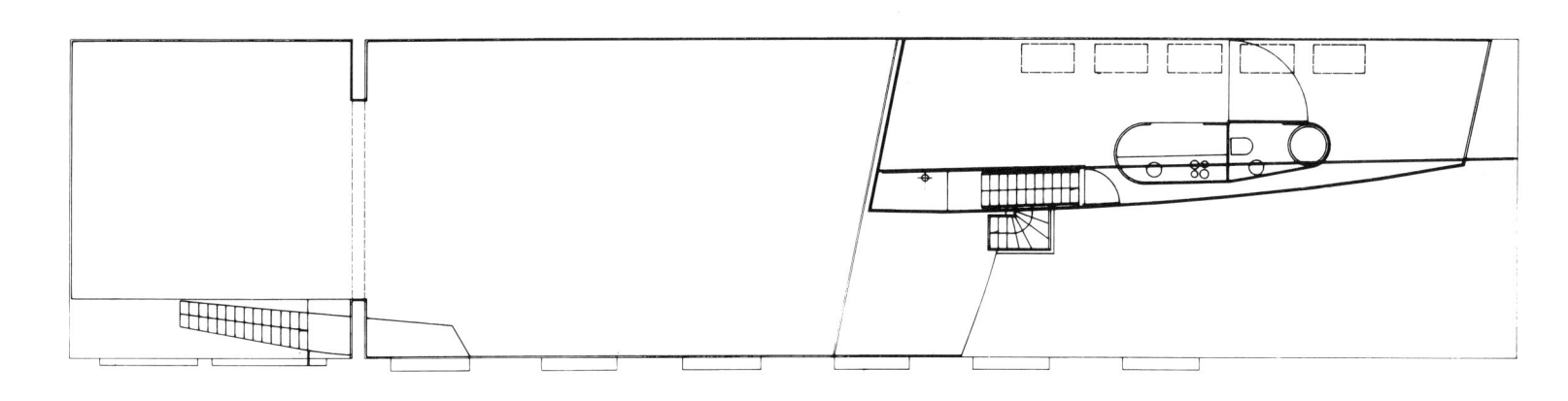

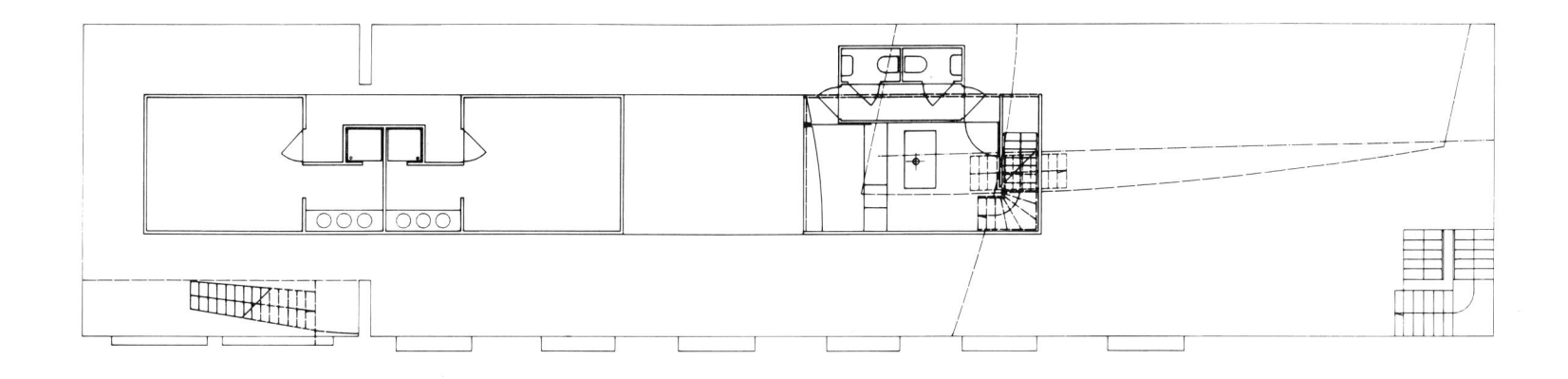

L'ARCHITECTURE CONTEMPORAINE ET LE PATRIMOINE BATI A BRUXELLES

Par Pierre LOZE

Depuis quelques années, chaque transformation ou apport nouveau dans un ensemble urbanistique déjà constitué est vécu négativement, suscite des contestations et fait l'objet de discussions très vives. Le devenir de la ville a cessé de couler d'évidence.

Pour la première fois dans l'histoire, en Belgique du moins, nous en arrivons à envisager la conservation de pans entiers du patrimoine bâti, notre intérêt se porte sur des ensembles existants, des places, des rues, des quartiers entiers et non plus seulement sur les unités les plus représentatives ou les plus monumentales. Cette attitude face à l'héritage du passé touche le patrimoine des villes et des villages, elle est nouvelle et difficile à assumer. Elle disperse l'attention qui se portait avec peine déjà sur le patrimoine monumental pour veiller à sa conservation, et ne laisse pas de poser des problèmes, voire même des inquiétudes. Comment, en effet, vivre avec ce besoin de conservation alors que rien ne laisse pressentir une évolution de nos appétits matériels qui puisse s'y accorder, comment le gérer et le satisfaire de manière raisonnable sans engendrer un immobilisme économique dont personne ne semble vouloir ? Et malgré l'intérêt que l'on peut éprouver pour toutes les formes d'expression passées, comment ne pas éprouver un certain malaise devant l'étendue que pourrait prendre notre attachement en se généralisant dans une société qui semble avoir si peu de confiance dans l'expression des valeurs du présent ? De plus en plus les administrations publiques essayent d'imposer à l'architecture nouvelle les formes extérieures de celle du passé afin qu'elle s'accorde mieux au bâti existant. Le résultat est rarement heureux et ces contraintes imposées aux architectes semblent plutôt faire obstacle à l'apparition d'une architecture actuelle significative, manquant aussi doublement leur objectif.

La conservation du patrimoine bâti et les préoccupations ou attitudes qu'elle génère ainsi que les conséquences qu'elles ont notamment sur l'architecture actuelle s'inscrivent sans doute dans une problématique plus large de la culture aujourd'hui qu'il nous faut interroger pour tenter d'éclaircir nos idées à ce sujet.

Le jeu des signes et des codes

Autrefois et jusqu'il n'y a pas si longtemps encore on accueillait avec plaisir les signes de la nouveauté et de la modernité qui supplantaient ceux des générations précédentes.

Rubens, dans la préface de son ouvrage sur Les Palais de Gênes se réjouissait par exemple de voir l'architecture classique remplacer la barbare expression du gothique aux Pays-Bas. Plus près de nous, nos parents ou grand-parents s'enchantaient encore de voir Bruxelles se moderniser. Pourquoi cette attitude a-t-elle disparu ? Depuis le moyen âge, l'histoire des formes architecturales, artistiques, artisanales mais aussi celle de la langue que nous parlons ont été nourries par ce désir que ressent chaque génération de renouveler l'expression, d'apporter dans la formulation des mêmes choses, un accent différent, des valeurs nouvelles, des connotations rafraîchissantes.

Les linguistes connaissent bien ce phénomène qui fait évoluer très lentement un code linguistique dont nous avons à peine conscience. Mais la langue n'est évidemment pas altérée par l'apparition de quelques néologismes ou par l'emploi particulier de certains mots. Sa structure se modifie extrêmement lentement. Dans d'autres domaines touchant à la communication, mais aussi à la création et à la satisfaction de besoin matériel, on retrouve aussi un code et une certaine stabilité dans les conventions.

Les innovations les plus pointues de la mode vestimentaire, du graphisme publicitaire ou éditorial ne risquent pas de porter atteinte à la permanence des conventions de la communication vestimentaire ou de la communication imprimée.

Malgré les révolutions industrielles qu'elles ont connues, les techniques de la confection ou celles de l'imprimerie informatisée se sont adaptées pour servir la continuité des codes vestimentaires ou des codes graphiques et typographiques.

Dans le domaine de la construction et de l'architecture en revanche, il en est allé tout autrement. Au cours des siècles l'architecture traditionnelle avait créé une sorte de langage ou de code caractérisé par une certaine lisibilité, en partie fondé sur des contraintes et des solutions techniques, en partie fondé sur des valeurs de signes, caractérisé par une certaine intelligibilité, même pour les moins instruits. On reconnaissait dans la taille des bâtiments l'évidente expression d'une richesse qui avait pu mobiliser le travail d'hommes nombreux, dans l'épaisseur que prenaient les maçonneries pour former des pilastres les endroits où les charges principales étaient réparties, dans le portail surmonté d'un fronton l'allusion savante à des références éditaires passées. Les valeurs économiques constructives et culturelles se mêlaient étroitement; les fonctions, les valeurs tectoniques et l'expression culturelle cohabitaient dans des systèmes de signes en lente évolution, formant pour chaque époque un code ou style bien caractérisé. Le XIXe siècle a essayé de maintenir ou de faire revivre ces codes en commençant à les malmener tout comme l'imprimerie informatisée d'aujourd'hui s'efforce de maintenir des codes typographiques qui perdent leur raison d'être. Au XXème siècle ces codes n'ont pas résisté aux mutations techniques et aux modifications d'échelle de nos bâtiments. Notre goût de l'innovation s'est depuis un siècle et demi progressivement rétréci en raison inverse de notre capacité à détruire et reconstruire. Il faut sans doute chercher les raisons de notre penchant au conservatisme, devenu si vif aujourd'hui, dans l'altération, l'appauvrissement, la falsification d'un code architectural traditionnel que les mutations industrielles n'ont pas permis de maintenir ou ramènent à une grimace d'imitation. Le modernisme des années 1920 à '70 a cherché à lui redonner un fondement rationnel et universel en corrélation avec les méthodes de construction mécaniques ou industrielles qui étaient en train de s'imposer, sans rencontrer la compréhension et l'adhésion du grand public.

Il a d'ailleurs été dépassé par cette évolution qui s'est précipitée. Ainsi, la perturbation des repères traditionnels a-t-elle progressivement tari le goût de l'innovation parmi la population et dans la sensibilité du grand public alors qu'il subsiste dans d'autres domaines de la création et de la communication.

Pourquoi la nostalgie ?

Dans les derniers témoignages de l'architecture traditionnelle et dans l'architecture du XIXème siècle, nous reconnaissons confusément des valeurs qui nous semblent d'autant plus précieuses qu'elles sont en voie de disparition, mais que nous arrivons plus difficilement à désigner clairement, et encore moins à reproduire. Au-delà des formes et des matériaux qui nous semblent la source d'une certaine beauté, qui font l'objet d'un discours et qui sont assez explicitement imités, nous reconnaissons en fait des valeurs de travail artisanal, des qualités de mises en oeuvre, que nous apprécions sans en être pleinement conscients et que nos méthodes de construction rapides, mécanisées ou industrialisées, sont évidemment incapables de ressusciter. Nous y reconnaissons aussi des valeurs d'espace auxquelles nous sommes sensibles sans pouvoir préciser d'où elles viennent et encore moins comment les imiter dans des constructions nouvelles bâties avec des instruments de levage et des matériaux de structure qui permettent de tout faire. Les proportions ne sont plus guidées par des contraintes de portage, par les dimensions à donner aux voûtes ou par la longueur maximum qu'ont les matériaux naturels utilisés comme poutres, nous avons perdu toutes ces contraintes qui induisaient des travées. L'intelligence et l'intuition sont obligées de s'unir pour maîtriser ce qui autrefois nous était simplement imposé et fournissait la base d'une articulation spatiale.

Nous admirons en somme des valeurs de continuité, de cohérence ou d'échelle que nous voudrions retrouver dans l'architecture actuelle sans nous donner réellement les moyens d'y parvenir puisque nous sommes incapables d'en appréhender et surtout d'en ressusciter les causes. Le discours du modernisme qui a voulu adapter l'expression à l'évolution des moyens techniques n'a pas été compris ou n'a pas convaincu et aujourd'hui c'est l'évolution de l'industrie du bâtiment et de ses fabricants qui dicte ses méthodes de construction à une architecture dont on exige qu'elle garde au moins des formes extérieures plus ou moins familières, rappelant celles du passé.

Et si vous faisiez comme ceci ?
Bien que les conditions de la construction aient profondément changé, nous demandons en effet aux architectes d'aujourd'hui d'imiter l'architecture du passé, d'en reprendre les formes ou les matériaux extérieurs, de se plier à des gabarits et des volumes qui prétendent l'y apparenter voire même de reconstruire derrière des façades anciennes.

Les résultats sont rarement convaincants et nous confortent encore dans notre attachement à l'architecture du passé. Les inventaires de protection se multiplient ainsi que les mesures de classement, la notion de périmètre de protection se fait jour pour essayer de protéger des ensembles anciens existants. Rendus responsables d'une situation qui dépasse largement leurs compétences et qui tient à la mutation générale des techniques artisanales vers l'industrialisation, les architectes sont la cible de toutes les critiques. Ils s'inquiètent de voir les nombreuses tentatives pour réduire leur fonction à la réparation ou l'adaptation d'immeubles existants à la construction derrière des façades existantes, au fac-similé, à l'imitation. Ils sont souvent convaincus que les règles d'urbanisme ou les contraintes de conservation qu'on tente de leur imposer sont une des sources de la laideur des bâtiments actuels, qu'elles n'ont pas les résultats esthétiques escomptés et produisent une mauvaise architecture, mal adaptée aux besoins et sans valeurs esthétiques. Plus de la moitié de leur effort est orienté vers l'obtention d'un permis de bâtir, au prix de négociations exténuantes avec une administration dont les conceptions architecturales s'approchent des naïvetés du grand public. Devant la pression immobilière et devant les besoins qui s'expriment, les responsables politiques sont sans cesse obligés de transiger et de trouver des compromis et n'arrivent ainsi à contenter ni les uns ni les autres. Les mesures qu'ils prennent ne satisfont ni les goûts pour la conservation de l'héritage du passé, ni les appétits matériels que nous pratiquons d'ailleurs conjointement avec inconséquence caractéristique.

Le pays des arrangements
Notre pays n'a jamais aimé les réglementations rigoureuses. A la différence de nos voisins du Nord et du Sud, nous supportons mal le poids des mesures administratives qui nous semblent porter atteinte à la liberté et nous cherchons systématiquement à les contourner. L'exception, la dérogation, l'accommodement ou la tricherie font partie de nos habitudes. Le cas de Bruxelles en offre une illustration frappante. Il semble impossible d'y appliquer purement et simplement des règles protégeant des rues, des places ou des quartiers entiers appartenant à une même époque, d'adopter des attitudes cohérentes et inflexibles pour préserver un patrimoine existant. L'application incohérente de règles qui semblent variables selon les cas, soumises au bon vouloir des pouvoirs publics, créent un climat de discussion incessante sur la valeur ou la viabilité de ce que l'on veut préserver. Des constructions nouvelles sont consenties ici pourvu qu'elles imitent celles du passé ou s'abritent derrière des façades conservées ou refaites à l'identique, le conservatisme le plus pointu s'abat là sur un cas particulier et capitule ailleurs où des pâtés de maisons entiers sont démolis. Le dysfonctionnement des instances chargées de ces questions est évident, la lenteur de leurs décisions est consternante, les contradictions entre les autorités notamment communales et régionales sont légion, et donnent finalement du rôle des pouvoirs publics, une image extrêmement négative.

Les architectes d'administration sont les malheureux exécutants de ces politiques incohérentes et les gardiens d'une sorte de code appauvri basé sur le "fait à la manière", sur l'imitation approximative, sur des gabarits, des hauteurs de corniches, sur l'imposition de parements de briques ou de pierres ou de petites simagrées qui rappellent de loin en loin la construction ancienne. Ils n'hésitent pas à manier le crayon rouge sur les plans de leurs confrères pour imposer leur vues. Les moins scrupuleux parmi les architectes s'y soumettent benoîtement pour obtenir les mètres carrés recherchés, les plus consciencieux se battent pour infléchir ces suggestions souvent naïves et rarement génératrices d'une véritable qualité. Le résultat de cette influence sur les projets est une "architecture de permis de bâtir" conçue par les architectes pour illusionner les administrations et les groupes de pression, qui artistiquement et historiquement est nulle et non avenue, vouée aux poubelles de l'histoire.

Le façadisme, qui consiste à construire un bâtiment neuf et généralement plus haut derrière des façades anciennes, est la variante la plus désastreuse de cette forme d'architecture d'accompagnement qui grignote le patrimoine et, dans certains quartiers du centre de Bruxelles, n'accompagne en réalité plus rien que les bâtiments voisins construits quelques années plus tôt selon le même principe. Il se dégage de ces procédés de pauvres modèles urbains, vaguement inspirés de ceux du XIXème siècle, mal adaptés aux besoins d'aujourd'hui et qui prétendent s'imposer de proche en proche à l'ensemble de la ville. On peut y reconnaître de loin en loin les souvenirs de dessins en pointillé imaginés par des étudiants en architecture, au début des années '70, pour servir les revendications des groupes de pression. Si la spéculation immobilière s'accommode plus ou moins de ces contraintes qui prétendent donner son visage à la ville, si le grand public n'y voit que du feu, la plupart des architectes sont conscients d'aller vers une situation désastreuse sur le plan de la création et incompatible avec l'exercice consciencieux de leur métier.

Cette situation ne peut satisfaire davantage les historiens de l'art qui voient se rétrécir le patrimoine architectural du passé sans qu'apparaisse en contrepartie une architecture contemporaine significative.

Y a-t-il une issue ?

Après qu'il ait été laborieusement mis en place, il est peu probable que soit remis en question le vaste édifice réglementaire, administratif et juridique qui régit à présent la délivrance des permis de bâtir. Certes, son efficacité est douteuse sur le plan des buts poursuivis – le contrôle de la qualité architecturale et la pertinence urbanistique – mais les architectes réclament d'urgence et unanimement son fonctionnement rapide sur base de règles du jeu fermes et invariables dans leurs principes, ils réclament aussi des fonctionnaires à l'abri des états d'âme et de l'amateurisme ayant une formation sérieuse et une efficacité d'Enarque, vu la tâche qui leur incombe.

A ces considérations l'historien de l'art aussi attaché aux valeurs de la création contemporaine qu'à celles des siècles antérieurs pourrait ajouter qu'il faut cesser de vouloir donner aux bâtiments que l'on construit le visage fallacieux de ceux du passé, mais consacrer toute son attention à l'entretien d'un patrimoine historique existant, porteur de valeurs spatiales, de qualités artisanales qui en font l'épaisseur culturelle, le poids historique, la valeur pédagogique, ou simplement l'agrément. Inutile de vouloir induire dans la construction nouvelle des formes référant au passé et qui prétendent s'accorder au bâti existant comme le font les fonctionnaires inspirés chargés du contrôle du bâti. Chacun sait qu'elles seront réalisées hâtivement et n'importe comment pour faire illusion et n'ont aucune signification tectonique ou artisanale. Jacques Dupuis et Simone Hoa ont montré depuis la bijouterie De Greef bâtie en 1954 que l'on peut accorder parfaitement un bâti contemporain à un bâti historique rue au Beurre à deux pas de la Grand'Place sans passer par des simagrées formelles absurdes. En revanche le patrimoine tant nouveau qu'ancien a tout intérêt à s'appuyer sur un tissu de compétences artisanales de petites entreprises du bâtiment capables de bâtir avec qualité ou de rénover sans saccager.

A quoi bon classer des centaines d'édifices si le moindre corps de métier qui travaille dans un bâtiment ancien y anéantit en quelques jours d'ouvrage toutes les valeurs qui ont motivé l'intérêt qu'on lui portait ?

C'est bien ce qui est en train de se produire sous nos yeux et nous nous trompons de combat en incriminant durement les architectes de ce phénomène dont les causes sont économiques. Les règles du marché et la concurrence n'épargnent pas l'industrie du bâtiment qui se fait de moins en moins artisanale et de plus en plus industrielle, simplificatrice et hâtive. Les architectes qui bâtissent consciencieusement sont les premiers à s'en plaindre. Si l'on veut préserver la qualité et la durabilité de ce que l'on construit et les valeurs du patrimoine déjà existant qu'il soit ancien ou plus récent, il faut agir efficacement et vite par des mesures économiques portant sur la préservation et la revitalisation du tissu de l'artisanat du bâtiment. Il ne revient pas à l'historien de l'art mais à une ingénierie fiscale d'étudier et d'anticiper sans erreur le résultat de subtiles mesures de défiscalisation (par exemple les variations de taux de TVA) qui pourraient redonner dignité, rentabilité et goût du travail à de petits entrepreneurs-artisans aujourd'hui découragés, méprisés et pompés fiscalement au même titre que de vulgaires placeurs de produits préfabriqués collés à la visseuse et au silicone. Il n'y a plus moyen de trouver un artisan qui nettoie et repeigne une grille 1900, qui répare une boiserie éclectique, restaure un enduit, etc, sans réclamer l'équivalent d'un salaire mensuel pour quelques jours de travail, ou qui ne bâcle lamentablement le travail confié. Les architectes qui bâtissent et qui rénovent sont confrontés à la même situation, le règne des plâtres collés et des moquettes hâtivement posées sur un bâti de misère étant la règle de la construction commune.

S'en prendre aux causes et non aux effets
Trois cents fonctionnaires environ pour l'ensemble de la Région de Bruxelles-Capitale s'usent inutilement dans les tâches de contrôle du bâti et de conservation du patrimoine à travers des outils inadéquats en agissant vainement sur les effets, à défaut de s'en prendre aux causes. On pourrait imaginer que se mette en place rapidement sur base d'une étude sérieuse, anticipant et prévenant les effets pervers, une défiscalisation par type de travail plus ou moins générateur de main-d'oeuvre qualifiée, par type de bâtiment ou par type de quartier, portant éventuellement sur les instruments de levage et l'utilisation ou non de produits préfabriqués. Les architectes pourraient être les contrôleurs, les garants moraux et intellectuels en tant que profession libérale, de l'application rigoureuse d'un système de ce genre. Ils allégeraient ainsi le fardeau des fonctionnaires sur qui pèse l'insurmontable tâche de contrôler ou préserver l'ensemble du bâti bruxellois, alors que tout le système de l'activité actuelle de la construction va à l'encontre de leur préoccupation. Ces mesures pourraient aussi rendre plus opérationnel le vaste système des ordonnances régionales édictées, en réduisant progressivement leur décalage trop grand avec les réalités économiques de la construction qui menace de créer actuellement des dysfonctionnements, paralysies ou illégalismes.

Il se pourrait aussi, formation aidant, que de pareilles mesures soient génératrices d'emploi.

Notre société est devenue frileusement immobiliste au point de plonger toute sa jeunesse dans l'attente et l'inaction. Elle a perdu l'espérance de grands changements révolutionnaires : le peu de capacité de désintéressement, de civisme ou d'intelligence de nos concitoyens nous font redouter les grandes idées qui se transforment en idéologie de combat, en simplification, s'étiolent et ont finalement très peu de prise sur les réalités économiques. Nous ne pouvons plus évoluer semble-t-il que par glissement progressifs, par infléchissements, par la mise en place d'incitants matériels qui modifient nos comportements. Dans le domaine du contrôle du bâti comme dans celui du trafic dans les villes, c'est la voie qu'il nous faut suivre et non celle des grands principes ou des idées esthétiques dont le citoyen a une idée très approximative et dont l'application en formules simplificatrices et démagogiques est désastreuse : l'urbanisme et l'architecture des comités de quartiers et des groupes de pression ont largement fait la preuve de leur impuissance. Il est temps que de réelles compétences s'occupent de nos villes en perdition.

DE HEDENDAAGSE ARCHITECTUUR EN HET GEBOUWENPATRIMONIUM IN BRUSSEL

Door Pierre LOZE

Sedert een paar jaar geeft elke verbouwing of uitbreiding van een bestaand stedebouwkundig complex aanleiding tot negatieve commentaren, protesten en zeer hevige discussies. De verdere evolutie van de stad is niet langer vanzelfsprekend : voor het eerst in de geschiedenis – althans in België – zijn we ertoe gekomen het behoud van grote stukken van het gebouwenpatrimonium te overwegen, en gaat onze aandacht uit naar bestaande complexen, pleinen, straten, hele wijken en niet langer alleen de meest representatieve of monumentale gebouwen. Deze houding ten opzichte van het erfgoed uit het verleden heeft betrekking op het patrimonium van zowel steden als dorpen. Ze is nieuw en we hebben het er moeilijk mee. Ze zorgt namelijk voor een versnippering van de aandacht die tóch al moeizaam uitging naar het behoud van het monumentale patrimonium, en ze blijft voor problemen en zelfs enige onrust zorgen. Hoe moeten we immers leven met deze behoefte aan instandhouding, terwijl niets lijkt te wijzen op een bijhorende evolutie van onze materiële noden ? Hoe moeten we omgaan met deze behoefte en ze op een doordachte wijze bevredigen zonder te vervallen in een economisch immobilisme waarbij niemand gebaat lijkt te zijn. En de belangstelling voor alle uitdrukkingsvormen van het verleden mag dan reëel zijn, toch kan zij niet voorkomen dat we met een zeker onbehagen de draagwijdte inschatten die onze gehechtheid zou kunnen krijgen door een veralgemening binnen een maatschappij die bijzonder weinig vertrouwen lijkt te hebben in de uitdrukking van de huidige waarden. Meer en meer tracht de bevoegde overheid de nieuwe architectuur te doen werken met de externe vormen van de vroegere architectuur, opdat zij beter zou aansluiten bij het bestaande patrimonium. Het resultaat valt zelden mee, en de opgelegde eisen lijken veeleer een hinderpaal te vormen voor de opkomst van een betekenisvolle hedendaagse architectuur, zodat ze hun doel tweemaal voorbijschieten.

De instandhouding van het gebouwenpatrimonium, de bekommernissen of houdingen waartoe ze aanleiding geeft en de gevolgen die ze heeft voor met name de actuele architectuur kaderen onmiskenbaar in de bredere problematiek van de hedendaagse cultuur, die wij moeten analyseren als we onze ideeën terzake nader willen toelichten.

Het spel van tekens en codes

Vroeger – tot niet eens zo lang geleden – werden alle tekens van vernieuwing en moderniteit die de tekens van de vorige generaties verdrongen op applaus onthaald. In het voorwoord bij zijn geschriften over De Paleizen van Genua verheugde Rubens zich bijvoorbeeld over de vervanging van de primitieve gothiek in de Nederlanden door de klassieke architectuur. En dichter bij ons waren onze ouders en grootouders erg ingenomen met de modernisering van Brussel. Waarom is deze houding mettertijd verdwenen ? Sedert de middeleeuwen werden alle architecturale, artistieke en ambachtelijke uitdrukkingsvormen en zelfs de taal die wij spreken altijd gevoed door het verlangen van elke generatie om iets nieuws te brengen, om dezelfde dingen te herformuleren met andere accenten, nieuwe waarden, originele connotaties. Linguïsten zijn vertrouwd met dit fenomeen, dat onze taalkundige code zeer traag doet evolueren zonder dat we dat echt beseffen. Maar de taal raakt uiteraard niet aangetast door een paar neologismen of door het specifieke gebruik van bepaalde woorden. Haar structuur evolueert slechts zeer traag. Ook op andere terreinen die te maken hebben met communicatie, met creatie en met de bevrediging van materiële behoeften bemerken we een code en een zekere stabiliteit in de conventies. Zelfs de verst doorgedreven vernieuwingen in het vestimentaire gedrag en in de vormgeving van reclame of redactionele teksten brengen de stabiliteit van de conventies van de communicatie op deze terreinen niet in het gedrang. Ondanks de industriële revoluties die zij hebben gekend, hebben de technieken van confectie en computergestuurd drukwerk zich aangepast met het oog op de continuïteit van de vestimentaire regels en de (typo)grafische voorschriften.

In de bouw en de architectuur daarentegen is het totaal anders gelopen. In de loop der eeuwen had de traditionele architectuur als het ware een eigen vormtaal of code gecreëerd die werd gekenmerkt door een zekere begrijpelijkheid, deels berustend op technische vereisten en oplossingen, deels ook op vaste waarden in de vorm van tekens. Daardoor was deze architectuur ook voor de minder ontwikkelden duidelijk te vatten. De omvang van de gebouwen was een voor de hand liggende aanwijzing omtrent de rijkdom die vele werklui aan de arbeid had gezet, de dikte van het metselwerk voor de pilasters gaf de plaatsen aan waar de grootste lasten werden verdeeld, een portaal met fronton erboven was een kunstige allusie op het werk van edielen uit vervlogen tijden. De economische, constructieve en culturele waarden waren nauw met elkaar verbonden; de functies, de tektonische waarden en de culturele uitdrukking vonden elkaar in een traag evoluerende semiotiek en resulteerden voor elk tijdperk in een uitgesproken code of stijl. Tijdens de XIXde eeuw werd getracht deze codes nieuw leven in te blazen door ze in eerste instantie door de mangel van de tijd te halen, net zoals de computergestuurde drukkerij tegenwoordig tracht typografische codes in stand te houden die stilaan hun bestaansreden kwijtraken. In de XXste eeuw bleken deze codes niet opgewassen tegen de technische ontwikkelingen en de schaalvergroting van onze gebouwen. Onze vernieuwingsdrang is de voorbije anderhalve eeuw geleidelijk afgezwakt, omgekeerd evenredig met ons vermogen om te slopen en opnieuw op te bouwen. De redenen voor onze hang naar conservatisme, die tegenwoordig bijzonder groot is, moeten ongetwijfeld worden gezocht in de aantasting, de verschraling en de vervalsing van een traditionele architecturale code die de industriële evolutie verloren deed gaan of herleidde tot een magere imitatie. Het modernisme van de periode 1920-1970 heeft getracht die code opnieuw een rationele en universele grondslag te geven, in nauwe samenhang met de mechanische en industriële bouwmethodes die zich meer en meer opdrongen, maar zonder dat het grote publiek er begrip voor opbracht of ze aanvaardde. Overigens werd deze stroming ingehaald door de evolutie zelf, die alsmaar sneller verliep. De verstoring van het traditionele referentiekader temperde in de loop der jaren het enthousiasme van de bevolking voor de vernieuwing en maakte het grote publiek er minder ontvankelijk voor, terwijl de drang naar vernieuwing wél is gebleven in andere domeinen van creativiteit en communicatie.

Waarom die nostalgie?
In de laatste getuigenissen van de traditionele architectuur en in de architectuur van de XIXde eeuw herkennen wij vaag een aantal waarden die ons des te kostbaarder lijken omdat zij stilaan dreigen te verdwijnen, maar die wij slechts moeizaam kunnen identificeren en nauwelijks kunnen reproduceren. Los van vormen en materialen die ons de bron lijken te zijn van een zekere schoonheid, die aan de basis liggen van een architecturaal discours en uitdrukkelijk worden geïmiteerd, herkennen wij immers ook waarden op het vlak van vakwerk en kwaliteiten inzake uitvoering die wij onbewust op prijs stellen en die wij met onze mechanische of industriële snelbouw uiteraard niet opnieuw tot leven kunnen wekken. Wij herkennen er ook ruimtelijke waarden in, waarvoor wij ontvankelijk zijn zonder dat we de herkomst ervan kunnen duiden en zeker zonder dat we ze kunnen imiteren bij nieuwe constructies, waar hijswerktuigen en structuurmaterialen ongeveer alles mogelijk maken. De verhoudingen worden tegenwoordig niet langer bepaald door draagkrachtbeperkingen, door de afmetingen van de gewelven of door de maximumlengte van de natuurlijke materialen die worden gebruikt als balken; we moeten niet langer rekening houden met alle elementen die vroeger de traveeën bepaalden. Intelligentie en intuïtie worden ter hulp geroepen om te beheersen

wat ons vroeger gewoonweg opgelegd werd en de grondslag vormde voor een ruimtelijke samenhang. Kortom, wij staan in bewondering voor waarden op het vlak van continuïteit, coherentie en schaalverdeling, die wij ook in de huidige architectuur zouden willen aantreffen; maar we geven onszelf niet echt de mogelijkheden om daartoe te komen, omdat we niet in staat zijn de oorzaken te begrijpen en vooral te doen herleven. Het modernistisch discours, dat de architecturale uitdrukking wou afstemmen op de evolutie van de technische middelen, werd niet begrepen en wist niet te overtuigen. Vandaag is het dan ook de evolutie van de bouwindustrie en de bouwmaterialen die bepalend is voor de bouwmethoden van een architectuur waarvan men verwacht dat zij op z'n minst min of meer vertrouwde externe vormen behoudt die doen denken aan die uit het verleden.

En als u het zó eens deed ?
Hoewel de context van de bouw grondig gewijzigd is, vragen wij de hedendaagse architecten de architectuur van vroeger na te bootsen, de externe vormen en materialen ervan over te nemen, zich te houden aan modellen en volumes die refereren aan het verleden, of zelfs te bouwen achter oude gevels. De resultaten zijn zelden geslaagd en maken onze gehechtheid aan de architectuur van vroeger nog groter. De inventaris van te beschermen gebouwen neemt uitbreiding, de monumentenlijst zwelt aan, het begrip "beschermde zone" doet zijn intrede omdat we bestaande complexen van de ondergang willen redden. De architecten worden verantwoordelijk gesteld voor een toestand die hun bevoegdheid ruim overstijgt en die veeleer te maken heeft met het feit dat de ambachtelijke technieken veelal plaats moeten maken voor een doorgedreven industrialisering. Toch liggen zij aan alle kanten onder vuur en maken zij zich zorgen omdat vanuit alle hoeken wordt getracht hun functie te beperken tot het herstellen of aanpassen van bestaande gebouwen, tot het bouwen achter bestaande gevels, tot reproduceren en imitatie. Vaak zijn zij ervan overtuigd dat de stedebouwkundige voorschriften en de beschermingsmaatregelen die men hen tracht op te leggen mee aan de oorsprong liggen van de lelijkheid van de hedendaagse gebouwen, dat zij niet de verhoopte esthetische resultaten opleveren en alleen maar uitmonden in een minderwaardige architectuur die niet is aangepast aan de behoeften en geen esthetische meerwaarde biedt. Meer dan de helft van hun tijd gaat verloren met het verkrijgen van een bouwvergunning, ten koste van uitputtende onderhandelingen met een administratie waarvan de architecturale opvattingen dicht aanleunen bij de naïveteit van het grote publiek. Onder invloed van de druk uit de vastgoedmarkt en de behoeften die worden geformuleerd, zien de politieke verantwoordelijken zich voortdurend genoodzaakt te schipperen en compromissen te sluiten, met als resultaat dat zij uiteindelijk niemand tevreden stellen. De maatregelen die zij nemen sluiten dus nergens bij aan : noch bij de drang naar instandhouding van het erfgoed, noch bij de materiële verlangens die wij trouwens laten samengaan met een typische inconsequentie.

Dat regelen we wel even
Ons land is nooit gewonnen geweest voor strikte reglementeringen. In tegenstelling tot onze buren uit het Noorden en het Zuiden kunnen wij het slecht vinden met de administratieve maatregelen, waarvan wij vinden dat ze onze vrijheid aantasten en die wij dus stelselmatig trachten te omzeilen. Uitzonderingen, afwijkingen, compromissen en gesjoemel zitten in onze gewoonten ingebakken. Brussel is daar een treffend voorbeeld van. Het lijkt onmogelijk om in deze stad strikte regels te laten toepassen voor de bescherming van straten, pleinen of wijken uit een bepaalde tijd, om hier een coherente en onverbiddelijke houding in te nemen ten einde het bestaande patrimonium te vrijwaren. De onsamenhangende toepassing van regels die lijken te verschillen naar gelang van het geval, die zich gewillig schikken naar de grillen van de overheid, creëert een klimaat van voortdurende discussies over de waarde of de levensvatbaarheid van datgene wat men in stand wil houden. Nu eens wordt groen licht gegeven voor een nieuwbouw op voorwaarde dat hij aansluit bij de uiterlijke vormen uit het verleden of schuilgaat achter een bewaarde of nagebouwde gevel, dan weer heeft een bepaald project te kampen met een extreem conservatisme terwijl iets verderop hele huizenblokken tegen de grond gaan. Het is duidelijk dat de bevoegde instanties niet functioneren zoals het hoort. De traagheid van hun besluitvorming is schrikwekkend, de tegenstrijdigheden tussen met name de gemeentelijke en gewestelijke overheden zijn legio. Al bij al krijgt de rol van de overheid hierdoor een bijzonder negatieve reputatie.
De architecten in overheidsdienst zijn de ongelukkige uitvoerders van dit onsamenhangend beleid, de bewakers van een verarmde code die is gebaseerd op

89

naäperij, benaderende imitatie, profielen en daklijsthoogten, verplicht parementwerk in baksteen of hardsteen, en allerlei kunstgrepen die enigszins doen denken aan vroegere bouwwerken. Zonder aarzelen gaan zij de plannen van hun collega's met het rode potlood te lijf om hun standpunten op te dringen. De architecten met de minste scrupules leggen zich daar zonder morren bij neer om toch maar aan de gevraagde vierkante meters te komen, hun meer gewetensvolle collega's doen al het mogelijke om deze vaak naïeve suggesties – die zelden de echte kwaliteit ten goede komen – alsnog te heroriënteren. Het resultaat van al deze invloed van hogerhand is een "architectuur van de bouwvergunning", die de architecten bedenken om de administraties en de drukkingsgroepen zand in de ogen te strooien maar die artistiek en historisch van nul en generlei waarde is en voorbestemd is voor de vergeethoeken van de geschiedenis. De "gevelbouw", die erin bestaat een nieuw en doorgaans hoger gebouw op te trekken achter een oude gevel, is de meest rampzalige variant van deze vorm van secundaire architectuur, die het patrimonium aantast en in bepaalde wijken van het Brusselse centrum in feite alleen maar dient ter aanvulling van naburige gebouwen die een paar jaar eerder werden opgetrokken volgens hetzelfde principe. Het resultaat van deze procédés zijn een paar armzalige stadsmodellen, vaag gebaseerd op die van de XIXde eeuw maar nauwelijks afgestemd op de behoeften van vandaag. Zij krijgen de hele stad meer en meer in hun greep, en roepen hier en daar herinneringen op aan de gepointilleerde schetsen waarmee architectuurstudenten uit het begin van de jaren '70 tegemoet wilden komen aan de eisen van de drukkingsgroepen. En terwijl de vastgoedspeculanten min of meer kunnen leven met deze opgelegde context die de stad opnieuw een aangezicht wil geven, terwijl het grote publiek er niets van begrijpt, zijn de meeste architecten zich ervan bewust dat we afglijden naar een rampzalige toestand op creatief vlak die onverenigbaar is met een gewetensvolle uitoefening van het beroep. Het is een toestand die ook de kunsthistorici moet verdrieten, want zij zien het architecturale erfgoed teloorgaan zonder dat een betekenisvolle hedendaagse architectuur in de plaats komt.

Is er een uitweg ?
De uitgebreide reglementaire, juridische en administratieve structuur voor de aflevering van bouwvergunningen die met veel bloed, zweet en tranen werd opgezet, zal niet zo snel weer worden afgebroken. Wat de doelstellingen betreft – controle van de architecturale kwaliteit, stedebouwkundige relevantie – mag de efficiëntie ervan dan al twijfelachtig zijn, de architecten vragen met spoed en unaniem om een snelle toepassing op basis van vaste en principiële spelregels, net zoals zij ook vragen om ambtenaren die recht in hun schoenen staan, zich niet bezondigen aan amateurisme, een degelijke opleiding hebben genoten en blijk geven van de nodige efficiëntie, gezien de taak die hen wacht.

De kunsthistoricus, die al even gehecht is aan de waarden van de hedendaagse creatie als aan die uit vroegere eeuwen, zou hier nog aan toe kunnen voegen dat we ermee moeten ophouden de gebouwen van nu de misleidende aanblik van vroeger te willen geven, en dat al onze aandacht moet uitgaan naar het onderhoud van een bestaand historisch patrimonium, als drager van ruimtelijke waarden en ambachtelijke kwaliteiten die bepalend zijn voor de culturele uitstraling ervan, het historisch belang, de pedagogische waarde of gewoonweg het esthetisch genoegen. Het is zinloos de nieuwbouw te willen "verrijken" met vormen die verwijzen naar het verleden en die zogenaamd "aansluiten" bij het bestaande patrimonium, zoals de geïnspireerde ambtenaren die belast zijn met de controle dat zouden willen. Iedereen beseft immers dat die vormen overhaast en om het even hoe zullen worden gerealiseerd om een valse schijn op te houden, dat zij geen enkele tektonische of ambachtelijke betekenis hebben. Nochtans hebben Jacques Dupuis en Simone Hoa met juwelenhandel De Greep (1954, Boterstraat, op een boogscheut van de Grote Markt) aangetoond dat het perfect mogelijk is een hedendaags gebouw te laten aanleunen bij een historisch pand zonder te vervallen in absurde vormelijke aanstellerij. Anderzijds hebben zowel het bestaande als het nieuwe patrimonium er alle belang bij te kunnen terugvallen op een ambachtelijke expertise vanwege kleine aannemers die kunnen bouwen zoals het hoort of renoveren zonder onherstelbare schade aan te richten. Waarom zou je immers nog honderden gebouwen op de lijst van te beschermen patrimonium zetten als de eerste de beste arbeider die je in die gebouwen aan het werk zet op een tijdsspanne van een paar dagen alles vernielt wat aan de basis lag van de aanvankelijke belangstelling voor die gebouwen ?

En toch is dat precies wat zich momenteel onder onze ogen afspeelt. Maar door de architecten te beschuldigen van een fenomeen dat in wezen economische oorzaken heeft, zoeken we alleen maar een zondebok. De regels van de vrije markt en de concurrentie sparen ook de bouwsector niet, een sector die alsmaar minder ambachtelijk wordt en waar alles steeds industriëler, vereenvoudigender en overhaaster verloopt. De architecten die nog in eer en geweten willen bouwen, zijn de eersten om daarover hun beklag te doen. Als we de kwaliteit en de duurzaamheid van de nieuwbouw willen vrijwaren en de waarden van het bestaande patrimonium (oud of recent) in stand willen houden, moeten we efficiënt en snel ingrijpen, met economische maatregelen voor het behoud en de heropleving van de ambachtelijke bouw. Het is niet de taak van de kunsthistorici maar die van fiscale experts om de mogelijke resultaten te evalueren van subtiele stimulerende maatregelen (bv. op het vlak van de BTW-tarieven) die kleine ambachtelijke aannemers opnieuw herstellen in hun eigenwaarde en nieuwe arbeidsvreugde geven. Laten we deze bedrijven opnieuw rendabel maken, in plaats van ze te ontmoedigen, te misprijzen en fiscaal leeg te zuigen zoals de eerste de beste plaatser van prefabprodukten die werkt met elektrische schroevendraaiers en siliconen. Het is nagenoeg ondoenbaar geworden om nog een vakman te vinden die een hek uit 1900 kan schoonmaken en renoveren, een sierlijk houtwerk kan herstellen, een bepleistering kan restaureren... zonder meteen een maandloon te vragen voor een paar dagen werk of die de hem toevertrouwde taak niet jammerlijk verknoeit. Architecten die bouwen of renoveren zien zich met dezelfde wantoestanden geconfronteerd : alles staat in het teken van verlijmd gips en haastig gelegd vasttapijt.

Niet de symptomen maar de oorzaken bestrijden

In het hele Brussels Hoofdstedelijk Gewest houden zowat driehonderd ambtenaren zich tevergeefs bezig met controle van de bouwprojecten en instandhouding van het patrimonium, met behulp van een ongeschikt instrumentarium. Hun inspanningen zijn bovendien gericht op de symptomen en laten de oorzaken ongemoeid. Hoeveel efficiënter zou het niet zijn indien er – op basis van een ernstige studie die anticipeert op de negatieve gevolgen en ze ook voorkomt – snel een defiscalisering zou komen naar gelang van de aard van het werk (waarvoor al dan niet gekwalificeerde arbeidskrachten worden ingezet), de aard van het gebouw of de aard van de wijk, eventueel met bepalingen betreffende het gebruik van hijstoestellen en prefabprodukten. De architecten zouden dan kunnen optreden als de controleurs, die als vrij beroep moreel en intellectueel garant staan voor de strikte toepassing van een dergelijk systeem. Daardoor zouden zij tegelijk ook de taak verlichten van de ambtenaren, die zich voor de onoverkomelijke opdracht geplaatst zien om het hele Brusselse patrimonium te beschermen of te controleren, terwijl de hele huidige bouwactiviteit ingaat tegen hun bekommernissen. Dergelijke maatregelen zouden meteen ook het grootschalige systeem van gewestelijke verordeningen operationeler kunnen maken, door geleidelijk een eind te maken aan de veel te grote kloof met de economische realiteiten van de bouwsector. Deze kloof dreigt momenteel immers te leiden tot stoornissen, verlamming en onwettige praktijken. Indien wordt gezorgd voor de nodige opleiding zouden deze maatregelen ook nieuwe banen kunnen scheppen.

Onze samenleving is zodanig verstard dat haar hele jeugdige kracht verloren dreigt te gaan in een afwachtende houding en besluiteloosheid. Ze is alle hoop op grote revolutionaire ontwikkelingen kwijtgeraakt. Het geringe vermogen tot belangeloze inzet, burgerzin en gezond verstand van onze medeburgers doet ons twijfelen aan de grote ideeën die aan de basis liggen van een strijdbare ideologie. Die ideeën worden in de kiem gesmoord en hebben al bij al nauwelijks vat op de economische realiteit. Het lijkt erop dat wij alleen nog kunnen evolueren aan de hand van geleidelijke verschuivingen, heroriëntaties, materiële stimulansen die onze gedragingen wijzigen. Zowel voor de controle van het gebouwenpatrimonium als voor de controle van het verkeer in onze steden is dat dus de weg die wij moeten volgen. We moeten afstappen van de grote principes en de esthetische krachtlijnen waarvan de doorsnee burger slechts een zeer benaderend idee heeft en waarvan de toepassing volgens vereenvoudigende en demagogische formules rampzalige gevolgen heeft; de stedebouw en de architectuur van de buurtcomités en de drukkingsgroepen hebben ruimschoots blijk gegeven van hun onvermogen. Het is hoog tijd dat onze steden van de ondergang worden gered door échte deskundigen.

CONTEMPORARY ARCHITECTURE AND THE ARCHITECTURAL HERITAGE OF BRUSSELS

By Pierre LOZE

Over the last few years, every transformation or addition to the existing cityscape is seen in a negative light. Furthermore, any change results in opposition and considerable controversy. The future of the city is no longer something we take for granted. For the first time in history, in Belgium at least, we have reached the point where we are now considering preserving entire sections of our architectural heritage, and we are taking an interest in the existing infrastructures, squares, streets and whole districts, and not only in the most representative or the most monumental elements of this heritage. However, this new approach to our heritage affects our traditional towns and villages and is difficult to take on board. It disperses the attention which we had only just succeeded in focusing on the task of preserving our monumental heritage, and unceasingly raises compelling questions and even anxieties. We must ask ourselves whether we can take on board this drive to preserve our heritage when there is in fact nothing to suggest that there will be a corresponding change in our material desires. Furthermore, how can we manage this drive and fulfil this need in a reasonable manner without creating economic stagnation which no-one seems to want ? And despite the appreciation we may have for all the forms of expression of a bygone era, we justifiably feel uneasy about the possible generalization of our attachment to the past within a society which seems to have so little confidence in the expression of the values of the present. The public authorities are increasingly setting out to impose on the new architecture the external forms of the architecture of the past to ensure better harmony with the existing cityscape. The result is seldom successful, and these constraints imposed on architects appear rather to be an obstacle preventing the emergence of a meaningful form of contemporary architecture, which is therefore a failure on two counts.

The preservation of our architectural heritage and the different concern or attitudes which it generates as well as the repercussions they have on contemporary architecture are no doubt part and parcel of a wider problem facing contemporary culture which we must examine in order to clarify our ideas at this particular level.

The interplay of symbols and codes

Formerly, and in fact until not so long ago, people were glad to see novelty and modernity replacing the vestiges of previous generations. For example, Rubens, in his preface to his work on The Palaces of Genoa was delighted to see that classical architecture was replacing the barbaric expression of Gothic architecture in the Netherlands. Closer to home, our parents and grandparents were pleased to see Brussels taking on a more modern appearance. Why has this attitude disappeared ? Since the Middle Ages, the driving force behind the history of the forms of architecture, art and craftsmanship, and indeed behind the history of the language which we speak, has been the desire of each passing generation to express itself in new ways and to reformulate the same things by using different accentuations, new values or fresh connotations. Linguists are familiar with this phenomenon whereby our linguistic code changes very slowly without our even noticing it. However, language does not of course change simply through the appearance of a few neologisms or through a particular use of certain words. Any change in the structure of language is an extremely slow process. We can also perceive a code and a certain stability of convention when it comes to other fields germane to communication, but also creation and the fulfilment of material needs.

The most up-to-date innovations in fashion elegance or in advertising or editorial graphics are unlikely to jeopardize the permanence of conventions in the field of clothing or printed communication. In spite of the technological revolutions in the field of garment manufacture or computer-controlled printing, these techniques have adjusted in such a way as to ensure the continuity of sartorial or graphic and typographic codes.

The outcome has been completely different in the field of building and architecture. Over the centuries, traditional architecture created a sort of language or code characterized by a certain legibility, partly based on the constraints and technical solutions, and partly based on the values relating to signs characterized by a certain intelligibility, even for less educated people. Looking at a building, one could recognize in its size the clear expression of the material wealth required to mobilize a large team of workmen, in the thickness of the masonry required to form pilasters the places where the main loads were distributed, and in the portal crowned by a pediment a discreet allusion to former architectural forms. There was a blend of economic, architectural and cultural values in which the functional aspects, tectonic values and cultural expression coexisted within systems of gradually evolving symbols which, for each different era, formed the basis of a well-defined stylistic code. The 19th century endeavoured to preserve or resurrect these codes by taking them apart and reprocessing them in much the same way as modern computerized printing techniques strive to maintain the older typographic codes which lose their raison d'être. In the 20th century, these codes were unable to withstand the technological transformations and the modifications of scale of our buildings. In the last century and a half, our predilection for innovation has diminished in inverse proportion to the increase in our capacity to destroy and rebuild. The reasons for the trend towards conservatism, which has become so strong nowadays, is no doubt to be found in the fact that the traditional architectural code has been altered, impoverished and distorted, while at the same time the industrial mutations which have taken place have not maintained this code or have in fact made a shoddy imitation of it. The wave of modernism which characterized the period between the 1920s and the 1970s was accompanied by an endeavour to recover the rational and universal basis of this code in line with the mechanical or industrial building techniques which were taking over, although this trend was not understood or appreciated by the general public who, moreover, were overtaken by this rapid evolution. The loss of our traditional architectural points of reference thus diminished society's appreciation for innovatory architecture and dimmed the sensitivity of the general public, while this love of innovation still exists in other fields of creation and communication.

Why do we yearn for the past ?
In the last remaining creations which stand as a testimony to traditional architecture and 19th century architecture, we perceive confusedly certain values which we feel are all the more precious as they are gradually vanishing. However, we find it difficult to identify these values clearly, and even more difficult to reproduce them. Beyond the forms and materials which now seem to exude a certain beauty, which are the subject of a discourse and which are quite openly imitated, we in fact acknowledge the value of the traditional crafts and the quality of the handiwork, which we appreciate without being fully aware of what we are appreciating and which our quick-build, mechanized or industrialized methods are obviously unable to resurrect. We recognize also the value of space to which we can relate, although we are unable to define how this value was arrived at and even more incapable of duplicating this value in new constructions using efficient lifting gear and structural materials. The proportions we use are no longer guided by the constrains based on bearing surface, by the dimensions of vaults or by the maximum length permissible for natural materials used as beams, and we have lost all these constraints which were used to create span. Nowadays, we need a combination of intelligence and intuition to master a skill which formerly was simply imposed as the basis for spatial articulation.

Basically, we admire the values of continuity, coherence or scale which we would like to reintroduce into modern architecture, but we give ourselves no scope to do this and fail because we are unable to apprehend and, more especially, to recreate the initial preconditions. The argument put forward by the modernistic approach, whereby architectural expression would adapt in line with changes in technology, was not properly understood or was unconvincing. In the modern world, the developments in the construction industry and its products effectively dictate the construction methods to be used by modern architects, while the same architects are expected to stick to more or less familiar external forms which are reminiscent of those of the past.

How about doing it this way ?
In spite of the profound changes in the conditions in which building work now takes place, we still in effect expect architects to mimic the architecture of the past, to adopt its forms and external materials and to doggedly apply the dimensions and volumes associated with the architecture of a former era, and even to reconstruct behind old facades. The results are rarely convincing and serve once again to confirm our hankering for the architecture of the past. Meanwhile, we draw up long lists of protected buildings and measures in favour of listed properties, and the notion of protection perimeter has emerged in an effort to safeguard certain old buildings. Architects are made to carry the can for a situation which is based on factors which go far beyond their area of competence and which is part of the general move away from traditional techniques towards industrialization. As a result, architects become everyone's scapegoat. It should be borne in mind, however, that they are concerned when they see attempts in many quarters to reduce their task to simply repairing or adapting existing buildings to new construction work behind old facades, in other words, servile imitation. They are often convinced that the rules of town planning or the conservation constraints which are thrust upon them are actually causing the ugliness of modern buildings. In addition, these rules and constraints do not have the desired aesthetic results and produce a shoddy form of architecture which is ill-suited to people's needs and has no aesthetic value. Most of their time and effort is spent on securing building permission by dint of extenuating negotiations with public bodies whose architectural ideas reflect the naivety of the general public. Under pressure from the real estates and faced with the needs expressed from various quarters, our political representatives are constantly forced to give in and to reach a compromise which satisfies neither party. The measures which they undertake do not satisfy our desire to preserve the heritage of the past or our material appetites which, moreover, lead us to act with characteristics thoughtlessness.

Belgium – a nation of compromise
Our country has never liked hard and fast rules. Unlike our neighbours to the north and south, we do not take kindly to pressure exerted by administrative measures which we feel are detrimental to personal freedom and which we systematically strive to circumvent. We are on familiar territory when it comes to making exceptions, granting exemptions, making compromises and cheating. Brussels is a striking case in point. The problem is that it would appear to be impossible to simply apply rules to protect streets, squares or whole districts dating from the same era and to adopt coherent and inflexible attitudes with a view to preserving our existing architectural heritage. The incoherent application of rules which appear to change according to the circumstances and which are dependent on the goodwill of the public authorities create a climate of incessant controversy concerning the value or the viability of the particular piece of heritage to be preserved. New constructions are tolerated here provided they mimic the existing buildings or are built behind the original facades or facades built to the original style. The most exacerbated form of conservatism is invoked to prey on one isolated case but in other cases capitulates, resulting in the destruction of entire blocks of houses. The fact that the bodies responsible for these matters are malfunctioning is plain for all to see. In addition, they are excruciatingly slow in making decisions, and contradictions between authorities abound, particularly at municipal and regional level, and ultimately project an extremely negative image of the role played by these public authorities.

The architects of public administrations are the unfortunate executors of these incoherent policies and the custodians of a sort of half-baked architectural code based on shoddy imitation with regard to dimensions, height of cornices, the placing of facing bricks, stone facing work or little trifling details which are vaguely reminiscent of traditional architecture. They do not hesitate when it comes to imposing their views by using a red pencil on the drawings of their colleagues. The least scrupulous architects will ingratiatingly subject themselves to this treatment to obtain the few desired square metres, while more conscientious architects will fight to counter these suggestions which are often naive and rarely positive in terms of real quality. The result of this influence on the architectural plans is what can be referred to as "building permission architecture", a subterfuge conceived by architects to deceive administrations and pressure groups and which in artistic and historic terms is null and void and fit to be consigned to the dustbin of history. "Facadism", which consists of constructing a new and generally higher building behind old walls, is the most disastrous variant of this form of obsequious architecture which slowly eats away at our architectural heritage and, in certain districts in the centre of Brussels, only in effect serves to blend in with the external appearance of adjacent buildings built a few years earlier on the same lines. This process produces urban models of inferior quality which are vaguely inspired by those of the 19th century and which are ill-suited to the needs of today. In addition, an attempt is made to progressively generalize this principle to the entire city. In such architectural forms, one can vaguely see the outlines of rough sketches made by students at architectural college at the start of the 1970s to bolster the campaigns of the pressure groups. While real estate speculators make do more or less with these constraints which, it is claimed, renew the face of the city, and while the general public has the wool pulled over its eyes, most architects are aware that, in terms of architectural creation, we are heading for a disastrous situation which is incompatible with the conscientious fulfilment of their professional task. This situation will not be any worthy more palatable to art historians who are seeing the architectural heritage of the past being gradually depleted without any worthy contemporary architectural alternative to replace it.

Is there a way out ?

Once the foundations have been laboriously laid, it is unlikely that any voices will be raised to challenge the construction of this vast statutory, administrative and legal edifice which is now used as the basis for the issuing of building permits. Despite the fact that, as regards its aims and objectives (the control of architectural quality and relevance in terms of town planning) the efficacy of this system is questionable, architects are nonetheless vociferous and unanimous in their urgent call for its setting-up on the basis of imposed and unchanging rules and principles, and they are calling for civil servants to work not on the basis of fickle or amateurish impulse, but on the basis of serious training and impeccable technocratic efficiency in line with their task.

To these considerations, the art historian, who is just as deeply concerned by the values of contemporary creation as by those of previous centuries, could add that we must stop trying to create a subterfuge by making new buildings look like old buildings, but instead devote more attention to maintaining the existing architectural heritage which is the custodian of the values of space and craftsmanship which provide cultural meaning, historical or educational value or simply pleasure for the eyes. It is indeed useless to try to incorporate into new constructions forms associated with the past which are allegedly in harmony with the existing cityscape, as do some inspired civil servants entrusted with building control. Everyone knows that these buildings will be thrown up hastily and haphazardly to create an illusion with no architectural or technical value. Jacques Dupuis and Simone Hoa demonstrated when the De Greef jeweller's store was built in 1954 that it is possible to create perfect harmony between a contemporary building and a historic building in the rue au Beurre around the corner from the Grand'Place without resorting to absurd and formalized counterfeit. On the other hand, the heritage of today and yesterday can be enhanced by using as the basis a network of craftsmen in small construction firms who have the skills to build with quality in mind or renovate without wrecking the existing infrastructure. After all, what is the point of having hundreds of listed buildings if the labourers working on the old building effectively destroy within a few days all the values which led to the commissioning of the work ?

This is what is happening before our very eyes, and we are barking up the wrong tree when we accuse architects of this crime which is committed with economic motives in mind. The rules of the marketplace and of competition are not kind to the construction industry which is becoming less and less oriented to craftsmanship and more and more industrial, slapdash and reckless. Architects who work conscientiously are the first to complain. If we are to preserve the quality and durability of existing buildings and the values of the existing architectural heritage, whether it be old or new, we must act efficiently and quickly through economic measures geared to preserve and revitalize the existing fabric of building craftsmanship. It is not up to the art historian but to the inventive tax accountant to study and anticipate with no error the result of subtle defiscalization measures (for example, variations in the VAT rate) which could restore the dignity, profitability and willingness to work of small companies of craftsmen who at the present time are discouraged, disdained and overtaxed in the same way as mere amateurs who simply attach prefabricated products using an electric screwdriver and silicon. It has now become impossible to find a craftsman who can clean and repaint a gate dating from the turn of the century, repair choice woodwork, restore plasterwork, etc. without being charged the equivalent of a month's pay for a few days' work or without him making a real mess of the job. Architects who build or renovate face the same dilemma : self-adhesive plaster and carpets laid hastily on a poor quality structural base are the rule rather than the exception in standard construction work.

We must tackle the causes not the effects Around three hundred civil servants in the entire Brussels Capital Region are vainly wasting their time on the task of building control and architectural preservation using inadequate tools. They are vainly tackling the effects and ignoring the causes. One solution would be to rapidly implement defiscalization on the basis of a serious study designed to anticipate and prevent any adverse consequences. This defiscalization would be implemented according to the type of work, taking into account the extent to which it generates qualified manpower, and according to the type of building or the type of district, taking into account the use of lifting gear and the use or otherwise of prefabricated products. Architects could act as the controllers, and as the moral and intellectual guarantors of this process. Furthermore, as a liberal profession, they could oversee the rigorous application of this form of system. They would thus lighten the workload of the civil servants who have the insurmountable task of controlling and preserving the entire Brussels cityscape, while the entire activity of the construction sector goes against the grain of their concerns. These measures could also operationalize the vast system of regional regulations by progressively closing the enormous disparity which has developed between these regulations and the economic realities of the construction sector, bearing in mind that this divergence is currently leading to the breakdown of the system, paralysis and illegal practices. With the help of training, these measures could also generate employment.

Our society has become timid and lethargic to the point where it has made our entire younger generation inactive and idle. Society has lost the hope of achieving great revolutionary changes. The lack of disinterestedness, public-spiritedness or intelligence among our fellow citizens makes us wary of grandiose ideas which become battle-grounds for ideologies and oversimplifications, and then wither and ultimately have little relevance to economic reality. We reach the stage where we can only drift along through inertia or through the material incentives designed to modify our behaviour. In the field of building control and city traffic, this is the path we must follow, not the path defined by ambitious principles or empty aesthetic values of which the average citizen has only a very rough idea and whose application in simplified and demagogical formulae is ultimately disastrous. Town planning and architecture based on district committees and pressure groups have largely demonstrated their futility. It is time for those with real authority to tackle the problems of our degenerating cities.

WIM DE VOS

Boutique Nathalie Vincent

Boetiek Nathalie Vincent

Boutique Nathalie Vincent

Chaussée de Waterloo 1000
1180 Uccle

1993

WIM DE VOS
Architecte / Architect

NATHALIE VINCENT
Maître d'Ouvrage / Opdrachtgever / Client

BERTHO
Entreprise Générale / Algemene Aannemer / General Contractor

SERGE BRISON, WIM VAN NUETEN
Photographes / Fotografen / Photographers

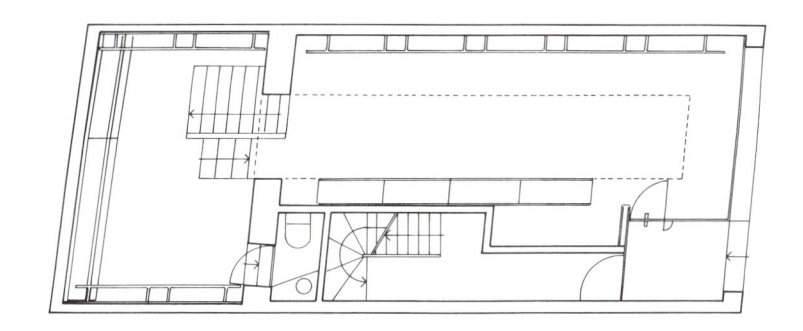

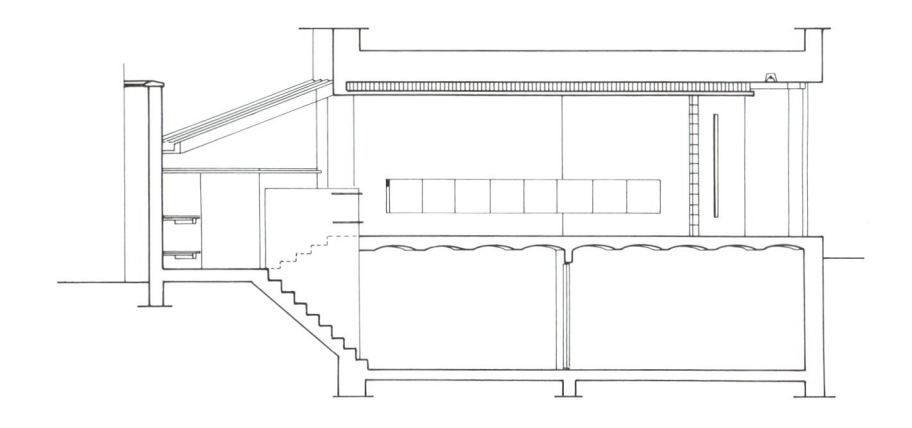

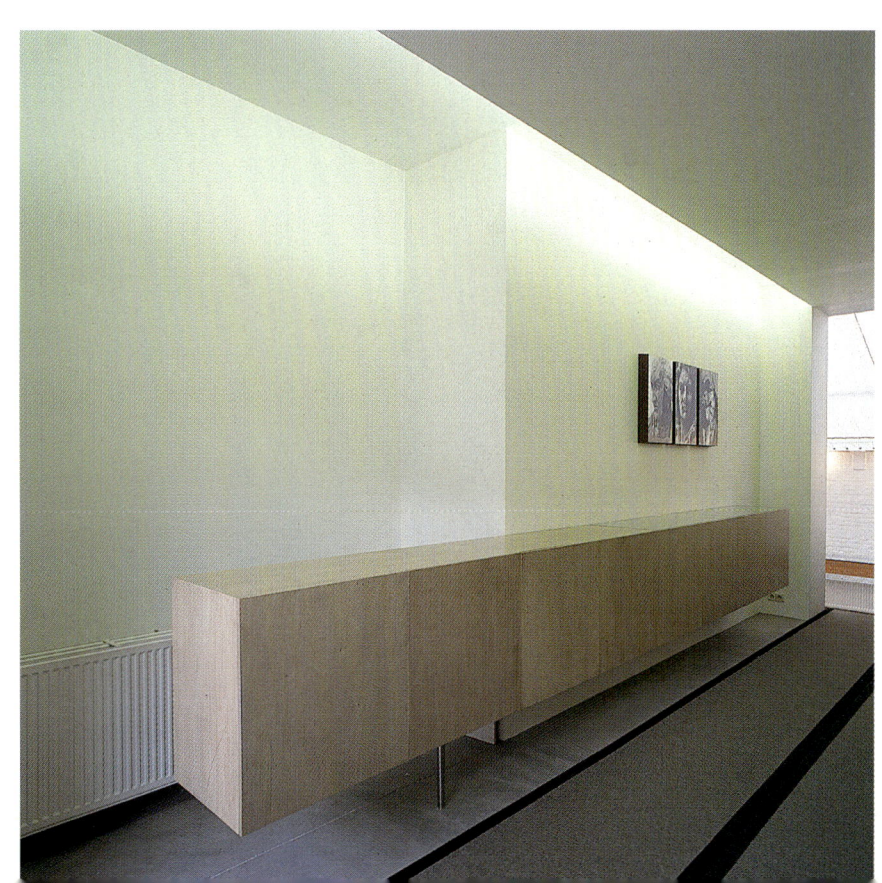

GABRIEL

BRISON

98

ARCHITECTURE ET CONSTRUCTION ENTRE REVE ET REALITE (A2RC)

Logements, salle d'exposition et bureaux "Le Tabellion"

Woonruimte, Showroom en kantoren "The Tabellion"

Accomodation, show-room and offices "The Tabellion"

Rue du Tabellion 64-66
1050 Ixelles

1992

A2RC sa
Architecte / Architect

BRIGITTE D'HELFT, MICHEL VERLIEFDEN
Associés / Vennoten / Partners

I. Schpynda
Collaborateur / Medewerker / Collaborator

DODDER BELGIUM sa
Maître d'Ouvrage / Opdrachtgever / Client

WILHELM & CO sa
Project Manager

NICOLE VAN DEN PLAS
Aménagement Intérieur / Binneninrichting / Interior Design

D. HAMOIR, PR. RENAC
Architectes Paysagistes / Tuinarchitecten / Landscape Architects

R & J MATRICHE sprl
Ingénieurs Stabilité / Ingenieurs Stabiliteit / Structural Engineers

BUREAU COGET
Ingénieurs Techniques Spéciales / Ingenieurs Technieken / Mechanical Engineers

VERHELST sa
Entreprise Générale / Algemene Aannemer / General Contractor

SERGE BRISON, JEAN-PIERRE GABRIEL
Photographes / Fotografen / Photographers

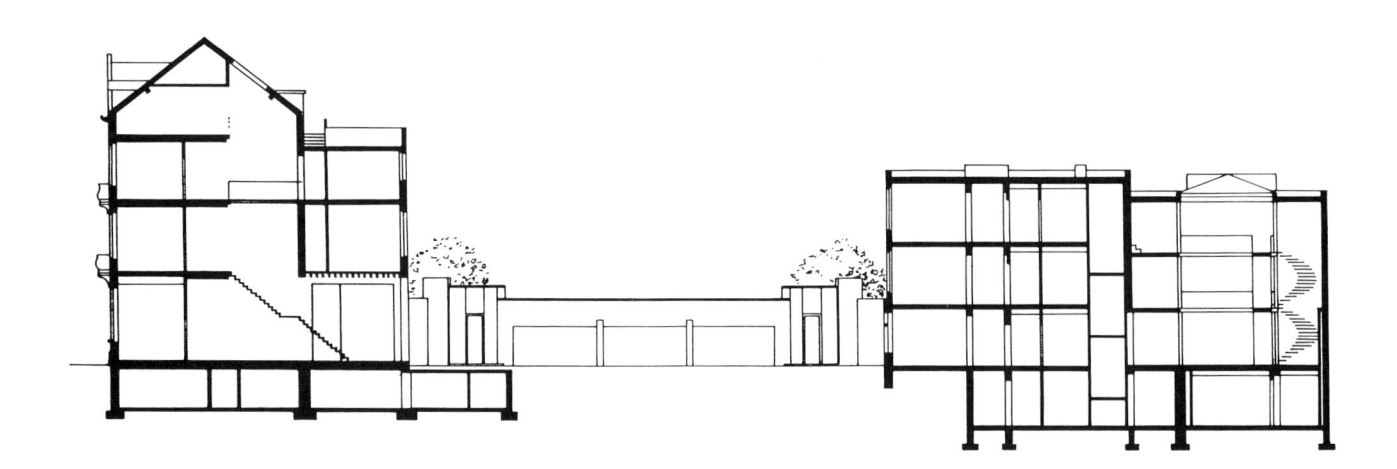

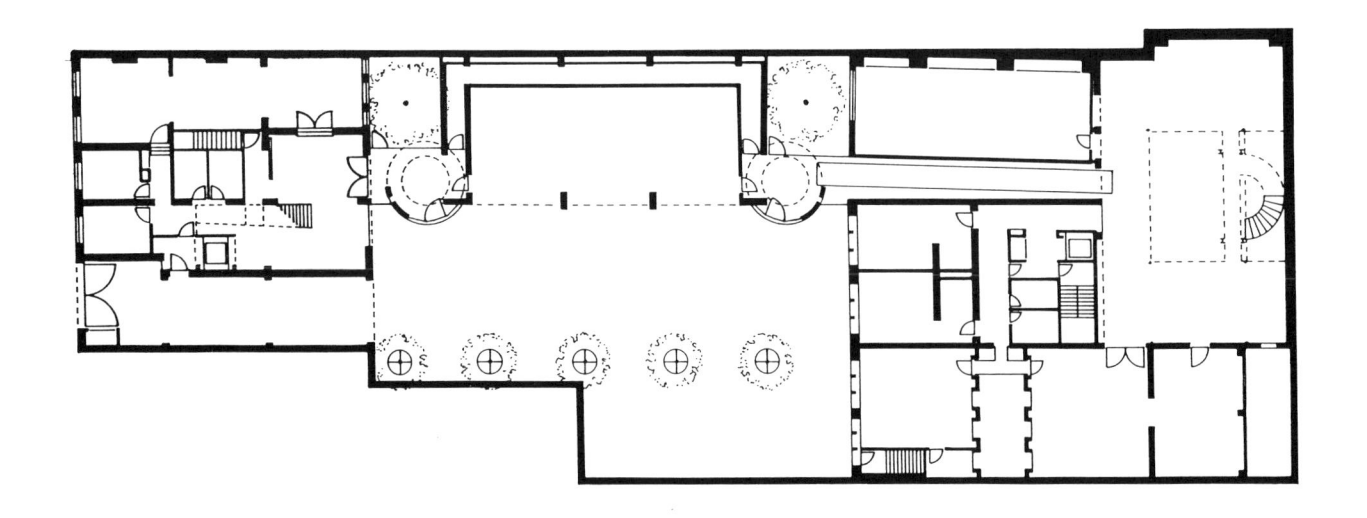

Complexe Bureaux "Brussimmo"
Kantoorcomplex "Brussimmo"
Office complex "Brussimmo"

Angle Rue Belliard / Rue de Trève
1040 Bruxelles

1993

SAMYN ET ASSOCIÉS sprl
PHILIPPE SAMYN
Architecte / Architect
H. Dossin, B. Vleurick
Collaborateurs / Medewerkers / Collaborators

BRUSSIMMO nv (SIDMAR – ARBED)
Maître d'Ouvrage / Opdrachtgever / Client

SAMYN ET ASSOCIÉS sprl, SETESCO sa
Ingénieurs Stabilité / Ingenieurs Stabiliteit / Structural Engineers

SAMYN ET ASSOCIÉS sprl, FTI sa
Ingénieurs Techniques Spéciales / Ingenieurs Technieken / Mechanical Engineers

MAES-DE WAELE
Entreprise Générale / Algemene Aannemer / General Contractor

CHRISTINE BASTIN & JACQUES EVRARD
Photographes / Fotografen / Photographers

BELGIAN ARCHITECTURAL AWARDS 1994
Concours de Réalisations Architecturales Récentes : 1ère cat.
3ÈME RÈGLES D'OR DE L'URBANISME
1994 : Prix de l'utilisation rationnelle de l'énergie
Prix / Prijs / Prize

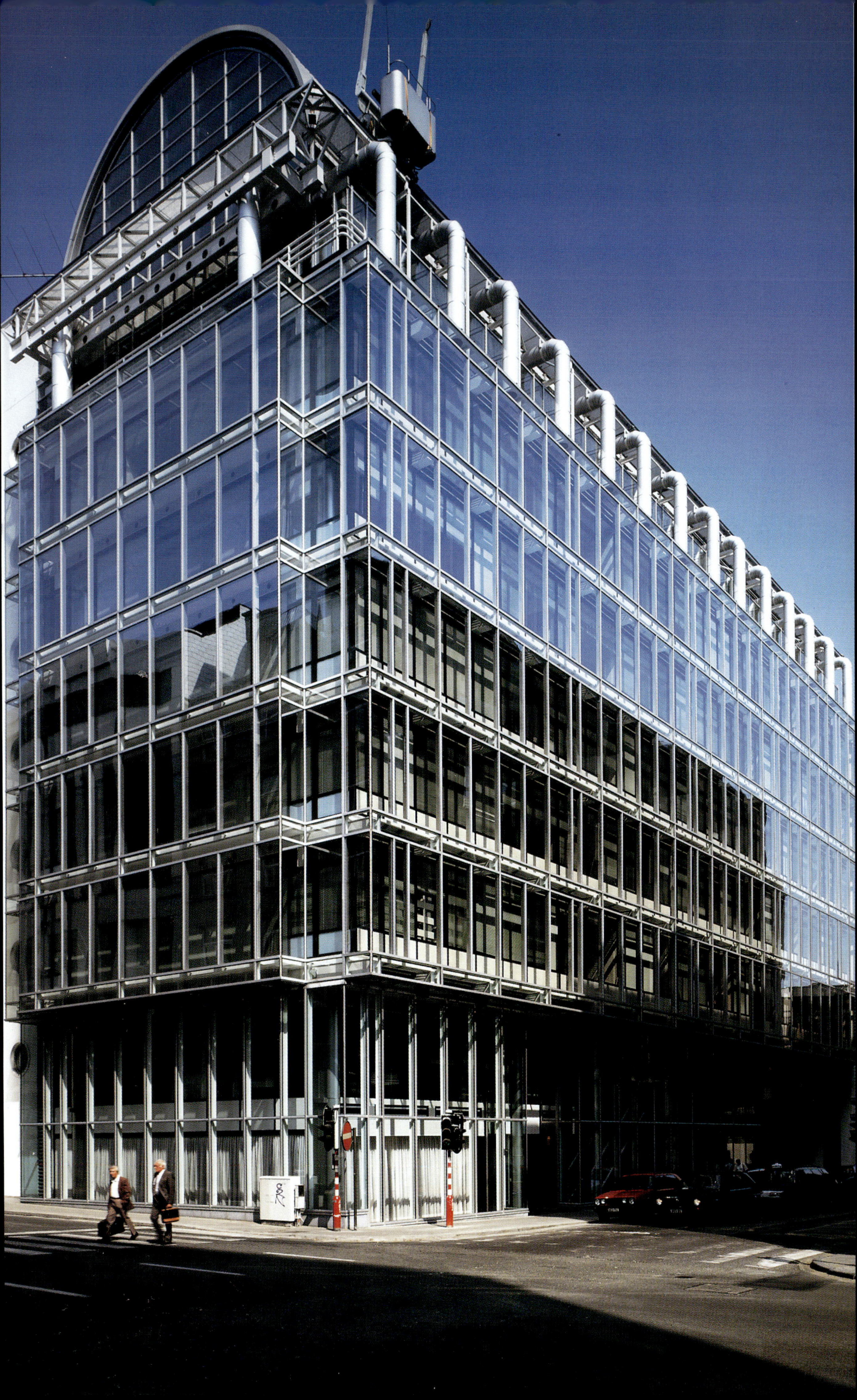

ATELIER D'ARCHITECTURE DE GENVAL

Bureaux et Atrium
"Espace Beaulieu"

Kantoren en Atrium
"Espace Beaulieu"

Offices and Atrium
"Espace Beaulieu"

Avenue de Beaulieu
1-3, 5-7, 9-11
1160 Auderghem

1993

ATELIER D'ARCHITECTURE DE GENVAL sa
Architecte/Architect

CODIC
Maître d'Ouvrage / Opdrachtgever / Client

C.G.E.R., IMMO BEAULIEU
Propriétaires / Eigenaars / Owners

TCA
Ingénieurs Stabilité / Ingenieurs Stabiliteit / Structural Engineers

AIR CONSULT
Ingénieurs Techniques Spéciales / Ingenieurs Technieken / Mechanical Engineers

VAN LAERE
Entreprise Générale / Algemene Aannemer / General Contractor

FABIEN de CUGNAC
Photographe / Fotograaf / Photographer

SÉLECTIONNÉS AU QUATERNARIO, SINGAPORE À L'INTERNATIONAL AWARD FOR INNOVATIVE TECHNOLOGY IN ARCHITECTURE – 1993
Prix / Prijs / Prize

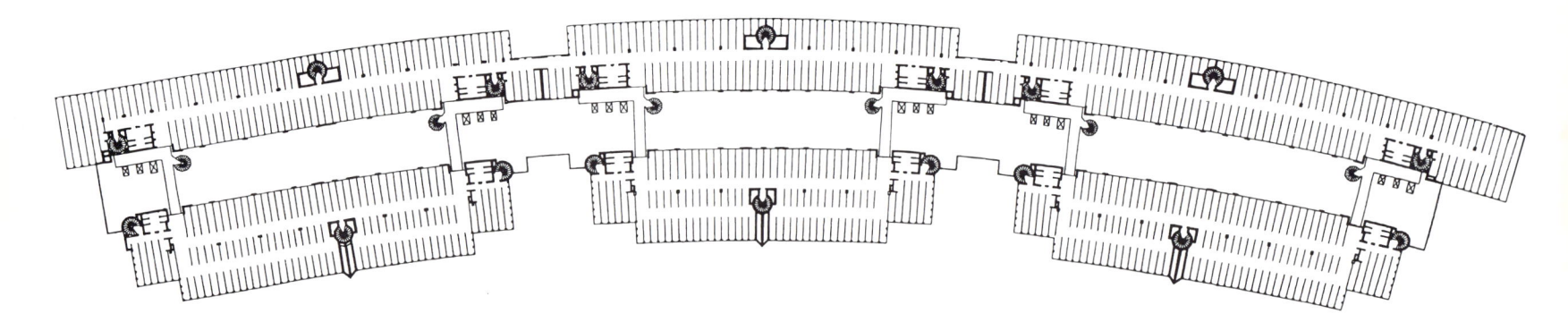

103

PIERRE BLONDEL
CHRISTIAN RENCHON

Bureaux "Banana Split"

Kantoren "Banana Split"

Offices "Banana Split"

Rue Philomène 19
1030 Bruxelles

1992

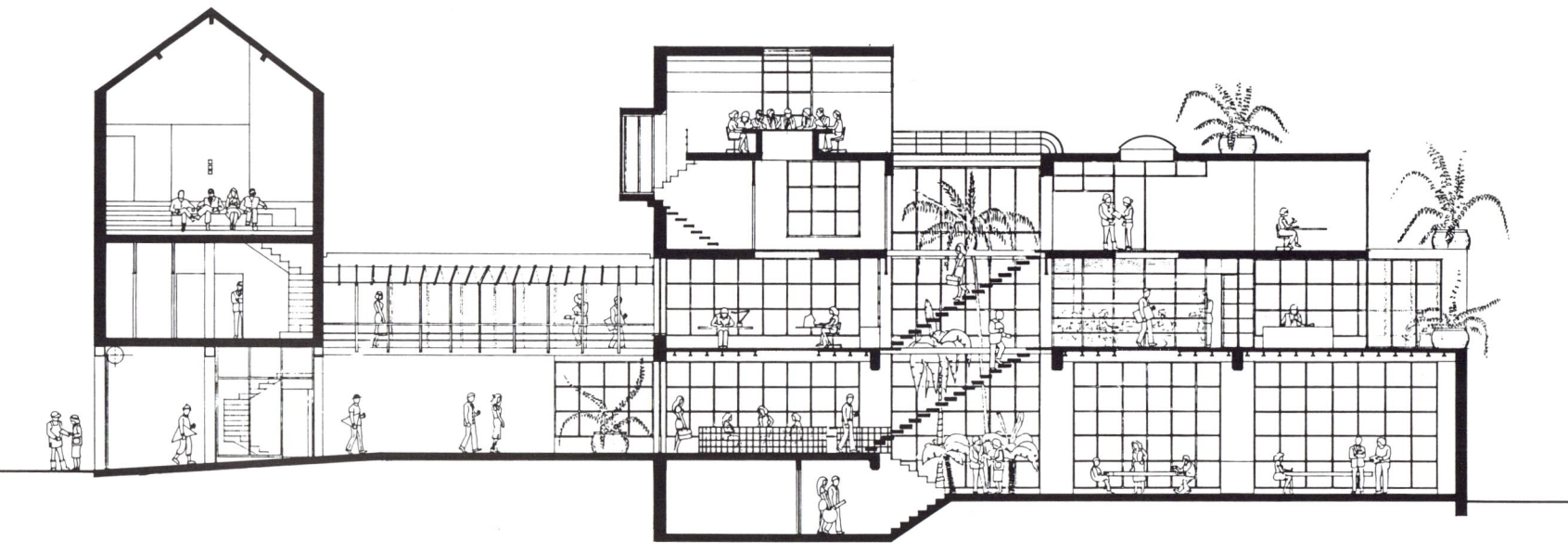

PIERRE BLONDEL, CHRISTIAN RENCHON
Architectes / Architecten / Architects

BANANA SPLIT
Maître d'Ouvrage / Opdrachtgever / Client

R & J MATRICHE sprl
Ingénieurs Stabilité / Ingenieurs Stabiliteit /
Structural Engineers

BERNARD BOCCARA
Photographe / Fotograaf / Photographer

BELGIAN ARCHITECTURAL AWARD 92
Concours de Réalisations Architecturales
Récentes : Prix de la Presse
Prix / Prijs / Prize

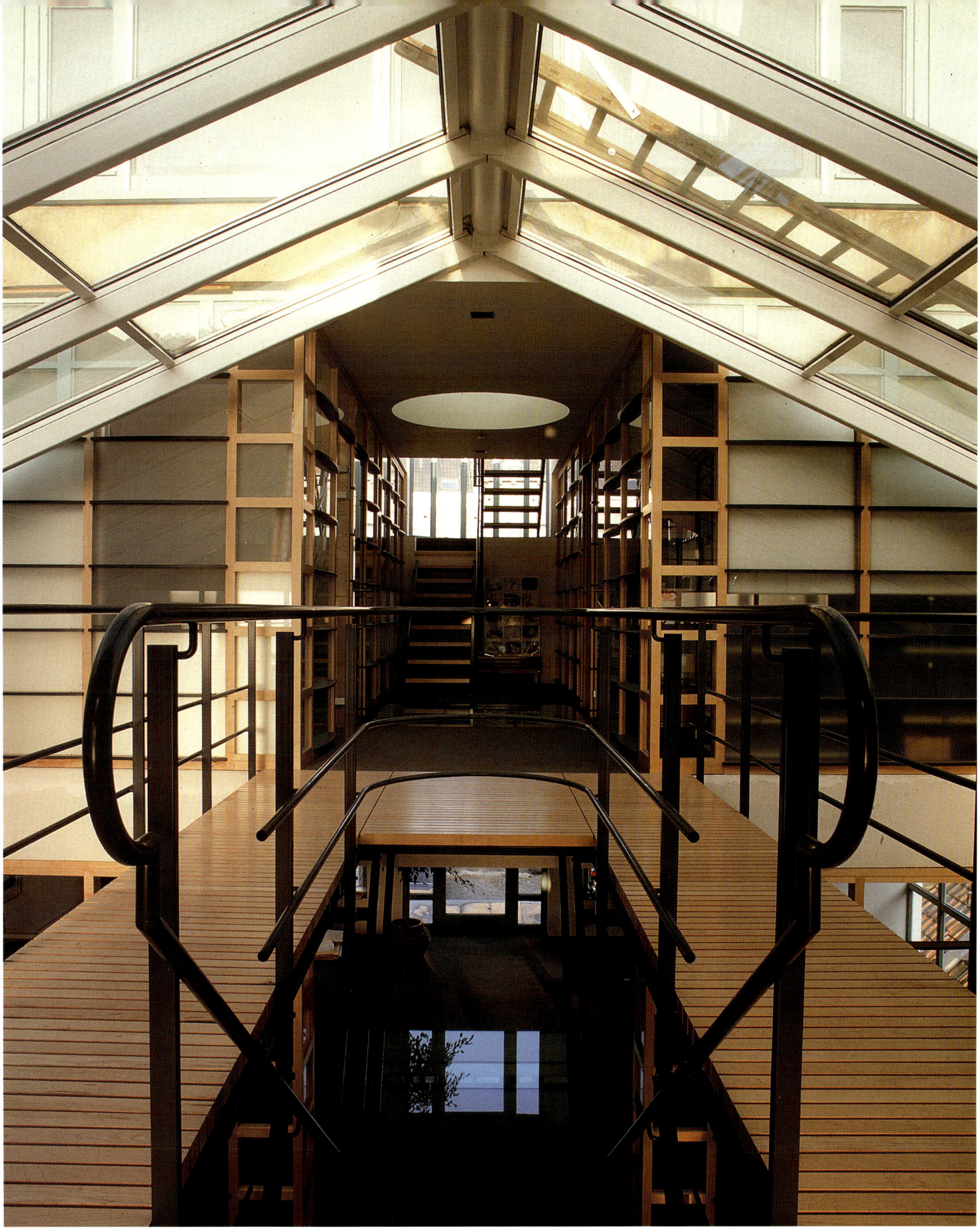

GROEP PLANNING

Logements et bureaux "LAP/DVV"

Woonruimten en kantoren "LAP/DVV"

Accomodation and offices "LAP/DVV"

Avenue Livingstone, Rue Philippe Le Bon, Avenue Simon Stevin 1040 Bruxelles

1995

GROEP PLANNING
Concepteur / Ontwerper / Designer

LIVINGSTONE BUILDING sa
Maître d'Ouvrage / Opdrachtgever / Client

GROEP PLANNING, DIRK VANDERKERKHOVE
Architectes Paysagiste / Tuinarchitecten / Landscape Architects

GROEP PLANNING
Ingénieurs Stabilité / Ingenieurs Stabiliteit / Structural Engineers

GROEP PLANNING, INGENIUM nv
Ingénieurs Techniques Spéciales / Ingenieurs Technieken / Mechanical Engineers

CAMIEL TANT
Project Manager

VAN LAERE nv
Entreprise Générale / Algemene Aannemer / General Contractor

EO
Signalétique / Signalisatie / Sign postings

CHRISTINE BASTIN & JACQUES EVRARD
Photographes / Fotografen / Photographers

TRENDS-TENDANCE : BATIMENT DE BUREAUX DE L'ANNEE 1995
Prix / Prijs / Prize

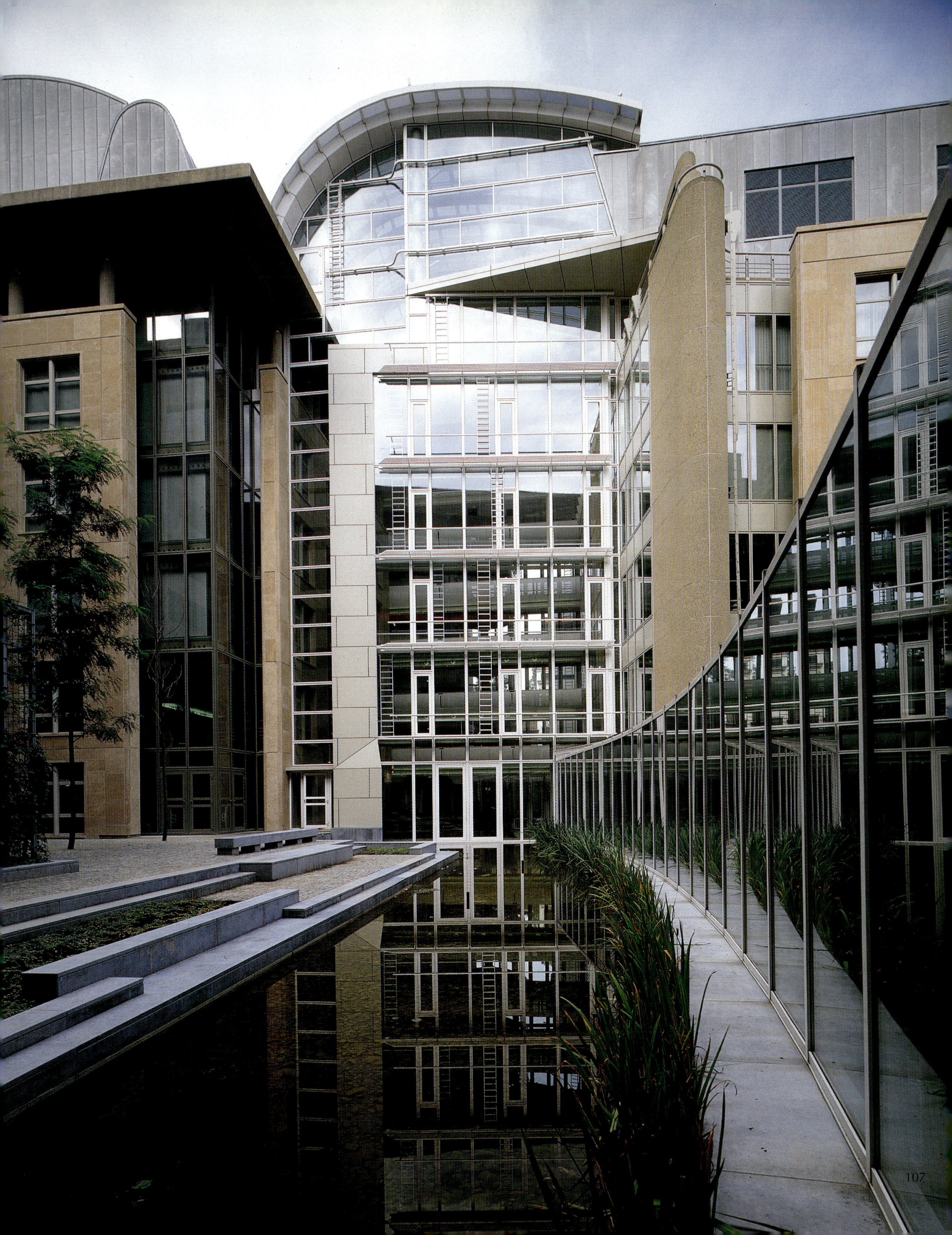

SIMON STEVINSTRAAT

FILIPS DE GOEDESTRAAT

LIVINGSTONELAAN

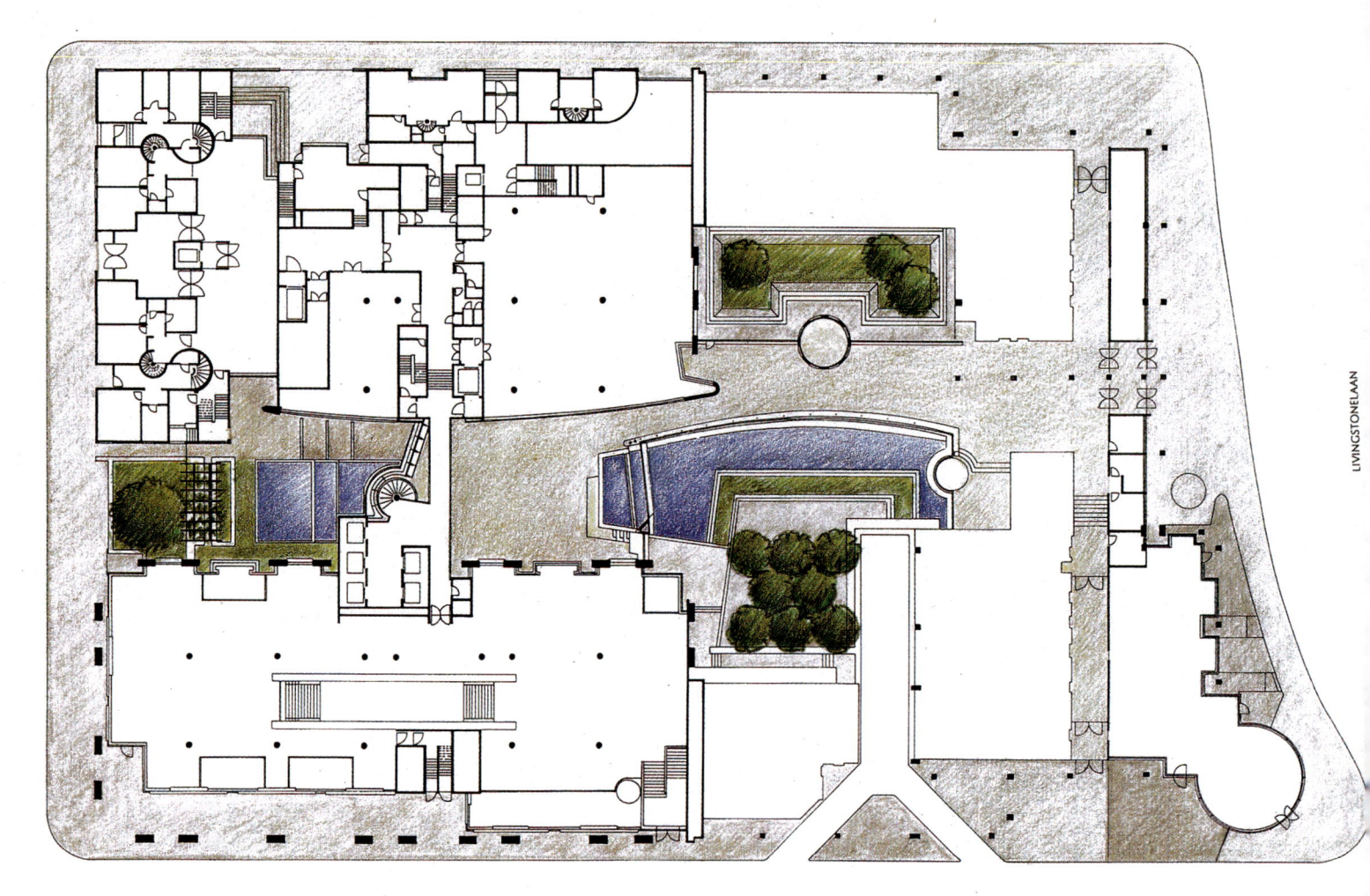

GROEP PLANNING

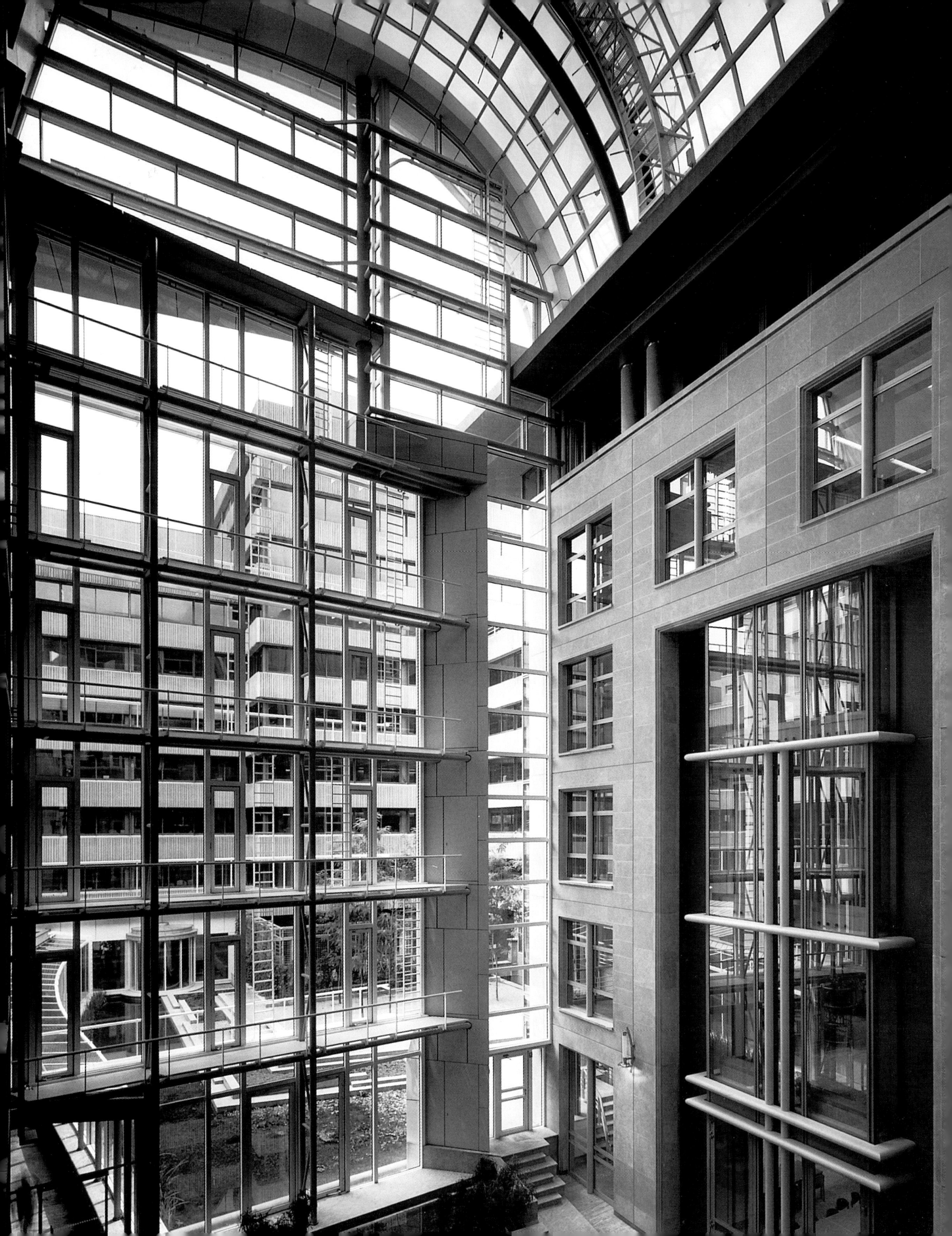

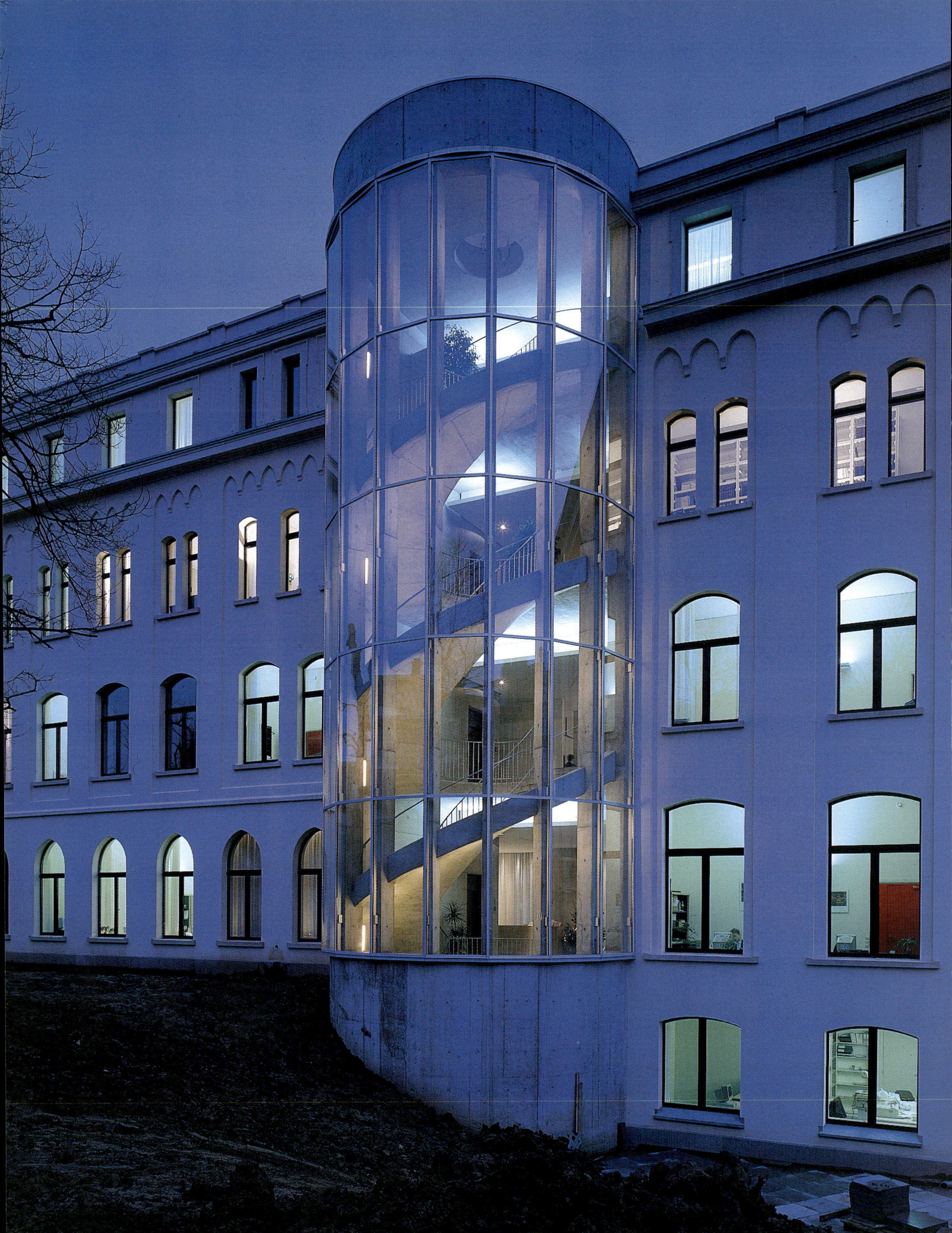

JOËL CLAISSE

**Rénovation ancien couvent :
Cabinet d'avocats**

Renovatie voormalig klooster :
Advocatenkantoor

Renovation of a former convent :
Law firm

Avenue de Tervuren 268A
1150 Woluwé-St-Pierre

1994

JOEL CLAISSE ET ASSOCIES scrl
Architecte / Architect
**J. Claisse, L. Knopes,
M. Van Schuylenbergh, B. Witkowski**
Design
**A. Sabbe, M. Govaerts, B. Stevens,
G. Garrino**
Collaborateurs / Medewerkers / Collaborators

CONTINENTAL PROPERTIES sa
Maître d'Ouvrage / Opdrachtgever / Client

**ASSOCIATION D'AVOCATS
LOEFF CLAEYS VERBEKE**
Occupant / Bezitter / Occupant

BEMA sprl
Ingénieur Stabilité / Ingenieur Stabiliteit /
Structural Engineer

INGENIUM nv
Ingénieurs Techniques Spéciales / Ingenieurs
Technieken / Mechanical Engineers

SECO
Contrôle Technique / Technische Controle /
Technical Control

CIT BLATON sa / VAN ROEY nv AM
Entreprise Générale / Algemene Aannemer /
General Contractor

TOP MOUTON
Mobilier / Meubelen / Furniture

LUDO NOEL
Photographe / Fotograaf / Photographer

LUC DELEUZE
FRANCIS METZGER

Stand Glaverbel

Palais des Expositions
Heyzel

1994

DELEUZE-METZGER ET ASSOCIES sa
Architecte / Architect
**JEAN-LUC BRISY, LUC DELEUZE,
FRANCIS METZGER**
Associés / Vennoten / Partners
Ch. Godfroid, O. Hendoux, A. Kas
Collaborateurs / Medewerkers / Collaborators

GLAVERBEL
Maître d'Ouvrage / Opdrachtgever / Client

EXPOLINE
Entreprise / Aannemer / Contractor

MARIE-FRANCOISE PLISSART
Photographe / Fotograaf / Photographer

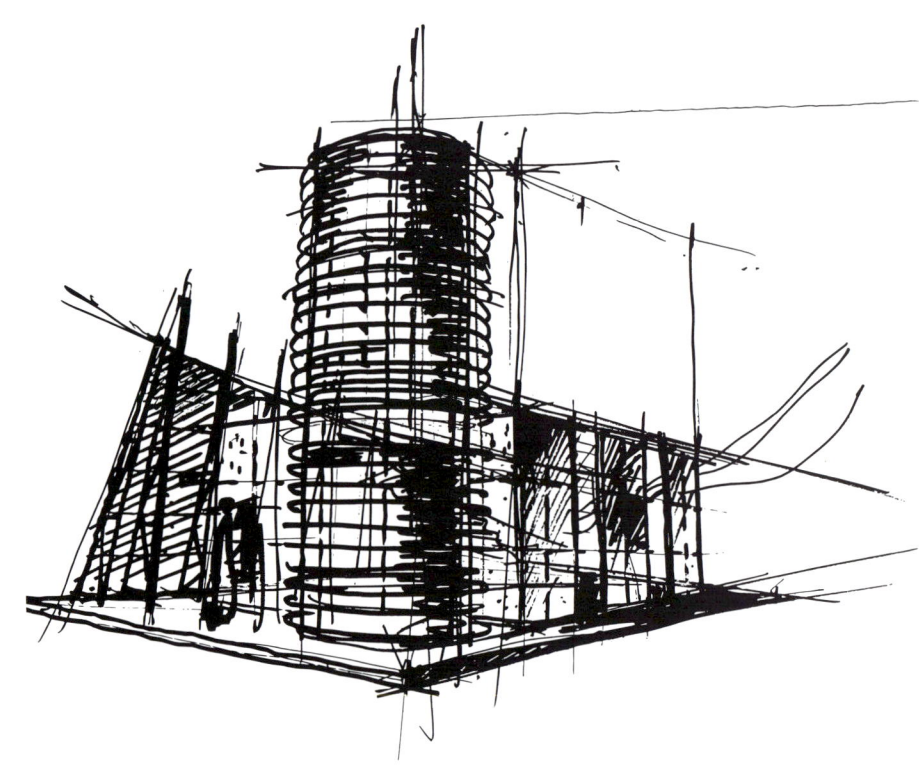

Par Lucien-Jacques BAUCHER,
Architecte

Avec interview de l'architecte
Gaëtanno NOUVSTER

L'image de l'Europe apparaît
dès l'approche de l'aéroport
national (La tour infinie -
impression d'artiste)

LE CONCOURS INTERNATIONAL POUR LA COMMISSION EUROPEENNE

Le concours international d'architecture pour le nouveau siège de la Commission Européenne vient de se clôturer, et dans quelle apothéose !

Le succès rencontré au niveau international et la qualité des propositions avancées sont à la mesure de la conjugaison des efforts dépensés de toutes parts pour faire aboutir une création qui marquera la fin de notre siècle.

Il était temps !

Mais, enfin (!), **Bruxelles** va pouvoir concrétiser sur son sol une exceptionnelle réalisation par un architecte de renommée internationale qui s'inscrira donc encore dans l'histoire de l'architecture avec un millésime du XXe siècle.

Rappelons d'abord que, par convention, c'est l'Etat belge qui a la charge de construire les bâtiments de la Communauté Européenne à qui elle loue les locaux. En un premier temps il avait été question de faire une rénovation lourde du bâtiment du Rond-Point Schuman, mais on dit qu'il apparut vite à nos Travaux Publics qu'un déshabillage et un réhabillage complet du bâtiment coûterait quasi aussi cher que construire du neuf... et que la symbolique européenne méritait mieux qu'un simple changement de costume.

Et, ne parlons pas de plagiat, mais dès sa construction le bâtiment ne faisait-il pas beaucoup (un peu trop ?) penser à celui qui l'avait inspiré (et celui-ci... toujours en parfait état de fonctionnement).

Regarder l'avenir en face

Enfin les états membres de la Communauté passant à 25, ne fallait-il pas regarder l'avenir en face, et répondre à l'attente d'une qualité à laquelle, au moins dans certains pays de la Communauté, on veille tout particulièrement pour les réalisations architecturales publiques.

Alors, faut-il le rappeler, appuyé par une démarche pressante effectuée en commun par la Communauté Française et la Vlaamse Gemeenschap, le Gouvernement Belge mesurant l'importance d'une image européenne forte, pour la Belgique et pour sa capitale en particulier, et donc l'intérêt supérieur de l'Etat, a pris la décision d'affirmer cette présence par un geste symbole d'Union. Et certes l'Etat belge souhaite-t-il aussi rappeler le rôle de capitale que remplit déjà Bruxelles sous le règne des ducs de Bourgogne, il y a plus de cinq siècles – étant alors fédératrice entre provinces européennes éloignées et de langues différentes.

Le parlement, où la proposition fut ratifiée, notons-le, à l'unanimité c'est-à-dire avec le même soutien de la part des écologistes quelque peu pris de court par la dynamique engendrée, se rallia à l'idée d'organiser un exemplaire concours international d'architecture.

Quant au Gouvernement de la Région de Bruxelles, rendu conscient de l'extraordinaire développement que cette démarche pouvait initier pour la région même, et quoiqu'il n'ait pas jugé bon jusqu'ici d'encourager cet autre pouvoir qui s'insinue dans ses terres bruxelloises, décida, après en avoir délibéré, d'affecter à l'organisation du concours et à son bon déroulement; ce budget a été prélevé sur celui, affecté année après année aux audits et missions d'enquêtes et d'analyses destinées à la préparation de nouvelles Ordonnances... qui semble-t-il devraient pouvoir attendre.

Le PRD et les incidences urbanistiques

Evidemment, le PRD est quelque peu malmené, mais tant le pouvoir politique que l'administration régionale s'attaquent à la mise en conformité des règlements bruxellois avec le projet européen.

De fait, la Région a décidé de mettre en révision sans attendre, le plan régional de développement (PRD), le plan de secteur, le plan régional d'affectation du sol (PRAS), les plans communaux de développement (PCD) et les plans particuliers d'affectation du sol concernés, ainsi que les prescriptions particulières édictées pour le quartier Nord-Est; sans compter, forcément, les éventuelles conséquences sur la conservation du patrimoine immobilier, l'évaluation probable des incidences et très certainement la problématique de la revitalisation du quartier.

Pour mener à bien l'adaptation impérative de ces documents dès avant l'achèvement des nouveaux bâtiments et pouvoir régulariser leur situation en temps utile, compte tenu aussi des enquêtes publiques (hors période de vacances) et réunions des commissions de concertation, on imagine la cascade de démarches administratives qui seront nécessaires; de source bien informée on estime qu'un délai de quatre ans s'impose, pour autant que ne soient pas introduits de recours suspensifs et autres aléas à ne jamais sous-estimer...

Evidemment on peut compter sur l'administration du bon aménagement du territoire pour procéder à l'évaluation des diverses implications urbanistiques et environnementales qui se posent dès maintenant, et prendre les devants pour préparer des solutions à cette échelle.

Le concours

Pour établir le règlement du concours, il a été tout naturellement fait appel au Conseil National de l'Ordre des Architectes, lequel grâce aux soins de sa toujours prompte et efficace commission "Concours" a produit un texte conforme aux règles et usages internationalement reconnus.

Quant au jury, composé d'une majorité d'architectes de renom international, il a fait l'objet d'un consensus d'autant plus remarquable que le pouvoir politique lui reconnaissait d'emblée le pouvoir souverain de choisir le projet à réaliser.

Un procès-verbal détaillé des délibérations du jury est publié : il reprend les divers avis émis vis-à-vis de chacun des projets, et reflète les débats animés qui s'y sont déroulés; tant les spécialistes que le grand public peuvent ainsi connaître les raisons qui ont conduit au choix opéré, et examiner les projets lors de leur prochaine exposition publique.

Le lauréat

Parmi les centaines de participants représentants de tous les continents, c'est donc le projet de l'architecte Gaëtanno **Nouvster**, déjà appelé à construire une banque à **Singapour**, comme un musée à Los Angeles et un parlement à **Berlin**, qui a finalement émergé, et qui, classé premier, est donc proposé pour la réalisation du nouveau complexe de la Communauté Européenne.

Outre l'exceptionnelle qualité du projet qui, un siècle après l'Art Nouveau replacera Bruxelles à l'avant-plan de l'actualité architecturale mondiale, le projet a le mérite d'initier un tout nouvel aménagement du quartier européen, lui apportant une personnalité nouvelle, ainsi qu'une structure d'organisation devant susciter une meilleure convivialité entre l'Europe et la population bruxelloise.

L'Europe développe un nouveau pôle pour la ville du XXIe siècle.

Chacun de son côté, le Premier Ministre et le Président du Gouvernement de la Région de Bruxelles, ont tenu à consacrer une demi-journée à se faire longuement expliquer par leurs auteurs et en tête-à-tête, les 3 premiers projets classés. Lors de la conférence de presse qu'il a ensuite consacrée au concours, le Premier Ministre visiblement satisfait, a développé un parallèle entre l'art de la politique et les arts de l'espace, ajoutant que l'un comme l'autre doivent se prémunir contre d'augustes pressions, ajoutant avec ironie que si les politiques passent (parfois vite), les arts de l'espace restent. Il a rappelé fièrement que "Brucsellii europeanisi sunt", et paraphrasant de bons auteurs, il ajouta que "les oeuvres architecturales d'aujourd'hui forment le patrimoine de demain".

Le Président du Gouvernement de la Région de Bruxelles, quant à lui, a insisté pour que la dimension culturelle du projet soit particulièrement soignée et mette en évidence le caractère du symbole de l'Europe au sein de notre ville, ville unique au monde comme multi-capitale de l'Etat fédéral, de la Région, de la Communauté Flamande, de la Communauté Française, et tout aussi fièrement de l'Europe... et toujours prête à en accueillir d'autres.

Il est aussi, d'ores et déjà prévu, qu'il sera fait appel à de nombreux artistes d'origines et de disciplines diverses; ils seront invités à intervenir dès l'élaboration du projet dans la recherche de dialogues entre architecture et arts de l'espace. Tandis qu'une vie culturelle internationale devrait se développer au sein du nouvel édifice, la rencontre des cultures étant perçues comme l'ecosystème le plus efficace pour le développement de rounds diplomatiques.

Comme il s'y était engagé dès le départ, et faisant fi non sans renoncements de toute recherche d'équilibre nationalo-régionalo-particrato-linguistique, le Gouvernement négocie aujourd'hui avec le lauréat le contrat de mission définitif.

Quant au président du Conseil de l'Ordre, accompagné de son nouveau chef de cabinet, enfin désigné et qu'il a présenté à la presse, il n'a pas eu de peine à démontrer combien l'efficacité des actions entreprises par l'Ordre trouvait une sorte de couronnement dans le succès du concours.

Intervieuw de Gaëtanno Nouvster

L'architecte Gaëtanno Nouvster, que nous avons pu rencontrer dès après la proclamation des lauréats, considère que son projet matérialise l'union vivante et pluriculturelle de l'Europe, et que son expression architecturale devrait refléter le brassage des différentes civilisations dont nous sommes issus, tout en s'intégrant dans le bâti bruxellois.

Son tempérament saxo-latin le conduit à une large vision humaniste de l'Europe, et emporté par un enthousiasme communicatif, il nous a déclaré :

"L'architecture sera rayonnante et généreuse, signifiante d'une ouverture sur le monde, la nouvelle agora exprimera le symbole de la démocratie inventée en Europe, l'art y régnera comme dans la Grèce antique, tandis qu'une coulée verte à travers le quartier rappellera notre attachement aux lois naturelles de l'univers. Et comme les clochers des cathédrales s'affirmaient de loin au voyageur et guidaient sa route, le point focal du projet, la tour infinie, sera visible du TGV européen, comme de l'aéroport national et des autoroutes régionales."

Imaginons déjà le spectacle grandiose qui pour la fin du siècle s'offrira au bout de la rue de la Loi...

NB : toute ressemblance avec une quelconque réalité, ne pourrait que lui être inversement proportionnelle.

Door Lucien Jacques BAUCHER,
Architect

Plus interview met architect
Gaëtanno NOUVSTER

DE INTERNATIONALE WEDSTRIJD VOOR DE EUROPESE COMMISSIE

De internationale architectuurwedstrijd voor de nieuwe zetel van de Europese Commissie werd zopas afgesloten met een schitterende apotheose.

Deze wedstrijd werd enerzijds gekenmerkt door het grote aantal internationale deelnemers en de kwaliteit van de ingediende projecten en anderzijds door de niet aflatende inspanningen van iedereen om deze realisatie – een mijlpaal voor dit laatste decennium van de eeuw – tot een goed einde te brengen.

Het werd tijd ! Eindelijk (!) zal **Brussel** op zijn grondgebied onderdak kunnen bieden aan een uitzonderlijke realisatie door een internationaal befaamd architect, die dus nog een eigen plaats krijgt in de geschiedenis van de 20ste-eeuwse architectuur.

Ter herinnering : het is de Belgische Staat die tot taak heeft de gebouwen van de Europese Gemeenschap op te trekken. Naderhand verhuurt ze de lokalen aan de Gemeenschap. In eerste instantie was gedacht aan een ingrijpende renovatie van het gebouw aan het Rond Punt Schuman, maar naar verluidt had Openbare Werken al snel door dat de ontmanteling en heraankleding van het gebouw evenveel zou kosten als een nieuwbouw, terwijl de Europese symboliek beter verdiende dan alleen maar een ander kleedje te krijgen. En zonder dat we het woord plagiaat in de mond willen nemen : deed het gebouw niet onmiddellijk een beetje (te) veel denken aan het gebouw waarop het geïnspireerd was (en... dat nog steeds volkomen bruikbaar is).

De blik vooruit

Nu de lidstaten van de Gemeenschap weldra met 25 zijn, moest men de blik op de toekomst richten en tegemoet komen aan het streven naar een kwaliteit waaraan sommige landen van de Gemeenschap bijzondere aandacht besteden bij openbare architectuurprojecten.

Gestimuleerd door de gezamenlijke druk vanuit de Communauté Française en de Vlaamse Gemeenschap nam de Belgische regering – die niet moest worden overtuigd van het belang van een sterk Europees imago voor België in het algemeen en zijn hoofdstad in het bijzonder, en bijgevolg voor het hogere belang van de Staat – het besluit om deze Europese aanwezigheid te bekrachtigen via een gebaar dat de eendracht symboliseert. Waarbij de Belgische Staat uiteraard niet nalaat te herinneren aan de essentiële rol die Brussel meer dan vijf eeuwen geleden reeds vervulde onder de hertogen van Boergondië, als centrale zetel voor afgelegen Europese provincies die verschillende talen spraken.

Het Parlement, waar het voorstel unaniem goedgekeurd werd (dus mét de steun van de groenen, die zich ongetwijfeld lieten verrassen door de plotse dynamiek), schaarde zich achter de idee om een internationale architectuurwedstrijd op niveau te organiseren.

De Brusselse Gewestregering van haar kant, die zich bewust was van de buitengewone impuls die dit initiatief zou kunnen betekenen voor het Gewest zelf, besloot om na beraadslaging – en hoewel het tot dusver niet verstandig werd geacht die andere overheid die zich op het Brusselse grondgebied bevindt aan te moedigen – een budget vrij te maken voor de organisatie en het correcte ver-loop van de wedstrijd. Het geld hiervoor werd onttrokken aan het budget dat jaar na jaar besteed wordt aan doorlichtingen en enquêtes/analyses voor de voorbereiding van nieuwe Verordeningen en andere reglementeringen. Die konden blijkbaar wachten.

Het gop en de stedebouwkundige gevolgen

Uiteraard blijft dit alles niet zonder weerslag op het GOP, maar zowel de politieke overheid als de gewestadministratie zijn inmiddels begonnen de uitzonderlijke reglementaire rijkdom van Brussel in overeenstemming te brengen met het Europese project.

Het Gewest besloot immers om zonder aarzelen een nieuwe blik te werpen op het gewestelijk ontwikkelingsplan (GOP), het districtplan, het gewestplan voor bestemming van de bodem (GPBB), de gemeentelijke ontwikkelingsplannen (GOP) en de bijzondere plannen voor bestemming van de bodem, terwijl ook de bijzondere voorschriften voor de Noord-Oost wijk moeten worden herzien. Daarnaast zullen er onvermijdelijk ook gevolgen zijn voor de instandhouding van het gebouwenpatrimonium, de vermoedelijke evaluatie van de projectweerslag en de problematiek van de heropleving van de wijk.

Om de onontbeerlijke aanpassing van deze documenten vóór de voltooiing van de nieuwe gebouwen tot een goed einde te brengen en alles tijdig te kunnen regulariseren – tevens rekening houdend met de openbare enquêtes (buiten de vakantieperioden) en de vergaderingen van de overlegcommissies – zullen uiteraard talloze administratieve stappen moeten worden gezet. Uit goed ingelichte bron vernemen wij dat rekening wordt gehouden met een periode van vier jaar, op voorwaarde dat het niet komt tot opschortende beroepen of andere onvoorziene gebeurtenissen die niet mogen worden onderschat...

Uiteraard kan een beroep worden gedaan op de dienst ruimtelijke ordening voor een evaluatie van de diverse stedebouwkundige verwikkelingen en milieu-implicaties die nu reeds te voorzien zijn, zodat al het mogelijke kan worden gedaan om oplossingen terzake uit te werken.

De wedstrijd

Voor het wedstrijdreglement werd uiteraard aangeklopt bij de Nationale Raad van de Orde van Architecten. Dankzij haar altijd bereidwillige en efficiënte commissie "Wedstrijden" wist deze een tekst op te stellen die voldoet aan de internationaal gangbare regels en gebruiken. De jury bestond hoofdzakelijk uit internationaal befaamde architecten. Met betrekking tot deze jury heerste een opmerkelijke consensus, temeer daar de politieke overheid de juryleden van bij de start de soevereine macht gaf om te beslissen over het project dat zou worden gerealiseerd.

Een gedetailleerd verslag van de beraadslagingen van de jury wordt gepubliceerd : het bevat de beoordelingen van alle projecten en een overzicht van de geanimeerde discussies tijdens de beraadslaging. Zowel de specialisten als het grote publiek kunnen dus kennis nemen van de redenen die aan de basis liggen van de uiteindelijke keuze, en de projecten bestuderen als zij weldra openbaar tentoongesteld worden.

De winnaar

Uit de honderden inzendingen afkomstig van alle werelddelen koos de jury dus uiteindelijk voor het project van architect Gaëtanno **Nouvster**, die eerder al een bank bouwde in **Singapore**, een museum in **Los Angeles** en een parlement in **Berlijn**. Als winnaar van deze architectuurwedstrijd wordt Nouvster dus voorgedragen voor de realisatie van het nieuwe complex van de Europese Gemeenschap. Behalve door zijn uitzonderlijke kwaliteit – die Brussel één eeuw na de Art Nouveau opnieuw op de voorgrond van de wereldwijde architectuuractualiteit brengt – valt het project ook op door een andere verdienste : het geeft de aanzet tot een volledig nieuwe kijk op de Europese wijk, die meteen ook een nieuwe persoonlijkheid krijgt, en tot een organisatiestructuur die moet leiden tot een betere verstandhouding tussen Europa en de Brusselse bevolking.

Europa bezorgt de stad van de XXIste eeuw hiermee een nieuwe pool.

De Eerste Minister en de Voorzitter van de Brusselse Gewestregering trokken elk een halve dag uit om zich tijdens een besloten overleg met de auteurs alles te laten uiteenzetten over de 3 eerst gerangschikte projecten.

Tijdens de persconferentie die hij vervolgens met betrekking tot deze wedstrijd organiseerde, trok een zichtbaar opgetogen Eerste Minister een parallel tussen de kunst van de politiek en de ruimtelijke kunsten : beiden moeten bestand zijn tegen grote druk. De Premier voegde daar niet zonder ironie aan toe dat de politiek (soms snel) voorbijgaat, maar dat de ruimtelijke kunsten blijven. Trots herinnerde hij eraan dat "Brucsellii europeanisi sunt" en – in een parafrase van auteurs die het kunnen weten – dat "de architectuur van vandaag het patrimonium van morgen" is.

De Voorzitter van de Brusselse Gewestregering van zijn kant legde er de nadruk op dat de culturele dimensie van het project bijzondere aandacht moest krijgen en het symbool van Europa binnen onze stad extra kracht moet bijzetten. Hij noemde Brussel de enige stad ter wereld die in zovele opzichten hoofdstad is : van de Federale Staat, het Gewest, de Vlaamse Gemeenschap, de Franse Gemeenschap, Europa... En, zo besloot hij, Brussel is altijd bereid tot méér.

Nu reeds staat vast dat bij de realisatie van het project een beroep zal worden gedaan op talloze artiesten met uiteenlopende achtergrond en afkomstig uit verschillende disciplines. Zij zullen van bij het begin betrokken worden bij het streven naar een wisselwerking tussen de architectuur en de ruimtelijke kunsten. Anderzijds moet binnen de muren van het nieuwe gebouw ook een internationaal cultuurleven tot stand komen, aangezien de ontmoeting tussen culturen wordt beschouwd als het ideale ecosysteem voor diplomatieke onderhandelingen.

De Regering, die zoals gezegd van bij het prille begin bij dit initiatief betrokken was en die een opgemerkte inspanning doet om alle nationale, regionale, partijgebonden en taalkundige overwegingen aan de kant te schuiven, onderhandelt momenteel met de winnaar over het definitieve contract.

Tenslotte kon de Voorzitter van de Nationale Raad van de Orde van Architecten, bijgestaan door zijn nieuwe kabinetschef – die eindelijk benoemd is en die meteen werd voorgesteld aan de pers – de aanwezigen er zonder veel moeite van overtuigen dat de Orde het succes van de wedstrijd beschouwde als een vorm van bekroning voor de efficiënte acties die zij had ondernomen.

Interview met Gaëtanno Nouvster

Gaëtanno Nouvster, waarmee wij vlak na de bekendmaking van de winnaars een gesprek hadden, is van mening dat zijn project de levende en multiculturele eenheid van Europa concretiseert, en dat zijn architecturale zegging de weerspiegeling zou moeten zijn van de vermenging van de verschillende beschavingen waaruit wij zijn voortgekomen, terwijl anderzijds de integratie met het Brusselse stadslandschap verzekerd moet blijven.

Zijn Latijns-Saksische temperament legde de grondslag voor een ruime humanistische visie op Europa, en met een aanstekelijk enthousiasme liet hij zich het volgende ontvallen :

"De architectuur zal stralend en genereus zijn, tekenend voor een open kijk op de wereld. De nieuwe agora wordt het symbool van de democratie zoals Europa die heeft uitgevonden. De kunst zal er heersen als in het oude Griekenland, terwijl een groene strook doorheen de wijk onze gehechtheid aan de natuurwetten van het universum in herinnering moet brengen.

En zoals de klokken van de kathedralen de reiziger vroeger bij de hand namen om hem te begeleiden op zijn weg, zo zal het brandpunt van het project – de eindeloze toren – zichtbaar zijn vanop de HST, de nationale luchthaven en de autowegen van het Gewest."

Tegen de eeuwwisseling zal dus aan het eind van de Wetstraat een grandioos schouwspel te zien zijn.

NB : Elke gelijkenis met welke werkelijkheid dan ook kan alleen maar omgekeerd evenredig daarmee zijn.

By Lucien Jacques BAUCHER,
Architect

With an interview by the architect
Gaëtanno NOUVSTER

THE INTERNATIONAL COMPETITION FOR THE EUROPEAN COMMISSION

The international architectural competition for the new headquarters of the European Commission has just come to an end, and what a climax !

The success of the call for applications at international level and the quality of the proposals are a fitting tribute to the combination of so much effort from all quarters to create a building which will mark the end of our century.

At last !

Indeed, at last BRUSSELS will create on its soil and in its cityscape an exceptional construction by the hand of an internationally renowned architect, a building which will take its place in the history of architecture as one of the major apotheoses of the 20th century.

It should first be remembered that, by convention, it is the Belgian State which is entrusted with the task of constructing the buildings of the European Community to whom it leases the premises.

Initially, the idea was to carry out a structural renovation of the building at the Rond-Point Schuman, but it would appear that our Public Works Department quickly realized that stripping and complete recoating of the building would cost almost as much as a new construction... and that the symbol of the European Union deserves more than a simple change of costume.

Also, we would not call this plagiarism, but as soon as the building was completed, would it not be true to say that it made you think (perhaps a little too much ?) of the building which inspired it (whereas the other building... is still in perfect condition) ?

Looking the future straight in the eye

Finally, with the number of member States in the Community being increased to 25, it was time to look the future squarely in the face and fulfil the need for quality which is felt, at least in certain countries of the Community, in particular for public architectural works.

Against this background, as you will be aware, the Belgian Government, having received a pressing application submitted jointly by the French-speaking Community and the Flemish Community, fully acknowledges the importance of a strong European image, for Belgium and in particular for its capital, and consequently the higher interests of the State, and has thus decided to assert this presence in the form of a symbolic gesture of union. Furthermore, the Belgian Government wishes to recall the historic role which Brussels played as a capital under the reign of the Dukes of Burgundy more than five centuries ago, when it united in a federation several far-off European provinces speaking different languages.

The Parliament rallied to the idea of setting this fine example by organizing an international architectural competition. Indeed, it should be noted that the proposal was in fact unanimously ratified, that is, with the support of the ecologists who were no doubt caught on the hop by the general prevailing enthusiasm.

As for the Government of the Brussels Region, having come to an awareness of the tremendous developments which this initiative could set in motion for the region itself, even though Brussels has not until now seen fit to encourage this second power base which is infiltrating its territory, nonetheless decided, after due deliberation, to earmark a budget for the organization and proper administration of the competition. This budget was taken from the budget earmarked year after year for audits, surveys and analyses to be carried out in preparation for new Ordinances and other regulations... which, it would appear, will have to wait.

The RDP and the repercussions on town planning

Of course, the RDP (Regional Development Plan) is having a rather rough time, but the political authorities and the regional administration are already getting down to the process of assuring the conformity of the plethora of Brussels regulations with the European project.

The Region has in fact decided to review without delay the Regional Development Plan (RDP), the sectoral plan, the regional land allocation plan, the municipal development plans and the specific allocation plans for the land concerned, as well as the specific provisions enacted for the North-East District, not to mention, of course, the possible repercussions with regard to the preservation of buildings forming part of the city's heritage, the probable evaluation of the repercussions and more than likely the problem of the revitalization of the district.

In order to complete the necessary work of adapting the documents before the new buildings are completed and to regularize the situation in due time, taking into account the public enquiries (not counting the holiday periods) and the meetings of the consultative committees, one can imagine the masses of red tape which will be required. According to a well-informed source, it is estimated that the process will take four years, provided no suspensive proceedings are introduced and there are other holdups which should not be underestimated,...

Of course, we can count on the administration in charge of city planning to carry out an assessment of the various land allocation and environmental implications which are even now discernible, taking the initiative to lay the groundwork for solutions at this level.

The competition

The National Council of the Order of Architects was of course invited to draw up the rules of the competition. Thanks to its ever efficient and fast-working "Competition" commission, the Council was able to draft a text in conformity with internationally recognized rules and conventions.

The jury, which is made up for the most part of internationally renowned architects, was appointed on the basis of a consensus which was all the more remarkable as the political authorities immediately assigned to it the sovereign powers to select the project to be undertaken.

Detailed minutes of the deliberations of the jury have been published, giving the various opinions expressed on each of the projects and reflecting the animated debates of the jury. In this way, the specialists and the general public can see for themselves the reasons which led to the choice of projects and examine these projects at the coming public exhibition.

The prizewinner

From the hundreds of entrants from all corners of the globe, the eventual prizewinner was the project submitted by the architect Gaëtanno **Nouvster**, who has already been invited to build a bank in **Singapore**, a museum in **Los Angeles** and a parliament building in **Berlin**. As winner of the first prize, he is commissioned to carry out the work of designing this new European Community complex. In addition to the exceptional quality of this project which, one hundred years after the heyday of Art Nouveau, will put Brussels in the limelight of world architecture, it offers an additional advantage in that it will initiate the upgrading of the European district, giving the whole quarter a new personality and a new organizational structure to enhance the conviviality of this interface between Europe and the people of Brussels. Europe will thus have a new hub of activity for the city of the 21st century.

The Prime Minister and the President of the Government of the Brussels Region each decided to devote half a day to the task of meeting one by one the authors of the top three projects and hearing their ideas each in turn.

At the press conference which the Prime Minister then organized to discuss the competition, he was evidently satisfied with what he had heard and drew a parallel between the art of politics and the arts of spatial design, adding that both art forms must protect themselves from the pressures of the powers that be, adding with a touch of irony that politicians are ephemeral (some more than others), but that the work of the architect remains. He finally reminded those present that "Brucsellii europeanisi sunt" and, paraphrasing classical authors, added that "the architectural works of today form the heritage of tomorrow". The President of the Government of the Brussels Region, for his part, insisted that particular care should be taken with the cultural dimension of the project and that the symbolic character of the presence of Europe within our cities should be highlighted, bearing in mind that Brussels is unique in the world as multi-capital of the Federal State, the Region, the Flemish Community, the French Community and, to crown it all, of Europe... and that the city always welcomes other tasks.

Furthermore, plans have already been made to invite contributions from numerous artists from different origins and disciplines. They will be invited to contribute to the implementation of the project in defining areas of dialogue between architecture and the spatial arts. While it is important to encourage the development of an international cultural life within the new building, the meeting of cultures is seen as the most efficient ecosystem to encourage progress in the diplomatic realms.

In line with their initial undertaking, and disregarding (but not without some degree of sacrifice) all endeavours to strike a balance between the various national, regional, party-political and linguistic interests, the government is now involved in negotiations with the definitive winner of the competition.

As for the President of the Council of the Order of Architects, accompanied by his new Head of Cabinet, who has finally been appointed and whom he presented to the press, he was pleased to point out that the efficacy of the work of the Order would in a sense come to fruition through the success of the competition.

Interview with Gaëtanno Nouvster

The architect Gaëtanno Nouvster, who we were able to meet immediately following the announcement of the prizewinners, expressed the view that his project is tangible evidence of the multicultural life of the European Union and that his architectural expression would endeavour to reflect the melting-pot of civilizations from which we have come and at the same time blend in with the Brussels cityscape.

His own temperament, a combination of Saxon and Latin, gives him a broad-base humanistic view of Europe. Somewhat carried away by communicative enthusiasm, he declared :

"The architecture of the building will be radiant and generous, communicating a sense of openness to the world, a new agora expressing the symbol of democracy as a European invention. Art will reign there as in ancient Greece, while a flow of rich greenery will traverse the district to recall our attachment to the natural laws of the universe.

And, just as in days gone by, the cathedral bell towers could be seen from afar as proud symbols and as a guide to the traveller, the focal point of the project, the infinite tower, will be seen from the European TGV, the national airport and the regional motorways."

We can in our imagination already look forward to the grandiose site which will greet us as we reach the end of the rue de la Loi... and the end of the century.

N.B. Any resemblance to any reality could only be inversely proportional to it.

LES DEUX RENAISSANCES,... APPARITION ET EPANOUISSEMENT DU NEO-DECALISME

Par André JACQMAIN, Architecte

Il arrive, mais c'est exceptionnel qu'un personnage circule dans la ville, deux montres au poignet. A savoir pourquoi, il répond : "Celle-ci donne l'heure d'ici. L'autre donne l'heure de Sydney".

Voici quelqu'un qui a une double vie, l'une à l'heure, l'autre en retard ou en avance d'un demi-jour. Si les deux montres sont des Super Swiss, cet homme est absolument à l'heure exacte. Mais il faut s'entendre...

Cet homme – appelons le Décalé – est-il fort différent de son ami bruxellois ? Cet ami qui est architecte, vit à l'heure de l'Observatoire d'Uccle. Cela va de soi. Mais de temps à autre, à des fins professionnelles – recyclage et remise à l'heure – il fait le tour des Fondations, s'assied sur une base de colonne et là écoute l'un ou l'autre adepte de la doctrine passéiste. "Cher Décalé, lui raconte celui qui s'appelle Bruxellois, ma cure de vieillisement accéléré de cette année se focalise sur la place du Luxembourg. J'ai dormi une heure sur une chaise longue, et dans mon casque j'ai entendu, comme on le fait à Gand pour les stressés et les dépressés, que trois côtés de la place du Luxembourg – ceux qui existent – devraient absolument être remis à l'heure du 18ème siècle".

Décalé, toujours exact mais pressé par une de ses montres, demande, haletant : "Et alors ?"

Plus calme comme un Namurois dont la montre est un peu plus à l'aise, Bruxellois poursuit : "Il paraît que l'horloge de la gare a été classée malgré qu'elle soit passablement moche, y compris l'heure chemindefériste du 19ème. Mais qui n'est pas habitué à sa vieille toquante et accepte son heure inexacte ?"

Décalé : "Mais le Parlement Européen ?"

Bruxellois : "Tu sais, il n'a pas d'importance. Personne ne veut le voir. Il n'est pas du 18ème avec ses seize étages et son grand arc."

A ce moment de leur conversation, par un fait fortuit et sans relation, un passéiste traversait la place du Luxembourg. Il veut prendre le train à vapeur. Il hésite, ne trouvant pas la gare. Elle a changé de place. Apparemment. Le passéiste est tout perdu.

Manifestement la visière qui protège ses yeux lui dissimule toutes les heures de l'Europe, l'empêchant de regarder vers le haut.

Bref, à Bruxelles, mieux vaut porter une casquette à visière mais transparente et deux montres au poignet. L'heure du passé. L'heure de l'avenir.

Qui entre ces deux heures se souvient de la "SBUAM" ? Il faut être ni trop jeune, ni trop vieux. Avoir de la bouteille et être "vioc" à demi. Comme moi, par exemple.

Explication : **Société Belge des Urbanistes et Architectes Modernistes**. Une intention. Un programme. Mais c'était hier. SBUAM a disparu. Elle n'avait plus de raison d'être. La roue tourne. La Commission Royale des Monuments s'occupe des modernistes. Sans l'être, sans l'avoir été, je suis classé. Enfin pas moi. Mon idée.

Plutôt le bâtiment. Peut-on d'ailleurs prétendre avoir eu l'idée ? Donc classé pseudo-moderniste, pseudo car n'ayant pas assez de passé, je ne suis cependant pas contemporain. Je dois rester à mon heure. Il ne s'agit pas que ma seconde montre indique l'heure d'été en hiver.

Jamais une ardeur d'avance comme certains de mes ancêtres ardennais. C'est mal vu à Bruxelles, auprès de certains. Une toquante qui galope, c'est suspect. Je vais m'inscrire à la SBUAP (passéistes). Avez-vous remarqué que les groupes de pression sont toujours de droite ? Conservateurs. Il leur a fallu se rassembler et se mettre à presser. S'il y a un groupe de pression, il y a forcément quelqu'un qui sera pressé. Pour ne pas se faire presser, il faut à temps, presser le groupe de pression. A chacun son heure. L'heure n'est pas l'élitisme dont je me réclame. Elitisme ? Simple : liberté d'être soi-même. Avec une seule montre. Une montre étanche.

Je n'aime pas les montres numériques. Seconde par seconde, elles s'acharnent à fixer le temps qui disparaît. C'est un affolant défilement de chiffres. Heures, minutes, secondes. Irrémédiable reproche des années perdues. Heures, minutes, secondes...

Les montres que je préfère n'ont guère de repère. Midi suffit. A minuit, on change de jour. Il est temps d'arracher la feuille du calendrier. C'est un rituel. J'aime l'heure du dimanche matin, entre neuf heures et onze. C'est un moment vide, très paisible. J'ai horreur du dimanche soir.

Ma montre est à peu près fiable car elle se règle d'elle-même à la lumière qui change, aux bruits différents de la rue, à l'activité qui diminue, à la musiquette du marchand de glace, au dernier bus,...

Je n'aime pas non plus les montres qui indiquent la date. L'art de vivre – qui serait l'architecture du plaisir – est de mélanger, d'intervertir les instants, d'installer une rupture dans la chronologie par l'introduction désinvolte de l'inattendu, un détail d'un autre âge qui rompt le fil du temps, une fleur beaucoup trop grande d'un paradis disparu, une date gravée mais qui ne rappelle rien, un ancrage millésimé qui fait mystère comme une montre arrêtée par un accident dont on ne sait plus rien. Mais à l'opposé, l'architecture gagne en capacité émotive lorsqu'une altération est signée et datée. L'aile Louis XII télescope l'aile François 1er, elle-même télescopée par Charles X et Louis XIII. Sanglant massacre, Messieurs les puristes.

Préférant les sensations spatiales à la signification, mon inclination n'est pas à la pureté mais à l'abondance. J'aime sans cesse dévider ce qui est un chapelet d'irrégularités dont on a déjà usé les grains avec la patine du bronze, le poli des aspérités, le lissage des fractures, les glacis qu'on étend...

Travaillée dans sa matière profonde et en surface, l'architecture est devenue vibration temporelle. Non datée, non datable, elle porte un message de longue durée, elle transmet, franchissant siècle après siècle les modes, les recettes, les ukases de toutes les chapelles.

Il est réducteur de concevoir l'architecture hors du temps, sans un devenir fondé sur un passé. Cependant, l'architecte occupé – obnubilé même – par sa création, circonscrit l'ouvrage dans une bulle temporelle suspendue, isolée du temps qui court, avec une étrange valeur d'éternité. De la moindre maison projetée, au plus grand ensemble urbain, l'architecte accomplit son travail comme une parenthèse entre le passé connu – mais qu'il néglige – et l'avenir dont il n'imagine que la grande fête d'ouverture.

Les événements, que le temps accumule dans une totale indifférence, vont bouleverser et saccager l'oeuvre. Les premiers événements sont souvent joyeux mais tôt ou tard viendra l'amertume de l'altération. Il est dans l'ordre des choses que le bâtiment soit défiguré d'abord, détruit finalement.

Sachant cela et la sagesse venue, l'architecte – ce métier contraint à vivre longtemps – intègre l'espace qu'il fixe à la ville qui change. Il voit l'architecture comme un continuum espace-temps. Son nouvel ouvrage est abordé comme un fragment sans commencement précis grâce à l'évocation subtile de styles à peine reconnaissables, ni évidemment de fin – différentes fins sont envisageables. Mais il l'aborde aussi comme un fragment spatial, à l'opposé de l'objet fini, grâce à sa structure complexe organisant les perspectives et les fuites vers l'infini. Sa pensée déborde du lieu et du moment. Elle imagine ce qui est pluriel des espaces et pluriel des siècles.

Aborder la modernité par un fragment au pied de la cathédrale séculaire, abattre la coupole qui a fait son temps, en retourner les courbes – négatif plus élégant – pour un nouvel avenir, laisser ouverte une place de la ville – dont le destin était sans lendemain – sur un espace dont la fonction va devenir majeure, voilà des actions qui situent chaque ouvrage d'architecture dans le temps qui passe, murs anciens et structures d'avenir confondus dans la continuité de la ville.

Dans le cadre temporel, l'heure que me suggère ma montre est personnelle mais assez imprécise pour que j'accepte beaucoup de variations, d'autres imprécisions, une modernité toujours en devenir, un passé sans cesse détruit afin d'admettre et même de provoquer les Renaissances...

**Door André JACQMAIN,
Architect**

DE TWEE RENAISSANCES...
OPKOMST EN BLOEI VAN
HET NEO-DECALISME

Af en toe ziet men iemand door de stad stappen met twee horloges om de pols. Als men hem vraagt waarom, klinkt het antwoord : "Dit horloge geeft de plaatselijke tijd aan, het andere vertelt mij hoe laat het is in Sydney."

Het is duidelijk dat deze meneer een dubbel leven leidt, één bij de tijd, en één dat een halve dag vooruit of achterop loopt. Als het daarbij om Zwitserse precisie-horloges gaat, leeft onze man exact volgens het juiste uur. Maar het is wél een hele kunst.

Zou deze meneer – laten we hem Décalé noemen, overigens sterk verschillen van zijn Brusselse vriend ? Die vriend is architect en leeft uiteraard volgens de tijd van het Observatorium in Ukkel, maar af en toe loopt hij beroepshalve – bijscholing, kennisopfrissing – alle Stichtingen langs. Hij gaat dan op de voet van een zuil zitten en luistert gewillig naar één of andere aanhanger van de traditionalistische doctrine.

"Mijn waarde Décalé", zegt onze Brusselaar, "dit jaar is mijn versnelde verouderingskuur toegespitst op het Luxemburgplein. Ik heb een uur lang geslapen op een ligstoel, en in mijn koptelefoon – je weet wel, dat ding dat gestresseerde en depressieve mensen in Gent ook opgezet krijgen – kon ik horen dat de bestaande drie zijden van het Luxemburgplein absoluut opnieuw in een 18de-eeuws kleedje moeten worden gestoken."

Décalé, altijd exact op tijd en door één van zijn horloges tot haast aangespoord, vraagt buiten adem : "Ja, en dan ?"

De Brusselaar, een stuk rustiger, als een inwoner van Namen wiens horloge alle tijd neemt, vervolgt : "Het schijnt dat de stationsklok geklasseerd is, ook al is het een oerlelijk ding, met haar 19de eeuwse uurwerk dat het spoor bijster is geraakt. Maar wie is inmiddels niet vertrouwd geraakt met haar oude klok en haar verkeerde uur ?"

Décalé : "En het Europees Parlement ?"

De Brusselaar : "Ach weet je, dat heeft geen belang. Niemand moet er van hebben. Het is niet 18de-eeuws met zijn zestien verdiepingen en grote boog."

Als bij toeval en zonder enig verder verband steekt op dat ogenblik een traditionalist het Luxemburgplein over. Hij wil de stoomtrein nemen. Hij aarzelt, zoekt tevergeefs het station. Het is er niet meer. Of zo lijkt het toch. De traditionalist loopt verloren. Het is duidelijk dat zijn pet alle uren van Europa aan zijn oog onttrekt, omdat ze hem belet naar boven te kijken.

Moraal : in Brussel draag je best een pet met doorzichtige klep en twee horloges om de pols. Eén met de tijd van vroeger en één met de tijd van straks.

Wie zich intussen nog de "SBUAM" herinnert, is kennelijk nog niet te oud maar ook niet meer van de jongsten. Een beetje ervaring en nog veel energie. Zoals ik, bijvoorbeeld. Ik verklaar mij nader.

SBUAM = **Société Belge des Urbanistes et Architects Modernistes.** Goede bedoelingen. Een programma. Maar helaas verleden tijd. SBUAM is niet meer. Want bestaansreden kwijt. De tijd vervliegt. De Koninklijke Commissie voor Monumenten houdt zich nu bezig met de modernisten. Zonder het te zijn, zonder het ooit te zijn geweest, ben ik geklasseerd. Of liever, niet ik maar mijn idee. Of nog beter : het gebouw. Wie kan trouwens beweren het idee te hebben gehad ? Als pseudo-modernist (pseudo bij gebrek aan verleden) ben ik nochtans niet hedendaags. Ik moet bij mijn tijd blijven. Mijn tweede horloge mag 's winters niet de zomertijd aangeven. Ik loop immers nooit voorop, zoals sommige van mijn Ardense voorlopers. In Brussel valt dat bij sommigen in slechte aarde. Een klok die op hol slaat, dat is verdacht. Ik zal mij dus maar inschrijven bij de SBUAT (traditionalisten).

Is het u al opgevallen dat drukkingsgroepen altijd rechts zijn ? Conservatief ? Ze moesten zich groeperen en zijn aan het drukken geslagen. Want waar er een drukkingsgroep is, is er ook iemand die onder druk gezet wordt. En om niet onder druk gezet te worden, moet je tijdig aansluiten bij de drukkingsgroep. Ieder zijn meug. En de elitaire opstelling die ik voorsta is alleen elitair in de zin van : "de vrijheid om jezelf te zijn". Met één horloge. Een waterdicht horloge.

Ik hou niet van digitale horloges. Seconde na seconde trachten ze de vervliegende tijd te vangen, in een razende cijferdans. Uren, minuten, seconden. Een onherstelbare spijt over de verloren jaren. Uren, minuten, seconden...

De horloges waar ik van hou, hebben nauwelijks merktekens. Middag volstaat. En bij middernacht veranderen we van dag. Is het tijd om weer een blaadje van de kalender te scheuren. Een ritueel. Ik hou vooral van zondagmorgen, tussen negen en elf. Een leeg, zeer vreedzaam tijdstip. Maar zondagavond verafschuw ik.

Mijn horloge is vrij betrouwbaar. Het regelt zichzelf, op basis van het wijzigende licht, de verschillende straatgeluiden, de verminderende activiteit, het muziekje van de ijskar, het wegrijden van de laatste bus...

Ik heb een hekel aan horloges die de datum aangeven. De levenskunst – de architectuur van het genoegen – bestaat er namelijk in alles te vermengen, de ogenblikken om te gooien, de chronologie te verbreken door de nonchalante tussenkomst van het onverwachte, een detail uit een ander tijdperk dat de loop der tijden verstoort, een veel te grote bloem uit een verdwenen paradijs, een ergens ingekraste datum die geen herinneringen oproept, een jaartal als geheimzinnig baken, zoals een horloge dat stilgevallen is als gevolg van een ongeluk waarvan men zich niets herinnert. Anderzijds wint de architectuur aan emotionele zeggingskracht als een verandering gesigneerd en gedateerd wordt. De Lodewijk XII vleugel maakt plaats voor de Frans I vleugel, die op zijn beurt aan de kant geschoven wordt voor de Karel X en de Lodewijk XIII vleugel. Een echt bloedbad, heren puristen. Omdat ik ruimtelijke indrukken verkies boven betekenis, ben ik niet geneigd tot zuiverheid maar veeleer tot overvloed. Ik hou dus ook van een rozenkrans van onregelmatigheden, waarvan de kralen reeds de sporen dragen van het patina van het brons, het gepolijste van de oneffenheden, de effenheid van de overgangen, de glooiingen die alsmaar groter worden...

De architectuur, doorwrocht in de diepte en aan het oppervlak, is een tijdelijke trilling geworden. Ongedateerd en ondateerbaar draagt zij een boodschap van lange duur in zich, weet zij eeuw na eeuw de modes, de recepten, de oekazes van hogerhand te overstijgen.

Het is een beperking de architectuur buiten de tijd te zetten, zonder een toekomst die berust op een verleden.

Toch weet de architect – die voortdurend bezig is met zijn creatie, ja zelfs geobsedeerd lijkt – zijn gebouw te vatten in een tijdelijke luchtbel, los van de voortvliegende tijd, met een vreemde eeuwigheidswaarde. Van het meest bescheiden huis tot het grootste stadscomplex volbrengt de architect zijn taak als een terloops gebeuren tussen enerzijds een gekend verleden – dat hij evenwel negeert – en een toekomst waarvan hij alleen het grootse openingsfeest voor ogen heeft.

De gebeurtenissen, die de tijd in totale onverschilligheid laat voorbijtrekken, zullen zijn werk in hun greep krijgen en verwoesten. De eerste gebeurtenissen zijn vaak vreugdevol, maar vroeg of laat komt de bitterheid van de aantasting. Het is de normale gang van zaken dat het gebouw eerst verminkt en uiteindelijk vernietigd wordt.

De architect weet dat, en als hij eenmaal wijs geworden is – het is een beroep dat tot oud worden dwingt – integreert hij de ruimte die hij de evoluerende stad toedicht. Hij ziet de architectuur als een vierdimensionale ruimte. Zijn nieuwste creatie wordt beschouwd als een fragment zonder duidelijk begin, dankzij de subtiele evocatie van nauwelijks herkenbare stijlen, en uiteraard zonder einde, omdat er verschillende eindes mogelijk zijn. Maar hij beschouwt zijn werk ook als een ruimtelijk fragment, in tegenstelling tot het eindige object, dankzij de complexe structuur die aan de basis ligt van perspectieven en verdwijnpunten in het oneindige. Zijn denkwereld ontstijgt plaats en ogenblik. Hij gaat uit van de multi-interpreteerbaarheid van ruimte en tijd.

De moderniteit benaderen via een fragment aan de voet van de eeuwenoude kathedraal, de koepel die zijn tijd heeft gehad neerhalen, de krommingen ervan omkeren (eleganter negatief) voor een nieuwe toekomst, een plein in de stad – dat geen toekomst had – laten uitgroeien tot een ruimte met een belangrijke functie... Dàt zijn de handelingen die elk architectuurwerk situeren in de verglijdende tijd, in de continuïteit van een stad met oude muren en toekomststructuren door elkaar.

Voor de tijdsbeleving is het tijdstip dat mijn horloge mij aangeeft persoonlijk, maar te onnauwkeurig opdat ik veel variaties zou aanvaarden, of andere onnauwkeurigheden, of een moderniteit die nog steeds in wording is, een verleden dat voortdurend wordt gesloopt ten einde de Renaissances mogelijk te maken of zelfs in de hand te werken...

By André JACQMAIN, Architect

THE TWO RENAISSANCES : THE EMERGENCE AND FLOURISHING OF NEO-TIMELESSNESS

You may, albeit exceptionally, come across a man walking through the streets of the city with two watches on his wrist. When asked why, he answers : "This one gives the time here. The other one gives the time in Sydney". This person leads a double life, one at the present time and the other half a day later or earlier. Now, if these two watches are super Swiss watches, this man, we might say, is always right on time. But that depends...

Is this man – let us call him Mr. Out of Phase – a very different man from his friend ? His friend is an architect in Brussels, and his watch is set to the Uccle Observatory. That goes without saying. However, from time to time, for professional reasons – upgrading and updating – he looks around the Foundations, sits at the foot of a column and listens to some adept preaching a backward-looking doctrine.

"My dear Mr. Out of Phase", says the Brussels man. "My trip back in time this year takes me to the Place de Luxembourg. I slept for an hour on a sofa with headphones on, just like they do in some fancy clinics with people under stress and those suffering from depression, and I heard that three sides of the Place de Luxembourg – those which are now standing – must at all costs be put back to the 18th century".

Mr. Out of Phase, who is always on time but in a hurry because of one of his watches, asks panting : "So what ?"

With all the innate calm of a typical Namurois (the sedate people of the city of Namur are never clock-watchers),

Brussels man continues: "I've heard that the station clock has been listed even though it is rather ugly and it is stuck in a 19th century railway timetable timewarp. But everybody is used to this old time machine and put up with it even though it tells the wrong time."

Mr. Timeless adds: "What about the European Parliament?"

Brussels man replies: "You know, it's not really all that important. Nobody wants to see it. With its sixteen floors and its huge archway, after all, it isn't an 18th century building."

At this point in their conversation, a past-lover was walking across the Place de Luxembourg, on his way to catch the steam train. He stops, puzzled that he can't find the station. It seems to have moved. The past-lover is quite bewildered. Unfortunately, with the blinkers he is wearing he can't see the time anywhere in Europe, and he can't look up.

In short, we may draw the conclusion that in Brussels it is better to wear (transparent) blinkers and have two watches: the time in the past and the time in the future. Who remembers the SBUAM? Certainly, those who will remember are neither young nor old. Like me, for example. SBUAM stands for **Société Belge des Urbanistes et Architectes Modernistes** (Belgian Association of Modernists Town Planners and Architects). People with ideas... a program. But now SBUAM has disappeared. Time goes on. The Royal Commission for Monuments is now taking care of the modernists. I am labelled like I have never been. Well, not me, but my idea. Or rather the building. Moreover, can I claim to have had the idea? I am labelled pseudo-modernist, pseudo because I have not had enough of the past, but I am not contemporary either. I must live in my time. After all, my second watch mustn't show Belgian summer time in winter. Unlike my ancestors who enshrine the Ardennais motto, I am never "a bold step ahead of the pack". This is frowned upon in certain quarters in Brussels. Someone whose watch is fast attracts suspicion. I think I'll join the SBUAP (the past-lovers).

Have you noticed that pressure groups are always right-wing conservatives? They get together and they press (hence the name)... and meanwhile someone will inevitably be pressed... for time. To avoid getting pressed, you have to press the pressure group. In your own time. Time does not lend itself to the elitism which I advocate. Elitism? Rather simply the freedom to be oneself. With just one watch... a waterproof watch.

I don't like digital watches. Second by second, they relentlessly show that time is ticking away. The figures feverishly flick... hours, minutes, seconds. All those lost years... hours, minutes, seconds...

The kind of watches I like have no markings. Just midday. When it comes to midnight, you just change the day. Then the time comes to tear off a page of the calendar. It's a ritual after all. I like the time on Sunday morning between nine o'clock and eleven o'clock, an empty and peaceful time. I hate Sunday evenings.

My watch is more or less reliable as it adjusts itself to the changes in the daylight, the different noises in the street, the dying-down of activity, the music of the icecream man, the last bus,...

And I don't like watches that show the date. The art of living – which is the architecture of pleasure – consists in mixing and inverting moments, making a break in the passage of time to offhandedly introduce the unexpected, a telltale detail from another age which serves as an anachronism, an oversized flower from a lost paradise, an engraved date which means nothing, a hackneyed syncopation which has all the mystery of a watch that has stopped at the time of an accident of which we know nothing. On the other hand, architecture gains in emotive capacity when a time shift is signed and data. The Louis XII wing "telescopes" the François I wing, which is in turn "telescoped" by Charles X and Louis XIII. The result, to the horror of the purists among us, is a bloody massacre.

As I prefer spatial sensation to meaning, I prefer purity to abundance. I love to reel off what is in fact a string or rosary of irregularities of which the beads have been worn with the patina of bronze, the shiny surface caused by asperities, the smooth surface of fractures and the spreading glaze...

Architecture has become a temporal vibration which works on the depth of the material and on the surface. Undated and undatable, architecture brings with it a long-lasting message and, century after century, transmits the conventions, traditions and commandments of every chapel which has ever been built.

It is a simplification to consider architecture outside of time and without a destiny based on the past. However, the architect engrossed – and even obnubilated – by his creation encloses the work in a time capsule and gives it a strange form of eternity. From the smallest house to the largest urban complex, the architect accomplishes his work as a hiatus between the past – which he knows but neglects – and the future of which he can only imagine the grandiose opening ceremony.

The events – which time will accumulate with utter indifference – will upset and ruin the work. The first events are often happy events, but sooner or later comes the bitterness of change. It is inevitable that the building will be first disfigured and ultimately destroyed.

Knowing this fact and with the coming of wisdom, the architect – who is in a job in which he has to live long – integrates the space which he fixes in the changing city. He sees architecture as a space-time continuum. He undertakes his new work as a fragment with no precise beginning thanks to the subtle evocation of styles which are barely recognizable – and of course with no end as various conclusions might be envisaged. But he also tackles this work as a spatial fragment, unlike the finished object, thanks to its complex structure organizing the perspectives and the flight into infinity. His thought goes beyond the precise place and time, and imagines a plurality of spaces and centuries.

Adding a flourish of modernity by placing a fragment at the foot of the century-old cathedral, demolishing the cupola which has outlived its usefulness, reversing its curves – making a more elegant negative – to open up a new future and to open up one of the city squares – which had no future anyway – onto a space which will one day become of major importance : these are the actions which are part and parcel of each architectural work in the flow of time, where the old walls and the future structures are blended in the continuity of the city.

In the general timeframe, the time on my watch is my own but it is sufficiently inaccurate to allow me to accept many different variations along with other inaccuracies, an ever-evolving modernity and the incessant destruction of the past to usher in and indeed provoke Renaissances...

Espaces de travail, bibliothèque, auditoires, église /
Werkruimten, bibliotheek, auditoria, kerk /
Working places, library, auditoria, church

p. 130 ▷ 151

Espaces d'habitation, architecture éphémère /
Woonruimten, tijdelijke achitectuur /
Accomodations, ephemeral architecture

p. 177 ▷ 192 & p. 204

VICTOR LEVY

Bureaux "Action Video"

Kantoren "Action Video"

Offices "Action Video"

Rue Berthelot 135
1190 Forest

1991

VICTOR LEVY
Architecte / Architect

**C. Legrain, M. Rabinowicz, M. Crunelle,
G. Van Daele, L. Verecken**
Collaborateurs / Medewerkers /
Collaborators

ACTION VIDEO
Maître d'Ouvrage / Opdrachtgever / Client

JEAN DUFOUR
Ingénieur Stabilité / Ingenieur Stabiliteit /
Structural Engineer

RIGOLE, VALEMI, MULTI FLOORS
Entreprises / Aannemers / Contractors

FABIEN de CUGNAC
Photographe / Fotograaf / Photographer

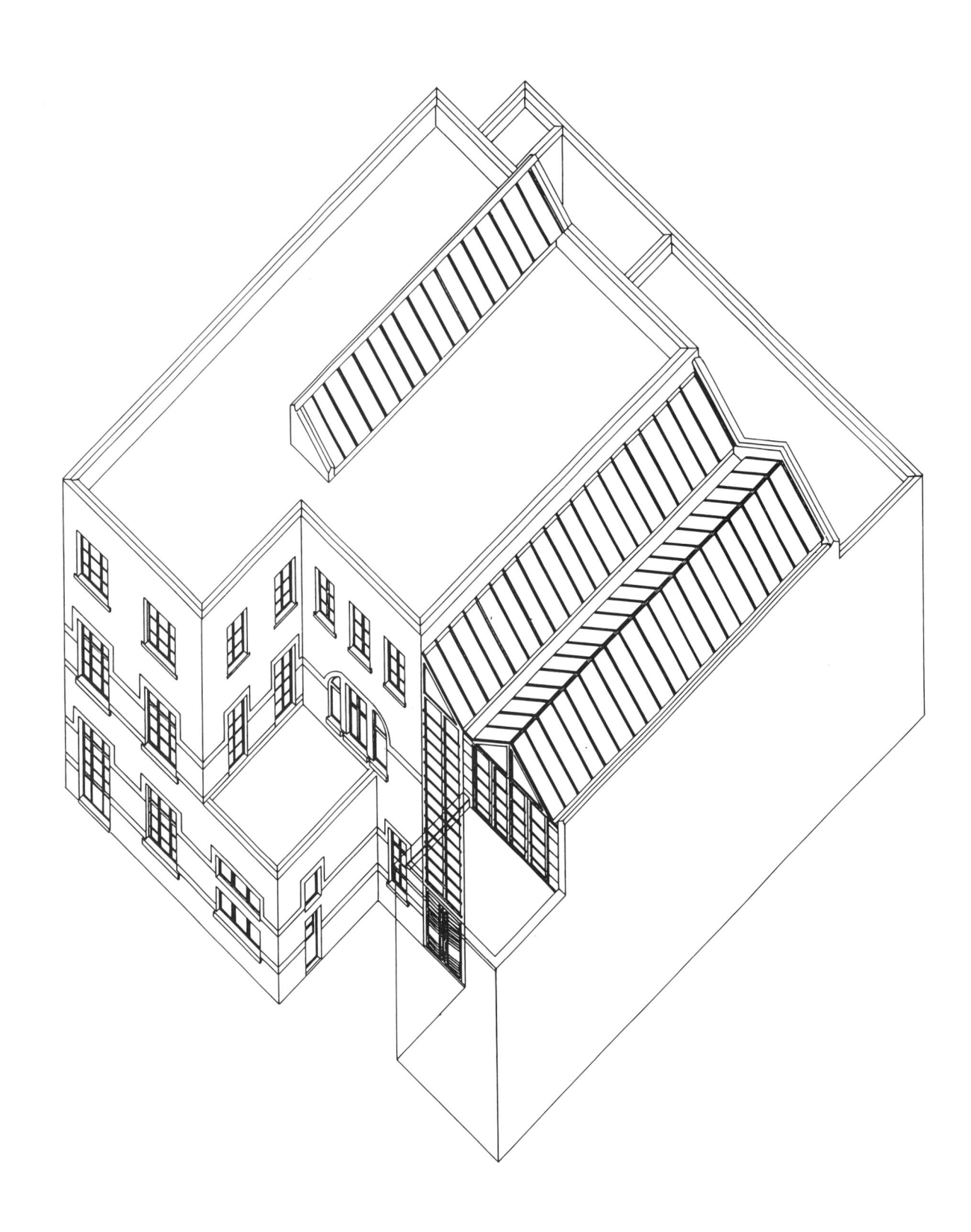

131

PHILIPPE SAMYN

**Agence graphique
"Design Board sa"**

Grafisch bureau "Design Board sa"

Graphics agency "Design Board sa"

Avenue Lecointe 50
1180 Uccle

1989

SAMYN ET ASSOCIES sprl
PHILIPPE SAMYN
Architecte / Architect

**BEHAEGEL & PARTNERS,
DESIGN BOARD sa**
Maître d'Ouvrage / Opdrachtgever / Client

SAMYN ET ASSOCIES sprl
Ingénieurs Stabilité / Ingenieurs Stabiliteit /
Structural Engineers

SAMYN ET ASSOCIES sprl
Ingénieurs Techniques Spéciales /
Ingenieurs Technieken /
Mechanical Engineers

CHRISTINE BASTIN & JACQUES EVRARD
Photographes / Fotografen / Photographers

133

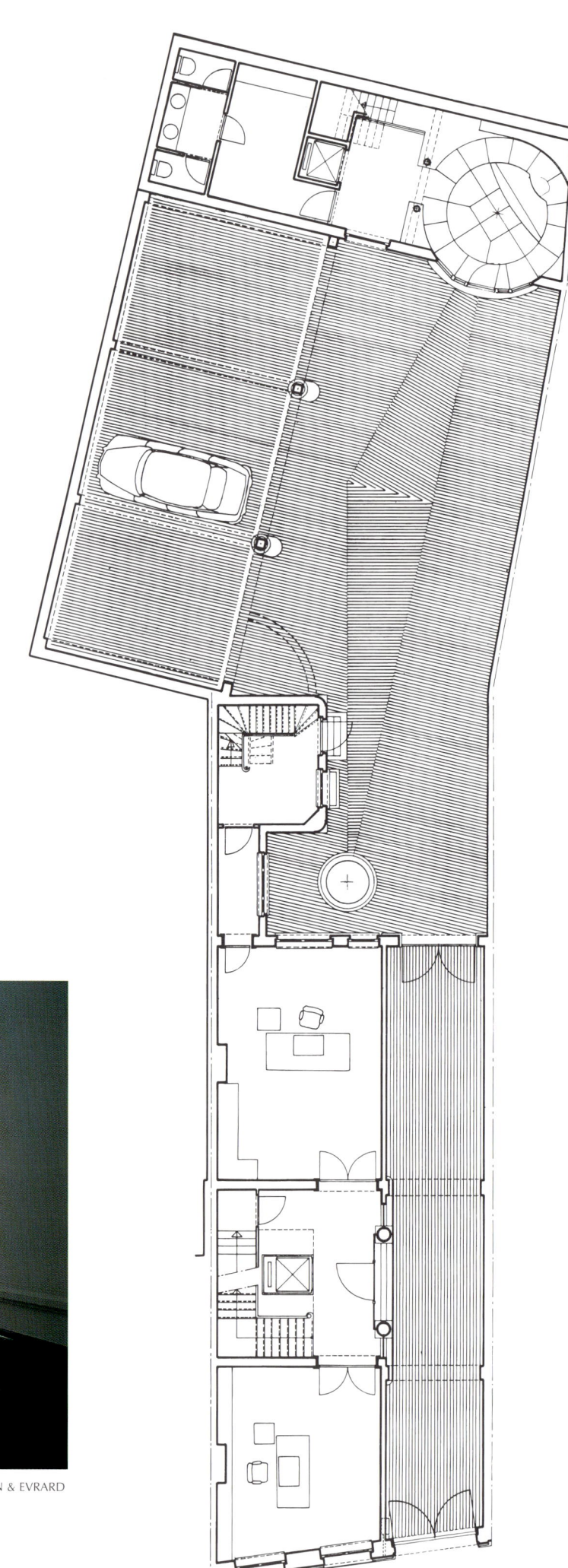

BASTIN & EVRARD

134

MICHEL DE VISSCHER
JEAN GLIBERT

Siège S.R.I.B.

Hoofdzetel S.R.I.B.

Headquarters S.R.I.B.

Rue de Stassart 32
1050 Ixelles

1993

MICHEL DE VISSCHER
Architecte / Architect

X. Chapelle
Collaborateur / Medewerker / Collaborator

JEAN GLIBERT
Artiste Peintre / Kunstschilder / Peinter

S.R.I.B.
(Société Régionale d'Investissement de Bruxelles)
Maître d'Ouvrage / Opdrachtgever / Client

VERBRUGGEN FRERES
Entreprise Générale / Algemene Aannemer / General Contractor

JEROME SPRIET
CHRISTINE BASTIN & JACQUES EVRARD
Photographes / Fotografen / Photographers

**ART & BUILD
PIERRE LALLEMAND
MARC THILL
PHILIPPE VAN HALTEREN
ISIDORE ZIELONKA**

Bibliothèque des sciences humaines

Bibliotheek Menswetenschappen

Library of the Human Sciences

Campus du Solbosch,
Square Servais 1
1050 Ixelles

1994

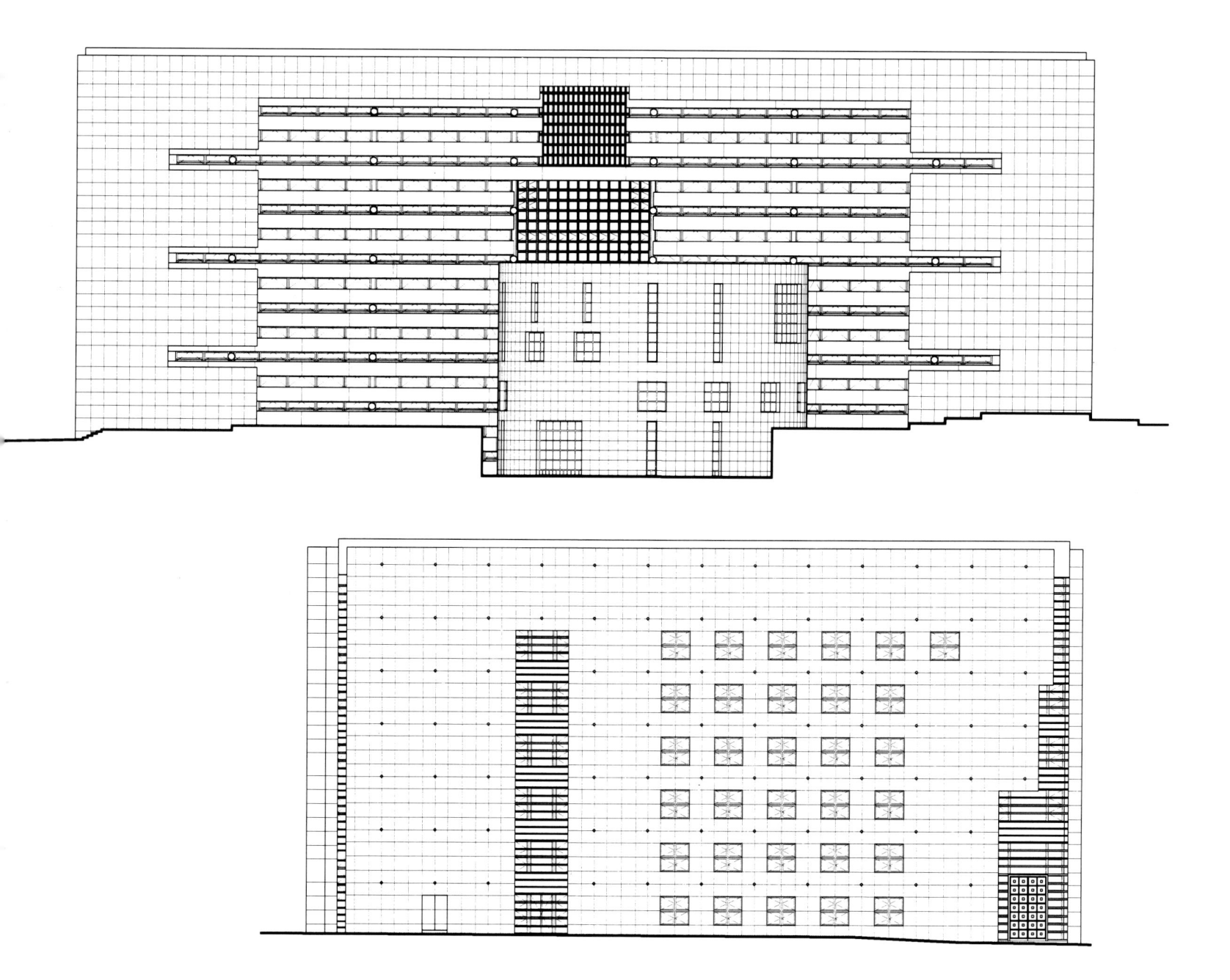

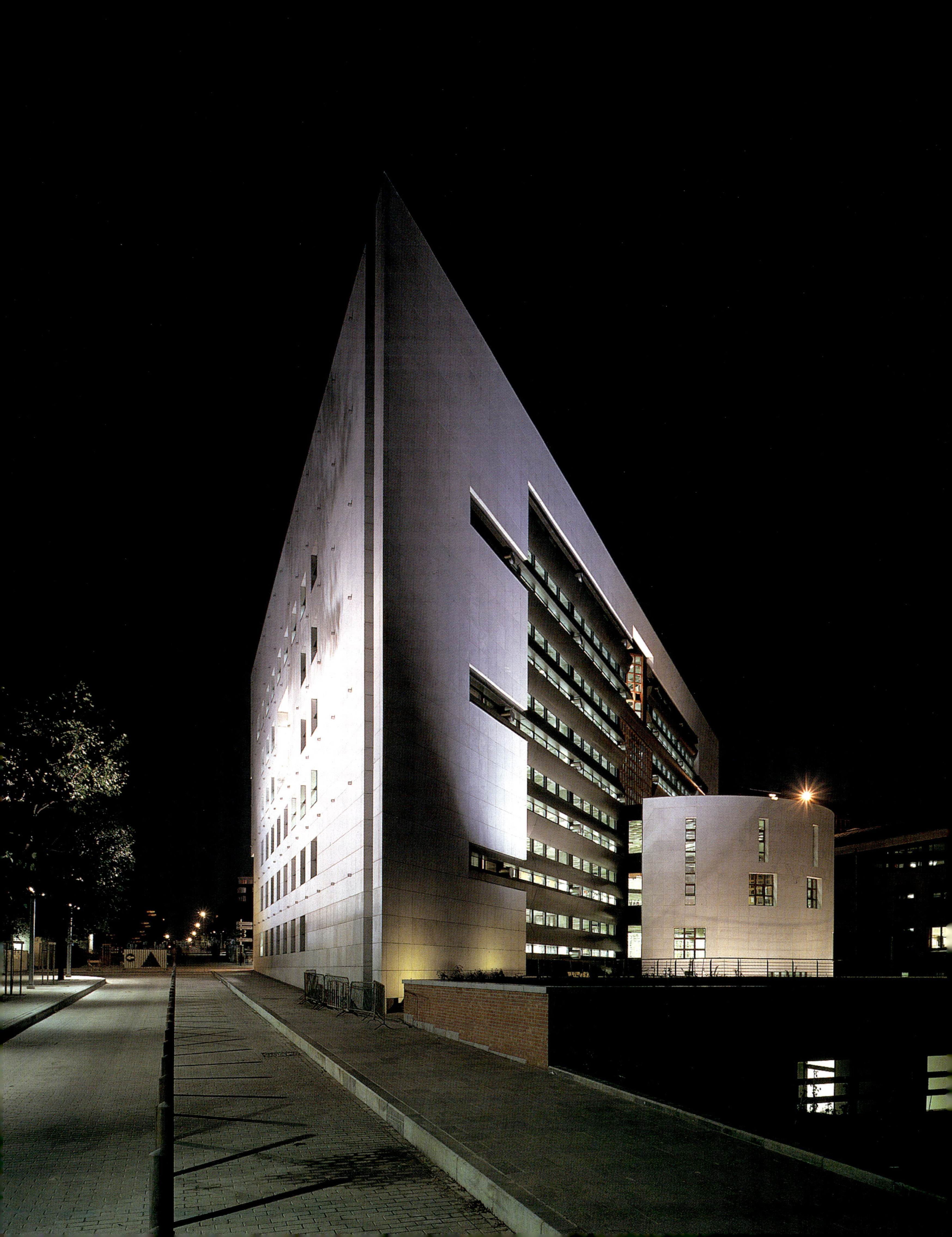

ART & BUILD
Architecte / Architect

PIERRE LALLEMAND – MARC THILL – PHILIPPE VAN HALTEREN - ISIDORE ZIELONKA
Associés / Vennoten / Partners

R. Ryan, T. Hooson, A-C. Nameche
Collaborateurs Principaux / Hoofd Medewerkers / Main Collaborators

R. Inja, P. Willems, M. Mauclet, F. Engels, Q. Steyaert, P. McKevitt, D. Vandendaelen, R. Leemans, P. Ancia, T. Nisen
Collaborateurs / Medewerkers / Collaborators

UNIVERSITÉ LIBRE DE BRUXELLES
Maître d'Ouvrage / Opdrachtgever / Client

SETESCO
Ingénieurs Stabilité / Ingenieurs Stabiliteit / Structural Engineers

b GROUP
Ingénieurs Techniques Spéciales / Ingenieurs Technieken / Mechanical Engineers

LED
Ingénieurs Eclairages Extérieurs / Buitenverlichting Ingenieurs / Exterior Lighting Engineers

LOUIS DE WAELE
Entreprise Générale / Algemene Aannemer / General Contractor

SERGE BRISON
Photographe / Fotograaf / Photographer

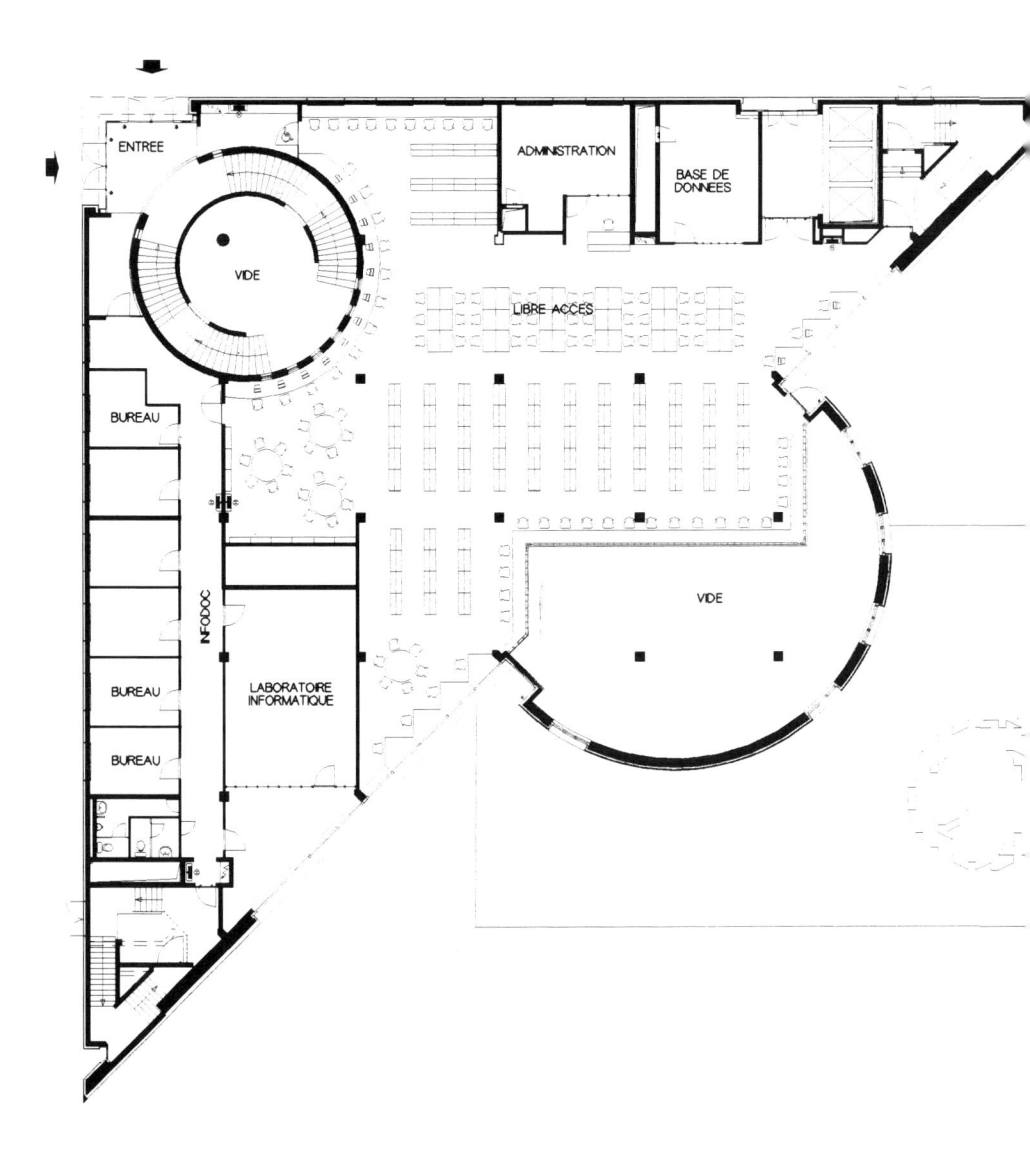

139

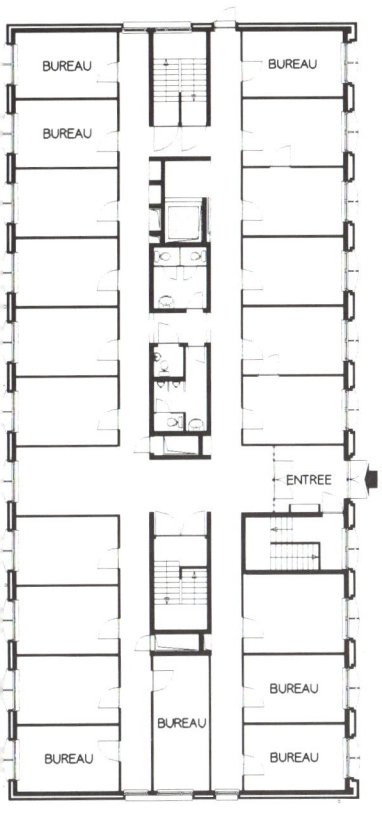

PHILIPPE SAMYN

Auditoire de première candidature, faculté de médecine

Faculteit Geneeskunde :
Auditorium Eerste Kandidatuur

Faculty of Medecine :
Auditorium for first year students

Campus Erasme
1070 Bruxelles

1993

SAMYN ET ASSOCIES sprl
Architecte / Architect

PHILIPPE SAMYN, DENIS MELOTTE
Associés / Vennoten / Partners

FAWAZ, EL SAYED
Collaborateurs / Medewerkers / Collaborators

UNIVERSITE LIBRE DE BRUXELLES
Maître d'Ouvrage / Opdrachtgever / Client

SETESCO sa
Ingénieurs Stabilité / Ingenieurs Stabiliteit /
Structural Engineers

SPETECH sa
Ingénieurs Techniques Spéciales / Ingenieurs
Technieken / Mechanical Engineers

SOCATRA
Entreprise Générale / Algemene Aannemer /
General Contractor

CHRISTINE BASTIN & JACQUES EVRARD
Photographes / Fotografen / Photographers

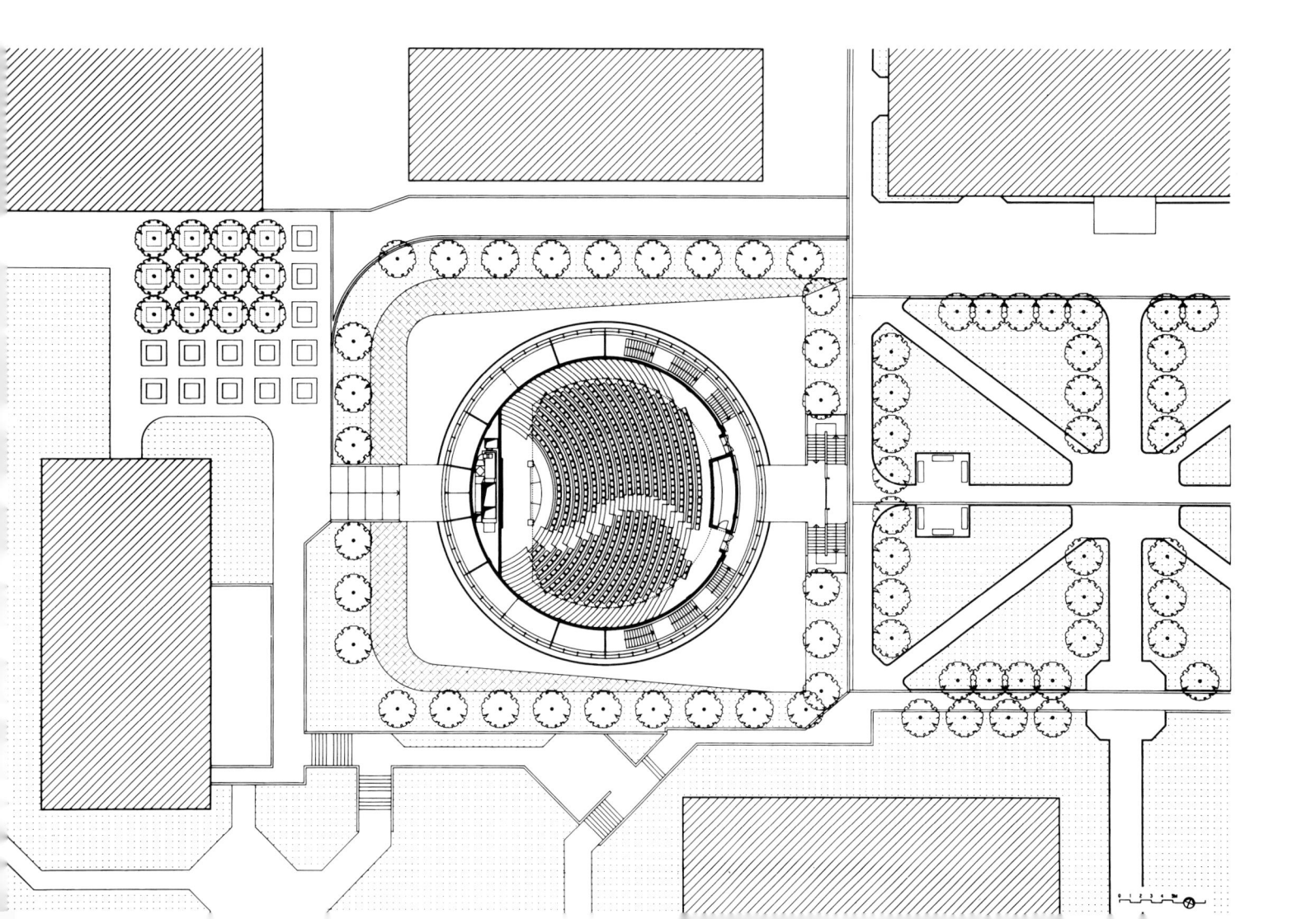

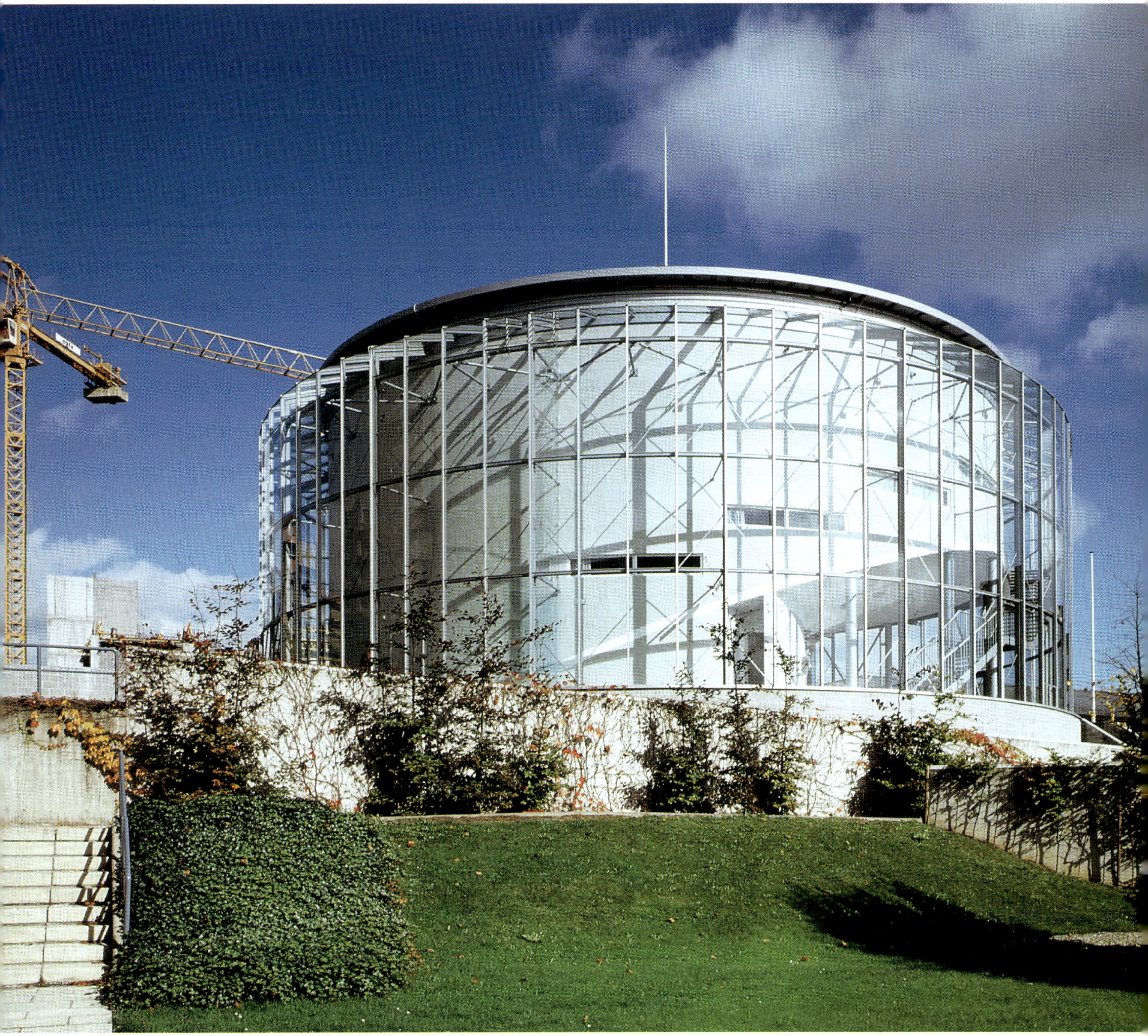

PHILIPPE SAMYN

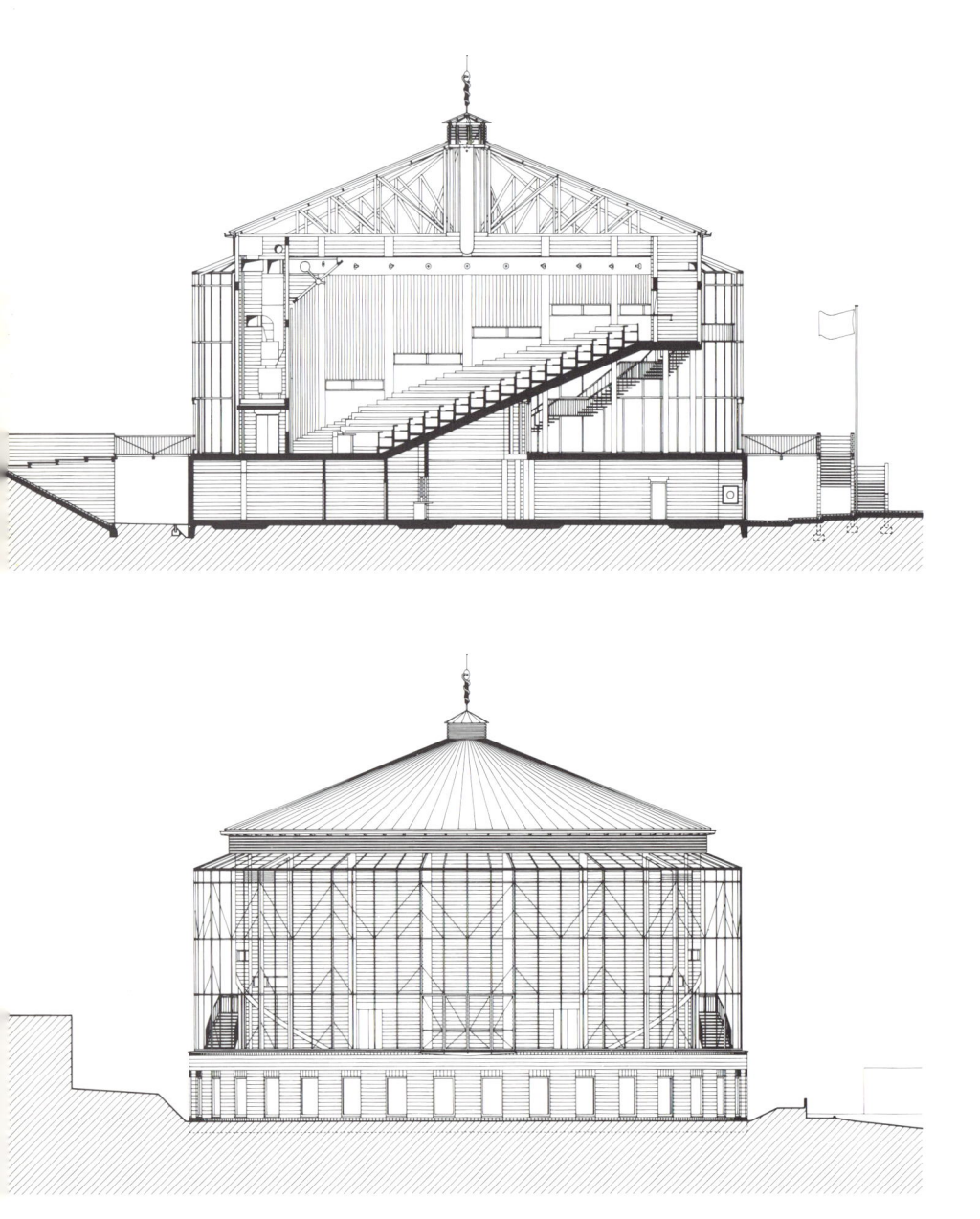

143

**JEAN COSSE
HENRI DOYEN
BRIGITTE DE GROOF
WILLY SERNEELS**

Ecole d'architecture
"Forum St-Luc"

School voor Architectuur
"Forum Sint Lukas"

School of Architecture
"St-Luc Forum"

Rue d'Irlande 58
1060 St-Gilles

1990

**JEAN COSSE, HENRI DOYEN, BRIGITTE
DE GROOF, WILLY SERNEELS**
Architectes / Architecten / Architects

**POUVOIR ORGANISATEUR DE L'INSTITUT
SUPERIEUR D'ARCHITECTURE DE ST-LUC**
Maître d'Ouvrage / Opdrachtgever / Client

M. DIERCKX
Ingénieur Stabilité / Ingenieur Stabiliteit /
Structural Engineer

MATHIEU
Entreprise Générale / Algemene Aannemer /
General Contractor

**JEAN COSSE,
CHRISTINE BASTIN & JACQUES EVRARD**
Photographes / Fotografen / Photographers

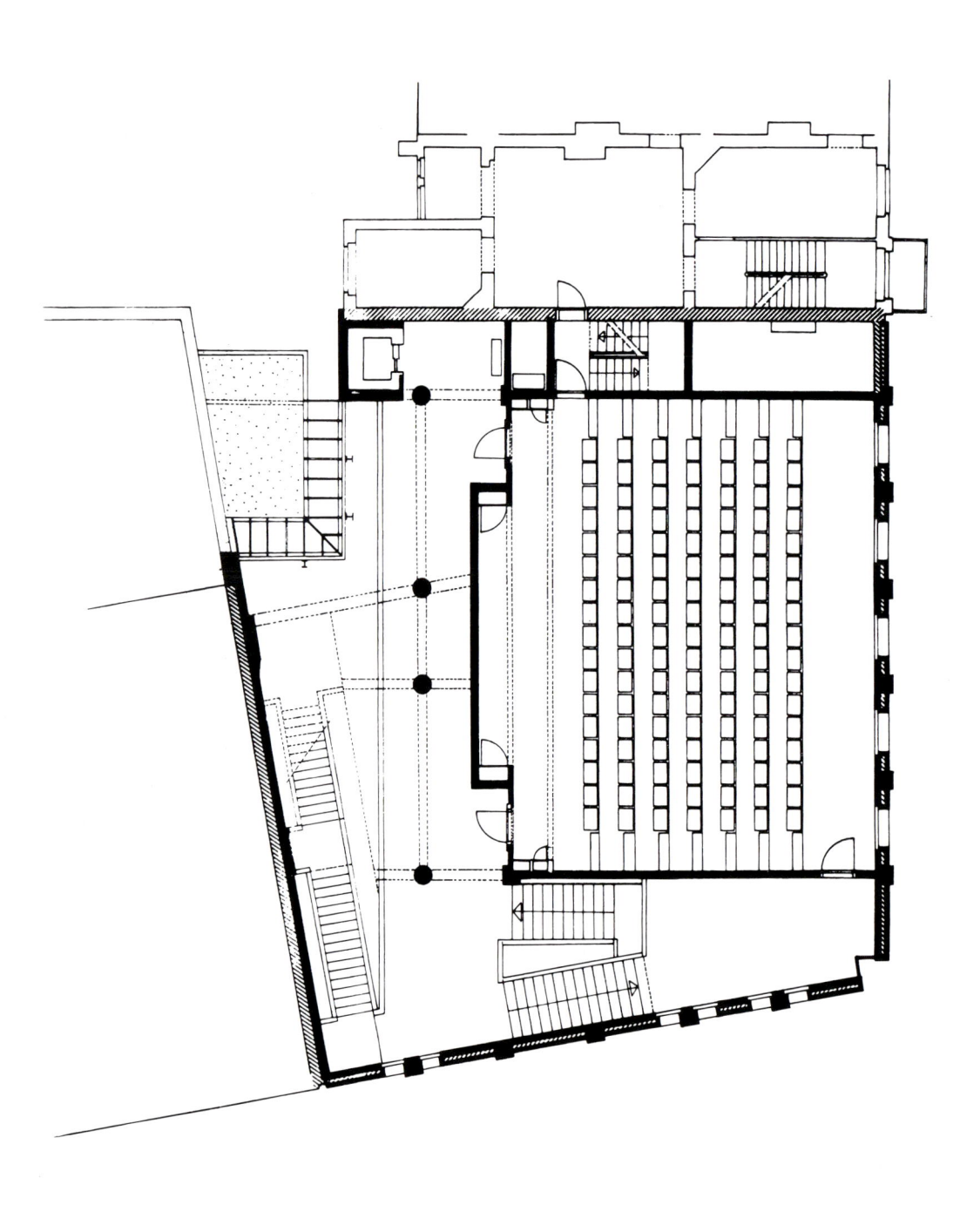

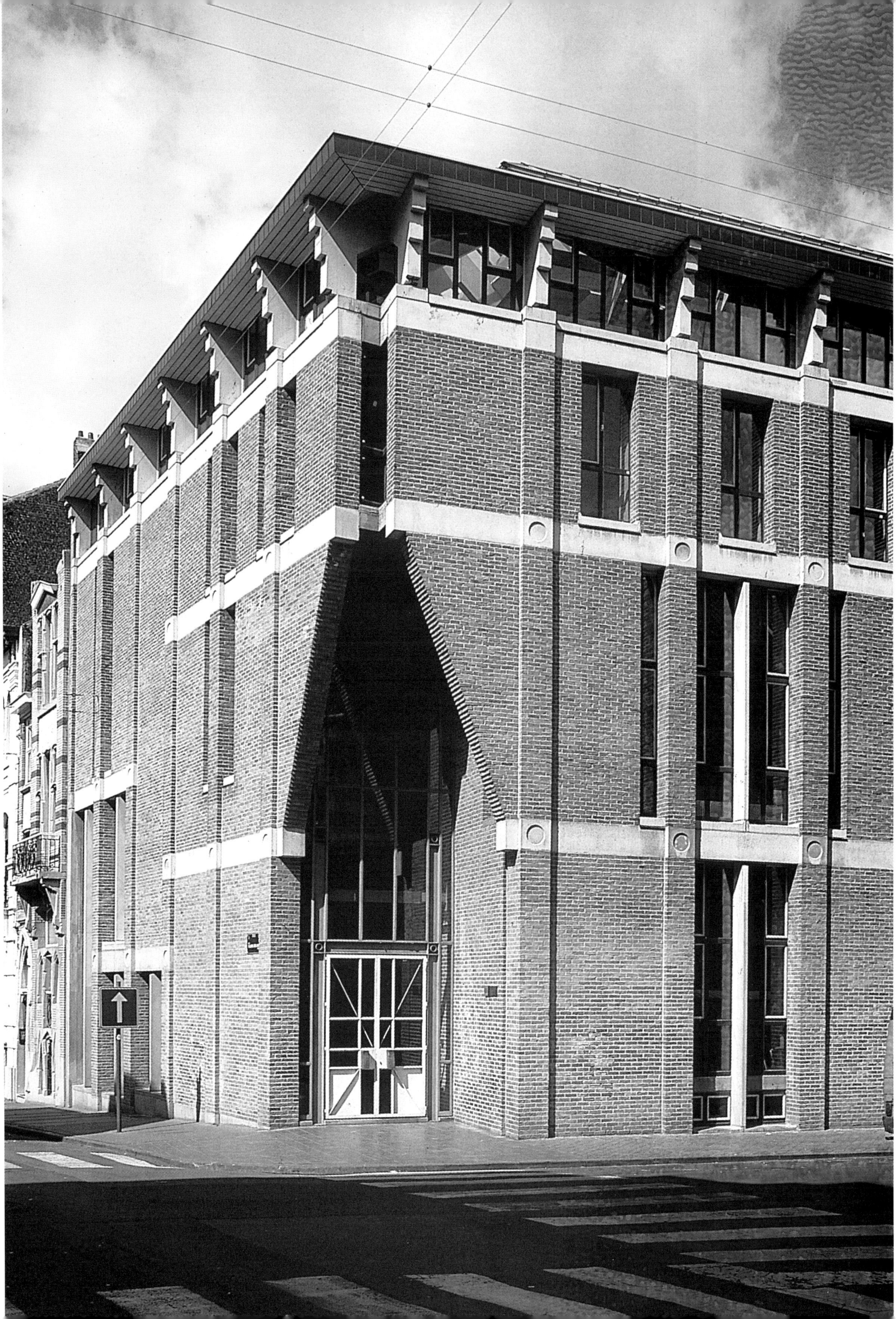

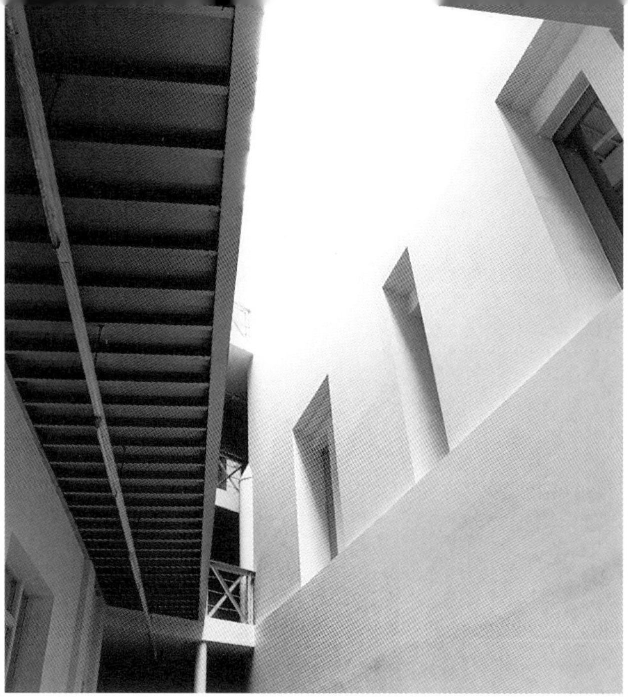

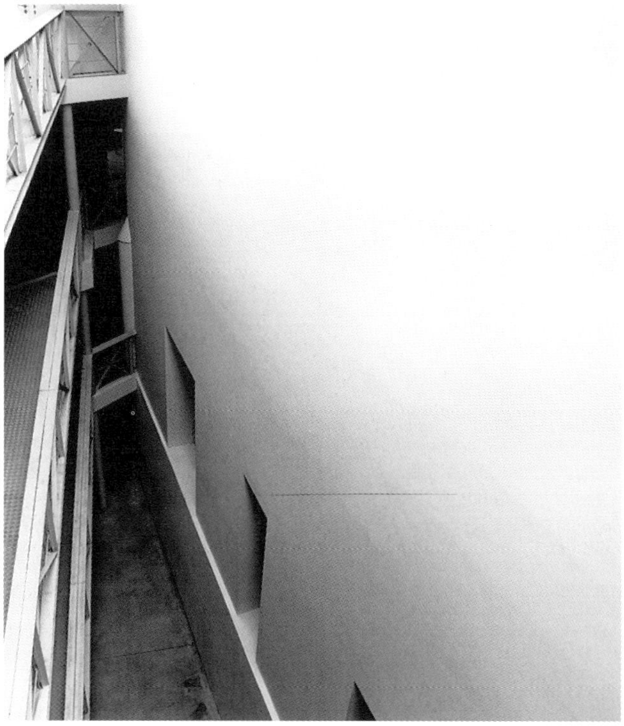

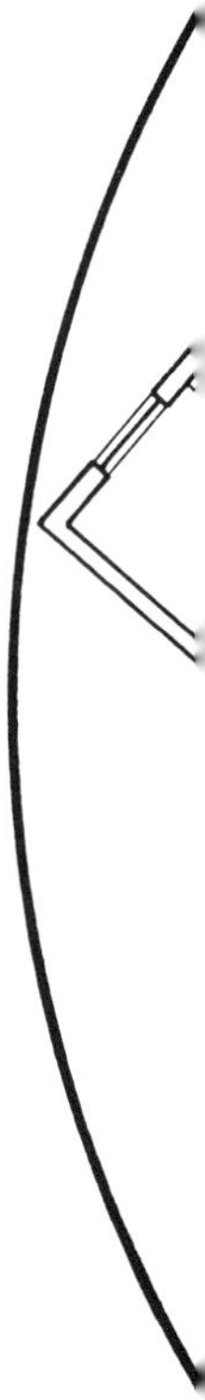

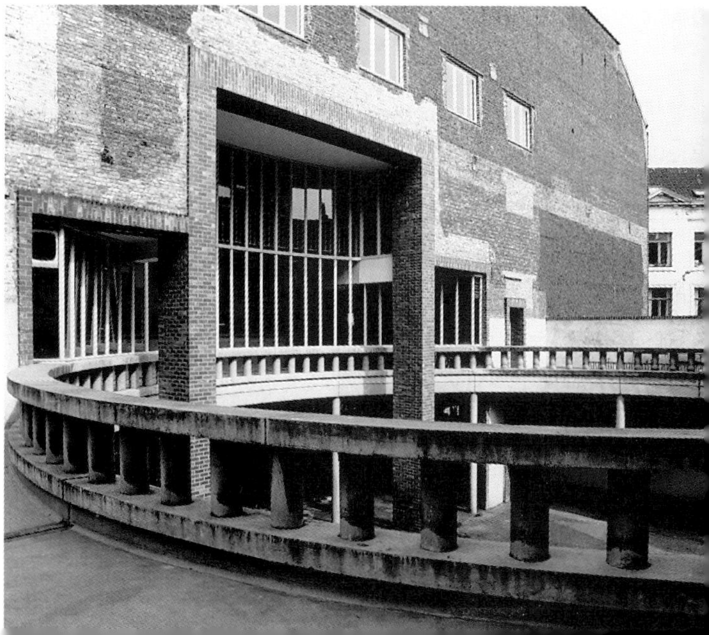

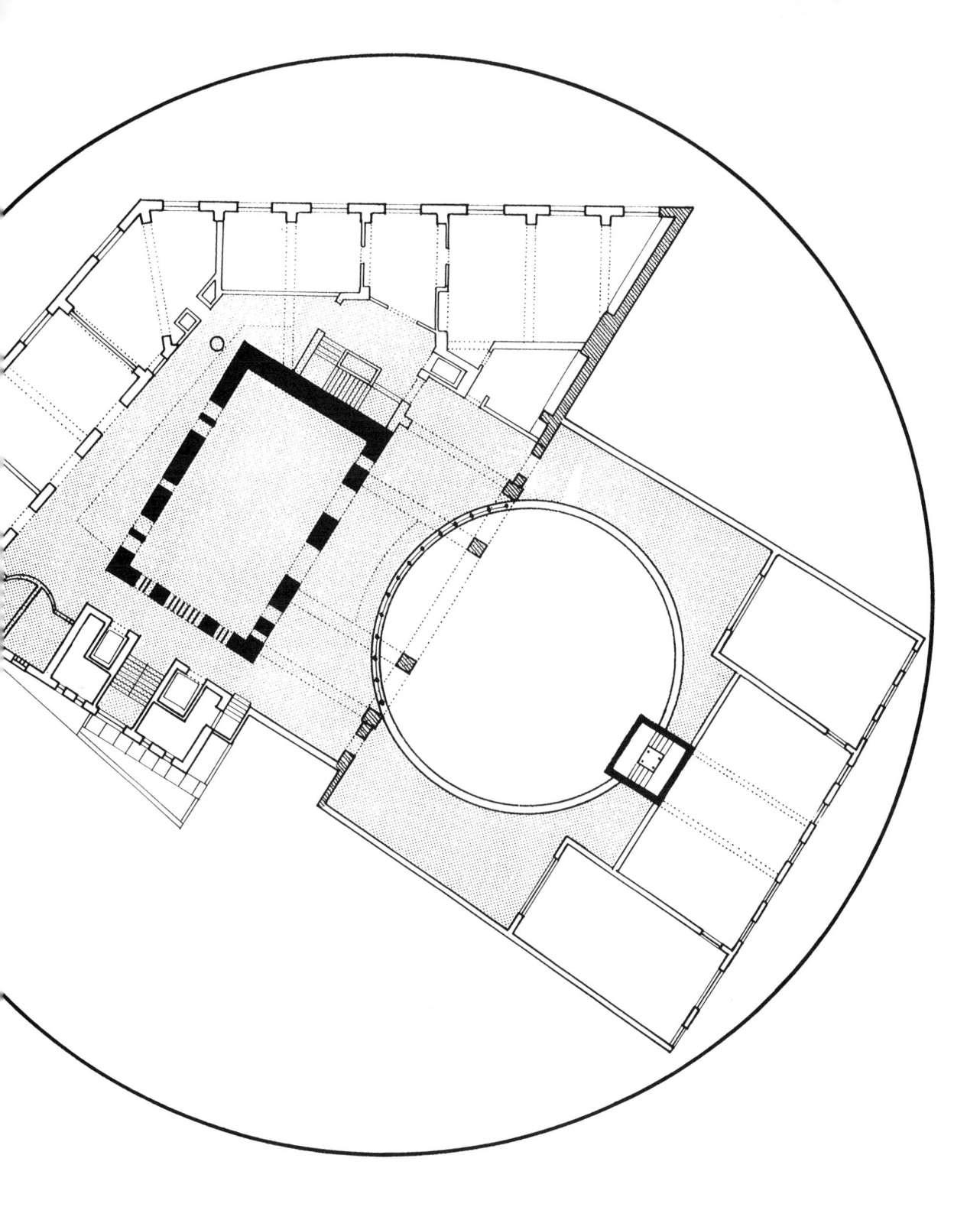

LUC MAES

Centre de Formation de petites et moyennes entreprises "Brucemo asbl"

Opleidingcentrum voor kleine en middelgrote bedrijven "Brucemo vzw"

Instruction center for small and medium sized enterprises "Brucemo vzw"

Rue Philippe de Champagne 23,
Rue Terre Neuve 9/15
1000 Bruxelles

1990 – 1995

LUC MAES & Co
Architecte / Architect

BRUCEMO VZW
Maître d'Ouvrage / Opdrachtgever / Client

KINDT CV
Ingénieurs Stabilité / Ingenieurs Stabiliteit / Structural Engineers

VAN DEN BRANDE-TAEKELS pvba
Entreprise Générale / Algemene Aannemer / General Contractor

DE TROYER GEBROEDERS
Menuiserie / Schrijnwerk / Joinery

PETER DE BRUYNE
Photographe / Fotograaf / Photographer

BELGIAN ARCHITECTURAL AWARDS 1990
Concours de Réalisations Architecturales
Récentes : Award
Prix / Prijs / Prize

JEAN COSSE

Eglise Sainte-Anne

Kerk Sint Anne

Saint Anne's Church

Place Van Huffel
1080 Koekelberg

1989

JEAN COSSE
Architecte / Architect

B. De Groof
Collaboratrice / Medewerkerster / Collaborator

FABRIQUE D'EGLISE STE-ANNE
Maître d'Ouvrage / Opdrachtgever / Client

A. KERKHOFS
Ingénieur Stabilité / Ingenieur Stabiliteit / Structural Engineer

VAN CAMPENHOUT
Entreprise Générale / Algemene Aannemer / General Contractor

JEAN COSSE
Photographe / Fotograaf / Photographer

BIENNALE DE VENISE 1991 – 1992
Prix / Prijs / Prize

LA VILLE : UN INSTRUMENT VIVANT AU SEIN D'UNE SOCIÉTÉ COMPLEXE

Par Jan BRUGGEMANS, Architecte

Le titre évoque l'essence des questions qui touchent à la ville. Si l'on part du principe que la ville constitue une matière vivante, alors nous sommes favorables à l'évolution et plus particulièrement au renouveau tant des composantes de la ville que du concept urbain proprement dit. Il en va de même pour la société contemporaine.

Comment va-t-on donner une forme à l'identité future de ce que nous appelions autrefois une ville ? Il est très difficile d'en parler car il n'existe aucun vocabulaire en la matière. Certains milieux artistiques sont généralement plus conscients de cette question.

On pourrait poser comme principe que la ville a perdu toute signification comme institution morale. Ce que représentent effectivement les bâtiments est une chose, leur forme en est une autre. N'importe qui peut concevoir la forme de n'importe quel bâtiment de la manière la plus explicite ou superficielle d'un point de vue historique.

On ne peut plus parler de l'autorité littérale qui émane de la justice comme l'illustre clairement le palais de justice.

La mémoire historique de la ville disparaît. Elle se consume car il ne s'agit en fait pas de notre mémoire et parce qu'on ne la contrôle pas. Nous sommes en outre également incapables de ramener la mémoire historique à la vie, surtout du fait que le coeur et les fragments historiques de la ville disparaissent.

Si l'on part de la composition et de la diversité complexes des habitants et utilisateurs de la ville, l'on constatera que l'on se trouve à la veille d'un renouveau profond. Le sentiment d'anarchie sera crucial à ce niveau, mais ceci ne peut nous empêcher de créer de nouvelles atmosphères en partant de cette complexité. Des villes comme Tokyo démontrent que la ville peut fonctionner autrement que de façon classique. Pour cette comparaison, on doit partir du principe que Tokyo grandit sans passé historique là où nos villes doivent grandir avec une mémoire historique.

La défragmentation qui survient lors de la réalisation d'une création est stimulante et étouffante. Stimulante car l'architecture comprend un ensemble de choses, étouffante parce que peu sont à même de réaliser des conceptions en partant de critères autres que les leurs.

En général, on peut dire que le processus de création n'est pas supporté par les maîtres d'ouvrage, d'où le fait qu'ils font appel à des tiers. Par ailleurs, ces tiers sont rarement sollicités sur base de leurs capacités. On recherche des collaborateurs flexibles disposés à faire usage de techniques et de matériaux déterminés à l'avance. Ce sont donc davantage des critères de financement qui sont déterminants dans la plupart des projets.

L'aspect positif de la défragmentation provient du fait que plusieurs autres disciplines pourraient être impliquées dans la manière dont serait formée la société future, l'aspect négatif étant qu'il est difficile de concevoir la forme de la nouvelle identité d'une société avec des concepteurs. On peut être associé à différents concepteurs au cours de ce processus mais, en fin de compte, quelqu'un doit réaliser la synthèse. Les principes énoncés ci-dessus ne sont toutefois pas d'application si un bon concepteur effectue une synthèse, mais ceci réclame une connaissance et un effort particuliers.

Il est facile de devenir architecte et de le rester. Mais il est plus difficile d'aller plus loin et également d'effectuer ce périple tout en assumant toutes les difficultés qui en résultent. Ce périple n'est pas toujours jalonné clairement mais plutôt obscurci, et il est surtout difficile d'en admettre l'obscurité.

La tâche serait déjà beaucoup plus facile si l'on ne cherchait pas sans cesse la clarté et la lumière rassurante, mais aussi si l'on se laissait guider au travers de la pensée plus sombre, plus obscure. On pourrait alors aborder d'autres domaines, voir d'autres choses, faire d'autres choses.

Personne n'a jamais pu concevoir l'image d'une ville, la ville n'étant pas le produit des intentions d'un individu. Il s'agit du produit d'une série de malentendus, de mauvais calculs, de catastrophes. Néanmoins, la ville demeure un cadre de référence, un cadre de pensée ouvert sur l'avenir.

Nous devons être à même de nous libérer du passé et d'adopter une attitude optimiste quant aux possibilités de l'homme pour réduire à néant ce que nous avons nous-mêmes réalisés de manière à ce que de nouvelles associations voient le jour.

Concrètement, nous avons à Bruxelles une série d'exemples contemporains qui témoignent d'une évolution profonde et positive de l'architecture.

L'extension des Assurances Populaires dans la rue Joseph II constitue un exemple remarquable où l'architecture tente, par une multiplicité de conditions, de rejoindre le tissu grandissant du point de vue historique.

Formellement, il ne s'agit ici pas de l'un ou l'autre langage imagé, mais bien d'images qui nous rafraîchissent la mémoire car ce sont des points de référence et des points d'actualité. Des points de référence car les proportions, couleurs et matériaux nous sont familiers, et des points d'actualité car au-delà de cette première impression ne se trouve malgré tout pas un reflet historique mais bien un programme contemporain. Les qualités de cette construction vont bien au-delà de la simple mission de réaliser un programme d'instructions. Suite à cette construction, les concepteurs ont pris différentes initiatives qui découlent de leur propre compétence jumelée à une émotion sociale. Là où ce fut plus ou moins possible, un espace public fut créé, entre autres par une galerie le long de la rue Joseph II ainsi que par une promenade à l'intérieur de l'ensemble. Toutes les activités situées le long de la rue permettent aux uns et aux autres de voir des choses intéressantes, ce qui a pour conséquence des interactions de l'intérieur vers l'extérieur et vice-versa. Le bâtiment existant qui avait un aspect étrange dans ce quartier fut intégré dans un plus grand ensemble et, dans les espaces intérieurs, on peut même parler d'une intégration avec les nouvelles parties qui, elles-mêmes, rassemblent plusieurs langages architecturaux.

La qualité de l'espace des parties publiques étant constituées de passages, espaces vides, jardins, galeries et façades intérieures nous donne l'image familière d'un petit quartier urbain où le piéton règne en maître. Travailler dans ce bâtiment doit être une expérience agréable du point de vue de l'espace. L'architecture de ce bâtiment des A.P. est devenue une partie de la ville et témoignera d'une confiance et d'une fiabilité, mais surtout d'une croyance en l'avenir pour les différents usagers ainsi que leur clientèle.

La ville est un endroit unique de tolérance et d'évolution au sein de laquelle de bons concepteurs doivent réaliser des travaux révélateurs. Un autre point positif important est le rassemblement de différentes fonctions à l'intérieur d'un même bloc, ce qui permet de dire dans ce cas précis que le logement et le travail peuvent être organisés de manière rapprochée, en tout cas pour ceux qui en éprouvent le besoin. Le passé nous a offert des exemples splendides de grands industriels qui se sont occupés de développement urbain ou rural à grande échelle. Les circonstances actuelles créent à nouveau les conditions pour un tel mouvement. Le développement urbain est également un devoir pour l'élite culturelle et intellectuelle de Belgique et d'Europe. Cette élite dispose plus que quiconque du savoir-faire nécessaire pour faire de la rénovation d'une façon réaliste et en portant une attention particulière au caractère **propre** de l'endroit. Plus que jamais, le développement architectural est un processus où toutes les disciplines doivent prendre leurs responsabilités. Le renouveau au sein de l'enseignement renforcera les liens entre l'enseignement et l'industrie.

J'espère que cette chance sera saisie pour éveiller chez les jeunes les enthousiasmes nécessaires pour qu'ils contribuent de manière très active à un **retour en ville**.

Au sein du tissu urbain, il est difficile de donner à des conceptions une forme tournée vers l'avenir. L'avenir n'est pas une donnée dont les formes peuvent être définies clairement. Pourtant, il y a un autre choix. Notre société évolue rapidement et de manière décisive. Ce sont surtout les nouvelles techniques de communication qui créent sans cesse plus d'indépendance et d'accès à toutes sortes de vues, l'enseignement devant dès lors être réformé en profondeur. Cette réforme est déjà un fait par la création d'un nombre limité d'écoles supérieures lesquelles donnent lieu à de nouvelles confrontations pédagogiques. L'établissement de ces nouvelles écoles supérieures me semble constituer une opportunité unique pour redonner de la vie à nos villes, entre autres en mettant à la disposition de notre jeunesse les bâtiments historiques les plus importants et qui sont la propriété de la ville ou de l'Etat. Etudier, c'est aussi habiter, et le lieu où on étudie doit être la ville. C'est en formant nos étudiants dans des bâtiments remarquables au centre de nos villes que différentes fonctions périphériques verront le jour de manière spontanée.

**Door Jan BRUGGEMANS,
Architect**

DE STAD, EEN LEVEND INSTRUMENT BINNEN EEN COMPLEXE SAMENLEVING

Met de titel wordt de essentie aangedragen van vragen omtrent de stad. Als we ervan uitgaan dat de stad een levende materie is gaan we akkoord met de evolutie en meer in het bijzonder met de vernieuwing van zowel de samenstellende delen van een stad als het begrip stad. Zo ook voor de huidige samenleving.

Hoe gaat men vormgeven aan de toekomstige identiteit van wat we in het verleden stad noemden. Het is erg moeilijk om hierover te schrijven omdat er ter zake geen woordenschat bestaat het wordt wel algemeen aangevoeld door verschillende arstistieke kringen. Men zou kunnen stellen dat de stad als moreel instituut alle betekenis heeft verloren. Zowel de gebouwen als hun representabiliteit is op vlak van de vormgeving niet relevant. Eendert wie kan eendert welk gebouw op de meest expliciete of de meest historicerende manier vormgeven. Men kan niet meer spreken van de letterlijke autoriteit welke uitgaat van het gerecht zoals het justitiepaleis dat duidelijk illustreert. Het historisch geheugen van de stad verdwijnt het wordt verbruikt omdat het eigenlijk ons geheugen niet is en we er geen controle over hebben. We zijn evenmin in staat het historisch geheugen opnieuw tot leven te brengen temeer daar de historische kern en fragmenten van de stad verdwijnen.

Als we vertrekken van de complexe samenstelling en diversiteit van de bewoners en gebruikers van de stad zal men inzien dat we staan voor een grondige vernieuwing. Het gevoel van anarchie zal hierbij zeker bepalend zijn maar dit mag ons niet beletten om vanuit deze complexiteit nieuwe sferen te creëren.

Steden zoals Tokyo bewijzen dat de stad op andere dan de klassieke wijze kan funktioneren. Bij de vergelijking moet men ervan uitgaan dat Tokyo groeit zonder historisch verleden daar waar onze steden moeten groeien met een historisch geheugen.

De défragmentatie bij het tot stand komen van een creatie is stimulerend en verstikkend. Stimulerend omdat architectuur alles omvat, verstikkend omdat weinigen het aankunnen om vanuit andere dan hun eigen kriteria te ontwerpen.

In het algemeen kun je stellen dat het creatie-proces niet gedragen wordt door de opdrachtgevers, vandaar dat ze beroep doen op derden, anderzijds worden die derden zelden op basis van hun capaciteiten aangezocht. Men zoekt soepele medewerkers die bereid zijn de op voorhand bepaalde technieken en materialen te bezigen waardoor de meeste projekten hoofdzakelijk financieringscriteria oproepen.

Positief aan défragmentatie is dat er verschillende andere disciplines zouden kunnen betrokken worden bij de vormgeving van de toekomstige samenleving, negatief is het feit dat je moeilijk met ontwerpers de nieuwe identiteit van een samenleving kunt vormgeven. Je kan met verschillende ontwerpers betrokken worden bij dit proces maar uiteindelijk moet iemand de synthese maken. Voorgaande stellingen gaan niet op als er een goede vormgever een synthese maakt maar dit vraagt een buitengewone kennis en inzet.

Het is gemakkelijk architect te worden en te blijven. Maar moeilijker is het om verder te doen en ook gevolgen van deze zoektocht te volgen, zoektocht die vaak niet zo duidelijk is maar eerder duister en vooral om het duistere ervan toe te geven. Het zou al een hele hulp zijn als men niet heel de tijd zocht naar helderheid en naar de lichtende ster, maar zich ook liet voeren door het donkerder, het duisterder begrip. Men zou zich ook op andere terreinen kunnen begeven, andere dingen zien, andere dingen doen.

Niemand heeft ooit het beeld van een stad kunnen ontwerpen, de stad is niet het produkt van iemands intenties. Het is een produkt van een reeks misverstanden en foute berekeningen en catastrofen. Niettemin blijft de stad een referentiekader, een denkkader omtrent de toekomst.

We moeten in staat zijn ons te ontdoen van het verleden en optimist worden over het menselijk vermogen om ongedaan te maken wat we zelf in leven riepen zodat er nieuwe associaties ontstaan. Konkreet hebben we in Brussel een reeks hedendaagse voorbeelden die getuigen van een grondige en positieve evolutie in architectuur.

De uitbreiding van De Volksverzekering in de Jozef II straat is een opmerkelijk voorbeeld waarbij architectuur vanuit een veelheid van voorwaarden tracht aan te sluiten bij het historische groeiende weefsel.

Vormelijk staan we hier niet stil bij een of andere unieke beeldtaal maar bij beelden die ons geheugen opfrissen omdat ze verwijzend en actueel zijn. Verwijzend omdat de verhoudingen, kleuren en materialen ons bekend voorkomen, aktueel omdat wij achter deze eerste indruk toch geen historicerend gebouw vinden maar een hedendaags programma.

De kwaliteiten van dit gebouw gaan veel verder dan de eenvoudige opdracht om een programma van eisen vorm te geven. De ontwerpers hebben naar aanleiding van dit gebouw verschillende initiatieven genomen uitgaande van hun eigen competentie gekoppeld aan een sociale bewogenheid. Waar enigzins kon werd er publieke ruimte gecreëerd o.m. door een gaanderij langs de Jozef II straat en een promenade door de binnenruimte van het geheel. Alle aktiviteiten gelegen langs de straatzijde wisselen interessante oogkontakten uit waardoor interakties ontstaan zowel van binnen naar buiten als omgekeerd.

Het bestaande gebouw dat duidelijk vreemd stond in deze omgeving werd opgenomen in een groter geheel en in de binnenruimten kan men zelfs spreken van een integratie met de nieuwe delen die op zich verschillende architectuurtalen samenbrengen.

De ruimtelijke kwaliteit van de openbare delen bestaande uit doorgangen, vides, tuinen, gaanderijen en binnengevels geven ons het vertrouwd beeld van een stukje stad waar de voetganger heerst. Werken in dit gebouw moet een aangename ruimtelijke ervaring zijn.

De architectuur van dit DVV gebouw is deel geworden van de stad en zal voor de verschillende gebruikers en hun kliënteel getuige zijn van vertrouwen en degelijkheid maar vooral van geloof in de toekomst. Een stad is een unieke plek van verdraagzaamheid en evolutie waarbinnen goede ontwerpers moeten werken aan revelaties. Een ander belangrijk pluspunt is het samenbrengen van verschillende funkties binnen een bouwblok waardoor in dit konkreet geval kan gezegd worden dat wonen en werken zeer dicht bij elkaar kan georganiseerd worden althans voor zij die daar behoefte aan hebben. Het verleden heeft ons prachtige voorbeelden bezorgd over grote industriëlen die op een grootschalige wijze aan stads- of plattelandsontwikkeling deden.

De huidige omstandigheden maken opnieuw plaats voor deze beweging. Stadsontwikkeling is ook een plicht voor de culturele en intellektuele elite van België en Europa. Zij beschikt meer dat wie ook over de know-how om op een realistische wijze en met aandacht voor het **eigene** aan renovatie te doen.

Architectuurontwikkeling is meer dan ooit een proces waar alle disciplines hun verantwoordelijkheid moeten nemen. De vernieuwingen binnen het onderwijs zullen de banden tussen onderwijs en industrie verstevigen, hopelijk wordt deze kans aangegrepen om bij jongeren de nodige enthousiasmen op te wekken om zeer aktief mee te werken aan een **retour en ville**.

Het is moeilijk in het stedelijk weefsel toekomst gerichte ontwerpen vorm te geven. De toekomst is niet een duidelijk vormelijk omschrijfbaar gegeven. Nochtans is er geen andere keuze. Onze maatschappij evolueert snel en ingrijpend. Vooral de nieuwe communicatietechnieken scheppen steeds meer onafhankelijkheid en toegang tot allerlei inzichten met als gevolg dat het onderwijs grondig moet hervormd worden. Deze hervorming is reeds een feit door de vorming van een beperkt aantal hogescholen waardoor nieuwe pedagogische confrontaties ontstaan. De huisvesting van deze nieuwe hogescholen lijkt mij een unieke kans om onze steden opnieuw leefbaar te maken door o.m. de belangrijkste bestaande historische gebouwen in eigendom van stad of staat ter beschikking te stellen van onze jeugd. Studeren is ook wonen en de plaats waar men studeert moet de stad zijn. Door studenten op te voeden in merkwaardige gebouwen in het centrum van onze steden zullen er spontaan verschillende omkaderende funkties ontstaan.

By Jan BRUGGEMANS,
Architect

THE CITY : A LIVING INSTRUMENT WITHIN A COMPLEX SOCIETY

The title itself raises the essential issues facing the city.

If we start out from the principle that the city is living matter, then we must support the idea of developing and, more particularly, of renovating not only the components of the city but also the overall urban concept. This is also true for contemporary society. How can we give form to the future identity of what was formerly called a city ? This is a question which it is difficult to discuss as there is no actual vocabulary we can use. In fact, certain artistic circles are generally more aware of these matters.

We could start out from the principle that the city has lost all meaning as a moral institution. The actual significance of the buildings is one thing, while their form is another matter. Anyone can conceive the form of any building in the most explicit or superficial manner from an historical point of view. We can no longer say that literal authority emanates from Justice, as the Brussels Palais de Justice clearly illustrates. The historical memory of the city is vanishing. It is ebbing away because it is not in fact our memory and because we have no control over it. In addition, we are unable to resurrect the historical memory, all the more as the city's heart and its historical fragments are disappearing.

If we start out by examining the complex composition and the diversity of the inhabitants and users of the city, we can see that we are on the eve of a profound process of renewal. The impression of anarchy will be crucial at this level, but this cannot prevent us from creating new atmospheres on the basis of this very complexity. Cities such as Tokyo demonstrate that the city can operate in a way which is different from that of a conventional city. We must base any comparison on the principle that Tokyo is a city which is growing without any historical background whereas our cities must grow with a historical memory.

The defragmentation which occurs when something new is created is both stimulating and inhibiting. It is stimulating because architecture incorporates many different things, and inhibiting because few people are able to design on the basis of criteria other than their own. In general, it may be said that the process of creation is not appreciated by those who commission the building, which is why they call on third parties. Moreover, these third parties are rarely called upon on the basis of their skills. Instead, architects are called upon to act as flexible partners who must be willing to use predetermined techniques and materials. Consequently, most projects are determined on the basis of financial criteria.

The positive aspect of defragmentation is that several other disciplines can be called upon to play their part in the formation of the future society, while the negative aspect is that it is difficult to put together the form of the new identity of a society with designers.

We may call on several designers during the process, but ultimately someone must put all the pieces together. The principles outlined above, however, do not apply if a good designer achieves a synthesis, but this requires thorough knowledge and considerable effort.

It is easy to become and to remain an architect. However, it is more difficult to go beyond this stage and undertake this itinerary while shouldering all the resulting difficulties. The route is not always clearly marked, and it is especially difficult to agree to work in the dark.

The task would be much easier if we could stop looking incessantly for reassuring clarity and light, but also if we let ourselves be guided through the deepest darkness and the shadows. We could then envisage other aspects and think of other things we might do. No-one has ever designed the image of a city, as after all a city is not the product of the intentions of an individual. The city is rather the product of a series of misconceptions, miscalculations and catastrophes. Nonetheless, the city remains a reference framework, a framework for ideas which opens up the door to the future.

We must be able to free ourselves from the past and adopt an optimistic attitude in the belief that it is possible for man to bring to nought what we ourselves have created so as to enable the emergence of new forms of association.

In practice, we have in Brussels a series of contemporary examples which stand as a witness to the deep-rooted positive development of architecture.

The extension work on the Assurances Populaires in the rue Joseph II is a remarkable example in which architecture endeavours through a multiplicity of conditions to link up with the growing historical fabric of the city.

This does not formally pertain to any form of pictorial language, but involves images which refresh our memory as they refer not only to the past but also to the present. They refer to the past because the ideas, colours and materials are familiar to us, and they refer to the present because beyond this initial impression we can find not a historical reflection but a contemporary program. The qualities of this construction go well beyond the simple task of creating a program of instructions. Following this construction, the designers took various initiatives based on their own skills combined with their social sensitivity. Where this was more or less feasible, a public space was created, including a gallery along the rue Joseph II and an esplanade inside the building. All the activities dotted along the street open up interesting perspectives, resulting in interaction from the inside to the outside, and vice-versa.

The existing building, which was a rather strange-looking contrivance in this district, was integrated into a larger complex. Meanwhile, in the interior spaces, we can say that the integration of the old parts with the new parts has been achieved, while the new parts incorporate several architectural languages.

The quality of the space within the public part is the result of the formation of passageways, open spaces, gardens, galleries and internal facades, reproducing the familiar features of a traditional little urban "quartier" where the pedestrian is king. From a spatial point of view, it must be pleasant to work in this building. The architecture of the Assurances Populaires building has become an integral part of the city and expresses a sense of trust and reliability, but also exudes confidence in the future for the various users and for their customers. The city is a unique place of tolerance and development within which good designers must be revelators. Another important positive aspect is the grouping of various functionalities within the same block. In this case, we can in fact say that there can be a rapprochement between the residential and business functions, at least for those who feel the need for this. Past experience offers splendid examples of great industrialists who have undertaken large-scale urban or rural development work. The present circumstances once again create the conditions for initiatives of this kind. Urban development is also a duty for the cultural and intellectual elite of Belgium and of Europe. This elite has more than anyone the know-how needed to undertake renovation work in the most realistic manner, giving particular attention to the **clean** character of the place. More than ever, architectural development is a process in which all disciplines must assume their responsibilities. The process of renewal taking place within education will reinforce the links between schools and industry. I hope that we will seize this opportunity to foster in young people the enthusiasm needed to contribute in the most active manner to the task of getting **back to the city**. Within the urban fabric, it is difficult to impose a future-oriented framework on our conceptions. The future is not something of which we can clearly define the outline. However, there is an alternative. Our society is evolving rapidly and decisively. More than any other factor, the new communication technologies are constantly creating more independence and enabling greater access to all sorts of views, and we must consequently thoroughly reform the education system. This process of reform has already been undertaken through the setting-up of a small number of colleges of higher education which enable the interplay of new pedagogical approaches. In my view, the creation of these new colleges is a unique opportunity to resurrect our cities. This process might include allowing young people to use the most prominent historical buildings which are the property of the city or of the State. Studying inevitably involves living, and the place of study must be the city. It is by training our students in remarkable buildings in our city centres that various peripheral functions will spontaneously emerge.

BEHIND CLOSED DOORS

**Par Christian KIECKENS,
Architecte**

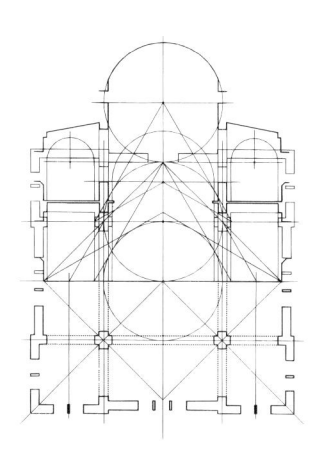

Celui qui étudie de très près l'histoire de l'art et de l'architecture de Belgique constate que 'l'intensification de l'identité' est un thème qui est constamment d'actualité.

Depuis les primitifs flamands – les "Epoux Arnolfini" par Jan Van Eyck – jusqu'aux formes artistiques qui se sont manifestées au XXième siècle en passant par les peintures baroques de Pierre Rubens et Jacob Jordaens pour n'en citer que quelques uns, l'intérieur est un thème central qui est présent de manière constante. Ceci provient-il de la domination constante et successive de la patrie par les Romains, les Hollandais, les Bourguignons, les Espagnols, les Allemands, les Anglais etc., ou alors d'un principe inhérent de délimitation ? Même l'art contemporain expressif avec entre autres Jan Vercruysse et Lili Dujourie met en exergue le thème d'une identification retenue et fermée d'un monde intense.

Rien n'est moins vrai dans l'architecture contemportaine. La Belgique est le pays où se trouvent les plus grandes et plus importantes collections d'oeuvres d'art. C'est le pays où, en termes de pourcentages, l'intérieur des magasins est le plus joli. C'est également le pays où l'intérieur reçoit le plus d'attention. Ainsi, l'architecture et l'intérieur sont liées de manière inhérente à l'identité d'un peuple.

Cette caractéristique peut être retrouvée dans les mouvements architecturaux actuels à Bruxelles. La ville où, jadis, Stoclet donna ordre à Joseph Hoffmann de construire une maison mais également de s'occuper de l'intérieur et de l'intégration d'éléments artistiques et où Victor Horta reçut des missions de "Gesammtkunstwerk", est également un exemple de secrets cachés au cours de la dernière décennie. Toute impossibilité de regarder une oeuvre se traduit ensuite par un voyeurisme qui se concrétise à nouveau fortement de manière constante.

Les intérieurs dissimulés tout comme les missions (privées) pour un espace commercial (public) en font partie. Entrer dans un magasin, c'est comme si on entrait sur une propriété privée. Les réalisations actuelles à Bruxelles témoignent en outre à nouveau d'un rapport cohérent entre le concepteur et le maître d'ouvrage, entre le concept et le bâtiment.

Depuis 1985, les surfaces commerciales à Bruxelles ont pris une nouvelle orientation : de nouveaux endroits et donc de nouveaux passages retenant l'attention ont été créés en ville. La rue Antoine Dansaert avec ses magasins "Stijl" par Peter Cornelis et les restaurants comme "La Femme du Boulanger" et "Gala Kantina" en sont les exemples les plus marquants. Par ailleurs, on retrouve à de nombreux autres endroits des joyaux identiques (la taille du joyau étant ici une image à l'échelle de l'ensemble que consitue la ville) reconnaissables comme par exemple le magasin de l'opticien "Van Backlé" par Martine de Maeseneer, l'ensemble "Plateau" par Eugeen Liebaut, les galeries d'art "Xavier Hufkens" par Paul Robbrecht – Hilde Daem – M.-José Van Hee et "Mimi" par Joël Claisse & Associés, le magasin "Tintin" par Victor Lévy et les nombreux intérieurs privés et non-accessibles au public, notamment ceux par Claire Bataille – Paul ibens et par Lydia Kümel.

Tous marquent une passion imposante pour l'intériorisation, pour la mise en exergue de la réceptivité, d'un voile qui donne à chaque relation, quelque banale qu'elle soit, une identité et une importance propres, processus où les mots sont encadrés par la beauté des choses, où les souvenirs sont conservés de manière vivante, où tout fait à nouveau l'objet d'une 'intensification de l'identité ' mais demeure en même temps dissimulé derrière des portes fermées : *behind closed doors*.

**Door Christian KIECKENS,
Architect**

BEHIND CLOSED DOORS

Wie de kunst- en architectuurgeschiedenis van België intens bestudeert komt tot de vaststelling van 'ver-inneren' een permanent aanwezig thema is. Van de Vlaamse Primitieven -'Het huwelijk van de Arnolfini's door Jan Van Eyck – via de barokschilderijen van o.a. Pieter Rubens en Jacob Jordaens tot en met de kunst die zich in de XX eeuw heeft gemanifesteerd is er een konstante aanwezigheid van het interieur als centrale thema. Komt dit door een voortdurende en opeenvolgende overheersing van het moederland door o.a. Romeinen, Nederlanders, Bourgondiërs, Spanjaarden, Duitsers, Engelsen, enz of door een inherent principe van afbakening ? Zelfs de recente beeldende kunst met o.a. Jan Vercuysse en Lili Dujourie expliciteert het thema van de ingehouden en ingesloten vereigening van een intense wereld.

Niets is minder waar in de hedendaagse architectuur. België is het land waar zich de grootste en belangrijkste kunstcollecties bevinden, het land met procentueel gezien de meeste mooi ingerichte winkels, het land waar het interieur tevens de meeste aandacht krijgt. Op die manier is architectuur en interieur inherent verbonden met een eigenheid van een volk.

In de recente architectuurbewegingen te Brussel bevindt zich een herkenbaarheid van dit gegeven. De stad waar ooit Stoclet de opdracht gaf aan Josef Hoffmann voor het bouwen van een woning inclusief interieur en kunstintegraties en waar Victor Horta "Gesammtkunstwerk" opdrachten ontving, is ook in het laatste decennium een voorbeeld van weggestoken geheimen. Elke onmogelijkheid van het bekijken vervolgt zich in een voyeurisme dat zich steeds opnieuw sterk verduidelijkt.

Zowel de verscholen interieurs als elke (private) opdracht voor een (publieke) winkelruimte maakt hier deel van uit. Het betreden van deze winkels is als een betreden van een stuk privaat. De recente verwezenlijkingen te Brussel getuigen daarenboven opnieuw van een koherente houding tussen ontwerper en opdrachtgever, tussen ontwerp en gebouw.

Sinds 1985 hebben winkelruimtes te Brussel een nieuw richting gegeven : ze hebben nieuwe plekken gekreëerd en aldus nieuwe passages en aandachten getrokken in de stad. De Antoine Dansartstraat met de winkels "Stijl" door Peter Cornelis en de eethuizen zoals "La femme du Boulanger" en "Gala Kantina" zijn hiervan het meest markerend beeld. Daarnaast zijn op tal van andere plaatsen identieke juwelen (de schaal van het juweel staat hierbij als beeld in verhouding tot het hele lichaam van de stad) herkenbaar zoals o.a. de optiekzaak "Van Backlé" door Martine de Maeseneer, de inrichting "Plateau" door Eugeen Liebaut, de kunstgalerijen "Xavier Hulfkens" door Paul Robbrecht-Hilde Daem-M.José Van Hee en "Mimi" door Joël Claisse & Associés, de "Kuifje"-winkel door Victor Levy en de vele private en niet toegankelijke interieurs van o.a. Claire Bataille-Paul Ibens en van Lydia Kümel.

Allen vertellen ze een doorgedreven passie voor het interieuriseren, het expliciteren van een ontvankelijkheid, van een mantel die elke relatie, hou banaal ook, een eigen identiteit en belangrijkheid geeft, waarbij woorden ingekaderd worden door de schoonheid van dingen, waarbij herinneringen levendig worden gehouden, waarbij alles steeds opnieuw "ver-innerd" wordt maar terzelfdertijd verscholen blijft achter gesloten deuren : *behind closed doors.*

**By Christian KIECKENS,
Architect**

BEHIND CLOSED DOORS

Every studying attentively art history and architecture in Belgium will note that the "intensification of identity" is a theme which is always topical. Since the time of the Flemish primitives – the "Arnolfini Couple" by Jan Van Eyck – up to the artistic forms which emerged in the 20th century, through the Baroque paintings by Peter Rubens and Jacob Jordaens, to mention but a few, the "interior" is a central and omnipresent theme. Is this the outcome of constant and successive domination by the Romans, the Dutch, the Bourguignons, the Spanish, the Germans, the English, etc., or is it an inherent principle of delimitation ? Even contemporary expressive art represented, among others, by Jan Vercruysse and Lili Dujourie, highlights the theme of the restrained and closed identification of an intense world.

Nothing could be further from the truth in contemporary architecture. Belgium is a country with the greatest and most important collections of artworks. It is a country with – in terms of percentage – the most attractive interior decor in its shops. It is also the country where interior decor receives the most care and attention. Architecture and interior decoration are therefore inextricably tied up with the identity of a nation.

This characteristic can be seen in the present-day architectural trends prevailing in Brussels. The city where Stoclet commissioned Joseph Hoffmann to build a house but also to take care of the interior decoration and the artistic features to be integrated and where Victor Horta received the commission to undertake the "Gesammtkunstwerk" is also a place which over the last ten years has provided an example of secret, hidden places. When it becomes impossible to look at a piece of work, the result is a form of voyeurism which once again becomes enshrined as a constant feature.

The "hidden interiors" and the (private) commissions for (public) commercial premises are an integral part of this process. We walk into a shop as if we were entering private property. The current design trends in Brussels, moreover, once again stand as a witness to the coherence of the relationship between the designer and the owner, between the concept and the building.

Since 1985, there has been a change in the design of commercial premises in Brussels, and striking new places and new passageways have been created in the city. The rue Antoine Dansaert with its "Stijl" stores by Peter Cornelis and restaurants like "La Femme du Boulanger" and "Gala Kantina" are the most noteworthy examples. Furthermore, we see here and there in many other places identical jewels (in this case the jewel being the appropriate image given the scale in comparison with the city) which are immediately recognizable, for example the store designed for the optician "Van Backlé" by Martine de Maeseneer, the "Plateau" complex by Eugeen Liebaut, the "Xavier Hufkens" art galleries by Paul Robbrecht – Hilde Daem – M. José Van Hee and "Mimi" by Joël Claisse & Associates, the "Tintin" store by Victor Lévy and the many interiors which are private and inaccessible to the public, notably those designed by Claire Bataille – Paul Ibens and by Lydia Kümel.

They all express an overriding passion for interiorization, for the enhancement of receptivity, of a veil which gives to every relation, no matter how banal, its own identity and importance, a process in which the words are encapsulated by the beauty of things, where memories are preserved in a vibrant and living manner, and where everything is subservient to the "intensification of identity" but at the same time remains hidden: *behind closed doors.*

Par Paul LIEVEVROUW,
Architecte

COMPLEMENTARITE DES ECHELLES – MELANGE DES FONCTIONS

La ville est trop souvent considérée sous son aspect morphologique. En matière de conservation de la ville, les options se sont trop unilatéralement axées sur le maintien des images picturales marquantes fragmentées.

La pression continuelle de nouveaux projets gigantesques, les immeubles à usage professionnel, la fusion et l'extension d'écoles, d'hôpitaux et d'administrations créent des situations conflictuelles permanentes et suscitent des prises de position extrêmes. Souvent, ces développements vont de pair avec une expansion imprévue, un élargissement de l'échelle et une augmentation de la densité, que l'on ne parvient pas à contrôler lors de la revalorisation urbaine et en raison desquels on se tourne trop rapidement vers la solution de construire en dehors des villes. Une solution qui semble satisfaire à la fois les concepteurs de projets, les décideurs et les conservateurs des monuments. Les possibilités de transport et de stationnement, les prix moins élevés du terrain et les faibles coûts de construction, le nombre restreint de conditions connexes et de prescriptions urbanistiques ajoutent à l'attrait de construire sur des terrains vagues. Sans toucher à la ville...

On ne tient cependant pas assez compte des conséquences de cette tendance : la construction incontrôlée, désordonnée et fragmentée défigure la campagne, la désurbanisation estompe la délimitation entre l'agglomération urbaine et le paysage qui l'entoure, et les vastes quartiers résidentiels industriels, non desservis par les transports en commun accroissent considérablement la circulation routière. Du fait que certaines fonctions polarisantes déménagent vers la périphérie, la ville se vide de ses fonctions vitales. Elle perd ainsi sa force d'attraction, sa raison d'être.

Par ailleurs, quand de nouveaux développements sont tolérés en ville, on se précipite souvent sur la stricte intégration formelle et esthétique dans le paysage urbain, pour éviter toute situation conflictuelle. Le "façadisme", ou dissimulation des immeubles de bureaux derrière des façades de bâtiments résidentiels, la création d'images artificielles faussement historiques et des interventions isolées banales, voilà le résultat des réglementations et des attitudes partiales qui tentent d'éviter le risque lié à la créativité et à l'inventivité.

Ne devons-nous pas plutôt oser réinterpréter la ville pour en faire un nouveau modèle de vie, de travail et d'habitat ? Et croire que les nouveaux développements, à condition de les maîtriser et de les planifier de façon réfléchie et à condition que leur réalisation soit de qualité, peuvent agir comme vecteur et contribuer à la restauration de la ville, de son identité culturelle et de sa fonction vitale. Ne ferions-nous pas mieux d'utiliser notre inventivité et les nouveaux développements pour nous attaquer aux brèches et aux endroits chaotiques de la ville même et chercher des solutions pour accroître intelligemment la densité de construction et ses différentes utilisations, en accord avec l'échelle conviviale de la ville ?

La concrétisation de la mixité des fonctions, de l'entrelacs des activités dans une partie de la ville, dans un îlot, voilà la principale mission urbanistique aujourd'hui. Ce mélange de finalités ne peut se faire qu'en développant de nouvelles typologies, en agençant l'îlot d'une façon créative et en réinterprétant ses possibilités virtuelles, pour créer à la fois une certaine intimité et une communauté entre les différentes fonctions.

Il n'est pas seulement important de concevoir des bâtiments, pour lesquels nous sommes plus ou moins tenus à une esthétique donnée. Il s'agit de découvrir les qualités intrinsèques d'une construction, au-delà des marques de style, où une appréciation intègre de l'architecture ne se réduit pas à la seule façade mais envisage les valeurs spatiales et poétiques de l'ensemble, qui déterminent le concept, en fonction de l'esthétique, de la fonction et du contexte. Dans leur structure et la composition de leur façade, les bâtiments valables font preuve d'ordre et d'unité, d'une expression exacte et de signification sociale et refusent le caractère monumental déplacé. Ils tendent à une cohérence entre la structure, le parement et la façade. Ils témoignent de détails qui permettent de lire la construction et le système d'élaboration. Ils se coordonnent à leur environnement, soit par une intégration harmonieuse, soit par un contraste maîtrisé.

Dans les deux cas, leur implantation, leur masse, leur silhouette, leur échelle, leurs proportions, leur rythme et les matériaux utilisés s'harmonisent avec le tissu urbain.

Un bâtiment doit, en quelque sorte, être ancré à son site et à sa finalité, par l'ensemble de sa composition. Chaque bâtiment crée ainsi un maillon autonome de dimension spatiale et sociale, qui renforce ou détruit la qualité de la vie en ville.

Dans ce sens, l'architecture urbaine est la mise en forme authentique de réels développements spatiaux et non la création d'expressions architecturales artificielles.

Door Paul LIEVEVROUW,
Architect

COMPLIMENTARITEIT VAN SCHALEN

Venoot Groep Planning

De stad wordt bepaald en is herkenbaar door haar markante morfologische en picturale beelden.

Recente grootse monofunctionele ontwikkelingen, fusies en uitbreidingen van scholen en ziekenhuizen, van administraties, nieuwe kantoorprojecten en bedrijfsgebouwen, hebben dit beeld op onverantwoorde wijze aangetast. De grote verdiensten van monumentenzorg en het Charter van Venetië zijn dat ze steeds gestreden hebben om de stad in haar verschijningsvorm te behouden en dit door richtlijnen te hanteren omtrent morfologie en architectuurexpressie. Zowel de publieke opinie als het beleid werden bewust gemaakt van een noodzakelijk behoud en herstel van de stad. Een behoud van het beeld van de stad. Van haar morfologische verschijningsvorm...

Deze houding en recent uitgevaarde richtlijnen geven echter aanleiding tot extreme standpunten wanneer we, in de realiteit, geconfronteerd worden met potentiële nieuwe project- en functieontwikkelingen.

Nieuwe ontwikkelingen gaan vaak gepaard met een onvoorziene expansie, schaalvergroting en densiteitsverhoging. Projectontwikkelaars, beleidsmensen en monumentenzorgers vinden mekaar terug in de oplossing van het bouwen buiten de stad. Transport- en parkeermogelijkheden, lage grondprijzen en bouwkosten, de weinige randvoorwaarden en stedebouwkundige voorschriften maken het bouwen op braakliggende gronden aantrekkelijk.

En aan de stad wordt niet geraakt.

De gevolgen van deze tendensen worden echter niet voldoende onder ogen gezien : het ongecontroleerde, ongeordende en gedeconcentreerde bouwen verminkt het platteland. De uitdeinende desurbanisatie vervaagt de begrenzing tussen de stedelijke agglomeratie en haar omgevend landschap.

Doordat het openbaar vervoer ontoereikend is buiten de stad, neemt het individuele verkeer en dus ook het arsenaal aan wegen en snelwegen toe.

Doordat functies met poolvorming verhuizen naar de periferie, wordt de stad ten aanzien van haar vitale functies uitgehold. De stad verliest haar aantrekkingskracht, haar reden van bestaan namelijk concentratie van functies, van wonen, werken, commerciële, administratieve en culturele voorzieningen.

Wanneer, aan de andere kant, nieuwe ontwikkelingen toch in de stad geduld worden, grijpt men vaak, uit angst voor conflictsituaties, naar een strikte morfologische inpassing in het stadsbeeld.

Facadisme, het verbergen van kantoorgebouwen achter gevels van woonhuizen, de creatie van artificiële beelden, banale, puntsgewijze interventies zijn het gevolg van de strenge reglementeringen die het risico, verbonden aan creativiteit en inventiviteit trachten te vermijden.

Bouwen in de stad, werken aan de vernieuwing van de stad, plek geladen met betekenissen, is geen eenvoudige opdracht. Doch, het is een noodzakelijke opgave.

Als we onze steden levend willen houden, als we haar haar functie van pool van convergentie wensen te laten behouden en te versterken, moeten we het aandurven de stad te herinterpreteren naar een vernieuwd woon-, werk- en leefmodel. We moeten erin geloven dat nieuwe ontwikkelingen, op voorwaarde dat ze beheerst en doordacht worden gepland en op voorwaarde dat ze kwalitatief worden uitgewerkt, als drager kunnen fungeren en bijdragen tot het herstel van de stad, haar culturele identiteit en haar vitale functie.

Als we onze steden opnieuw leefbaar willen maken, moeten we onze inventiviteit ten dienste stellen om de breuken en de chaotische plekken in de stad zelf aan te pakken. De stad wordt onleefbaar niet zozeer omwille van de densiteit van de behouding, maar omwille van het onoordeelkundig vermengen van de twee schalen waar we vandaag mee geconfronteerd worden, het monofunctioneel karakter van de recente ontwikkelingen en de onaangepaste architecturale vormgeving.

De nieuwe mogelijkheden van transport, infrastructuur en communicatie genereren een mondiale, grensoverschrijdende planetaire schaal, de netwerken-geografie. De wereld beleefd doorheen vluchtige tijdsfragmenten.

Anderzijds blijven de behoefte en de noodzaak bestaan van de in onze steden aanwezige schaal van de traditionele polen-geografie, de schaal van het conviviale, de verankering met de plek. Waar men rust kan vinden in een confrontatie met gekende beelden en waarden.

Werken aan de stad, is zoeken naar de juiste vermenging van deze twee schalen waar we vandaag mee geconfronteerd worden. Het is het zoeken naar de complementariteit in plaats van juxtapositie en superpositie...

De stad veronderstelt concentratie van functies. Daarom wordt het realiseren van de functievermenging, de vervlechting van aktiviteiten binnen een stadsdeel, een aantal bouwblokken, een bouwblok, dan ook de meest wezenlijke en stedebouwkundige opgave van vandaag. Vermenging van bestemmingen binnen een bouwblok kan slechts ontstaan door nieuwe woon-werk typologieën te ontwikkelen, het bouwblok op een nieuwe wijze te ordenen, de potentiële mogelijkheden van het stedelijk bouwblok te herinterpreteren, waardoor een vernieuwde privacy als betrokkenheid kan ontstaan tussen de verschillende functies.

Bij het ervaren van een gebouw zal men, afhankelijk van de uiteenliggende stijlkenmerken, meer of minder gegrepen zijn door een bepaalde vormgeving. Het gaat erom, boven de stijlkenmerken de intrinsieke kwaliteiten van een gebouw te ontwaren. Een integere architectuuranalyse reduceert zich niet tot de voorgevel alleen maar onderzoekt eerder de ruimtelijke en poëtische waarden van het geheel die, in samenhang van functie, vormgeving en context, het concept bepalen.

Goede gebouwen getuigen in hun opbouw en gevelsamenstelling van ordening en eenheid, van een juiste expressie en maatschappelijke betekenis en weren misplaatste monumentaliteit. Ze streven naar een coherentie tussen de structuur, de invulling en de gevel. Ze getuigen van een detaillering die de constructie en het opbouwsysteem leesbaar maakt. Ze weten zich binnen de omgeving te integreren, hetzij door een harmonisch samenspel, hetzij door een beheerst contrast. In beide gevallen zijn hun inplanting, massa, silhouet, schaal, proporties, ritme en materialen in overeenstemming tot het stedelijk weefsel.

Goede architectuur maken is het op creatieve wijze vormgeven aan authenticiteit in plaats van het creëren van artificiële beelden.

Een gebouw moet vanuit zijn totale samenstelling als het ware verankerd zijn aan de plaats en aan zijn bestemming. Ieder gebouw genereert een autonome schakel met ruimtelijke en sociale dimensie die de leefbaarheid van de stad ofwel versterkt ofwel vernietigt.

**By Paul LIEVEVROUW,
Architect**

COMPLEMENTARY OF SCALES THE AMALGAMATION OF FUNCTIONS

The city is too often seen from the standpoint of its morphological appearance. Too often, and too one-sidedly, the different options as regards the architectural input to the city have been geared towards maintaining the prominent if fragmented visual images. The continuous pressure of brave new projects, the office buildings and company headquarters, the expanding and contracting schools, the hospitals and administrative buildings lead to ongoing conflict and extremist viewpoints. These developments often go hand in hand in the context of the upgrading of the city with unforeseen and unbridled expansion, as well as an increase in terms of scale and density. In this context, the all too easy solution is to build outside the city, and this solution appears to satisfy not only the developers but also the policymakers and the preservers of monuments. The facility of transport and parking, the low cost of land and building works and the fact that there are few constricting conditions and town planning guidelines mean that it is advantageous to build on undeveloped land. Meanwhile, the city remains intact... However, the consequences of this trend are not sufficiently taken into account : uncontrolled, disorganized and deconcentrated building is detrimental to the countryside, and the extensive deurbanization blurs the boundary between the built-up area and its surrounding landscape, while the spreading industrial suburban districts dotted with villas, being inaccessible to public transport, will inevitably increase automobile traffic.

At the same time, as pole-forming shifts the functional nucleus out towards the suburbs, the vital functions of the city are effectively undermined. In this way, the city loses its power of attraction and its very reason for existence.

When, on the other hand, new developments are tolerated in the city, for fear of creating conflict, there is often a strong desire to ensure the strict morphological and aesthetic harmonization of these developments with the urban landscape. "Facadism", which consists in concealing office buildings behind residential-style house fronts, the creation of artificial historical images and banal and isolated interventions are the consequence of regulations and prejudiced attitudes which reflect an endeavour to reduce the risk which is an integral part of creativity and inventiveness.

Should we not rather take it upon ourselves to renew the face of the city giving a fresh interpretation of its role as a residential, working and living model, in the firm belief that new developments can lay the foundations for the restoration of the city, its cultural identity and its vital function provided such developments are carefully thought out and controlled and provided they are implemented with quality in mind ? Is it not ultimately in our interest to make good use of our inventiveness and of any new developments to deal with the flaws and the chaotic blackspots in the city and to seek astute ways to increase the density of the built environment and endeavour to resolve the differences in the use of buildings to build a city on a human scale ?

Achieving the combination of functions and the interweaving of activities within a given area of the city or within a building complex constitutes the most important city planning task facing us today. This amalgamation of functions can only be achieved by developing new typologies, by applying new forms of creativity to the building complex and by reinterpreting the potentialities of the cityscape so that these various functions can enable not only privacy but a sense of sharing and involvement.

It is important not only to develop buildings in which we are captivated to a greater or lesser extent by a certain essential form, but also to unravel the intrinsic qualities of a building beyond its stylistic features. In this way its overall architectural value is not reduced to the mere facade but rather enhances the spatial and poetic values of the whole, which, through the combination of functionality, form and context, determine the concept. Good buildings express in their structure and facade a sense of order and unity, as well as a proper sense of social meaning which is impervious to any misplaced monumentality. They strive to achieve coherence between the structure, the added external features and the facade. They express all the minute details which allow the construction and the structural system to be read and interpreted. They fit into the surrounding environment, either through a harmonious interplay or through a well-controlled contrast. In either case, their location, mass, shape, scale, proportions, rhythm and materials blend into the very fabric of the city.

A building should in terms of its overall composition be, as it were, anchored to the place where it stands and fulfils its function. In this way, any building forms an autonomous link with the spatial and social dimensions which reinforces or undermines the viability of the city.

In this sense, the work of the architect in the city is to give form in an authentic manner to positive spatial developments instead of creating artificial architectural expressions.

STEPHANE JOURDAIN

**Transformation de façade
pour un bureau d'architecture**

Verbouwing van gevel
voor een architecten bureel

Facade transformation
for an architect's office

Avenue de Messidor 169
1180 Uccle

1993

STEPHANE JOURDAIN
Architecte / Architect

**TEMPS ESPACE ARCHITECTURE
URBANISME sprl
JEAN PAUL JOURDAIN, DIDIER NICAISE**
Architectes-Maître d'Ouvrage /
Architecten-Opdrachtgever /
Architects-Client

CRE, OPUS MARBLE, ALUPAR
Entreprises / Aannemers / Contractors

CARRIERES DU HAINAUT
Photographe / Fotograaf / Photographer

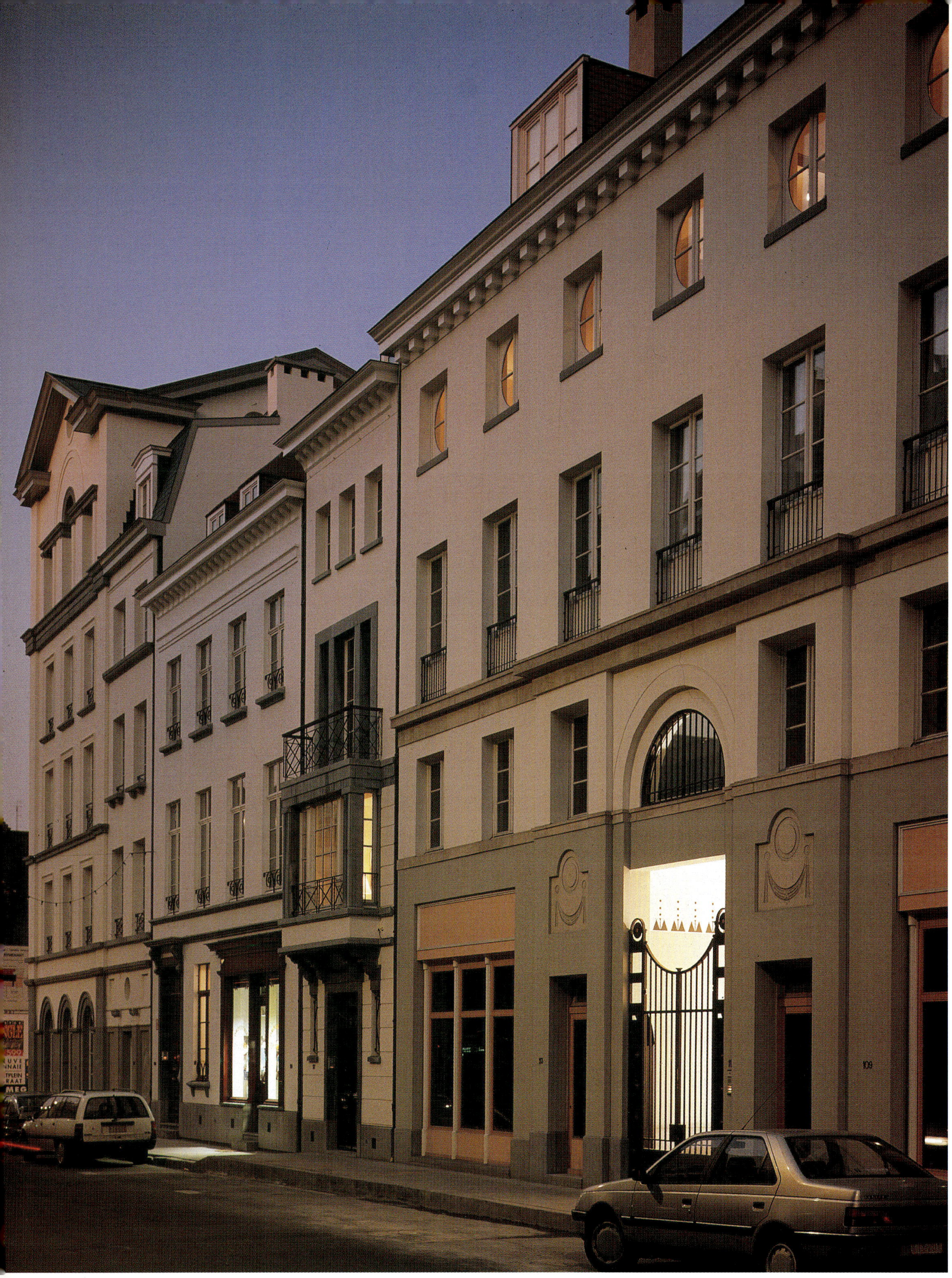

DESAUW

ATLANTE & ARCHITECTES EUROPEENS

Reconstruction d'une rue historique

Verbouwing van een historische straat

Reconstruction of an historical street

Rue de Laeken 89 à 125
1000 Bruxelles

1995

ATLANTE sprl – OLIVIER DE MOT, JEAN-FRANCOIS LEHEMBRE
Architectes de coordination / Architecten Coordinator / Coordinating Architects

GABRIELE TAGLIAVENTI ET ASSOCIES (Bologne), MICHEL LELOUP ET MARC HEENE (ATELIER 55) (Bruxelles), SYLVIE ASSASSIN ET BARTHELEMY DUMONS (Barcelone), PHILIPPE GISCLARD ET NATHALIE PRAT (Toulouse), JEAN-PHILIPPE GARRIC ET VALERIE NEGRE (Paris), JAVIER CENICACELAYA ET INIGO SALONA (Bilbao), LIAM O'CONNOR ET JOHN ROBINS (Londres), JOSEPH ALTUNA ET MARIE-LAURE PETIT (Tours)
Architectes Auteurs de Projet / Architect Auteur van het Projekt / Architects Authors of the Projects

BARBARA VAN DER WEE
Architecte Consultant pour la restauration de deux maisons / Architect Raadgever voor de restauratie van de twee woningen / Consulting Architect for the renovation of two houses

JOANNA ALIMANESTIANU
Architecte Conseil AG 1824 / Raadgevend Architect AG 1824 / Consulting Architect AG 1824

**FONDATION POUR L'ARCHITECTURE asbl
CAROLINE MIEROP**
Consultant pour l'organisation, le suivi et la mise en valeur du concours / Raadgever voor de organisatie, de opvolging en de inrichting van de wedstrijd / Consultant for the organisation, the following and improvement of the competition

**AG 1824 sa
COMPAGNIE BELGE D'ASSURANCES GENERALES, MEMBRE DU GROUPE FORTIS**
Maître d'Ouvrage / Opdrachtgever / Client

INGENIEURS ASSOCIES
Ingénieurs Stabilité / Ingenieurs Stabiliteit / Structural Engineers

b GROUP
Ingénieurs Techniques Spéciales / Ingenieurs Technieken / Mechanical Engineers

SECO
Contrôle Technique / Technische Controle / Technical Control

CFE
Entreprise Générale / Algemene Aannemer / General Contractor

JACQUES CAMERLYNCK, SYLVIE DESAUW
Photographes / Fotografen / Photographers

CAMERLYNCK

**PAUL-DAVID PERRAUDIN,
SMADAR BARON**

Villa Wanda

Avenue du Prince d'Orange 261
1180 Uccle

1991

**PAUL-DAVID PERRAUDIN,
SMADAR BARON**
Architectes / Architecten / Architects

**F. Franckson, A. Hajmhand, S. Libert,
J-L. Lambert, J. Slautsky, W. Thiam**
Collaborateurs / Medewerkers /
Collaborators

SETESCO
Ingénieurs Stabilité / Ingenieurs Stabiliteit /
Structural Engineers

DE METSELAARE bvba
Entreprise Générale / Algemene Aannemer /
General Contractor

MARC DETIFFE
Photographe / Fotograaf / Photographer

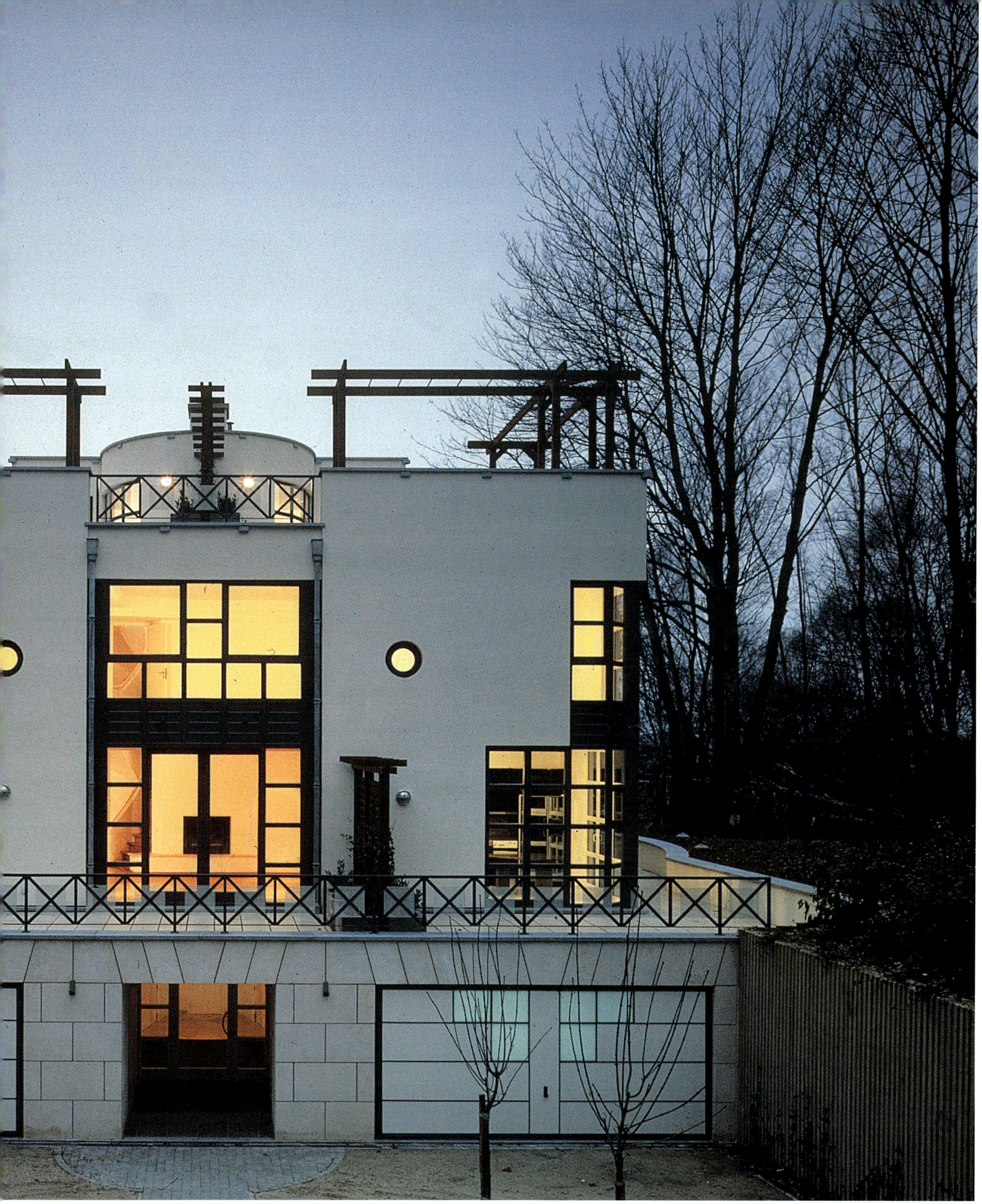

PAUL ROBBRECHT
HILDE DAEM
MARIE-JOSE VAN HEE

**Galerie d'Art et appartement
"Hufkens"**

Galerie en appartement
"Hufkens"

Gallery and apartment "Hufkens"

Rue St-Joris 8
1050 Ixelles

1992

**PAUL ROBBRECHT, HILDE DAEM,
MARIE-JOSE VAN HEE**
Architectes / Architecten / Architects

B. D'Hoore
Collaborateur / Medewerker / Collaborator

XAVIER HUFKENS
Maître d'Ouvrage / Opdrachtgever / Client

DIRK JASPAERT
Ingénieur Stabilité / Ingenieur Stabiliteit /
Structural Engineer

KRISTIEN DAEM
Photographe / Fotograaf / Photographer

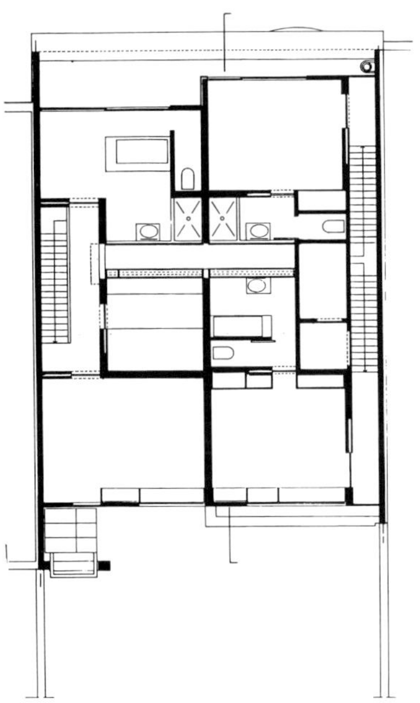

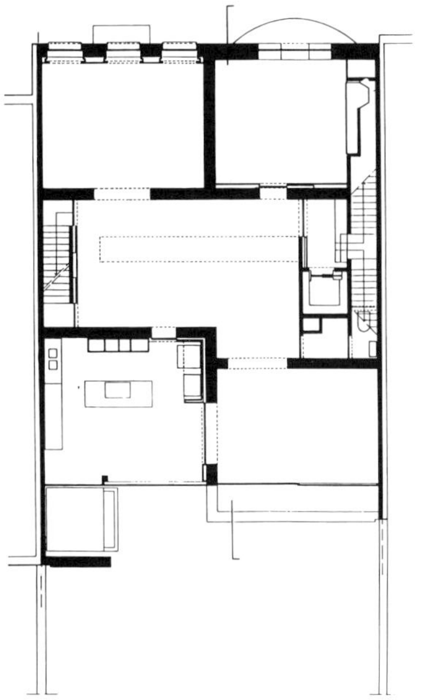

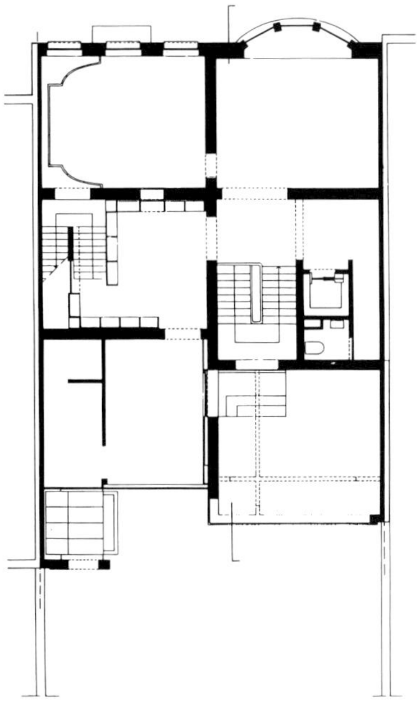

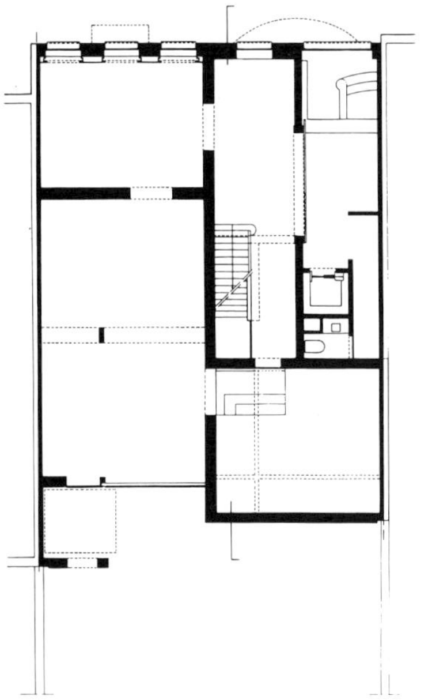

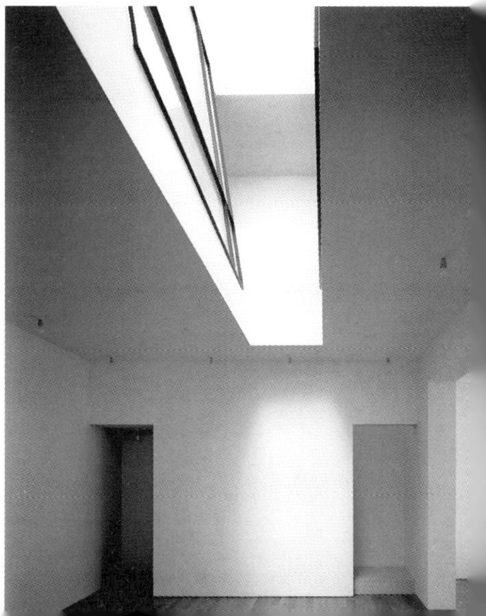

184

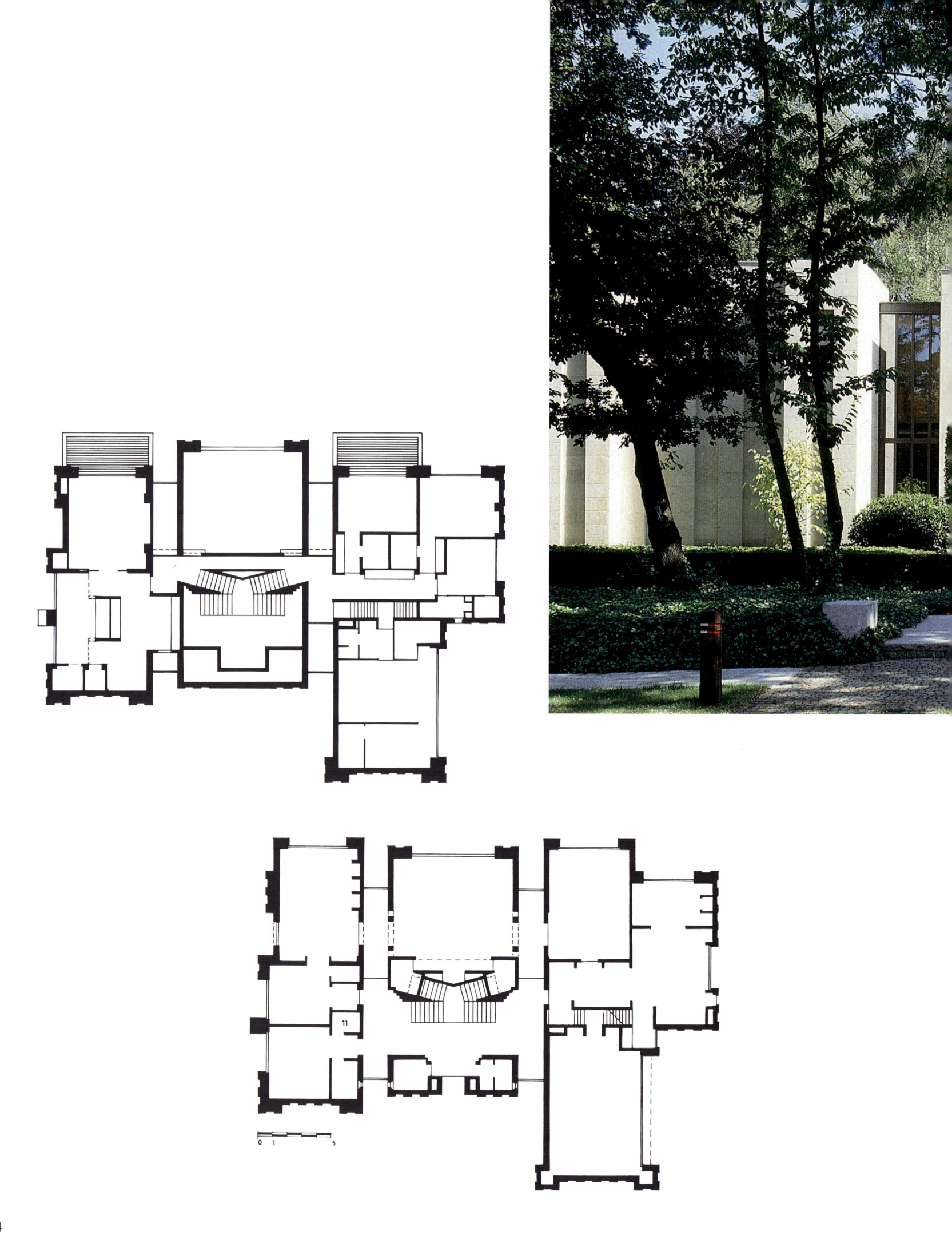

MARC CORBIAU

Résidence "Levy"
Residentie "Levy"
Residence "Levy"

Avenue des Eglantiers 18
1180 Uccle

1991

MARC CORBIAU
Architecte / Architect
L. Calvi, P. Rossetti
Collaborateurs / Medewerkers / Collaborators

JACQUES LEVY
Maître d'Ouvrage / Opdrachtgever / Client

JEAN-PIERRE RENSBURG
Ingénieur Stabilité / Ingenieur Stabiliteit /
Structural Engineer

IBENS sa
Entreprise Générale / Algemene Aannemer /
General Contractor

SERGE ANTON
Photographe / Fotograaf / Photographer

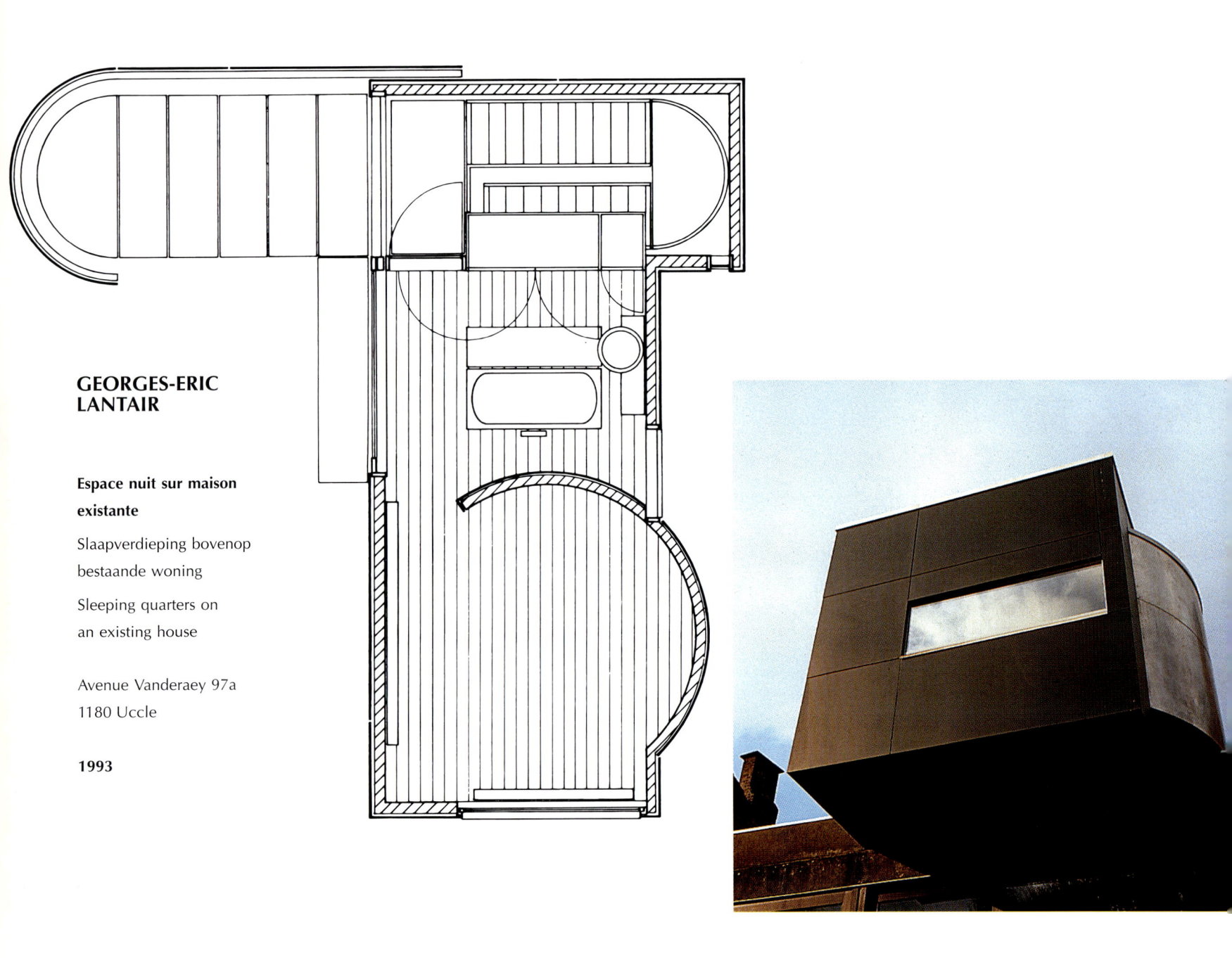

GEORGES-ERIC LANTAIR

Espace nuit sur maison existante

Slaapverdieping bovenop bestaande woning

Sleeping quarters on an existing house

Avenue Vanderaey 97a
1180 Uccle

1993

GEORGES-ERIC LANTAIR
Architecte / Architect
P. Hebbelinck
Collaborateur / Medewerker / Collaborator

CLAUDE JAMART, ISI DAB
Maître d'Ouvrage / Opdrachtgever / Client

DE BACKER
Ingénieur Stabilité / Ingenieur Stabiliteit / Structural Engineer

ALAIN JANSSENS
Photographe / Fotograaf / Photographer

MENTION AU 4ÈME PRIX D'ARCHITECTURE CHARLES WILFORD / ATAB 1994
Prix / Prijs / Prize

PAUL STERNFELD
NELE HUISMAN

Immeuble à appartements

Flatgebouw

Apartment building

Rue du Buisson 2/4
1000 Bruxelles

1992

PAUL STERNFELD, NELE HUISMAN
Architectes / Architecten / Architects

BAM CONSTRUCTION
Maître d'Ouvrage / Opdrachtgever / Client

BAM CONSTRUCTION
Ingénieurs Stabilité / Ingenieurs Stabiliteit /
Structural Engineers

BAM CONSTRUCTION
Entreprise Générale / Algemene Aannemer /
General Contractor

JEAN-MICHEL BYL
Photographe / Fotograaf / Photographer

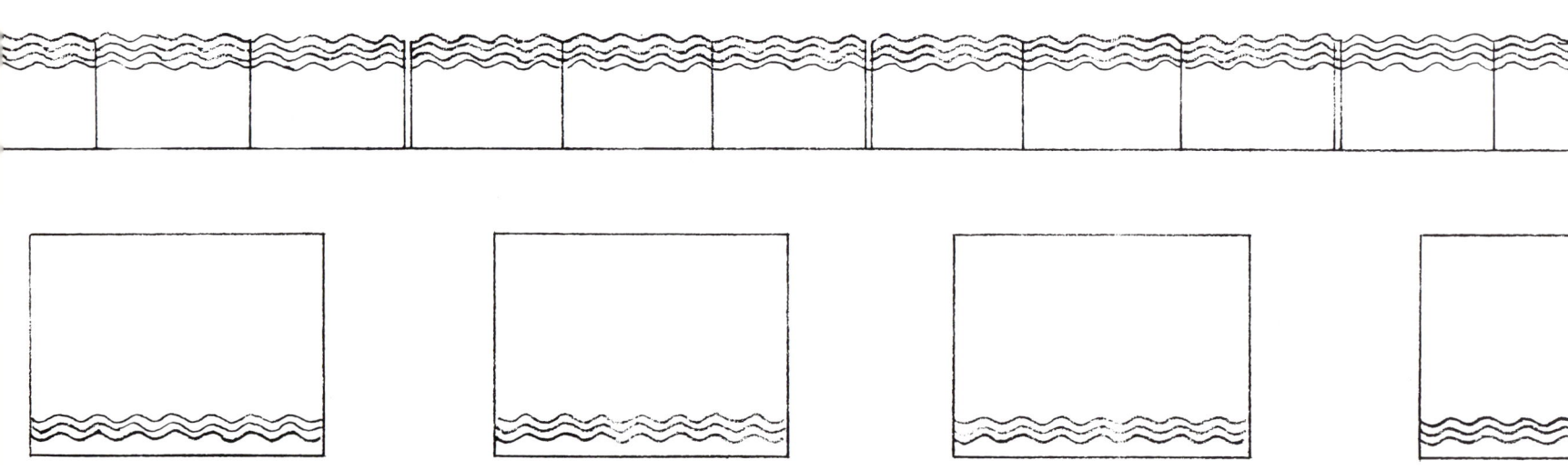

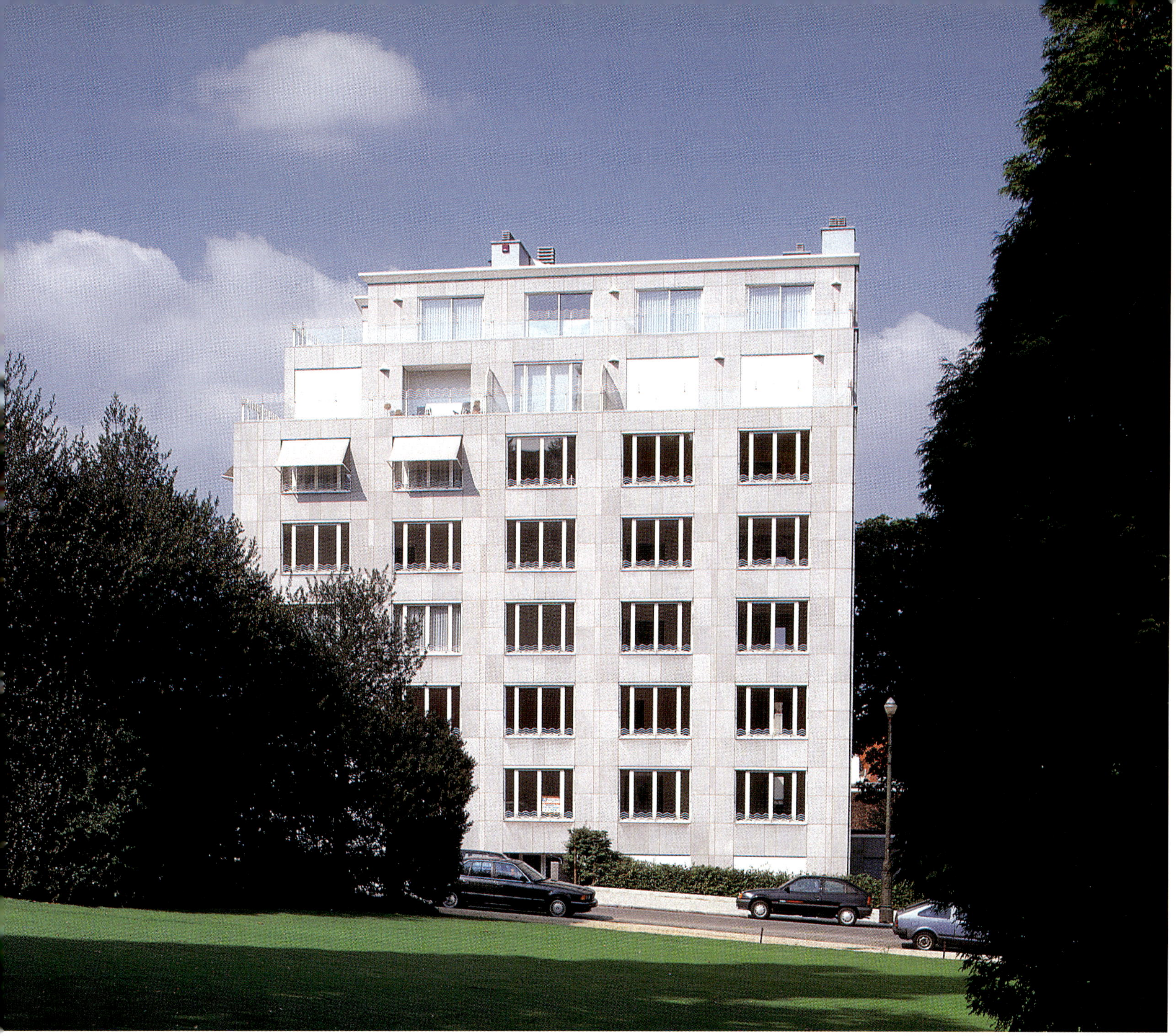

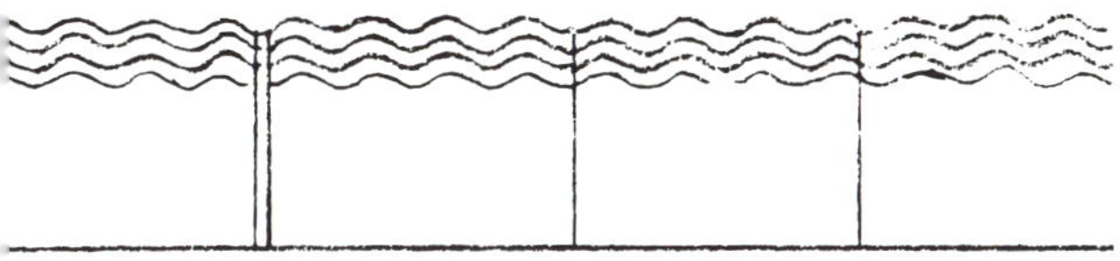

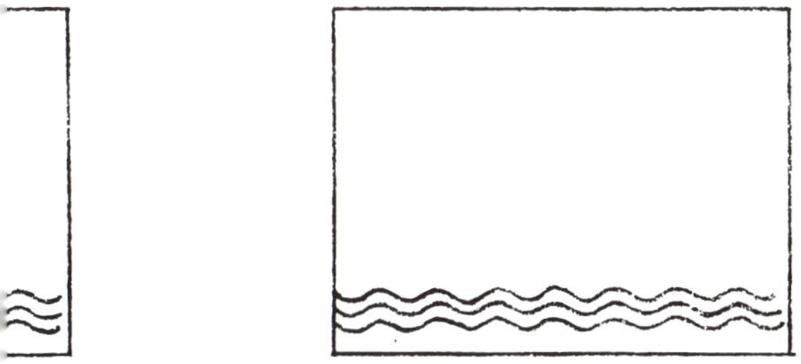

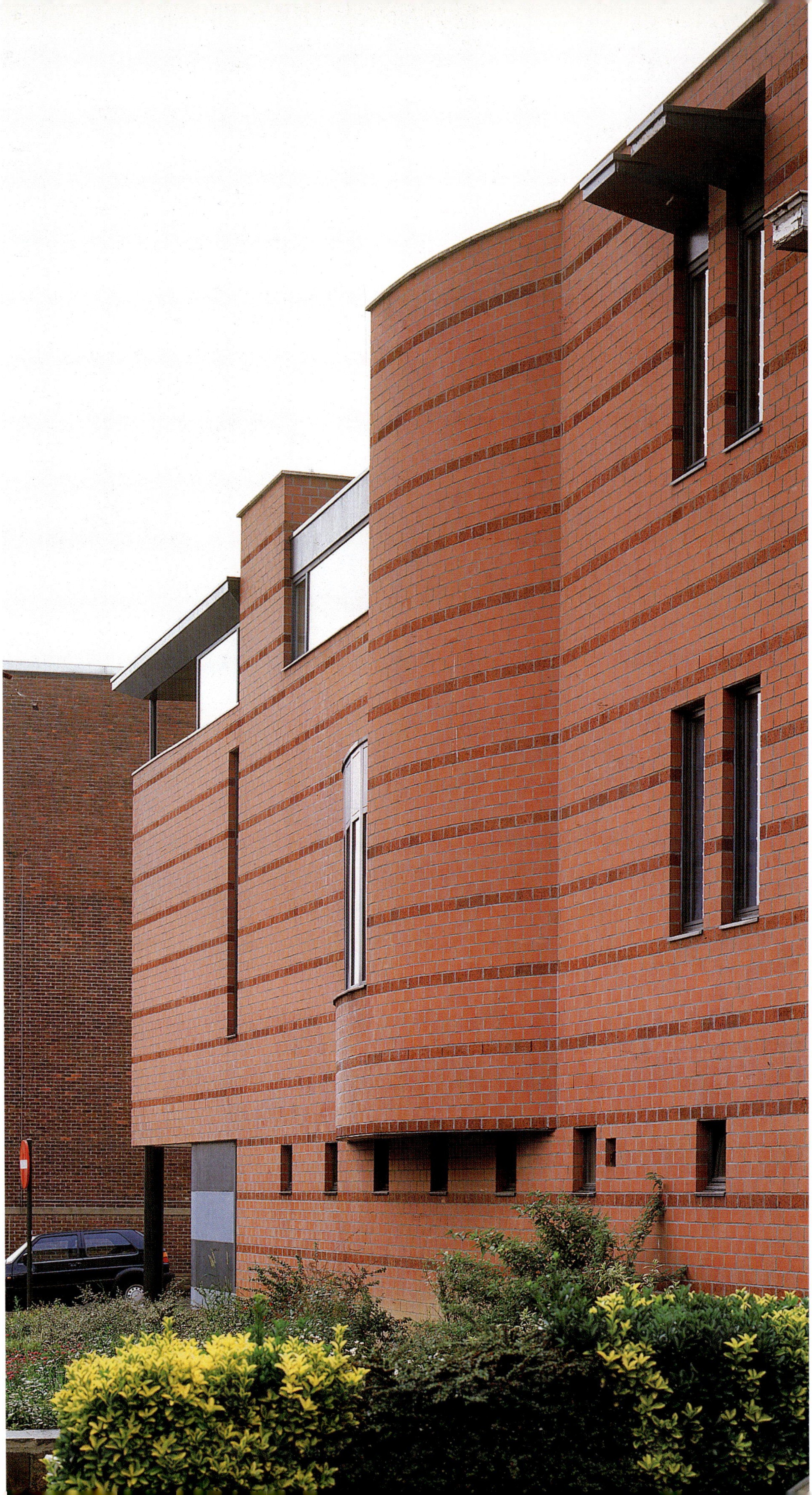

BERNARD BAINES

Atelier et Habitation

Atelier en woning

Workshop and private accomodation

1160 Auderghem

1993

BERNARD BAINES
Architecte / Architect

R & J MATRICHE sprl
Ingénieurs Stabilité / Ingenieurs Stabiliteit / Structural Engineers

CHRISTINE BASTIN & JACQUES EVRARD
Photographes / Fotografen / Photographers

DANIEL DELTOUR

Transformation d'un immeuble d'habitation

Verbouwing van een woongebouw

Conversion of a house

Rue Jean Van Volsem 50
1050 Bruxelles

1994

DANIEL DELTOUR
Concepteur / Ontwerper / Designer

CHRISTINE DETHIER
Maître d'Ouvrage / Opdrachtgever / Client

R. MASSARD – ATGB
Entreprise Générale / Algemene Aannemer / General Contractor

JEAN-MICHEL BYL
Photographe / Fotograaf / Photographer

ENTRE LE PLAN REGIONAL ET L'ARCHITECTURE : LE CHAINON MANQUANT HOMMAGE A UN GRAND BRUXELLOIS LOUIS VAN DER SWAELMEN

Par Jacques ARON, Architecte

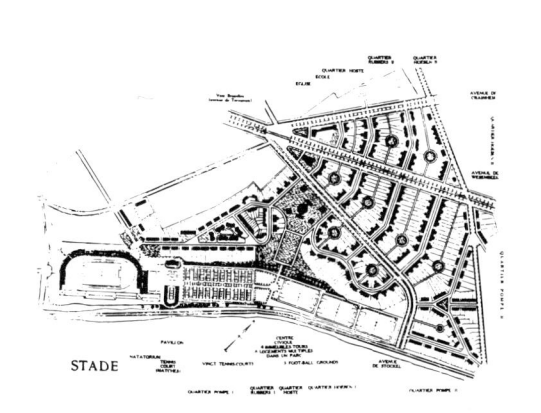

Nos grands urbanistes n'ont certainement pas la réputation qu'ils méritent; il est même rare que celle-ci dépasse nos frontières. Une rue, une notice dans la Biographie nationale leur sont parfois consacrées. Victor Besme et Louis Van der Swaelmen figurent parmi les heureux élus. Mais leur oeuvre est souvent tombée dans l'oubli. Il y a 15 ans, l'ouvrage majeur de Van der Swaelmen, *Préliminaires d'Art civique*, fut opportunément réédité[1] Ce livre, rédigé aux Pays-Bas en 1915, en prévision de la reconstruction des villes belges sinistrées, ouvrait des perspectives infinies sur l'urbanisme, considéré par l'auteur comme l'art civique par excellence. Van der Swaelmen s'était déjà fait à l'époque une réputation d'architecte-paysagiste, en concevant notamment les jardins de l'Exposition de Liège en 1905 et de celle de Bruxelles en 1910. Il s'était fait aussi le défenseur ardent des sites naturels et surtout de la Forêt de Soignes, qu'il aimait peindre. On a souvent retenu du livre de Van der Swaelmen l'esquisse d'une législation sur l'urbanisme et l'aménagement global du territoire, qui se serait concrétisée dans notre pays quelque 50 ans après. Mais ce livre avait bien plus d'ambition. Il était mû par une aspiration profondément démocratique, dont Van der Swaelmen découvrait les prémices dans le pays neutre qui l'hébergeait pendant le premier conflit mondial. Van der Swaelmen ne tarit pas d'éloges à son égard, y célébrant "cet immense condensateur d'énergie qu'est un peuple instruit". Ainsi, l'auteur, s'il entend promouvoir la mise en place d'une administration dotée d'outils performants, n'est pas du tout le représentant d'une pensée ou d'une démarche technocratique. De fait, aucun des deux aspects complémentaires de sa vision utopique ne s'est vraiment concrétisé : ni l'outil de débat démocratique permanent sur les enjeux de "l'art civique", ni la collecte persévérante des connaissances nécessaires à la maîtrise du milieu bâti. Sa préface mettait particulièrement l'accent sur le premier de ces aspects : celui de l'information et de la communication continues. Les Services de l'Urbanisme devraient, selon lui, assurer cette fonction à tous les niveaux. "La vertu suprême et la condition fondamentale d'efficacité de cette institution, c'est que le public y jouisse de la plus entière liberté d'accès : il faut que les données élaborées par ces Services soient groupées systématiquement en une Exposition permanente au coeur même de la cité – un pan de mur suffira peut-être pour une commune minuscule de quelques centaines d'habitants, car il n'est point en cette matière de quantité négligeable; il faudra peut-être un immeuble de plusieurs salles pour la grande ville. Là sera constituée, enregistrée, conservée, tenue perpétuellement à jour et mise en permanence sous les yeux de tous les citoyens, l'image synthétique, le tableau fonctionnel en quelque sorte animé, l'empreinte de la vie même de la cité." Van der Swaelmen concevait ces services comme une contribution à l'élévation générale de la conscience civique et à la diffusion des connaissances qu'elle suppose. En bon jardinier, il voyait que dans ce pays, "le terrain intellectuel a besoin d'un sérieux et profond défrichement". En attendant, écrivait-il encore, "cette simple institution fera plus que tous au monde pour développer en chaque citoyen l'orgueil éclairé de la cité à laquelle il appartient ainsi que pour favoriser l'avènement de cette haute conscience civique dont les prodromes se manifestent déjà sporadiquement chez les intellectuels évolués et sur laquelle se fonde l'espoir d'une ère de communauté de vues esthétiques."

De l'autre aspect de sa réflexion, retenons surtout le plan d'une vaste "Encyclopédie des villes et de l'art civique", qui visait au développement des connaissances fondamentales en la matière. Dans l'esprit de Paul Otlet, le père du Mundaneum, avec lequel il travailla à plusieurs reprises, Van der Swaelmen voulait dresser un guide raisonné à partir de l'étude critique d'aménagements urbains anciens et modernes dans tous les pays.

De ces grandes études globales, Van der Swaelmen fut détourné après la guerre par des travaux plus urgents. Parmi ceux-ci se place l'étude paysagère des plus belles cités-jardins de la banlieue bruxelloise, auxquelles son nom demeure lié. Il n'eut que le temps d'esquisser son enseignement de l'urbanisme et de l'art des jardins à La Cambre, dans cet Institut des Arts décoratifs que Van de Velde venait d'ouvrir. Il s'était d'ailleurs engagé à fond dans ce projet de doter Bruxelles d'une véritable école supérieure de l'architecture et des arts, et pour le retour au pays de son futur directeur. Des fenêtres de l'ancien Abbaye, il pouvait apercevoir les jardins à la reconstitution desquels il avait également mis la main. La tuberculose dont il mourut en Suisse en 1929 à l'âge de 46 ans mit brutalement fin à tout ce qu'il avait entrepris.

Les idées fécondes peuvent germer bien des années après avoir été semées. Soixante ans après la mort de Van der Swaelmen, la Région de Bruxelles-Capitale est dotée d'un pouvoir politique autonome. Est-il trop tard pour rompre encore aujourd'hui une lance en faveur de cette grande institution permanente d'exposition, de documentation et d'études sur l'urbanisme et l'architecture? Une institution qui reprendrait avec plus de moyens les activités souvent pionnières et remarquables des Archives de l'Architecture moderne, de Sint-Lukasarchief, de la Fondation pour l'Architecture, d'Inter-Environnement et tant d'autres. Qui soit ce chaînon manquant entre les plans très généraux et très abstraits qui traduisent de grandes options et l'architecture, concrète et palpable qui donne forme à notre ville. Qui soit un lieu vivant d'échange et de rencontre, une "école pour la vie et par la vie", comme l'écrivait encore Van der Swaelmen. Désenchantés et parfois cyniques – j'ai même supprimé d'autorité toutes les majuscules dont Van der Swaelmen décore ses grandes idées –, n'avons-nous pas tendance à sourire à la lecture de cette prose pathétique écrite à l'heure où l'expressionnisme s'était emparé de la littérature et des arts ? Nous aurions bien tort.

[1] Louis Van der Swaelmen, *Préliminaires d'Art civique*, préface de Pierre Puttemans, CIAUD/ICASD, Bruxelles 1980.

TUSSEN GEWESTPLAN EN ARCHITECTUUR : DE MISSING LINK EERBETOON AAN EEN GROOT BRUSSELAAR, LOUIS VAN DER SWAELMEN

Door Jacques ARON, Architect

Onze grote urbanisten genieten geenszins de faam die hen toekomt. Slechts zelden zijn zij ook buiten onze grenzen bekend. Bij ons wordt soms een straat naar hen genoemd, of krijgen zij een vermelding in de nationale biografie. Victor Besme en Louis Van der Swaelmen behoren tot de uitverkorenen. Maar hun werk is veelal in de vergeethoek geraakt. Gelukkig werd 15 jaar geleden Van der Swaelmens levenswerk, *Préliminaires d'Art civique,* heruitgegeven[1]. Dit boek, dat in 1915 in Nederland was geschreven met het oog op de wederopbouw van de in puin geschoten Belgische steden, baande geheel nieuwe wegen voor de stedebouw, volgens de auteur de burgerlijke kunst bij uitstek. Van der Swaelmen had zich in die tijd reeds een stevige reputatie opgebouwd als landschapsarchitect : hij was met name de ontwerper geweest van de tuinen voor de Wereldtentoonstelling van Luik in 1905 en die van Brussel in 1910. Hij toonde zich tevens een vurig verdediger van de natuurmonumenten, en meer bepaald het Zoniënwoud, dat hij graag op doek bracht. Zijn boek wordt door velen beschouwd als de aanzet tot een wetgeving op stedebouw en ruimtelijke ordening, die in ons land ongeveer een halve eeuw later concreet vorm zou krijgen. Toch waren de ambities van het boek ruimer. Het was immers ingegeven door een intens democratisch streven, waarvoor Van der Swaelmen inspiratie vond in het neutrale land dat hem tijdens de eerste wereldoorlog onderdak verschafte en waarvan hij voortdurend de lof bezong, "omdat een ontwikkeld volk een enorme condensor van energie is". En hoewel de auteur pleit voor een administratie die kan beschikken over krachtige middelen, mogen we hem absoluut niet zien als voorstander van een technocratisch gedachtengoed of een dito aanpak. De twee complementaire aspecten van zijn utopische visie zijn trouwens nooit echt gerealiseerd : noch het permanente democratische debat over de uitdagingen van de "burgerlijke kunst", noch de volgehouden verzameling van de nodige kennis om het hele bouwgebeuren in goede banen te leiden. In zijn voorwoord legde Van der Swaelmen vooral de nadruk op het eerste aspect : de permanente informatie en communicatie. Volgens hem moeten de Stedebouwkundige Diensten deze functie op alle niveaus vervullen. "Maar een dergelijke instelling kan pas tenvolle functioneren en alleen efficiënt zijn indien het publiek volledig vrije toegang heeft : de gegevens die haar Diensten samenbrengen moeten systematisch gegroepeerd worden tot een permanente tentoonstelling in het hart van de stad. Voor een kleine gemeente met een paar honderd inwoners – die in dit opzicht niet mag worden beschouwd als verwaarloosbaar – zal misschien een stuk van een wand volstaan, voor een grote stad is wellicht een gebouw met meerdere zalen vereist. Daar moet dan het totaalbeeld, het levende functionele overzicht, het stempel van het stadsleven zelf worden getoond, geregistreerd en bewaard, moet het voortdurend worden aangevuld en bijgewerkt onder de ogen van alle burgers." Van der Swaelmen zag deze diensten als een bijdrage aan de algemene verheffing van het burgerlijke geweten en aan de verspreiding van de kennis die deze verheffing impliceert. Als vakman stelde hij vast dat in dit land "het intellectuele terrein grondig en diepgaand moet worden ontgonnen". In afwachting, zo vervolgde hij, "zal deze eenvoudige instelling méér dan wie of wat ook de verdienste hebben dat ze elke burger inspireert tot een terecht gevoel van trots zijn op de stad waartoe hij behoort en dat ze de ontwikkeling bevordert van dat verheven burgerlijke bewustzijn waarvan de voortekenen nu reeds sporadisch te bemerken zijn bij de ontwikkelde intellectuelen en waarop de hoop berust op een tijd van gelijke esthetische inzichten".

Wat betreft het tweede aspect van zijn visie onthouden we vooral het plan voor een grootschalige "Encyclopedie van de steden en de burgerlijke kunst", die alle basiskennis terzake moest bijeenbrengen. In de voetsporen van Paul Otlet, de geestelijke vader van het Mundaneum waarmee hij herhaaldelijk had samengewerkt, wilde Van der Swaelmen een theoretische gids opstellen op basis van een kritische studie van oude en moderne stadscomplexen in alle landen.

Na de oorlog moest Van der Swaelmen deze globale studieplannen evenwel aan de kant schuiven voor dringender werkzaamheden, zoals het ontwerp van de fraaie tuinsteden uit de Brusselse rand, waaraan zijn naam verbonden blijft. Hij zou slechts kort de tijd krijgen om zijn visie op stedebouw en tuinarchitectuur te onderwijzen aan het Hoger Instituut voor Bouwkunde en Sierkunsten dat Van de Velde even daarvoor had geopend in Terkameren. Van der Swaelmen had trouwens altijd geijverd om Brussel een volwaardige hogeschool voor architectuur en kunsten te geven, en was één van de mensen die de toekomstige directeur ervan opnieuw naar België hadden gehaald. Van achter de ramen van de voormalige abdij kon hij de tuinen zien die hij had helpen heraanleggen. Maar in 1929 kwam er een plots einde aan al zijn werken en plannen, toen hij op 46-jarige leeftijd in Zwitserland overleed aan tuberculose.

Vruchtbare ideeën blijven vaak kiemen lang nadat zij zijn gezaaid. 60 jaar na de dood van Van der Swaelmen wordt het Brussels Hoofdstedelijk Gewest politiek autonoom. Is het inmiddels te laat om opnieuw te pleiten voor een permanente instelling voor tentoonstelling, documentatie en studie over stedebouw en architectuur ? Het zou een instelling kunnen zijn die – met meer middelen – de voortreffelijke activiteiten voortzet van de Archives de l'Architecture Moderne, het Sint-Lukasarchief, de Fondation pour l'Architecture, Inter-Environnement en zovele andere, die vaak pionierswerk verrichten. Een instelling die de missing link is tussen enerzijds de zeer algemene en zeer abstracte plannen die de grote krachtlijnen aangeven en anderzijds de concrete en tastbare architectuur die onze stad vorm geeft. Een instelling die een levend forum voor uitwisseling en ontmoeting wordt, een "school voor en door het leven" zoals Van der Swaelmen ze ergens beschreef. Als gedesillusioneerde en soms cynische laat-20ste-eeuwers (ik heb zelfs alle hoofdletters waarmee Van der Swaelmen zijn grootse ideeën kracht bijzet geschrapt) hebben wij de neiging om te glimlachen bij het lezen van dit pathetische proza dat werd geschreven toen de literatuur en de kunsten in de greep van het expressionisme zaten. We hebben het natuurlijk bij het verkeerde eind.

[1] Louis Van der Swaelmen, *Préliminaires d'Art civique*, met voorwoord van Pierre Puttemans, CIAUD/ICASD, Brussel 1980.

THE MISSING LINK BETWEEN THE REGIONAL PLAN AND ARCHITECTURE HOMAGE TO A GREAT BRUXELLOIS : LOUIS VAN DER SWAELMEN

By Jacques ARON, Architect

Our great city planners definitely do not enjoy the reputation they deserve. Indeed, their reputation rarely goes beyond our national borders. Sometimes a street or an entry in the Belgian national "Who's Who" may be devoted to them. Victor Besme and Louis Van der Swaelmen are among the happy few. However, their work has often been totally forgotten. 15 years ago, a new edition of Van der Swaelmen's main work *Préliminaires d'Art Civique*, was opportunely republished. The book, written in the Netherlands in 1915 within the framework of a plan to rebuild devastated Belgian cities, opened infinite new perspectives on urban planning, considered by the author as the civic art par excellence. Van der Swaelmen had already at the time gained a reputation as a landscaping architect, notably by designing the gardens for the 1905 Liege Exhibition and the 1910 Brussels Exhibition. He had also become an ardent defender of natural sites and especially the Forest of Soignes, which he loved to paint. An often-quoted part of Van der Swaelmen's book is the draft legislation on urban planning and the overall zoning plan, ideas which were to be implemented in our country some 50 years later. However, this was a book with even more ambition. It was motivated by a profoundly democratic aspiration, of which Van der Swaelmen had discovered the first green shoots in the neutral country which was his refuge during the First World War. Van der Swaelmen eulogized this concept which he saw as "that immense condenser of energy, the educated people". Thus, although the author was promoting the setting-up of an administration endowed with efficient tools, he is not by any means the mouthpiece of a technocratic ideal or approach. In fact, neither of the two complementary aspects of his utopian vision were to become a reality : neither the ongoing democratic debate on the issues raised by "civic art" nor the painstaking task of amassing the knowledge required to master the architectural environment. In his preface, he emphasizes the first of these aspects : continuous information and communication. In his view, the City Planning Services should assure this task at all levels. "The supreme virtue and the quintessential efficacy of this institution is that the public enjoys unlimited freedom of access : the information handled by these Services should be grouped systematically in a permanent Exhibition in the heart of the city – a section of a wall may be sufficient for a tiny municipality with a few hundred inhabitants, because in this regard there is no negligible quantity. On the other hand, a building with several rooms may be necessary for the metropolis. This would be the place to collect, record, store and continually update, under the gaze of all the citizens, the synthetic image, the "animated" functional collective memory, in other words, the print of life itself within the city." Van der Swaelmen regarded these services as a contribution to the general uplifting of civic awareness and to the diffusion of the knowledge which it presupposes. As an efficient gardener, he could see that in this country, "the intellectual terrain is in bad need of some thorough spadework". Meanwhile, he wrote, "this simple institution will do more than any other in the world to develop in each citizen the sense of educated pride in the city to which he belongs and to encourage the advent of the high sense of civic awareness of which the first tentative signs can already be seen, albeit sporadically, among well-educated intellectuals and on which we can base the hope of seeing an era which achieves a community of aesthetic views."

Of the other aspects of his philosophy, let's especially remember his plan for a vast "Encyclopedia of cities and civic art", an idea which embraced the development of fundamental knowledge in this field. In the spirit of Paul Otlet, the initiator of the Mundanaeum, with whom he worked on several occasions, Van der Swaelmen wanted to draw up a well thought-out guide based on the critical study of ancient and modern urban planning in all countries.

After the War, Van der Swaelmen was forced to turn his attention from these grand all-encompassing studies to more pressing work, notably the landscaping of the most beautiful "garden cities" in the Brussels suburbs, with which his name is still associated. Time allowed him only to draw the bare outline of his approach to urban planning and garden designing in La Cambre, the Institut des Arts Décoratifs which Van de Velde had just opened. Moreover, he committed himself completely to the project to give Brussels a fully-fledged higher institute of architecture and arts as well as encouraging the return to Belgium of its future director. From the windows of the former Abbey, he could see the gardens which he had helped redesign. The tuberculosis of which he died in Switzerland in 1929 at the age of 46 suddenly put an end to everything he had undertaken.

Certain ideas can bear fruit many years after the seeds have been sown. Sixty years after the death of Van der Swaelmen, the Brussels Capital Region has been endowed with autonomous political power. Is it too late or is it still possible to take up the fight for this great permanent institution, an exhibition offering documentation and studies on urban planning and architecture. If such an institution were to be set up, it would undertake with greater resources the often pioneering and remarkable activities of the Archives de l'Architecture Moderne, of Sint-Lukasarchief, of the Fondation pour l'Architecture, of Inter-Environnement and many others. It would form the missing link between, on the one hand, the very abstract and general plans which reflect the major options before us and, on the other hand practical and tangible architecture which gives shape to our city. This institution would be a living space of meetings and interchanges, a "school for life and through life" to quote once again Van der Swaelmen. Of course, nowadays we are disenchanted and sometimes rather cynical – I have even taken it upon myself to do away with the capital letters which Van der Swaelmen used to embellish his grand ideas – and we may have a wry smile as we read this prose so full of pathos written at a time when expressionism had taken hold of literature and the arts. We would be wrong ?

[1] Louis Van der Swaelmen, *Préliminaires d'Art civique*, preface by Pierre Puttemans, CIAUD/ICASD, Brussels 1980.

COLLECTION DE SIGNES : SIGNES DE LA COLLECTIVITE ?

Par Michel Husson
EO Design Partners

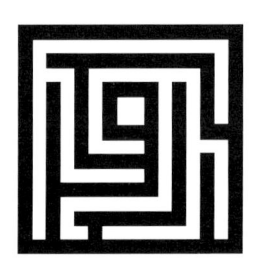

Collection veut dire accumulation, amas mais aussi ensemble cohérent, réunion harmonieuse. La collectivité – qui a la même origine étymologique – est par contre toujours qualifiée d'ensemble d'individus et non de ramassis d'individus, c'est évidemment plus valorisant. La collection de signes s'adressant à la collectivité et qui parsèment les rues et les places mérite-t-elle la définition d'ensemble ?

Le promeneur distrait ou persan trouvera sans doute quelque raison d'imaginer qu'il ne peut y avoir derrière cela qu'un Grand Architecte (ou un Grand Urbaniste). Que la raison a présidé ces choix, qu'une ordonnance rigoureuse a dirigé le choix des implantations.

Sans doute, sans doute, mais la raison peut être défaillante, l'ordonnance peut être déviée.

Hélas, le Grand Architecte a – comme dans la plupart des mythologies – plusieurs noms sinon plusieurs faces.

Qu'importe qu'il prenne le nom de Belgacom pour implanter des cabines téléphoniques, ou de STIB pour jalonner les circuits de transports en commun, qu'il se déguise en pompier pour planter des poteaux qui disent qu'il y a de l'eau à leur pied ou qu'habillé en fonctionnaire des Travaux Publics, il décide de bétonner les poubelles dans nos trottoirs.

Que responsable du trafic automobile, il visse un poteau en fonte rouge et blanc équipé de feux tricolores face à un autre poteau jaune et noir (extra muros) mais juste à côté d'un totem propitiatoire sensé vous permettre d'atteindre simplement le ring ouest par des voiries régionales qui croiseront (hélas) des voiries communales équipées d'autres poteaux et sans doute d'autres signes.

L'avez-vous déjà aperçu déguisé en agent publicitaire, bétonnant des sucettes qui quadrilleront les arrêts des transports en commun et qui supporteront le nom des arrêts de tram surtout visibles si vous êtes au volant de votre voiture, mais hélas pas dans le tram ?

L'avez-vous reconnu en responsable du tourisme lorsqu'il vient frileusement placer ses panneaux d'information tout à côté de la forêt des autres poteaux, panneaux, sucettes, poubelles, feux, qui encombrent l'espace devenu si peu public, où on aimerait bien vivre et non seulement survivre... ?

L'avez-vous démasqué lorsque vous avez appris qu'il y a eu un concours (tiens, quand cela, aurais-je malheureusement oublié d'acheter le journal ce jour là ?) pour concevoir une sculpture monumentale destinée à embellir l'avenue des Pas Perdus, la place du Parking Sauvage ou le Boulevard de l'Autoroute Triomphante ? Il ne s'agit, bien sûr, tout le monde l'a bien compris – que d'un seul et même décideur – polymorphe honteux – une taupe vivant habituellement dans les parkings souterrains, ennemi du genre humain, un sadique ricanant de notre nausée, payé par l'opposition pour que les villes s'installent à la campagne, se nourrissant d'incohérences, d'assemblages monstrueux, dressant les fonctionnaires de la Région contre ceux des Communes, les urbanistes contre les responsables du plan Vert, les ingénieurs contre les architectes, les bien-pensants contre les mal-pensants.

Comment la ville de Sao Paulo a-t-elle bien pu – il y a vingt ans déjà de cela – rassembler sur un même support : des feux de commande du trafic automobile, des noms de rues, des signaux d'interdiction de stationnement, des poubelles, des renseignements culturels de proximité, des caméras de surveillance et de gestion du trafic urbain !

N'y avait-il là, à cette époque (héroïque ?) qu'un seul Grand Architecte ? La Ville de Paris a un préfet de voiries qui règne sur le périphérique, les grands boulevards, les rues et les impasses sans qu'il ne soit question de voiries régionales ou de voiries d'arrondissements.

Ce qui ne la met pas (il faut bien le reconnaître) à l'abri de comportements erratiques.

Faut-il baisser les bras ? Faut-il accepter Bruxelles comme une fatalité ? N'y a-t-il pas de mandataire public assez instruit de ce qui se passe dans les pays voisins pour prendre le taureau par les cornes et fédérer sous une seule autorité compétente (bonsoir l'autonomie communale !) tout ce qui touche aux aménagements des espaces publics, le mobilier urbain, l'information, la publicité de la ville ?

Nous refusons de croire que la situation actuelle à Bruxelles soit inéluctable; d'autres villes, d'autres capitales l'ont à suffisance démontré.

Le citoyen et pas seulement l'homme "de l'art" peut et doit devenir le principal acteur capable de modifier le cours naturel (sic) des choses puisqu'il faut bien le reconnaître, nous ne sommes pas parvenus à imposer la voie de la raison face à la pollution visuelle qui nous a lentement submergés. Il faut qu'il se manifeste et exige de la part des Elus une attitude, un comportement responsable face à l'absence de vision prospective, l'incohérence et les manifestations d'incompétence du système (pour n'accuser personne).

Door Michel HUSSON
EO Design Partners

COLLECTIE TEKENS : TEKENS VAN DE COLLECTIVITEIT ?

"Collectie" betekent accumulatie en opeenhoping, maar ook coherent geheel, harmonieuze verzameling. "Collectiviteit", dat dezelfde etymologische oorsprong heeft, wordt daarentegen altijd omschreven als een verzameling individuen en nooit als een opeenhoping van individuen. Dat heeft uiteraard te maken met de gevoelswaarde. Vraag is nu : verdient de collectie tekens die zich – in de straten, op de pleinen – tot de collectiviteit richt de benaming "verzameling" ?

De verstrooide wandelaar zal wellicht een reden vinden om te vermoeden dat achter dit alles een Grote Architect (of een Grote Urbanist) moet zitten. Dat deze keuzes gebaseerd zijn op de rede, dat een strikte ordening de inplanting van alle tekens heeft bepaald.

Wellicht. Maar de rede kan het laten afweten, de ordening kan uit koers raken. Helaas heeft de Grote Architect – zoals in de meeste mythologieën – verschillende namen en mogelijk zelfs verschillende gezichten.

Nu eens heet hij Belgacom en zet hij telefooncellen neer, dan weer heet hij MIVB en bakent hij de trajecten van het openbaar vervoer af. Of hij luistert naar de naam Brandweer en steekt paaltjes in de grond die laten weten dat hier water te vinden is. Of hij wordt Ambtenaar van Openbare Werken genoemd en besluit om de vuilnisbakken op onze trottoirs te betonneren.

Als verantwoordelijke voor het autoverkeer plaatst hij een paal in rood-wit gietijzer met driekleurige verkeerslichten tegenover een andere paal in geel-enzwart (extra muros), net naast een verzoeningstotem die geacht wordt u de mogelijkheid te bieden om zonder veel problemen de westelijke ring te bereiken via gewestwegen die (helaas) gemeentelijke wegen kruisen met weer andere palen en allicht ook andere tekens.

Of misschien zag u hem reeds aan het werk als de reclameman die overal bij de stopplaatsen van het openbaar vervoer van die lolly-achtige dingen neerpoot waarop de namen van de tramhaltes komen en die wel zichtbaar zijn voor wie achter het stuur van de auto zit maar helaas niet voor wie met de tram meerijdt ?

En vermoedelijk bent u hem al tegen het lijf gelopen als medewerker van de dienst toerisme, die vrolijk nieuwe info-borden aanbrengt naast het bos van andere palen, borden, wegwijzers, vuilnisbakken en verkeerslichten die allemaal samen de openbare ruimte een stuk minder openbaar maken en omvormen tot een ruimte waarin het al moeilijk overleven is, laat staan leven.

Wist u trouwens dat híj het was die het initiatief heeft genomen voor een wedstrijd (Wedstrijd ? Welke wedstrijd ? Heb ik misschien toevallig die dag geen krant gekocht ?) voor het ontwerpen van een monumentaal beeldhouwwerk dat ooit de Verdwaallaan, het Wildparkeerplein of de Triomfautoweg moet sieren ?

U heeft het al lang begrepen, het gaat hier telkens om dezelfde figuur : een laf polymorf wezen, een mol die zich doorgaans ophoudt in de ondergrondse parkings, een vijand van de menselijke soort, een sadist die lacht om onze walging en die door onze tegenstanders wordt betaald om ervoor te zorgen dat onze steden het platteland overwoekeren, die leeft van incoherenties en monsterlijke samenvoegsels, die de ambtenaren van het Gewest opzet tegen die van de Gemeenten, de urbanisten tegen de verantwoordelijken voor het Groenplan, de ingenieurs tegen de architecten, de conformisten tegen de non-conformisten...

Hoe is de stad Sao Paulo er – reeds twintig jaar geleden – in godsnaam in geslaagd alles aan te brengen op één en dezelfde paal : verkeerslichten, straatnamen, parkeerverbodstekens, vuilnisbakken, culturele informatie en camera's voor controle en beheer van het stadsverkeer !

Had de Grote Architect in die (heroïsche) tijd misschien slechts één naam en één gezicht ? De Stad Parijs heeft een politiechef die zich toelegt op het wegennet en bevoegd is voor de ringweg, de grote boulevards, de straten en de steegjes. Daar is geen sprake van gewestwegen of arrondissementswegen.

Wat niet betekent – dat moeten we toegeven – dat hij niet af en toe de bal misslaat...

Moeten we nu het hoofd laten hangen ? En Brussel aanvaarden als een fataliteit ? Zou er niet ergens een ambtenaar te vinden zijn die goed genoeg op de hoogte is van de situatie in onze buurlanden om de stier bij de horens te vatten en op te treden als overkoepelende instantie (dag gemeentelijke autonomie !) voor alles wat te maken heeft met inrichting van de openbare ruimte, stadsmeubilair, informatie, reclameborden, enz... ? Wij weigeren te geloven dat de huidige toestand in Brussel onvermijdelijk en definitief is.

Andere steden en hoofdsteden hebben duidelijk aangetoond dat het anders kan ! Niet alleen de man van het vak maar ook de burger mag en moet de hoofdacteur worden die in staat is de natuurlijke (sic) loop der dingen te veranderen. Want we moeten het toegeven : wij zijn er niet in geslaagd de rede te laten overwinnen op de visuele vervuiling waarin wij mettertijd zijn verzonken. Dus moet de burger zijn stem laten horen en van de verkozenen een verantwoorde houding eisen, die een eind maakt aan het gebrek aan toekomstvisie, het onsamenhangende beleid en de overduidelijke onbekwaamheid van het systeem (om niemand met naam te beschuldigen).

COLLECTION OF SIGNS : SIGNS OF COLLECTIVITY

By Michel Husson
EO Design Partners

"Collection" means "accumulation" or "amassing" but also means "coherent whole" or "harmonious convergence". On the other hand, "collectivity" – which has the same etymology – always refers to a group of individuals and not a random grouping of individuals. It is of course a more positive concept. Does the collection of signs addressed for the collectivity which are dotted around the city streets and squares deserve to be called a unified whole ?

The casual or absent-minded passer-by will no doubt come to the conclusion that all this must be the work of a Great Architect (or a Great City Planner).

He will conclude that a sense of order has dictated these choices and that there is rigorous sequencing in the layout and organization.

This is all very well, but the sense of order can be defective and the sequencing can go wrong. Alas, the Great Architect – as in most mythological systems – has several names and several faces. It makes no difference what guise he adopts, whether he goes by the name of Belgacom to install telephone boxes or STIB to set up bus shelters along the routes, or whether he wears a fireman's outfit to erect signposts indicating the position of fire hydrants or decides to don the overalls of the public works department to embed dustbins in our pavements.

The Great Architect may belong to the traffic department, and may actually be the man putting up a red and white post equipped with a set of traffic lights opposite another yellow and black lamppost (outside the city) just beside a propitiatory totem pole helping you to join the west ring via regional roads which (alas) will be intersected by municipal roads with other signposts and other signs.

Have you seen the Great Architect disguised as an employee from an advertising firm embedding in the pavement the adverts that surround the tram stops, you know, those signs they erect with the name of the tram stop and that you can see as clear as day when you are driving your car but unfortunately not from the tram ?

Maybe you have seen him working for a travel agency as he braves the cold to stick up posters amidst the forest of other signs, signposts, traffic signals, dustbins, traffic lights, all those things that litter the public space – which is in fact no longer public – posters showing places where we would like to live and not simply survive... ? Perhaps you may have unmasked him upon learning that there was a competition (which you have unfortunately missed – maybe you forgot to buy the newspaper that day) to design a monumental sculpture to reembellish No Man's Avenue, Panic Parking Square or Motorway Madness Avenue ?

Who is this Great Architect ? You have guessed it, of course. He is – and everyone knows it – one and the same decision-maker, a polymorphous and disgusting mole who usually slinks about in underground carparks, an enemy of the human race, a sadist who sniggers at our nausea, an infiltrator paid by the opposition who sees to it that our cities go sprawling out into the countryside, all the while feeding on incoherences, making monstrous quasi-structures, making the civil servants of the Region the bitter enemies of those of the Municipalities, setting the city planners against the organizers of the Green plan, engineers against architects, the goodies against the baddies à la George Orwell.

How could the city of Sao Paulo – twenty years ago – put together on the same signpost a clutter of traffic lights, street names, no-parking signs, dustbins, cultural direction indicators and traffic surveillance and control cameras ?

Was there to be found at that (heroic) time only one single Great Architect ?

The City of Paris has one single prefect for the roads with jurisdiction over the boulevard périphérique, the city boulevards, the streets and alleyways, and no distinction is made as regards regional or arrondissement roadways.

Nonetheless, this does not mean (we must confess) that Paris does not have its own idiosyncrasies.

Is the situation so hopeless ? Must we accept Brussels as a fatality ? Is there not some servant of the people who is sufficiently aware of what is going on in neighbouring countries to take the bull by the horns and place under one single federal authority (What ? Municipal autonomy ? Indeed !) everything to do with the designing of public spaces, streetware, information and advertising in the city ?

We refuse to believe that the present situation in Brussels is something we will just have to live with. Indeed, this has been shown sufficiently clearly by other capitals.

It is not only up to the professionals, but the citizen must become the linchpin in this process with the power to alter the natural course of events (if this is at all possible) given that we are forced to admit that we have failed to allow the voice of reason to be heard in the face of the visual pollution which has slowly but surely overwhelmed us. The citizen must take his stand and demand from the Elected Representatives a positive attitude and responsible behaviour in the face of the lack of progressive vision, incoherence and manifestations of incompetence which characterize the system (not pointing any elbows !).

MARC BELDERBOS

**Cabinet Medical
et Logements**

Dokterspraktijk en woonruimte

Doctor's practice and
accommodation

Boulevard des Invalides 54
1160 Auderghem

1990

MARC BELDERBOS
Architecte / Architect

DOCTEUR PHILIPPE CATTIEZ
Maître d'Ouvrage / Opdrachtgever / Client

DAVID
Ingénieur Stabilité / Ingenieur Stabiliteit /
Structural Engineer

JASY
Entreprise Générale / Algemene Aannemer /
General Contractor

MARC BELDERBOS
Photographe / Fotograaf / Photographer

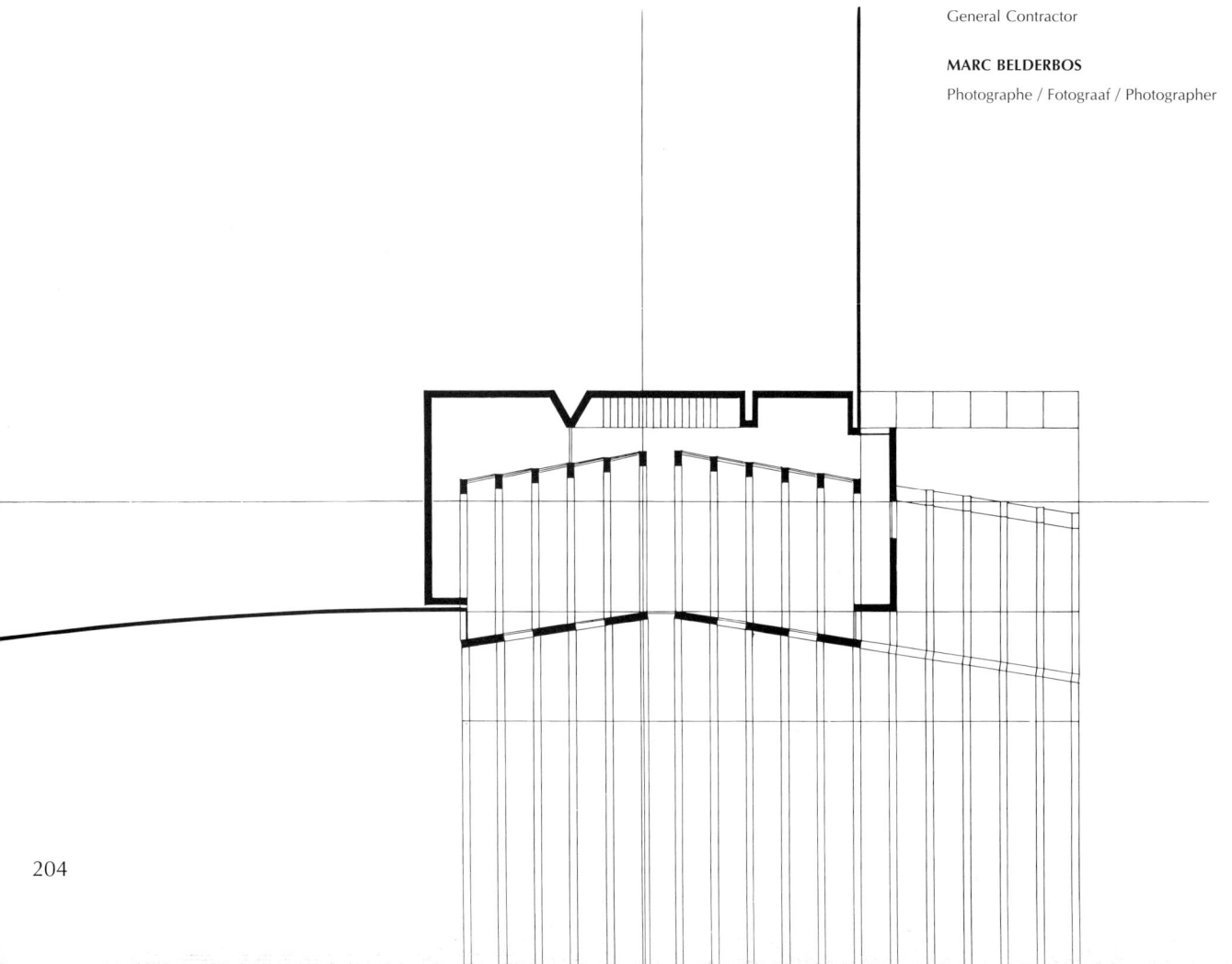

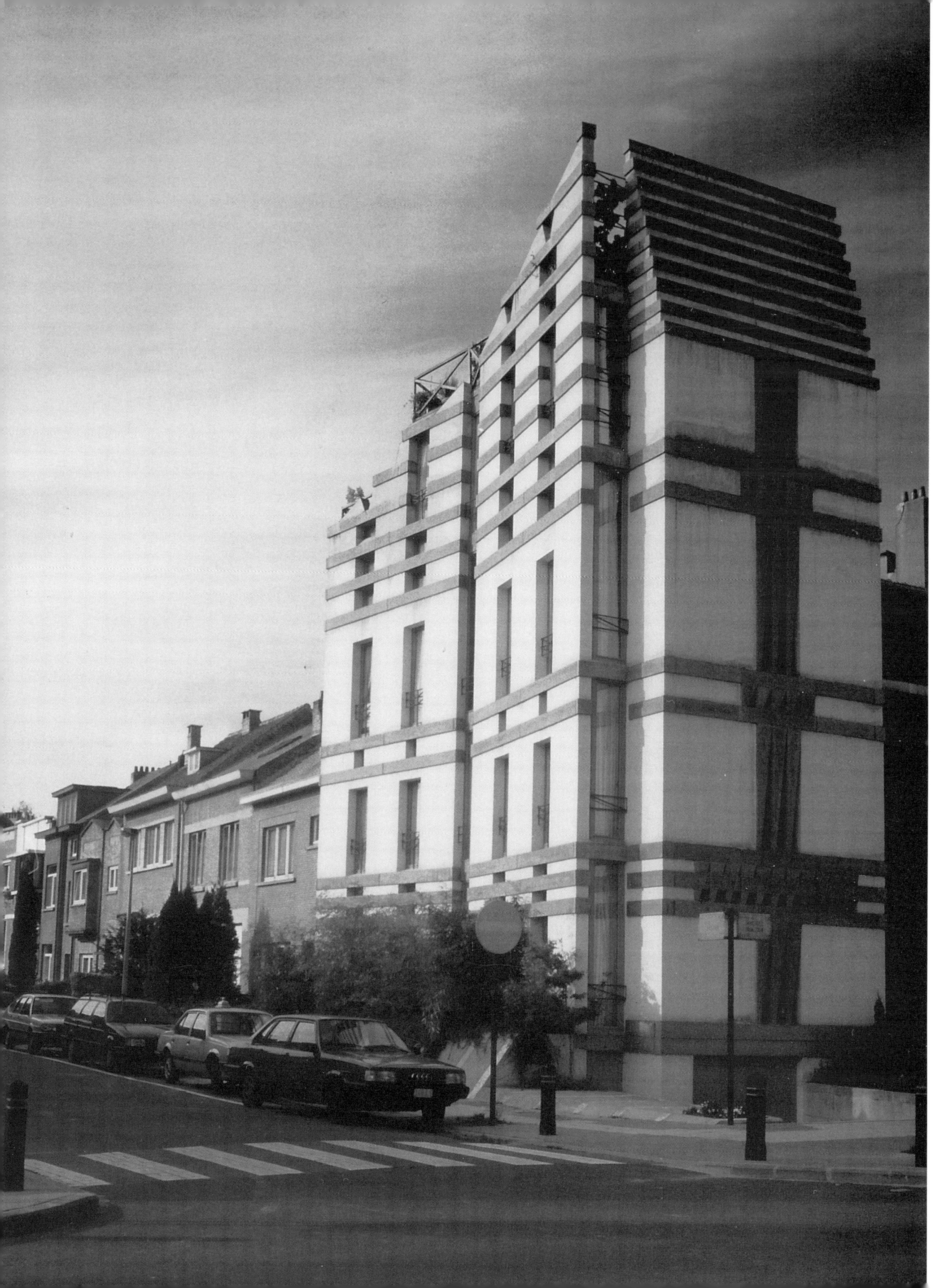

MARIE-JOSÉ VAN HEE, JOHAN VAN DESSEL

Maison Pay showroom et dépôt

Woning Pay, showroom en opslagruimte

Pay house, show-room and storage

Rue Reper Vreven 137
1020 Laeken

1992

VDVH ET ASSOCIES
Architecte / Architect

MARIE-JOSE VAN HEE, JOHAN VAN DESSEL
Associés / Vennoten / Partners

A. Van Craen
Collaboratrice / Medewerkerster / Collaborator

ANDRE PAY
Maître d'Ouvrage / Opdrachtgever / Client

GERARD BOLLY
Ingénieur Stabilité / Ingenieur Stabiliteit / Structural Engineer

VIAENE
Entreprise Générale / Algemene Aannemer / General Contractor

KRIESTIEN DAEM, DANIEL LIBENS
Photographes / Fotografen / Photographers

LIBENS

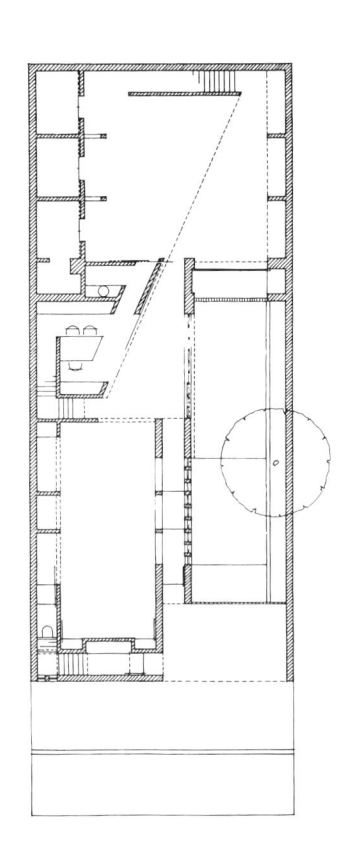

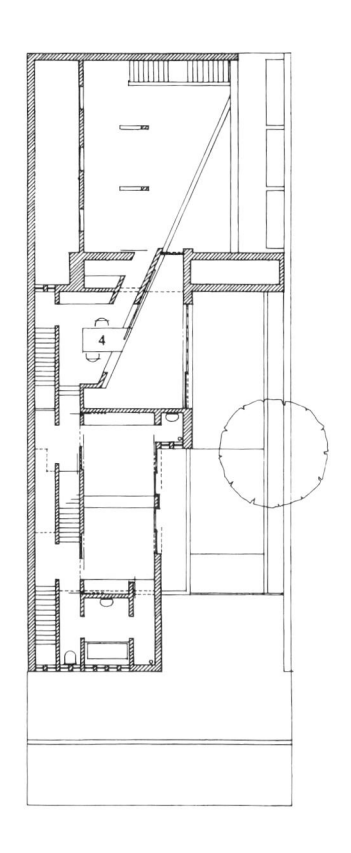

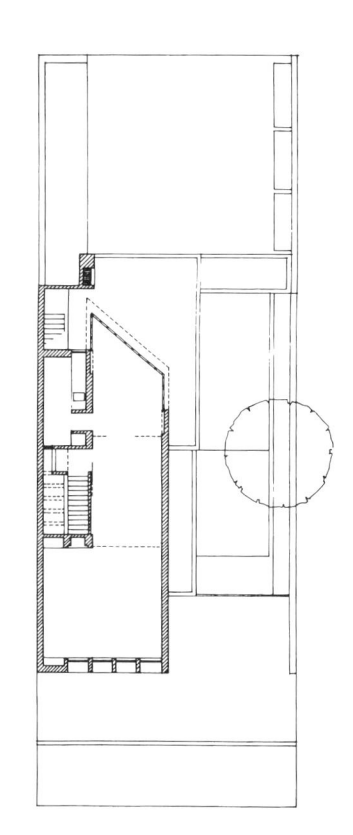

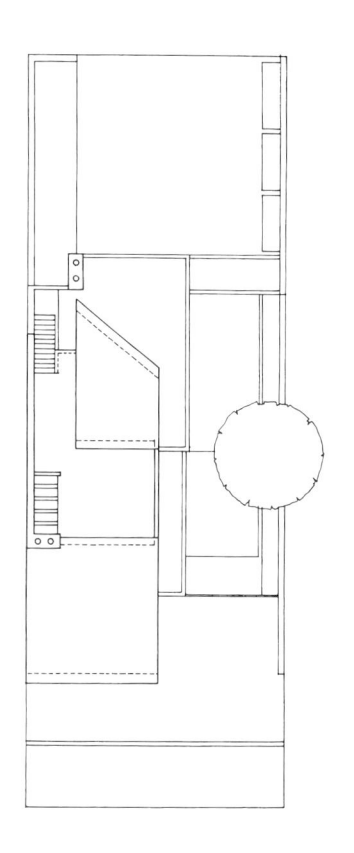

LIBENS

MARC ERRERA

Hôtel Dierickx

Avenue du Monastère 6
1050 Ixelles

1989

MARC ERRERA
Architecte / Architect

DIERICKX
Maître d'Ouvrage / Opdrachtgever / Client

J. RENIER
Ingénieur Stabilité / IngenieurStabiliteit / Structural Engineer

DEMEY
Entreprise Générale / Algemene Aannemer / General Contractor

MARC ERRERA
Photographe / Fotograaf / Photographer

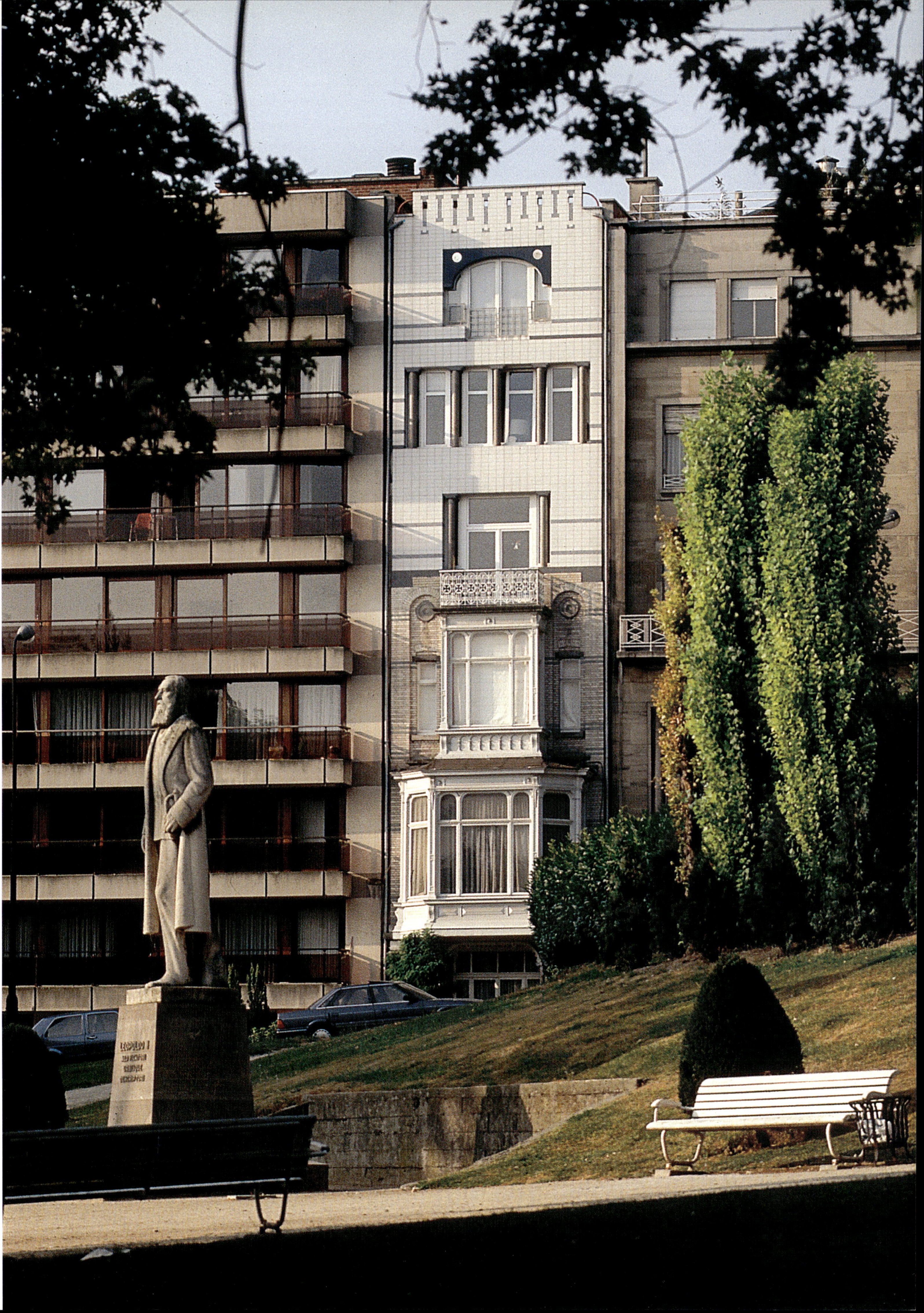

PIERRE BLONDEL

**Rénovation immeuble
à appartements**

Renovatie flatgebouw

Renovation of an apartment building

Rue des Chartreux 48
1000 Bruxelles

1993

PIERRE BLONDEL
Architecte / Architect

J. HADDAD
Maître d'Ouvrage / Opdrachtgever / Client

R & J MATRICHE sprl
Ingénieurs Stabilité / Ingenieurs Stabiliteit /
Structural Engineers

ROMBAUT
Entreprise Générale / Algemene Aannemer /
General Contractor

J. DE BOCK
Photographe / Fotograaf / Photographer

BELGIAN ARCHITECTURAL AWARD 94
**Concours de Réalisations Architecturales
Récentes : Mention**
Prix / Prijs / Prize

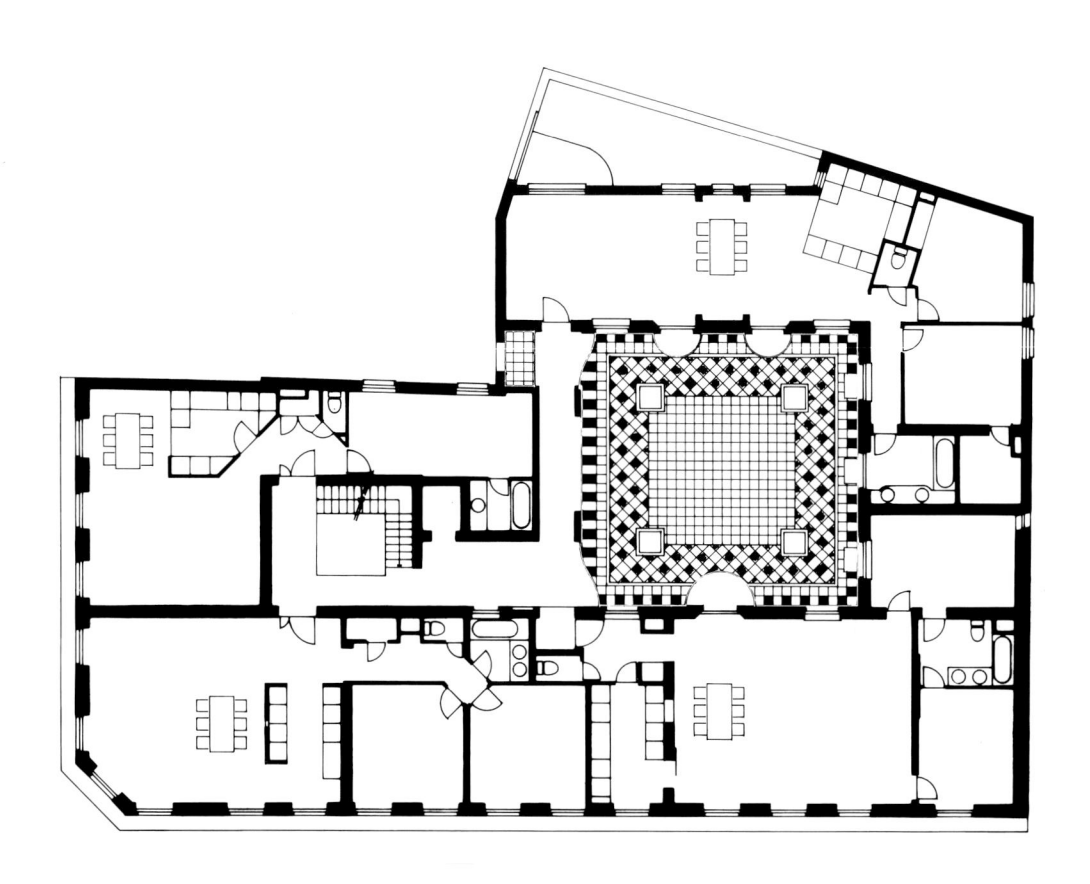

211

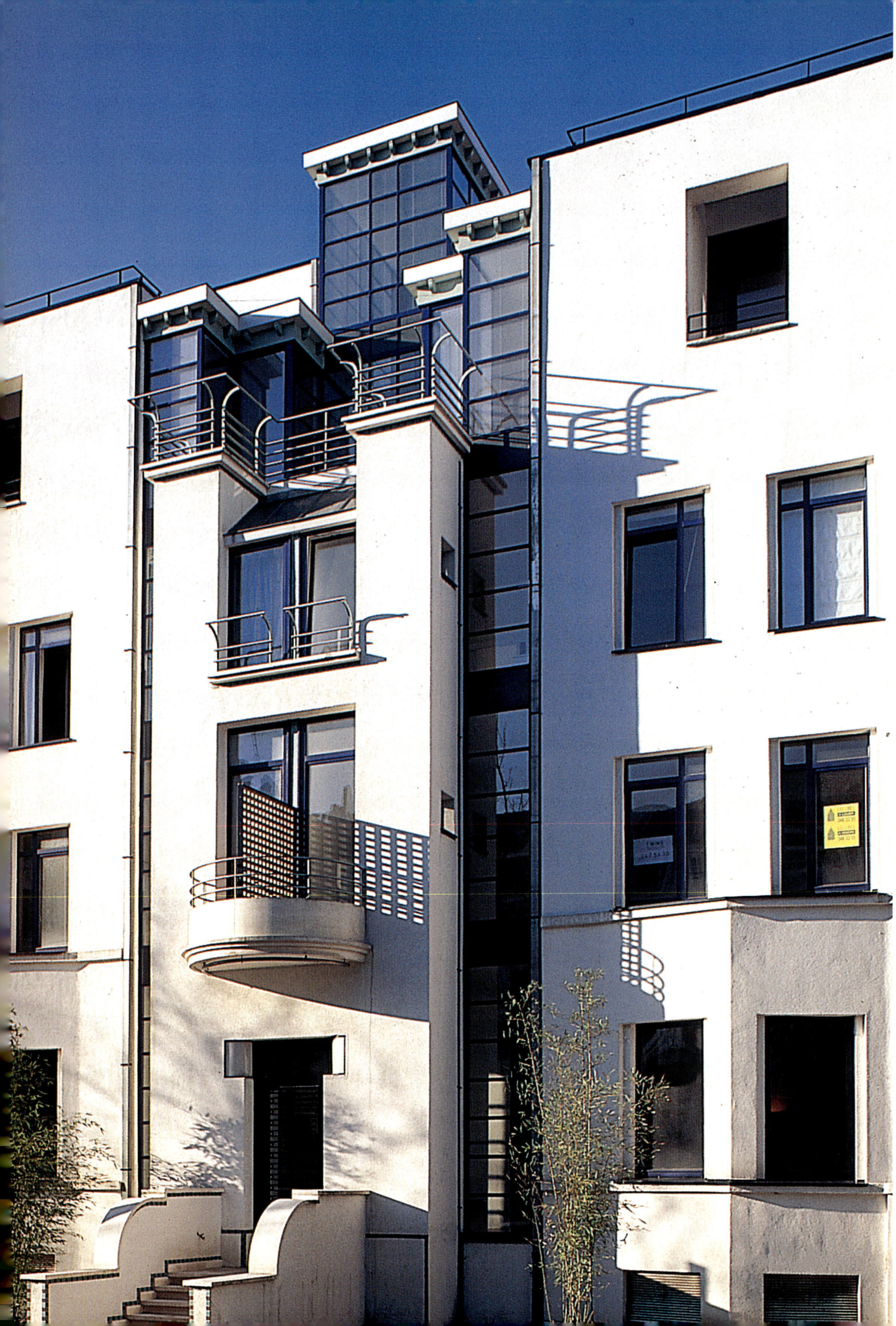

PIERRE BLONDEL

Immeuble à appartements "Mogador"

Flatgebouw "Mogador"

Apartment Building "Mogador"

Avenue Coghen 119
1180 Uccle

1993

PIERRE BLONDEL
Architecte / Architect

O. Levy, M. Wilputte
Collaborateurs / Medewerkers / Collaborators

MOGADOR
Maître d'Ouvrage / Opdrachtgever / Client

R & J MATRICHE sprl
Ingénieurs Stabilité / Ingenieurs Stabiliteit / Structural Engineers

PELIKAAN
Entreprise Générale / Algemene Aannemer / General Contractor

BERNARD BOCCARA
Photographe / Fotograaf / Photographer

WILLIAM LIEVENS

Rénovation maison "Kotroo-Vanneste"

Renovatie woning "Kotroo-Vanneste"

Renovation of "Kotroo-Vanneste" house

1020 Laeken

1993

ONTWERPBURO NERO
WILLIAM LIEVENS, RUDI DE BACKER, MARIANNE HOFSTEDE
Architectes / Architecten / Architects

ELS VANNESTE
Maître d'Ouvrage / Opdrachtgever / Client

LUC DELVAUX, BAUDOUIN ADRIAENS
Ingénieurs Stabilité / Ingenieurs Stabiliteit / Structural Engineers

AGC CONSTRUCT sa
Entreprise Générale / Algemene Aannemer / General Contractor

JAN VERLINDE, WILLIAM LIEVENS
Photographes / Fotografen / Photographers

VERLINDE

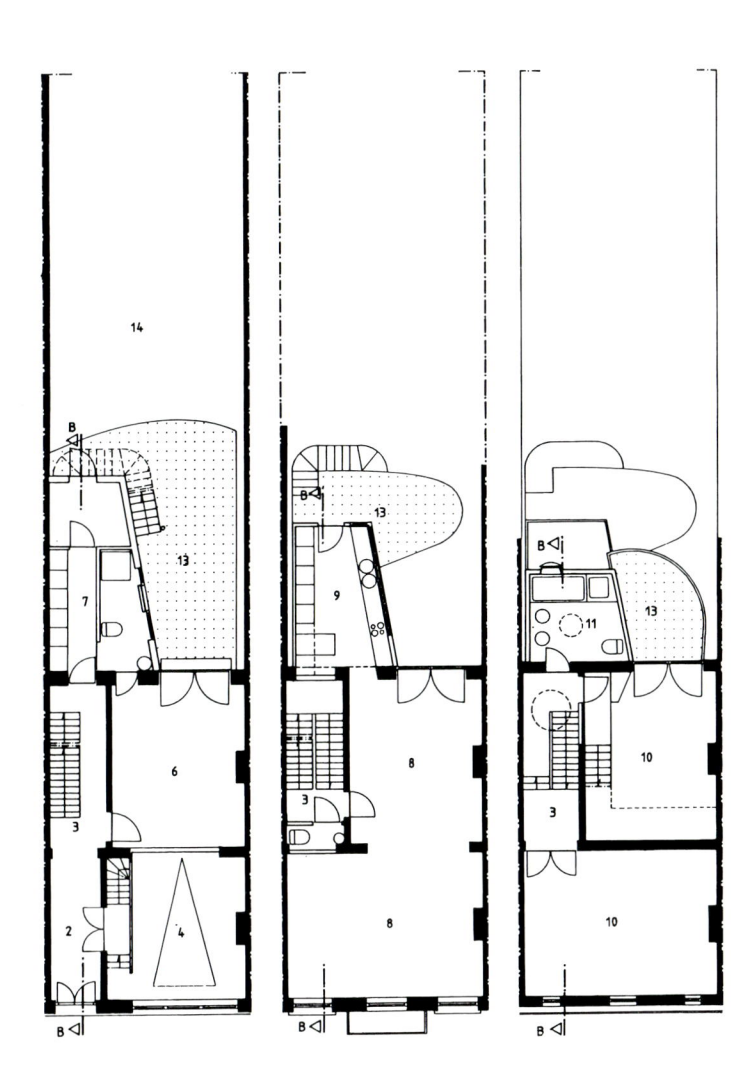

215

PAUL ROBBRECHT
HILDE DAEM

Penthouse Meert

Vaartstraat 11/13
1000 Bruxelles

1991

PAUL ROBBRECHT, HILDE DAEM
Architectes / Architecten / Architects
H. Vanneste
Collaborateur / Medewerker / Collaborator

GRETA MEERT
Maître d'Ouvrage / Opdrachtgever / Client

DIRK JASPAERT
Ingénieur Stabilité / Ingenieur Stabiliteit /
Structural Engineer

TROUBLEYN nv
Entreprise Générale / Algemene Aannemer /
General Contractor

KRISTIEN DAEM
Photographe / Fotograaf / Photographer

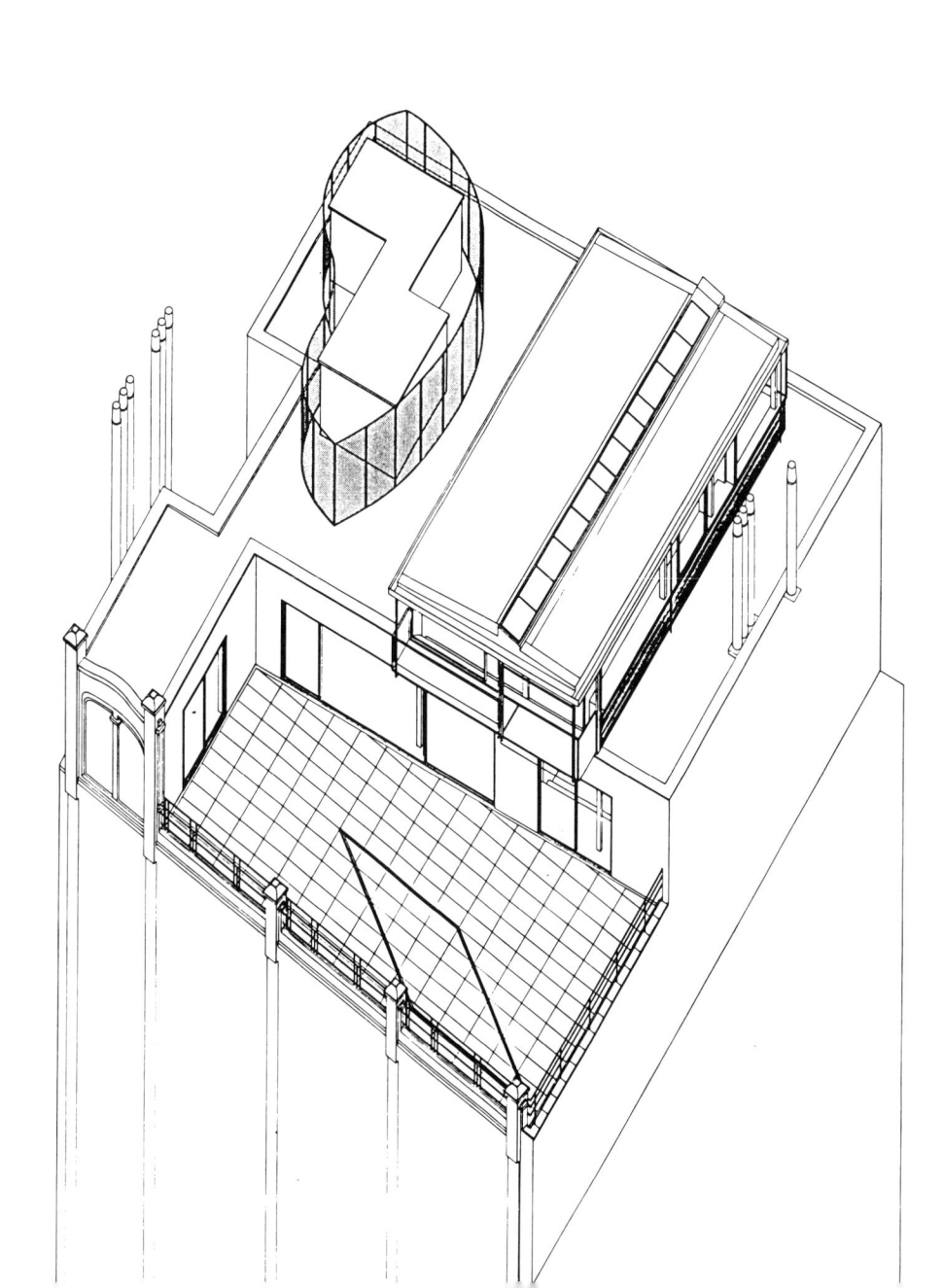

217

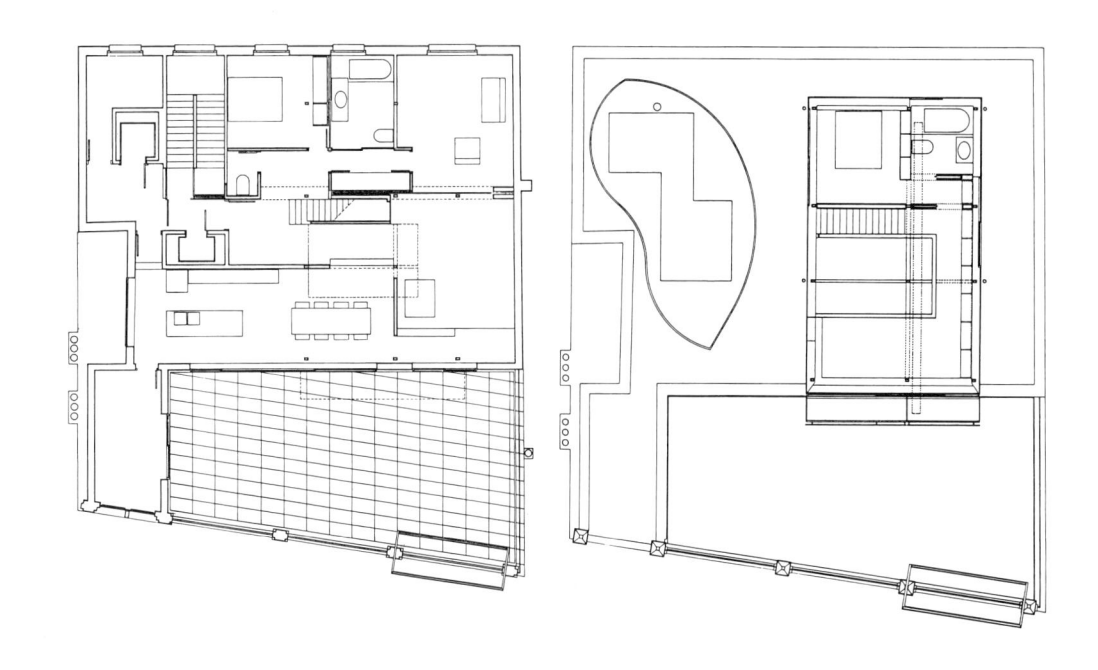

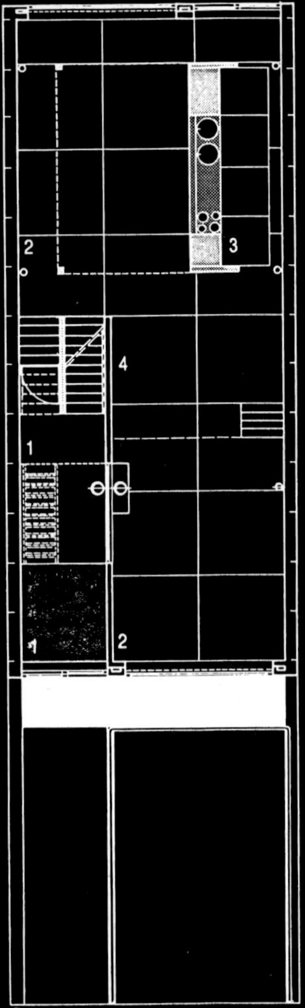

0

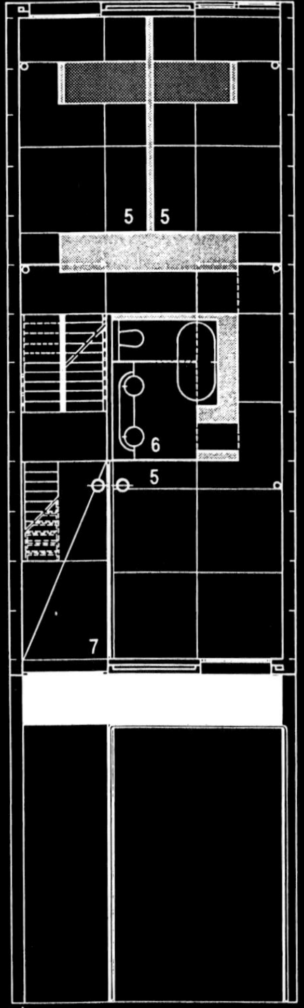

1

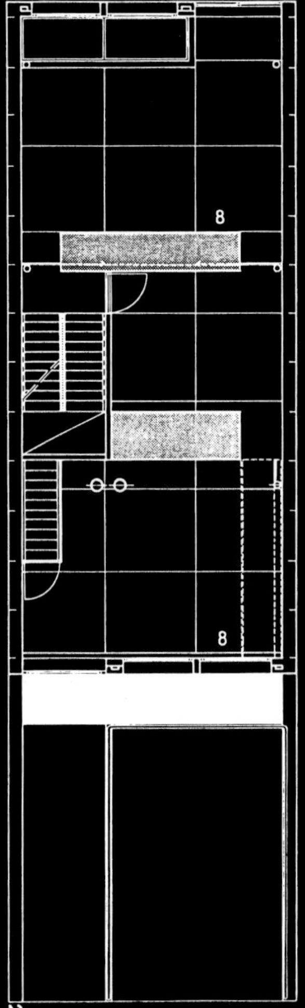

2

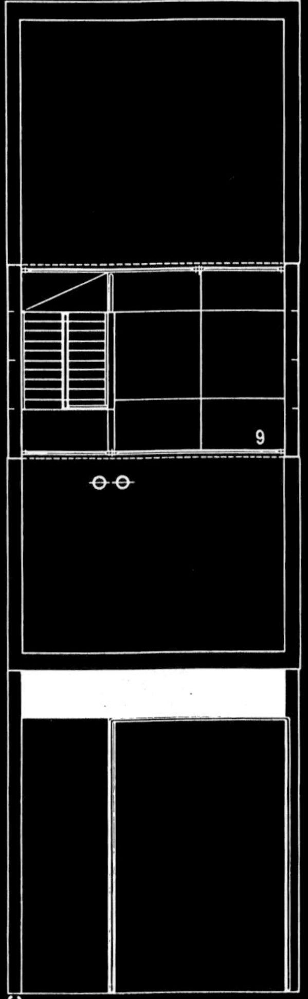

3

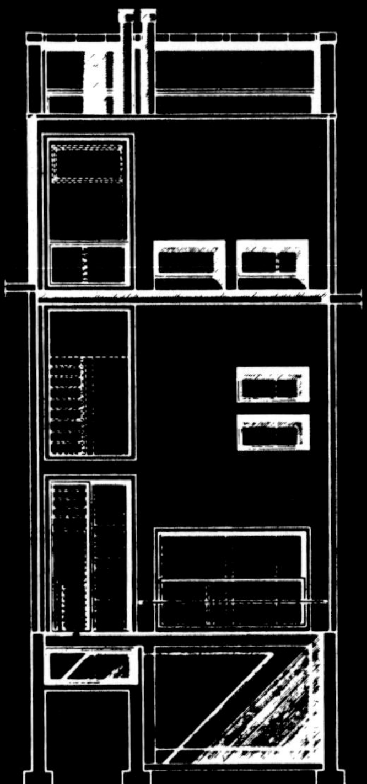

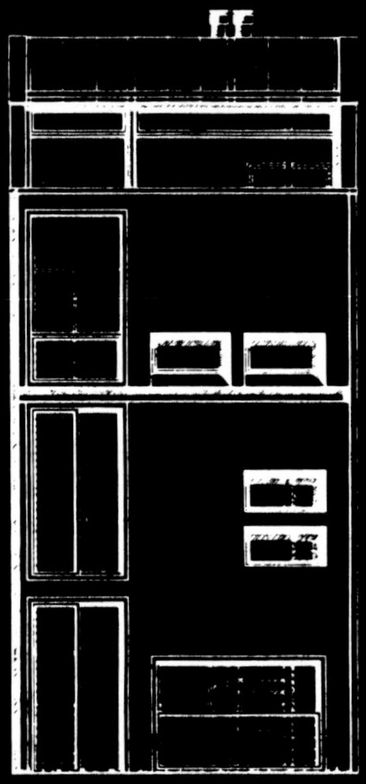

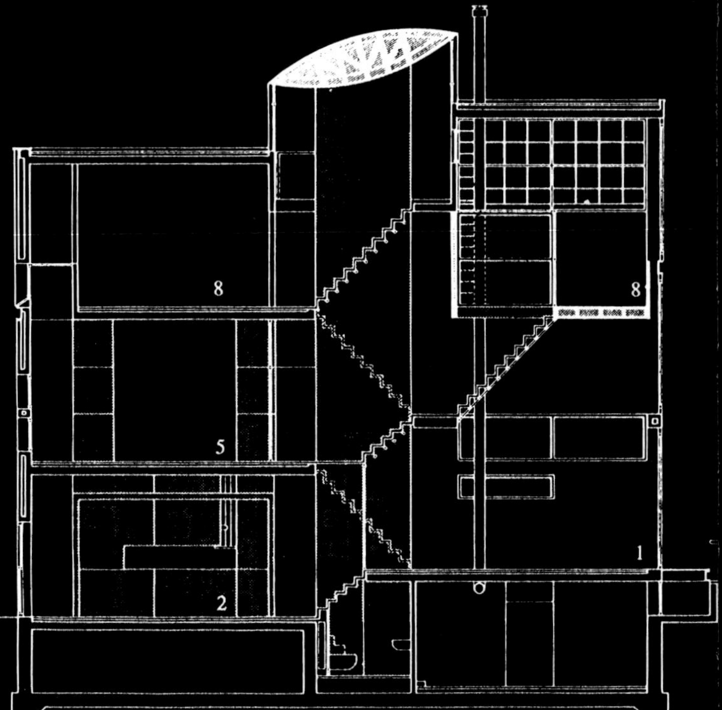

MARTINE DE MAESENEER

Maison "Recto-Verso"

Huis "Recto-Verso"

House "Recto-Verso"

Avenue de la Basilique 91
1080 Berchem-Ste-Agathe

1993

MARTINE DE MAESENEER
Architecte / Architect
D. Van den Brande
Collaborateur / Medewerker / Collaborator

LAMBRECHT-DE PRAETERE
Maître d'Ouvrage / Opdrachtgever / Client

ETIENNE WIJMEERSCH (SVK St.Niklaas)
Ingénieur Stabilité / Ingenieur Stabiliteit /
Structural Engineer

BENEENS & ZOON
Entreprise Générale / Algemene Aannemer /
General Contractor

JULIEN DE PRAETERE
Entrepreneur Mobilier / Aannemer
Binneninrichting / Furniture Contractor

DIRK VAN den BRANDE
Photographe / Fotograaf / Photographer

PAUL DELABY

Immeuble à appartements
Flatgebouw
Apartment building

Rue Vanderkindere 468
1180 Uccle

1995

PAUL DELABY
Architecte / Architect

THERESE VANNESTE
Maître d'Ouvrage / Opdrachtgever / Client

PAUL DELABY
Photographe / Fotograaf / Photographer

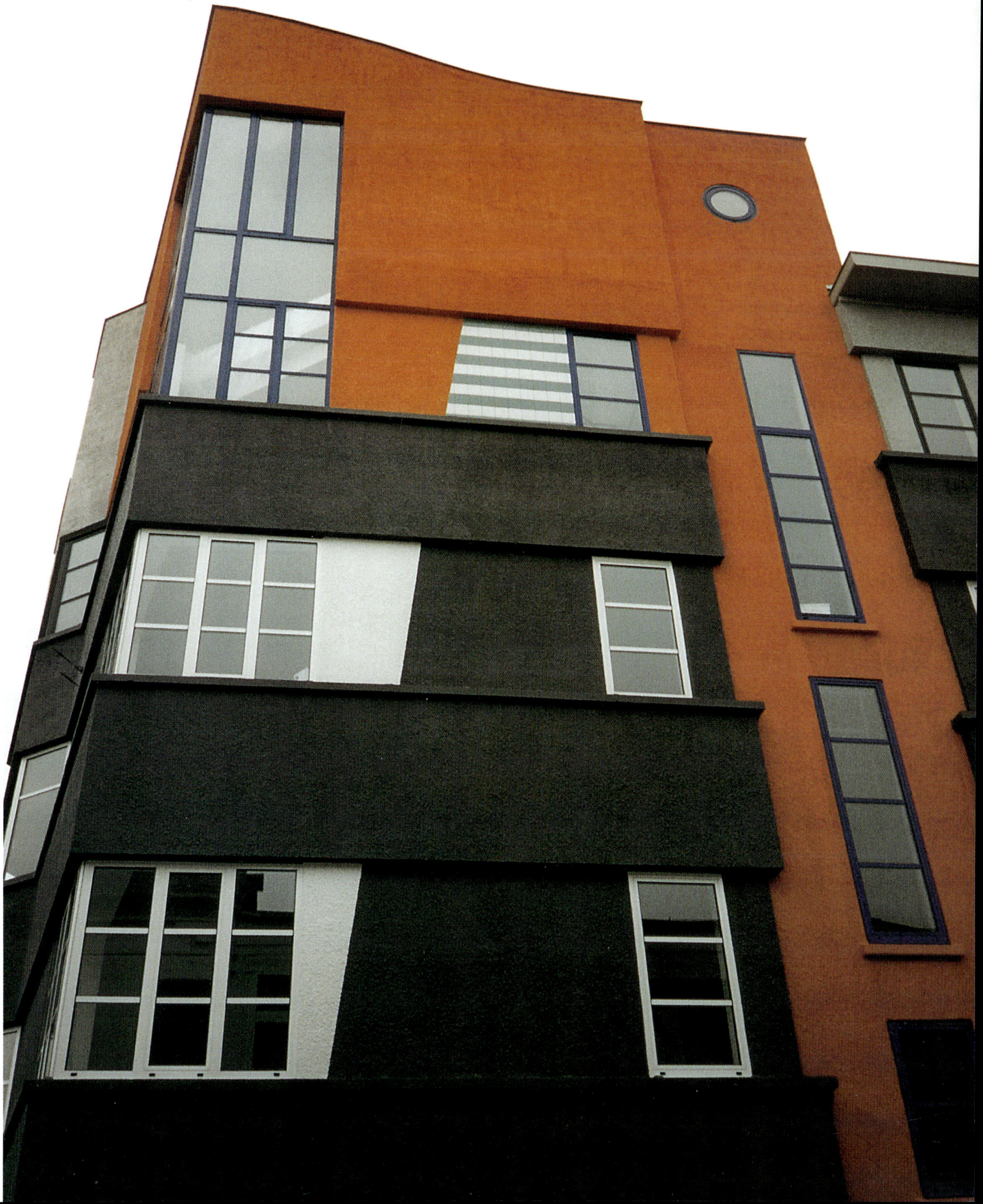

CHRISTIAN KIECKENS, JOËL CLAISSE

Stand des Architectes

Stand van de Architecten

Architects' Stand

Palais des Expositions
Heyzel

1995

CHRISTIAN KIECKENS, JOEL CLAISSE ET ASSOCIES scrl
Architectes / Architecten / Architects
W. Mann, M. Van Schuylenbergh
Collaborateurs / Medewerkers / Collaborators

ARCHITECTES SERVICES – CNOA
Maître d'Ouvrage / Opdrachtgever / Client

HOUTCONSTRUCTIES WYCKAERT nv
Entreprise Générale / Algemene Aannemer / General Contractor

PHILIPPE LERMUSIAUX
Photographe / Fotograaf / Photographer

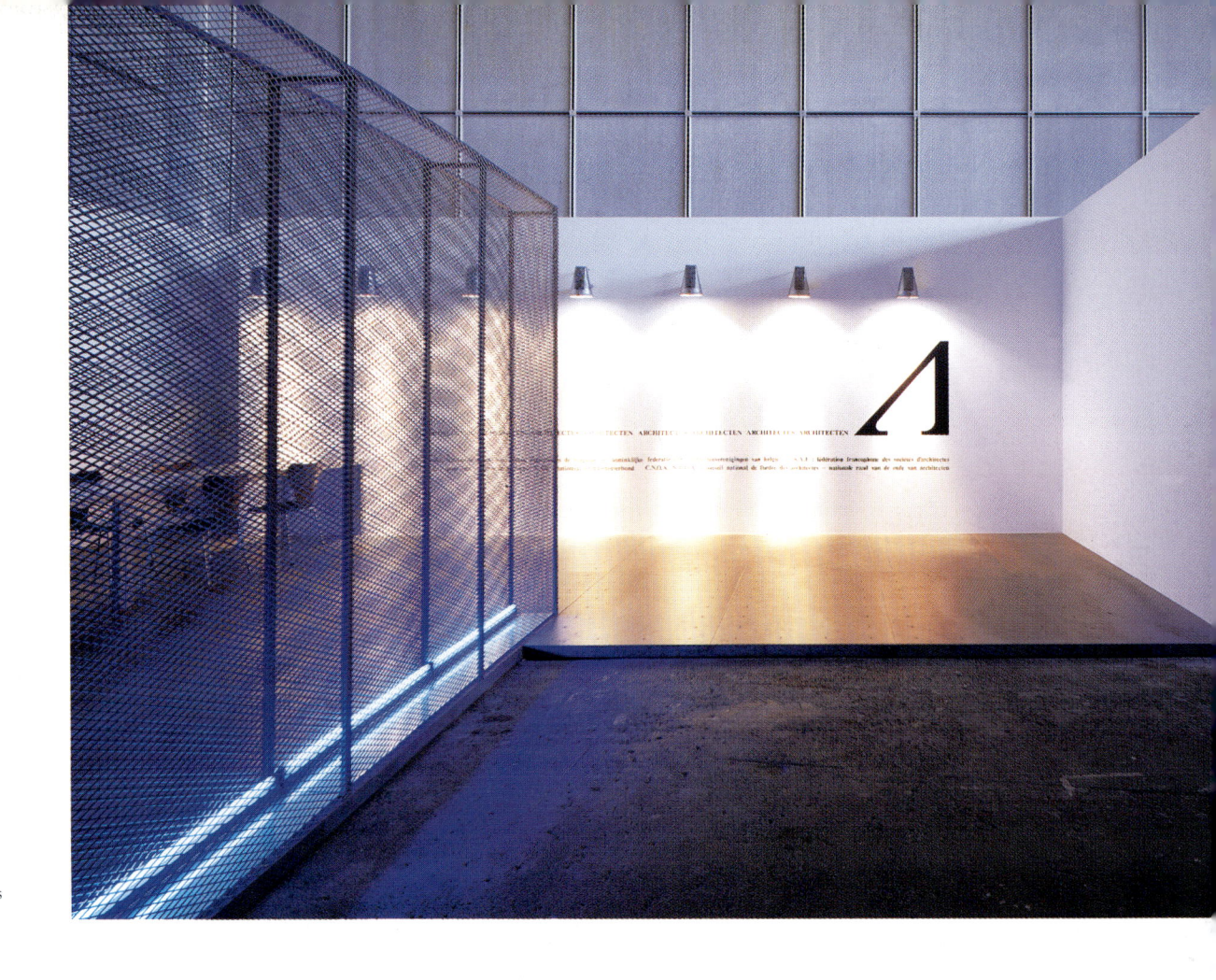

Commentaires des auteurs de projets /
Toelichting van de projectontwikkelaars /
Comments from the authors of the projects

ARCHITECTURE ET CONSTRUCTION ENTRE REVE ET REALITE (A2RC)

F LOGEMENTS, SALLE D'EXPOSITION ET BUREAUX "LE TABELLION" P 98

Ce quartier de la seconde ceinture d'Ixelles, situé entre l'avenue Louise et la chaussée de Waterloo, abrite derrière des façades de maisons et d'hôtels de maîtres traditionnels, une structure urbaine particulière ménageant de nombreuses surfaces industrielles en intérieur d'îlot.
Dévolus en majeure partie au commerce de l'automobile, ces entrepôts se sont développés au fil des années et abritent aujourd'hui encore diverses PME.
L'ensemble Tabellion s'inscrit dans cette trame urbaine. Il fut acquis en 1988 par la firme Dodder Belgium, lors du départ d'une entreprise de parfums alimentaires qui s'y sentait à l'étroit. Deux maisons mitoyennes situées à front de la rue du Tabellion étaient reliées à un entrepôt industriel situé en fond de parcelle, par un enchevêtrement de toitures hétéroclites construites au fil du temps et des besoins. Après avoir libéré la cour intérieure, deux architectures différentes se firent face dans un dialogue retrouvé, l'une patricienne, l'autre industrielle.
Aujourd'hui, après avoir passé le porche couvert, l'ensemble se découvre depuis la cour intérieure qui organise les entrées des deux bâtiments par l'adjonction d'un élément architectural contemporain tirant parti des deux langages architecturaux et mêlant la brique et l'enduit.
Réunis en un seul bâtiment grâce à l'imbrication dynamique des deux anciennes cages d'escaliers, le bâtiment à rue abrite des bureaux et des logements en toitures. Il développe sur la cour intérieure une architecture en terrasse qui tranche avec sa façade de prestige.
De l'autre côté de la cour, derrière la façade industrielle restaurée, la magie lumineuse des 3 atria éclaire des lieux d'exposition et de travail aussi nombreux que variés. Voués à la découverte du curieux plus qu'au coup d'oeil pressé du passant, cet ensemble constitué au fil du temps, illustre les richesses et les différences d'une ville.

N WOONRUIMTE, SHOWROOM EN KANTOREN "THE TABELLION" P 98

In deze wijk, behorend tot de tweede ring van Elsene en gelegen tussen de Louizalaan en de Waterloosesteenweg, gaat achter de gevels van woningen en traditionele herenhuizen een bijzonder stadslandschap schuil dat wordt gekenmerkt door tal van industriële gebouwen achteraan op de percelen.
Deze loodsen, die in de loop der jaren in aantal zijn toegenomen, werden voor het merendeel gebruikt voor de autohandel en bieden ook vandaag nog onderdak aan diverse KMO's.
Ook het Notaris-complex maakt deel uit van dit stadslandschap. Het werd in 1988 aangekocht door de firma Dodder Belgium, toen een fabrikant van voedingssmaakstoffen er wegtrok bij gebrek aan ruimte. Twee aanpalende huizen aan de Notarisstraat vormden er één perceel met een industriële loods achteraan, via een reeks heterogene daken die mettertijd naargelang van de behoeften waren bijgebouwd. Nadat de binnenplaats was vrijgemaakt, kwamen twee verschillende architecturen in een hernieuwde dialoog tegenover elkaar te staan : de ene in patriciërsstijl, de andere in industriële stijl.
Wie vandaag het overdekte portaal doorgaat, krijgt het geheel te zien vanaf de binnenplaats, waar de ingangen van beide gebouwen werden geordend door toevoeging van een stukje hedendaagse architectuur dat inspeelt op beide vormtalen en baksteen combineert met pleisterwerk.
Het gebouw aan de straatkant, dat één geheel vormt dankzij de dynamische integratie van de twee vroegere trappehuizen, herbergt kantoren en woonruimten onder het dak. Langs de kant van de binnenplaats ontwikkelt het een terrasarchitectuur die in contrast staat met de prestigieuze gevel.
Aan de andere kant van de binnenplaats, achter de gerestaureerde industriële gevel, verlicht de stralende charme van de 3 atria de talloze gevarieerde tentoonstellings- en werkruimten. Als oord van ontdekking, dat niet tot zijn recht komt onder de gehaaste oogopslag van de voorbijganger, is dit door de tijd gevormde complex tekenend voor de rijkdom en de verscheidenheid van een stad.

E ACCOMODATION, SHOW-ROOM AND OFFICES "THE TABELLION" P 98

Behind the facades of the traditional houses and mansions in this neighbourhood of the second ring, situated between the "avenue Louise" and the "chaussée de Waterloo" in Ixelles, is found an unusual urban structure. The housing blocks are completed by small industry at their centres.
These warehouses, most of which are allocated to the automobile retail business, have evolved over the years and are now home to various small businesses.
The Tabellion ensemble is part of this urban network. It was purchased in 1988 by the Dodder Belgium company when a food flavouring company moved when its premises became too small. Two adjoining houses overlooking the rue du Tabellion were connected to an industrial warehouse located at the back of the site by a complicated assemblage of heterogeneous roofs built over the years as the need arose. After having cleared the inner courtyard, two different architectures came face to face and restored a sense of dialogue, one patrician, the other industrial.
Today, after passing through the covered porchway, the ensemble can be seen from the inner courtyard which organises the entrances to the two buildings with the addition of a contemporary architectural feature which incorporates elements of the two architectural languages through a combination of bricks and plasterwork.
Arranged together in one single building thanks to the dynamic nesting of the two former stairways, the building houses offices at street level and private apartments at roof level. The building projects onto the inner courtyard a terrace structure which contrasts with the prestigious facade.
On the other side of the courtyard, behind the renovated industrial facade, the luminous magic of the 3 atria illuminates exhibition and work areas which are as numerous as they are varied. This ensemble is destined to be discovered by the more curious adventurer rather than by the casual passer-by, and over the years has come to illustrate the richness and variety of a city.

F AMENAGEMENT URBAIN P 26

La place de Jamblinne de Meux est située sur le parcours du tunnel Belliard (Schuman), Cortenberg. Son réaménagement s'inscrit dans un ensemble de travaux d'infrastructure commencés fin 1986, issus d'un accord entre le gouvernement belge et les Communautés Européennes, dans le cadre de la construction du bâtiment pour le Conseil Européen rue de la Loi, face au Berlaymont.
Le tracé de cette nouvelle place se résume en quatre points :
1.Suppression de la voirie diagonale existante au profit d'une réunification de l'espace avec maintien de tous les arbres à hautes tiges et positionnement des voiries sur le pourtour de la place, dessinées de façon à ralentir la circulation et sécuriser les enfants des écoles qui bordent la place.
Un nouveau tracé rectiligne met en place une succession de cinq carrés de 30 x 30 m, positionnés sur les deux axes orthogonaux de la place, rigoureusement au centre géométrique de celle-ci.
Les alignements d'arbres maintenus, plus aléatoires, rencontrent ce tracé rigoureux provoquant des déviations volontaires, rencontres entre deux systèmes qui jouent ensemble.
2.Création d'un square arboré de 30 m x 90 m, entouré de grilles en acier peint en noir, bordé d'un portique au Nord et doté de nombreux bancs en bois.
3.Matérialisation, à l'Est de la place, des grands tracés de l'évolution urbaine du 19ème siècle, en prolongeant les alignements d'arbres y aboutissant depuis les avenues Plasky et de l'Opale.
Autour du grand tilleul, une composition symétrique de pommiers et de charmes est mise en place. 58 nouveaux arbres viennent compléter les 30 maintenus.
4.Installation, côté rue du Noyer, d'une fontaine, oeuvre du sculpteur espagnol Miquel Navarro, "Bocca de Luna". Composée de deux pièces et située au centre d'un espace pavé, elle articule un bassin circulaire alimenté par une stèle en acier peint de 13 mètres de haut, évoquant la Poétique de la Lune et un bassin carré en pierre bleue, au centre duquel se trouve une pièce en laiton coulé de 2,5 mètres de haut, symbolisant l'Imaginaire de la Ville. Les deux bassins sont reliés entre eux par un petit canal d'eau.

N STADSVERNIEUWING P 26

Het Jamblinne de Meuxplein ligt op het traject van de tunnel Belliard (Schuman)-Kortenberg. De heraanleg ervan kadert in een reeks infrastructuurwerken waarmee eind 1986 werd begonnen nadat de Belgische regering een akkoord had gesloten met de Europese Gemeenschappen, in het kader van de constructie van het gebouw voor de Europese Raad in de Wetstraat, tegenover het Berlaymont-gebouw.
Het gezicht van het nieuwe plein wordt bepaald door 4 krachtlijnen :
1.Afschaffen van de bestaande diagonaalweg, met het oog op een hereniging van de ruimte, behoud van alle hoogstammen en aanleg van de wegen rondom het plein, zodanig dat het verkeer vertraagd wordt, wat de veiligheid van de kinderen die aan het plein schoollopen ten goede komt.
Een nieuw rechtlijnig tracé zorgt voor een opeenvolging van vijf vierkanten van 30 x 30 m, aangebracht op de twee orthogonale assen van het plein, in het geometrische centrum ervan.
De meer willekeurige rijen met bomen die behouden bleven, sluiten aan bij dit strikte tracé, wat resulteert in bewuste afwijkingen en een samenspel tussen twee systemen.
2.Aanleggen van een met bomen afgezet plantsoen van 30 x 90 m, omringd met zwartgeverfde stalen hekken, met een portiek in het noorden en tal van houten banken.
3.Materialisatie - aan de oostkant van het plein - van de grote tracés die de stedelijke evolutie van de 19de eeuw kenmerkten, door een verlenging van de rijen bomen die hier toekomen vanuit de Plaskylaan en de Opaallaan.
Rond de grote linde komt een symmetrische compositie van appelbomen en haagbeuk. De 30 bomen die bewaard zijn gebleven, worden aangevuld met 58 nieuwe.
4.Installatie aan de kant van de Notelaarstraat van een fontein van de hand van de Spaanse beeldhouwer Miquel Navarro, "Bocca de Luna". Deze fontein bestaat uit twee delen en is gelegen in het midden van een geplaveide ruimte. Hij koppelt een cirkelvormig bekken met een 13 meter hoge stele van geverfd staal (het poëtische van de maan) aan een vierkant bekken in blauwe hardsteen met in het midden een 2,5 meter hoge creatie in gegoten messing (symbool voor de verbeeldingswereld van de stad). Beide bekkens zijn onderling verbonden door een smalle watergoot.

E TOWN FACILITIES P 26

The "Place de Jamblinne de Meux" is located on the itinerary of the Belliard (Schuman) Cortenberg tunnel. The redesign of the square forms part of a project of infrastructure work which began at the end of 1986, the result of an agreement between the Belgian government and the European Communities, within the framework of the construction of the European Council building in the rue de la Loi, opposite the Berlaymont.
The design of this new square can be summarized in four points :
1. Removal of the existing diagonal roadway in order to reunify the available space, while maintaining all the important trees and repositioning the streets around the square, so that traffic is controlled providing a safe area for the children in the schools around the square.
A new rectangular zone is divided into a succession of five 30 x 30 m squares positioned on the two orthogonal axes of the square, crossing at its geometric centre.
The more random arrangement of the line of trees intersects this geometric shape, provoking intentional deviations and interplay between the two systems.
2. Creation of a 30 m x 90 m tree-lined square surrounded by steel black-painted gates with a portico on the North side and numerous wooden benches.
3. On the East side of the square, representation of the main developments in city planning in the 19th century, by extending the lines of trees found in the avenue Plasky and the avenue de l'Opale.
A symmetrical composition of apple trees and hornbeams was planted around a large existing linden tree. 58 new trees will be added to the 30 existing ones.
4. Towards the rue du Noyer, a fountain designed by the Spanish sculptor Miquel Navarro, "Bocca de Luna". The fountain is made up of two elements and set in the middle of a paved area. One is a circular pool fed by a 13-metre high stela made of painted steel evoking the Poetry of the Moon and the other is a square pool made of blue stone in the centre of which stands a cast bronze piece 2.5 metres high symbolizing the City Imagination. The two pools are connected by a small water channel.

ART & BUILD : Pierre LALLEMAND, Marc THILL, Philippe VAN HALTEREN, Isidore ZIELONKA

F BIBLIOTHEQUE DES SCIENCES HUMAINES P 136

Outil de recherche et d'étude pour la communauté universitaire, la bibliothèque répond à des critères fonctionnels précis tels que le cheminement de l'utilisateur depuis l'entrée jusqu'au livre se déroule selon un ordre qu'il fallait servir au mieux. Tous les lieux par lesquels passe ce parcours revêtent une forme différente et clairement identifiable.
Pour des raisons techniques, structurelles et hygrométriques aisément comprises, les réserves de livres en silo ont été installées au deuxième (et dernier) sous-sol.
Les salles de lecture sont réparties sur six niveaux de libre accès divisées en trois

duplex correspondants aux trois entités thématiques. Le concept de duplex avec mezzanine en retrait offre plus de lumière naturelle dans les zones éloignées des fenêtres.
L'étude de l'éclairage et des vues sur le bois de la Cambre tout proche, la volonté de maîtriser les contrastes et les effets de contre-jour ont engendré un fenestrage élaboré : l'architecte a conçu, par étage, deux niveaux de fenêtres horizontales, séparées par un bandeau d'éclairage artificiel.
Ces ouvertures horizontales marquent l'extérieur du bâtiment et le singularisent par rapport aux bureaux ou bâtiments de logement. Un parti formel qui impose clairement le bâtiment comme bibliothèque, lieu de densité du savoir et d'accumulation des connaissances.
Les trois entités thématiques et pédagogiques sont exprimées par de larges échancrures dans les façades, affirmées par une expression particulière des châssis.
Le volume semi-cylindrique en excroissance de la façade sud abrite la salle d'étude et le plus étendu des libre accès. Ce volume offre un contraste tranché, par des ouvertures aléatoires échappant au systématisme de l'empilement, de l'accumulation ou de l'ordre, et évoque la notion de pensée et la liberté qui s'y attache.

N BIBLIOTHEEK MENSWETENSCHAPPEN **P 136**

Als instrument van onderzoek en studie voor de universitaire gemeenschap beantwoordt de bibliotheek aan welbepaalde functionele criteria, zodat de weg die de gebruiker aflegt van bij de ingang tot het boek geordend en optimaal verloopt. Iedere ruimte langs dit traject bezit een eigen vorm die zich duidelijk onderscheidt van elke andere.
Om voor de hand liggende technische, structurele en hygrometrische redenen, werden de magazijnen voor de boekenvoorraad ondergebracht in de tweede (en onderste) kelderverdieping.
De leeszalen zijn verdeeld over zes vrij toegankelijke niveaus, opgedeeld in drie tweeverdiepingenruimten die overeenstemmen met de drie thematische entiteiten.
Door de combinatie van een tweeverdiepingenruimte met een inspringende mezzanine krijgen de op een afstand van de ramen gelegen zones meer lichtinval.
De studie van de verlichting en de vergezichten op het aanpalende Terkamerenbos, het streven om de contrasten en tegenlichteffecten in goede banen te leiden, hebben geresulteerd in een complex raamwerk : per verdieping werkt de architect met twee horizontale vensterniveaus die gescheiden zijn door een lijst met kunstlicht.
Deze horizontale openingen zijn bepalend voor het buitenaanzicht van het gebouw en onderscheiden het van de kantoren of woongelegenheden : een formeel deel dat het gebouw eenduidig profileert als bibliotheek, als oord van ten spits gedreven wetenschap en opstapeling van kennis.
De drie thematische en pedagogische entiteiten worden belichaamd door brede uitsparingen in de gevel, bekrachtigd door de specifieke vormtaal van de raamlijsten.
Achter het half-cilindervormige volume dat uit de zuidelijke gevel steekt, bevinden zich de studiezaal en de grootste vrij toegankelijke ruimte. Dit volume vormt een schril contrast - door de willekeurige openingen die ontsnappen aan het systematische aspect van opstapeling, opeenhoping en orde - en zinspeelt op de notie van het denken en de vrijheid die ermee gepaard gaat.

E LIBRARY OF THE HUMAN SCIENCES **P 136**

As a research and study tool for the university community, the library meets precise functional criteria so that the routing of the user from the entrance to the book is effected according to a sequence and in an optimum manner.
Every point on this itinerary has a different and clearly identifiable form.
For technical, structural and hygrometric reasons which can easily be appreciated, the stores of books were installed in the second (and bottom) basement.
The reading rooms are divided according to six levels of free access divided into three split-level areas corresponding to the three thematic entities. The split-level concept with mezzanines set further back offers more natural sunlight in the areas further from the windows.
The study of the lighting and the views over the adjacent wood (the bois de la Cambre) and the desire to master the contrasts and the effects of backlighting have engendered an elaborate window structure : for each level, the architect has designed two levels of horizontal windows separated by a strip of artificial lighting.
These horizontal openings mark the exterior of the building and set it apart from the offices or accommodation blocks. This is a formal part which clearly identifies the building as a library, that is, a place designed for the accumulation and deepening of knowledge.
The three thematic and pedagogical entities are expressed through wide indentations in the facades which are highlighted by a particular expression of the window frames.
The semi-cylindrical volume protruding from the south facade houses the study room and the more extensive free access area. This volume offers a clear-cut contrast, with random openings breaking the impression of systemized superimposition, of accumulation or order, and evokes the notion of thought and the freedom which goes with it.

F MUSEE DE LA MEDECINE **P 76**

Situé face au grand auditoire cylindrique, tout habillé de verre, le Musée de la Médecine lui répond par le contraste simple et franc qu'offre la pierre. Du dialogue instauré entre les deux bâtiments se dégage l'importance à attacher aux formes de l'architecture et aux messages que celles-ci peuvent délivrer.
Il s'agissait de créer, moins un endroit d'exposition retraçant les liens entre l'histoire, l'art et la médecine que d'évoquer l'éthique et l'esprit qui l'animent, la dignité humaine, coeur de ses préoccupations.
Le projet se prêtait donc à cet exercice difficile qui consiste à assembler des espaces de significations, avec des formes référant à des idées, et à rejoindre des symboliques traditionnelles qui sont attachées à l'architecture depuis l'antiquité.
Un certain nombre de locaux ont une forme particulière liée à leur utilisation, auditoire en hémicycle, bureau orthogonal, escalier circulaire... Ces différentes formes s'imbriquant les unes dans les autres définissent le parcours du musée.
La façade se présente comme un grand voile, détaché de ces formes ou au contraire en contact avec elles, au hasard de sa courbure. Sorte de voile ou de masque, elle n'a quasi comme fonction que son propre symbolisme. Les nombres et les symboles se découvrent au gré du regard qui parcourt sa courbe, s'arrête à ses ouvertures, s'attache à ses détails.

N GENEESKUNDEMUSEUM **P 76**

Het Museum van de Geneeskunde ligt tegenover het grote cilindervormige auditorium, dat volledig bekleed is met glas, en gaat daarmee een eenvoudig maar vrijmoedig contrast aan door het gebruik van steen. Uit de dialoog tussen beide gebouwen blijkt welk belang we moeten hechten aan de vormen van de architectuur en aan de boodschappen die deze vormen kunnen overdragen.
Het is hier niet zozeer de bedoeling een tentoonstellingsruimte te creëren die uiting geeft aan de band tussen geschiedenis, kunst en geneeskunde, maar wel de ethiek en de bezieling te evoceren die aan de grondslag van de geneeskunde liggen, evenals de menselijke waardigheid die centraal staat in de bekommernissen van deze discipline.
Het project leende zich dus uitstekend voor een ambitieuze stijloefening : ruimten van betekenissen samenbrengen met vormen die verwijzen naar ideeën, en daarbovenop traditionele symbolieken toevoegen die sedert de oudheid met de architectuur verbonden zijn.
Een aantal lokalen kreeg een speciale vorm die verband houdt met hun bestemming : halfrond auditorium, rechthoekig kantoor, wenteltrap... Al deze vormen, die elkaar zoeken en vinden, zetten samen het museumtraject uit.
De gevel werpt zich op als een grote sluier, nu eens los van de vormen, dan weer in contact ermee, naargelang de welving ervan. Als een soort sluier of masker heeft deze gevel quasi alleen tot doel zijn symboliek uit te dragen. Getallen en symbolen geven zich bloot naarmate de blik de welving volgt, even stilstaat bij de openingen of inhaakt op details..

E MUSEUM OF MEDECINE **P 76**

Facing the large completely glass-covered cylindrical auditorium, the Museum of Medicine sends back a simple and sharp contrast in the form of stone. The dialogue between the two buildings highlights the importance to be given to the forms of architecture and the messages which these forms can convey.
The task was to create not so much an exhibition area retracing the links between history, art and medicine as to evoke the concept of ethics and the abiding spirit of ethics and human dignity which is at the very heart of medical preoccupations.
The project lent itself well to this difficult exercise which consists of assembling spaces of meaning, with forms evoking ideas, and linking up with the traditional symbols which have formed an integral part of architecture since the times of antiquity.
A certain number of rooms have a particular shape due to their use, the semi-circular auditorium, the orthogonal office, the circular stairway... These various forms are nested within each other to define the itinerary of the museum.
The facade is presented as a large veil, detached from its forms or on the contrary in contact with its forms as it follows its curve. This sort of veil or mask has virtually no other function than its own symbolism. The numbers and symbols are discovered haphazardly by the onlooker who follows its curve, stopping at its openings or focusing on its details.

ATELIER D'ART URBAIN

F ATELIERS ET SHOW ROOM "nv VERVLOET sa" **P 66**

VERVLOET, une société artisanale se devait d'être en ville.
D'abord pour les clients qui souhaitaient facilement visiter l'exposition des articles mais aussi souvent poser des questions sur la fabrication et les diverses possibilités de finitions.
Le choix s'est porté sur Molenbeek. Molenbeek est resté un quartier à vocation commerciale et artisanale. On y trouve des espaces adéquats pour le développement de sociétés comme Vervloet. Sa position centrale, son accessibilité par les Boulevards du centre, de ceinture et Léopold II ont été autant d'éléments positifs pour ce choix.
Les bâtiments d'une ancienne imprimerie ont été choisis.
Quel était l'esprit de la reconversion d'un ancien site industriel ?
Nous avons voulu réorganiser le site de façon à n'apporter aucune nuisance au voisinage (quartier mixte d'habitations et d'entreprises).
Le fonctionnement de l'ensemble des activités se fait d'une manière introvertie dans le site. Le parking, les arrivées de camions sont organisés à l'intérieur de l'aménagement afin de ne pas encombrer les rues avoisinantes.
Le principe architectural et d'aménagement intérieur
Hormis le pavillon d'entrée, "signal de l'Entreprise", l'ensemble des bâtiments, comprenant les ateliers, la salle d'exposition et les logements, ont été rénovés dans un esprit de discrétion.
Cet ensemble est bordé de jardins et de plantations afin que le temps puisse constituer un véritable îlot vert.
L'aménagement intérieur des locaux d'exposition est aussi à l'image de l'entreprise qui veut résister à toutes les modes passagères et offrir à sa clientèle une atmosphère chaude et amicale mais aussi prestigieuse à l'image de la production.

N ATELIERS EN SHOWROOM "nv VERVLOET sa" **P 66**

VERVLOET, een ambachtelijk bedrijf, was het aan zichzelf verplicht naar de stad te komen. Alleen al voor de klanten eigenlijk, die een vlotte toegang willen tot het produktaanbod en vaak ook vragen hebben over de fabricage en de mogelijke afwerkingen.
De keuze viel op Molenbeek, omdat de commerciële en ambachtelijke functie daar nooit verdwenen is. En bedrijven zoals Vervloet vinden er nog de geschikte ruimten voor hun verdere groei. De centrale ligging, de bereikbaarheid via de centrumlanen, de ring en de Leopold II-laan, waren stuk voor stuk elementen die meespeelden bij de keuze.
De gebouwen van een voormalige drukkerij werden aangekocht.
Welke filosofie stond voorop bij de verbouwing van dit gewezen industriecomplex ? Wij wilden het geheel reorganiseren zonder schadelijke gevolgen voor de omgeving (een gemengde wijk met woon- en bedrijfsfunctie).
Alle activiteiten verlopen intern, op het terrein zelf. Het parkeren en het vrachtwagenverkeer hebben plaats binnen het terrein, zodat de naburige straten niet overbelast worden.
Het architecturale principe en de interieurinrichting
Afgezien van het toegangspaviljoen, "de spiegel van de onderneming", werden alle gebouwen - met inbegrip van werkplaatsen, showroom en woonverblijven - gerenoveerd vanuit een streven naar discretie.
Het geheel wordt omzoomd met tuinen en aanplantingen, zodat mettertijd een echt groenscherm tot stand kan komen.
Ook de inrichting van de showrooms blijft trouw aan de principes van het bedrijf, dat ingaat tegen alle trends en voor zijn clientèle een hartelijke, gemoedelijke sfeer wil scheppen, zonder dat het prestige van de produktie daar onder lijdt.

E "nv VERVLOET sa" WORKSHOPS AND SHOW-ROOM **P 66**

VERVLOET, a company of craftsmen who just had to be there - in the city. They had to be there, first and foremost for the customers who would naturally want the company to be within easy reach to allow them to visit the exhibition of articles and, more often than not, to ask questions on the manufacturing process and on the various types of finishing offered by the company.
Molenbeek was the chosen location. This is a district which has remained commercial and crafts-oriented. In addition, it offers suitable premises for companies like Vervloet to develop. Its central location and the fact that it is accessible from the central Boulevards,

from the ring road and from Léopold II were the factors which determined this choice.
The buildings of a former printery were chosen.
As for the spirit which dictated the reconversion of a former industrial site, we wanted to reorganize the site in such a way that it would not create any inconvenience for the neighbourhood (a mixed district of residential and company premises). All the activities are organized introvertedly on the site. The carpark and truck arrivals are organized within the premises so as to avoid blocking the adjacent streets.
The principle of the architecture work and the interior decor
With the exception of the entrance pavilion, the "symbol of the Company", all the buildings, including the workshops, the exhibition room and the apartments, have been renovated in a spirit of discretion.
The entire structure is edged with gardens and plantations so that it constitutes an island of green serenity in the flux of time.
The interior decor of the exhibition rooms is also in keeping with the image of the company which endeavours to endure through all the passing trends and fashions and offer its clientele an atmosphere which is warm and friendly but also in keeping with the prestigious image of its products.

Olivier DE MOT et Jean François LEHEMBRE (ATLANTE sprl) (Bruxelles) Gabriele TAGLIAVENTI et ASSOCIÉS (Bologne) Michel LELOUP et Marc HEENE (ATELIER 55) (Bruxelles) Sylvie ASSASSIN et Barthélémy DUMONS (Barcelone) Philippe GISCLARD et Nathalie PRAT (Toulouse) Jean-Philippe GARRIC et Valérie NEGRE (Paris) Javier CENICACELAYA et Inigo SALONA (Bilbao) Liam O'CONNOR et John ROBINS (Londres) Joseph ALTUNA et Marie-Laure PETIT (Tours)

F RECONSTRUCTION D'UNE RUE HISTORIQUE **P 178**

En 1989, AG 1824, membre du groupe Fortis, important investisseur immobilier de la capitale belge, décide de reconstruire partiellement la rue de Laeken, une des rues les plus anciennes du centre de Bruxelles : une dizaine de maisons mitoyennes s'aligneront à la périphérie d'un îlot où se mélangeront, au terme des travaux, logements, commerces et bureaux autour d'un grand jardin central.
L'opération est inédite : elle propose non seulement une nouvelle manière de concevoir l'habitat au centre de la ville mais, surtout, elle associe sept bureaux de jeunes architectes européens qui ont été sélectionnés au terme d'un concours organisé en 1989 par la Fondation pour l'Architecture.
La coordination générale et la mise en exécution de l'ensemble de l'opération ont été confiées au bureau d'architecture ATLANTE, lien permanent entre les lauréats du concours, le maître d'ouvrage, les autorités publiques et l'entreprise de construction.
L'oeuvre achevée en 1994 montre les particularismes propres aux origines des architectes, intégrés dans un ensemble typiquement bruxellois. Ainsi, les Basques soulignent le rez-de-chaussée de leur immeuble par une puissante arcature comme celles des maisons-palais de leurs provinces; les Toulousains apportent le souvenir de proportions monumentales des grandes façades en briques de leur ville; les Anglais soignent les détails dans les menuiseries; les Bruxellois élèvent une maison étroite où l'organisation intérieure renvoie à une fluidité des espaces déjà imaginée par Victor Horta; l'Emilie articule l'angle de la rue par un couronnement baroque qui abrite un appartement en duplex.
La reconstruction de la rue de Laeken contribue non seulement à la revitalisation d'un quartier difficile du centre de la ville mais aussi, plus généralement à l'embellissement de la ville. Cette opération-laboratoire évoque la rencontre des cultures, elle invite à d'autres recherches sur le thème de la rue et donne à réfléchir sur l'évolution du concept de l'habitat urbain.

N VERBOUWING VAN EEN HISTORISCHE STRAAT **P 178**

In 1989 besloot AG 1824, lid van de Groep Fortis, een belangrijk vastgoedinvesteerder in de Belgische hoofdstad, tot een gedeeltelijke wederopbouw van de Lakensestraat, één van de oudste straten uit het Brusselse centrum : bedoeling was een tiental rijhuizen op te trekken aan de rand van een blok waar woon-, handels- en kantoorruimte elkaar moesten vinden rondom een grote centrale tuin.
Het opzet van de operatie was uniek : niet alleen ging het hier om een nieuwe benadering van de woonfunctie in het stadscentrum, maar bovendien zouden zeven jonge Europese architecten samenwerken aan dit project. Zij werden geselecteerd na afloop van een wedstrijd die in 1989 door de Fondation pour l'Architecture op touw was gezet.
De algemene coördinatie en de uitvoering van de hele operatie werden toevertrouwd aan architectuurbureau ATLANTE, dat een permanente verbinding moest vormen tussen de winnaars van de wedstrijd, de bouwheer, de overheid en de aannemer.
In 1994 waren de werken achter de rug. Het resultaat geeft blijk van de specificiteiten die inherent zijn aan de herkomst van de diverse architecten, en die werden geïntegreerd in een typisch Brussels geheel. De Basken bijvoorbeeld benadrukken het gelijkvloers van hun gebouw via een opvallende rij boogjes zoals we die ook aantreffen op de landhuizen in hun vaderland; de architecten uit Toulouse evoceren de monumentale verhoudingen van de grote bakstenen gevels uit hun thuisstad; de Engelsen hebben speciale aandacht voor de details van hun ramen en deuren; de Brusselaars bouwen een smal huis waarvan de indeling doet denken aan de vervloeiende ruimten zoals Horta die bedacht; de Italianen uit Emilia sieren de straathoek met de barokke kroonlijst van een tweeverdiepingenflat.
De wederopbouw van de Lakensestraat draagt niet alleen bij tot de verlevendiging van een "moeilijke" wijk in het stadscentrum maar in het algemeen ook tot een verfraaiing van de stad. Dit proefproject verwijst naar de ontmoeting van verschillende culturen en nodigt uit tot nieuwe experimenten met het straat-thema. In elk geval is het de aanzet tot een discussie over de toekomst van de stedelijke woonruimte.

E RECONSTRUCTION OF AN HISTORICAL STREET **P 178**

In 1989, AG 1824, a member of the Fortis Group, an important real estate investor in the Belgian capital, decided to partly rebuild the rue de Laeken, one of the oldest streets in the centre of Brussels. According to the project, around ten adjacent houses would run along the periphery of a block. In terms of work, the project would intermingle accommodation units, commercial units and offices around a large central garden.
The operation is something completely novel, offering not only a new conception of the habitat in the centre of the city but, more importantly, it sets up a partnership between seven offices of young European architects who were selected through a competition organized in 1989 by the Fondation pour l'Architecture.
The general coordination and execution of the entire operation was entrusted to the architect's office ATLANTE, which acts as the permanent contact-point between the prizewinners, the owner, the public authorities and the construction firm.
The work, which was completed in 1994, demonstrates the specificities inherent to the origins of the architects integrated within a finished product typical of Brussels. For example, the Basques individualized the ground floor of their building with a strikingly solid archway reminiscent of those to be found on the "palace" houses in their home provinces. The contribution made by the Toulousains reproduces the monumental proportions of the imposing brick facades found in their city. The English contribution was marked by painstaking care of the doors and windows. The Brussels contingent built a narrow house where the interior layout echoes the fluidity of space as conceived formerly by Victor Horta. The Emilie forms the corner of the street with a Baroque crown over a split-level apartment.
The rebuilding of the rue de Laeken contributes not only to the revitalization of a "difficult" neighbourhood in the centre of the city but also more generally to the embellishment of the city itself.
This "laboratory" project celebrates the meeting of cultures, opens the door to other research projects on the theme of the street and invites reflection on the development of the concept of the urban habitat.

ATELIER D'ARCHITECTURE DE GENVAL

F BUREAUX ET ATRIUM "ESPACE BEAULIEU" **P 102**

L'Espace Beaulieu, déterminé par la courbure de la voie routière qui longe le terrain, constitue un écran de protection pour l'habitat du quartier des Pêcheries.
Six entités fonctionnelles, pouvant être autonomes, sont réparties en polygone très tendu de part et d'autre d'une rue intérieure de distribution, longue de 250 mètres.
Les escaliers et ascenseurs panoramiques rythment cette grande circulation commune, traitée en espace d'agrément végétal abondamment éclairé par sa grande verrière.

N KANTOREN EN ATRIUM "ESPACE BEAULIEU" **P 102**

De Espace Beaulieu, afgebakend door de bocht van de weg die langsheen het terrein loopt, vormt een buffer voor de woonfunctie van de Visserij-wijk.
Zes functionele entiteiten die desgevallend autonoom kunnen blijven, zijn er verspreid over een uitgestrekte veelhoek, langs weerszijden van een 250 meter lange binnenweg.
Trappen en panoramische liften bepalen het aangezicht van deze grote gemeenschappelijke doorstromingsruimte, met een plantenversiering die overvloedig licht krijgt dankzij de grote glaspartij.

E OFFICES AND ATRIUM "ESPACE BEAULIEU" **P 102**

The Espace Beaulieu, which is determined by the curve of the road which runs along the site, constitutes a protective screen for the private habitat in the "Pêcheries" area.
Six functional entities, which can be autonomous, are distributed within a very tight polygon shape on either side of the 250-metre long internal distribution street.
The panoramic stairways and elevators set the rhythm of this large shared traffic area which is designed as a decorative pleasure garden with lighting provided abundantly by its large glass canopy.

Bernard BAINES

F ATELIER ET HABITATION **P 190**

Situé à l'angle de deux avenues, le bâtiment occupe quasi l'entièreté de la surface de la parcelle. Il abrite un très grand studio de photo au rez-de-chaussée et l'appartement du photographe au niveau supérieur. La difficulté principale consistait à intégrer l'énorme volume du studio de photo (10 m x 20 m x 5 m de hauteur) dans le tissu urbain composé ici de modestes maisons mitoyennes.
Deux artifices aidèrent à résoudre ce problème :
a. Grouper le long de l'avenue principale tous les petits locaux de services nécessaires au bon fonctionnement du studio ainsi que les espaces de circulation, causant ainsi l'animation de la façade par percement de diverses petites fenêtres.
b. Ligner et rythmer les murs de façade par le dessin de deux briques : l'une sablée et plus claire, l'autre rugueuse et plus foncée.
Les différentes pièces de l'appartement sont groupées autour d'une grande terrasse en bois orientée sud et ouverte sur l'arrière de l'îlot.

N ATELIER EN WONING **P 190**

Het gebouw is gelegen op de hoek van twee lanen en neemt nagenoeg de hele perceeloppervlakte in beslag. Het biedt onderdak aan een zeer grote fotostudio op het gelijkvloers en het appartement van de fotograaf op de bovenverdieping. Het grootste probleem was de integratie van het enorme volume van de fotostudio (10 m x 20 m x 5 m hoog) in het stadslandschap, dat hier voornamelijk bestaat uit bescheiden rijwoningen.
Twee ingrepen hielpen dit probleem oplossen :
a. Langs de grootste laan werden alle kleine dienstlokalen gegroepeerd die nodig zijn voor de goede werking van de studio, samen met de doorstromingsruimten. Dat zorgde voor een verlevendiging van de gevel aan de hand van verschillende kleine vensters.
b. De gevelmuren kregen een lijnenspel en een eigen ritme mee dankzij het gebruik van twee stenen : een lichte, gezandstraalde steen en een donkerder, ruwe steen.
De verschillende vertrekken van het appartement zijn gegroepeerd rond een groot houten terras, gericht op het zuiden en uitgevend op de achterzijde van het huizenblok

E WORKSHOP AND PRIVATE ACCOMODATION **P 190**

Located at the corner of two avenues, the building occupies virtually the whole of the site. It contains a very spacious photographer's studio on the ground floor and the photographer's apartment on the upper floor. The main difficulty resides in integrating the enormous volume of the photographer's studio (10 m x 20 m x 5 m in height) into the urban fabric composed here of unassuming adjoining houses.

Two artifices were used to solve this problem:
a. Grouping along the main avenue all the little service rooms required for the operation of the studio as well as the circulation zones, thus bringing the facade to life by forming a number of little windows.
b. Creating an alignment and rhythm of facade walls through a pattern formed with two types of brick: one light and sandy, the other dark and rough.
The various rooms of the apartment are grouped around a large wooden terrace facing south and opening out onto the rear of the block.

Olivier BASTIN

F RESTAURANT "LE YEN" P 60

LE YEN, un restaurant vietnamien à Bruxelles. (Essai de transcription d'une culture asiatique, au travers d'une mise en oeuvre occidentale).
AU DELA,
- de l'analyse topographique du parcellaire existant, de ses six mètres d'espace entre mitoyens et ses trois pièces en enfilade,...
- d'un décalage d'axe pour répondre à une meilleure occupation du sol,...
- du "jeu subtil et délicat de la lumière sur les volumes" par un travail précis en coupe,...
- du plaisir et de la nécessité de soigner le détail d'exécution,...
- d'un certain "brutalisme" dans la confrontation des matériaux,...
IL Y A SURTOUT
- le maintien du "doute" en Architecture, sans chercher à se sécuriser par quelque théorie trompeuse ou trop cloisonnée,...
- la "soumission" de cette fragilité au regard sensible et critique de trois artistes plasticiens (Edith Dekindt, Jean-Claude Saudoyez, Marc Feulien),...
- le mélange intime de leur vision et leur pratique à la composition architecturale,...
AFIN QUE,
au bout du compte, réagisse l'imaginaire du public qui aura l'occasion de pratiquer l'espace une fois construit.
"PÉNÉTRER LE TABLEAU", en quelque sorte.

N RESTAURANT "DE YEN" P 60

LE YEN, een Vietnamees restaurant in Brussel. (Poging om een Aziatische cultuur via een westerse interpretatie tot leven te brengen.)
LOS VAN
- de topografische analyse van de bestaande perceelcontext, met een pandbreedte van zes meter en drie achtereenvolgende kamers,
- een asverschuiving met het oog op een betere oppervlaktebenutting,
- het "subtiele en delicate spel van het licht met de volumes", via een precieze indeling,
- de genoegens en de noodzaak van een verzorgde uitvoering tot in de details,
- een zeker "brutalisme" bij de confrontatie van verschillende materialen,
IS ER VOORAL
- het behoud van de "twijfel" in de Architectuur, zonder streven naar geruststelling op basis van een bedrieglijke theorie of een overdreven hokjesgeest,
- de "onderwerping" van deze kwetsbare opstelling aan de gevoelige en kritische blik van drie plastisch kunstenaars (Edith Dekindt, Jean-Claude Saudoyez, Marc Feulien),
- de intieme vermenging van hun visie op (en hun benadering van) de architecturale compositie,
TEN EINDE
achteraf een reactie uit te lokken van de verbeeldingswereld van het publiek, dat de gelegenheid krijgt om de ruimte te proeven als ze eenmaal klaar is.

Kortom, "GET THE PICTURE".

E RESTAURANT "THE YEN" P 60

LE YEN, a Vietnamese restaurant in Brussels. (Experiment in the transcription of Asian culture through Western building techniques).
THE AIMS
- the topographical analysis of the existing site, its six metres of space between party walls and its three rooms set in a straight line,...
- the shifting of the central axis to enable better floor occupation,...
- the "subtle and delicate play of light on the volumes" through precise sectioning,...
- the pleasure and the need to painstakingly form each detail,...
- a certain "brutalism" in the confrontation of materials,...
THE MAIN CONCEPTS
- the need to maintain a sense of "doubt" in architecture, without seeking the false refuge of an illusory theory or excessive partitioning,...
- the "submission" of this fragility to the sensitive and critical eye of three plastic artists (Edith Dekindt, Jean-Claude Saudoyez, Marc Feulien),...
- the intimate intermingling of their vision and their practical approach to architecture composition,...
THE RESULT
the imagination of the public will ultimately have adequate scope to react as they use the space once constructed.
The idea is, so to speak, to "STEP INTO THE PAINTING".

Claire BATAILLE, Paul IBENS

F AMENAGEMENT DE BUREAUX P 150

Restructuration d'un étage d'un immeuble de bureaux. Le client avait demandé un décor qui montre dynamisme et modernité.
Le programme était relativement simple :
- une salle d'attente assez grande
- le bureau du directeur en contact direct et visuel avec sa secrétaire;
- une salle de réunion polyvalente avec cuisine;
- les autres bureaux.
Le granit utilisé est typique de même que la fenêtre donnant sur un espace bleu derrière le mur courbe.

N KANTOORINRICHTING P 150

Herinrichting van een verdieping van een kantoorgebouw. De klant vroeg om een interieur waaruit dynamisme en moderniteit sprak.
Het programma was relatief eenvoudig :
- een vrij grote wachtruimte,
- het kantoor van de directeur, in rechtstreeks visueel contact met de secretaresse,
- een polyvalente vergaderzaal met keuken,
- de overige kantoren.
Typisch zijn het gebruikte graniet en, achter de welving van de muur, het raam dat uitgeeft op een blauwe ruimte.

E OFFICE DESIGN P 150

Reconstruction of one floor of an office block. The client had asked for an interior suggesting dynamism and modernity.
The project was relatively simple :
- a rather spacious waiting room,
- the director's office with direct visual contact with his secretary;
- a polyvalent meeting room with kitchen;
- the other offices.

The typical features are the use of granite and, behind the curved wall, the window overlooking a blue space.

Marc BELDERBOS

F CABINET MEDICAL ET LOGEMENTS P 204

Ce bâtiment produit l'idée ouverte d'un prolongement construit de la terre.
Il apparaît par des murs strictement construits, de manière sédimentaire, avec de grandes pierres de carrière.
Le plan se montre comme une construction illusive de tout le réel. Au sud, deux murs et une rangée de colonnes se placent à bonne distance de part et d'autre d'un pli. A l'est une façade en forme de U sert de bouchon pour tenir le système ensemble.
Il n'y a pas de lieu fermé, en forme de chambre par exemple, dans ce bâtiment. Celui qui est là vit derrière des murs dans une sorte de refuge creux à bonne distance du réel.

N DOKTERSPRAKTIJK EN WOONRUIMTE P 204

Het gebouw is een verdere opbouw van de aarde.
Als de bovenste laag van de opeenvolgende lagen van de aardkorst.
Het plan toont zich als een "illusive" opbouw van heel het reële. Tegen het zuiden, twee muren en een rij kolonnen op goede afstand geplaatst zijn aan beide kanten van een vouw. Naar het oosten is er een gevel in U-vorm, om het systeem samen te houden.
Men ziet geen gesloten ruimte in de vorm van een kamer in dit gebouw. Wie er woont, leeft achter muren in een soort holte, op veilige afstand van het reële.

E DOCTOR'S PRACTICE AND ACCOMODATION P 204

The building is an extension of the composition of the earth.
It has a sedimentary semblance due to the strictly built walls, made of large quarry stones.
The plan proves to be an "illusory" composition of everything that's real.
Facing the south, there are, at a fair distance, two walls in a row of columns situated on both sides of a fold. Facing the east is a U-form fascia, to hold the system together.
In this building one does not see any enclosed space like a room. The people who live there live behind walls in a sort of hollow, at a safe distance from what is real.

Pierre BLONDEL

F RENOVATION IMMEUBLE A APPARTEMENTS P 210

L'immeuble était un ancien hôtel des postes, converti en immeuble de rapport probablement dans les années '30, occupant la quasi-totalité de la parcelle, il ne s'éclaire que sur la rue et sur une cour sordide de base carrée de 10 mètres de côté et d'une hauteur de 18 mètres.
Le travail de rénovation va consister à conserver la structure générale du bâtiment (façades, murs porteurs, plancher) mais en améliorant le gros-oeuvre partout où nécessaire.
L'attention est particulièrement portée aux communs et surtout à la cour qui d'élément sordide devient le moteur du projet. Recouverte d'une verrière ventilée, munie de nombreuses coursives et balcons, elle doit être le centre d'une vie qui favoriserait les échanges tout en conservant cependant l'intimité. La lumière est amenée par tous les moyens : la corniche, trop saillante, est intégrée aux murs, certaines coursives sont conçues en éléments de briques de verre, d'autres en bois ajouré.
Les logements sont le plus varié possible. Sur 18 appartements, 10 modèles différent totalement. Les deux derniers étages sont occupés par des duplex sur plan inversé : les chambres en bas et les pièces de jour en haut avec terrasse au-dessus de la verrière.
Au rez-de-chaussée, la cour et les halls pourront être une prolongation de l'espace public, autour desquels s'organiseront bureaux ou commerces. En dégageant le plafonnage, un fragment de mur de la première enceinte de Bruxelles a été découvert, celui-ci a été laissé à nu et mis en valeur par un éclairage zénithal.
Les architectes ont manoeuvré à l'intérieur d'un budget extrêmement étroit pour cet immeuble destiné à la location : finition simple, équipement standard, le seul luxe est celui de la qualité des espaces communs et privés.

N RENOVATIE FLATGEBOUW P 210

Het gebouw was vroeger een postkantoor en werd - vermoedelijk in de jaren '30 - omgebouwd tot herenhuis. Het neemt nagenoeg het hele perceel in beslag en krijgt alleen licht van de straat en van een verwaarloosde vierkante binnenplaats met een zijde van 10 meter en een hoogte van 18 meter.
De renovatie bestaat erin de algemene structuur van het gebouw te behouden (gevels, draagmuren, zolderingen) maar de ruwbouw waar nodig te verbeteren.
Speciale aandacht gaat uit naar de gemeenschappelijke ruimten, en met name naar de binnenplaats die de grote bezieler van het project moet worden. Overdekt met een geventileerde glaskap en voorzien van tal van gangen en erkers moet zij in het centrum komen te staan van een geheel dat de uitwisseling bevordert zonder de intimiteit in het gedrang te brengen. Langs alle kanten wordt licht aangevoerd : de daklijst, die te ver uitsteekt, wordt in de muren ingewerkt, sommige gangen worden gedeeltelijk uitgevoerd in glasstenen, andere in opengewerkt hout.
De woonruimten worden zo gevarieerd mogelijk gemaakt. Van de 18 flats zijn 10 modellen totaal anders. De twee hoogste verdiepingen worden ingenomen door omgekeerde tweeverdiepingenflats, met de slaapkamers beneden en de woonverblijven boven, met een terras dat uitsteekt boven de glaskap.
Op het gelijkvloers kunnen de binnenplaats en de halls een verlenging vormen van de openbare ruimte, met daaromheen kantoren of winkels. Bij het vrijmaken van de plafonnering werd een stuk van de eerste omwalling van Brussel blootgelegd. Het is in de renovatie geïntegreerd en wordt benadrukt door een verlichting van bovenaf.
De architecten moesten werken met een zeer krap budget voor dit huurpand : eenvoudige afwerking, standaard uitrusting. De enige luxe is de kwaliteit van de gemeenschappelijke en de privéruimten.

E RENOVATION OF AN APARTMENT BUILDING P 210

This was a former post office building converted - probably in the 1930s - into residential property. It occupies virtually all the land, and the only views are over the street and over a sordid square courtyard measuring 10 metres with a height of 18 metres.

The renovation work consists of preserving the general structure of the building (facades, bearing walls, floor) while improving the shell construction wherever necessary.
Particular attention is given to the shared areas. More particularly, the courtyard is no longer the sordid feature it was but the focus of the project. It is covered over by a ventilated glass canopy, and features numerous connecting walkways and balconies. It is to be the centre of the life of the building, fostering exchanges while preserving intimacy. The light is directed by all possible means : the cornice, which was protruding excessively, is integrated into the walls, while certain connecting walkways are formed using elements of glass bricks, others using openwork wood. The accommodation units are as varied as possible. 10 out of 18 apartments are totally different. The two top floors are occupied by an inverted split-level apartment : the bedrooms downstairs and the day rooms upstairs with a terrace overlooking the glass canopy.
On the ground floor, the courtyard and the halls can act as an extension of the public space, around which the offices or commercial units will be organized. While clearing the ceiling, a fragment of the first wall of Brussels was discovered. It has been left bare and placed under enhancing zenith lighting.
The architects have manoeuvred within a shoestring budget for this building which is to be rented : no-frills finishings and standard fittings, the only luxury being the quality of the shared and private spaces.

F IMMEUBLE A APPARTEMENTS "MOGADOR" P 212

L'immeuble avant rénovation.
Le bâtiment a été construit dans les années 30 : un orphelinat : briques brunes, pièces austères, lumière pauvre; dans les dortoirs les allèges sont à 1 mètres 50, seul le surveillant a accès à la vue. Les services, au sous-sol, sont reliés au réfectoire et aux dortoirs par un escalier sordide, une fausse toiture à mansarde à large débordant recouvre le tout. Extérieurement, toute forme de décoration ou d'élément architectural intéressant est absente : l'arrière de l'immeuble d'une profondeur plus grande que ses voisins fait l'effet d'un bloc dans un jardin.
L'immeuble, transformé pour abriter des chambres d'étudiants, a été ensuite abandonné, puis squatté.
Rénovation de l'immeuble.
N'ayant pas de qualité à préserver, celle-ci s'organise autour des avantages du site : grand jardin à l'arrière (niveau -1) bonne orientation, vues extraordinaires sur l'îlot et sur la ville.
En gardant la majorité des murs porteurs et planchers, la rénovation détruit le bloc, par addition au -1 et au rez, par soustractions de plus en plus importantes en s'élevant : des espaces extérieurs en terrasses se créent alors en prolongation des séjours au Sud.
Les appartements du bas sont traités en duplex : un espace à double hauteur relie le niveau jardin (jour, hauteur sous plafond 2 mètres 40) au niveau rue (nuit). Les appartements du 1er et 2ème sont traversants : le plan insiste par des perspectives internes sur la profondeur naturelle du bâti, plus de 25 mètres. Les appartements supérieurs sont également en duplex. Les espaces communs sont entièrement repensés : l'accès est traité en séquences contrastées.
L'escalier de secours est réuni aux paliers d'accès dans un grand puits de lumière central (après des discussions toutes en nuances avec le service de prévention incendie).
des éléments en brique de verre relient ce puits aux dégagements des appartements.
Le jour, la lumière issue de la verrière est ainsi redistribuée à l'intérieur et la nuit, la lumière artificielle des dégagements anime la cage d'escalier.
Par l'enduit et la ferronnerie, l'immeuble se souvient du passé de l'avenue Coghen (1925); les détails de cheminée, de terrasses, de rambarde, de brique de verre, de portes et de boîtes aux lettres sont spécialement dessinés pour l'immeuble dans cet esprit.
Cette rénovation est une promotion destinée à la vente : le budget est extrêmement limité, la rénovation s'est effectuée à l'intérieur du cadre structurel de l'édifice avec des finitions simples.

N FLATGEBOUW "MOGADOR" P 212

Het gebouw vóór renovatie.
Het gebouw werd in de jaren '30 opgetrokken als weeshuis : bruine steen, sobere kamers, schrale verlichting. In de slaapzalen zijn de vensterbanken 1 m50 hoog, alleen de surveillant kan naar buiten kijken. De technische lokalen in de kelderverdieping staan met de refter en de slaapzalen in verbinding via een smerig trappehuis, bovenaan is er een vals mansardedak met groot overstek. Aan de buitenzijde ontbreekt elk spoor van enige versiering of interessant architecturaal element : het gebouw, dat een grotere diepte heeft dan die op de belendende percelen, geeft aan de achterzijde de indruk van een blok in een tuin.
Nadat het was verbouwd om onderdak te geven aan studentenkamers, kwam het gebouw eerst leeg te staan en werd het later gekraakt.
Renovatie van het gebouw.
Omdat er met weinig kwaliteiten rekening moest worden gehouden, speelt de renovatie vooral in op de voordelen van het terrein : grote tuin achteraan (niveau -1), goede oriëntatie, uitstekend zicht op het huizenblok en de stad.
De meeste draagmuren en zolderingen bleven bewaard, maar het blok als dusdanig werd ontmanteld : de kelderverdieping en het gelijkvloers werden vergroot, de bovenverdiepingen stapsgewijs verkleind, zodat de woonruimten op het zuiden worden verlengd met terrasstructuren buiten.
Onderaan kwamen tweeverdiepingenflats tot stand : een ruimte met dubbele hoogte verbindt de tuinverdieping (woonfunctie, vrije hoogte 2 m40) met het gelijkvloers (slaapfunctie). De flats op de 1ste en 2de verdieping spelen via interne perspectieven in op de natuurlijke diepte van het gebouw : meer dan 25 meter. Daarboven komen opnieuw tweeverdiepingenflats. De gemeenschappelijke ruimten werden volledig herwerkt, met een toegang in contrasterende opeenvolgingen.
De noodtrap verbindt de overloop van de diverse verdiepingen in een centrale lichtkoker (na uitvoerig overleg met de dienst brandpreventie). Deze lichtkoker staat via elementen in glassteen in verbinding met de gangen naar de appartementen. Overdag wordt het licht dat via de glaskap naar binnen stroomt dus optimaal verdeeld, terwijl 's nachts het kunstlicht in de gangen het trappehuis verlicht.
De bepleistering en het siersmeedwerk doen denken aan het verleden van de Coghenlaan (1925). Details in verband met de schoorsteen, de terrassen, de balustraden, de glasstenen, de deuren en de brievenbussen werden speciaal in die sfeer voor dit gebouw ontworpen.
Deze renovatie is een project met het oog op verkoop : het budget is erg beperkt, en de renovatie vond plaats binnen het structurele kader van het gebouw, met eenvoudige afwerkingen.

E APARTMENT BUILDING "MOGADOR" P 212

The building before renovation.
The building was constructed in the 1930s. It was an orphanage with brown bricks, austere rooms and poor lighting. In the dormitories, the window parapets were placed 1 metre 50 from the ground, and only the supervisor had a view. The services, in the basement, were connected to the cafeteria and to the dormitories by a sordid staircase. A false attic roof with a wide overhang covered the entire building. In the outside, there was a total absence of any form of decoration or interesting architectural feature. At the rear of the building, which is much deeper than the adjacent buildings, the effect is of an oasis in a garden.
The building was converted to make rooms for students, then abandoned and later occupied by squatters.
Renovation of the building.
Having no particular quality to preserve, the renovation work is organized around the advantages offered by the site : the large garden at the back (level -1), good orientation and extraordinary views of the block and the city.
Keeping most of the bearing walls and floors, the renovation work effectively destroyed the block by adding to level -1 and the ground floor, with greater and greater subtractions the higher the built gets. Exterior spaces were then created on terraces extending the South living rooms.
The apartments on the ground floor are split-level. A double-height space connects the garden level (day, height under ceiling 2 metres 40) to the street level (night). The apartments on the first and second floor traverse the building : the plan emphasizes the natural depth of the building (more than 25 metres) by means of interior perspectives. The shared areas were completely redesigned : access is arranged in contrasting sequences.
The fire escape is connected to the access landing in a large central well of light (after highly discrete discussions with the fire prevention service). Glass brick elements connect this well of light to the halls with the entrance doors to the apartments. During the daytime, the light from the glass canopy is thus redistributed inside the building, while at night the artificial light from the halls illuminates the stairwell.
Through the use of plasterwork and wrought iron, the building returns to the 1925 era of the avenue Coghen. The details of the chimney, the terraces, the railings, the glass bricks for the door and letterbox were specially designed for the building to create this effect.
This renovation is a development intended for sale : the budget is extremely limited, and the renovation work was carried out within the structural framework of the building with simple finishings.

Pierre BLONDEL, Christian RENCHON

F BUREAUX "BANANA SPLIT" P 104

Situation.
Les architectes sont intervenus dès le départ dans le choix du terrain.
Il s'agit d'un ensemble de bâtiments industriels en ruine comprenant 2 maisons à front de rue et 3 entrepôts remplissant l'intérieur de l'îlot, dans un quartier abritant une population à majorité immigrée de Schaerbeek.
Architecture.
La première démarche a consisté à supprimer les annexes de l'ancien entrepôt pour les remplacer par une cour et par un espace vert, ensuite d'ouvrir l'entrepôt sur l'intérieur de l'îlot pour éviter de constituer une cellule refermée sur elle-même.
La structure initiale du bâtiment, constituée de massifs carrés en maçonnerie d'un mètre de côté a été maintenue et surélevée, le mitoyen aveugle en partie Nord a été également conservé ainsi que le plancher en béton préfabriqué du 1er étage.
Les maisons à front de rue devaient contenir les salles de montage. Elles ont été démolies en cours de projet et seront reconstruites ultérieurement.
Les architectes regrettent la situation ainsi créée qui rend visible le pignon de l'entrepôt depuis la rue, qui aurait dû être découvert après le passage du porche.
Lumière.
Du fait de la profondeur du bâtiment et de la présence d'un mitoyen aveugle, l'attention a été particulièrement portée sur la redistribution de la lumière naturelle dans les locaux.
Un puits central de lumière a été créé au centre du bâtiment, la lumière est rediffusée à travers une série de matériaux transparents ou translucides verticaux et horizontaux serrés, passerelles ajourées, plancher vitré, coupoles, cloisons transparentes ou translucides, anneau central vitré de la table de la salle de réunion, etc.
Détails.
Une série importante de détails a été spécialement dessinée pour ce bâtiment.
- Les cloisons.
- Les passerelles et escaliers en acier rappellent le passé industriel du bâtiment.
- La table de la salle de réunion est dessinée en anneau. Le centre est constitué d'une dalle en verre qui prolonge la lumière vers l'intérieur du bâtiment.
- Les poignées des portes en verre des bureaux sont en inox massif tourné.
- Quelques éléments appartenant au passé de l'entrepôt ont été maintenus, tels que les axes et poulies assurant le fonctionnement des courroies de transmission.

N KANTOREN "BANANA SPLIT" P 104

Context.
De architecten werden van bij het begin betrokken bij de keuze van het terrein.
Het gaat hier om een reeks vervallen industriegebouwen met 2 huizen aan de straatkant en 3 loodsen achteraan het perceel, in een Schaarbeekse wijk met voornamelijk migranten.
Architectuur.
Een eerste stap bestond erin de bijgebouwen van de voormalige loodsen te slopen en te vervangen door een binnenplaats met groenruimte. Vervolgens werd achteraan de verbinding gemaakt tussen de loods en het hart van het blok, om te vermijden dat het geheel teveel op zichzelf besloten zou blijven.
De oorspronkelijke structuur van het gebouw, bestaande uit gemetselde stroken van 1 meter in het vierkant, werd bewaard en opgetrokken. Ook de blinde muur op het noorden bleef behouden, net als de vloer in prefabbeton op de 1ste verdieping.
De huizen aan de straatkant moesten onderdak bieden aan de montagekamers. Ze werden in de loop van de werken gesloopt en zullen later worden heropgebouwd. De architecten betreuren dat als gevolg hiervan de puntgevel van de loods zichtbaar is vanaf de straat. Eigenlijk had deze puntgevel pas te zien mogen zijn na het doorlopen van het portaal.
Licht.
Als gevolg van de diepte van het gebouw en de aanwezigheid van een blinde muur ging speciale aandacht uit naar de verspreiding van het natuurlijke licht in de lokalen. In het midden van het gebouw kwam daarom een centrale lichtkoker, die het licht verspreidt via een combinatie van verticale en horizontale transparante of lichtdoorlatende materialen, opengewerkte verbindingen, een doorschijnende zoldering, lichtkoepels, transparante of lichtdoorlatende tussenwanden, de centrale glazen ring van de tafel in de vergaderzaal, enz...
Details.
Speciaal voor dit gebouw werd een reeks details ontworpen :

- de tussenwanden,
- de verbindingen en trappen in staal, verwijzend naar het industriële verleden van het gebouw,
- de tafel van de vergaderzaal kreeg een ringontwerp. Het midden bestaat uit een glasplaat die het licht naar binnen laat doorstromen,
- de krukken van de glazen kantoordeuren zijn van bewerkt roestvrij staal,
- een aantal elementen van de loods werden behouden, zoals de assen en schijven van de drijfriemen.

E OFFICES "BANANA SPLIT" P 104

Situation.
The architects were involved from the outset in the choice of the site.
This is a group of industrial buildings in ruins consisting of 2 houses on the street and 3 warehouses which occupy the inside of the block in a district inhabited by the mainly immigrant population of Schaerbeek.
Architecture.
The first step was to demolish the annexes of the old warehouse to replace them with a courtyard and a green space, and then to open the warehouse to the inside of the block to avoid having a cell closed on itself.
The initial structure of the building, composed of square masonry blocks one metre wide, was maintained and raised. The blind party wall in the North part was also preserved together with the prefabricated concrete floor on the first level.
The houses facing the street were designed to house the assembly workshops. They were demolished in the course of the project and will be rebuilt at a later date.
The architects find it regrettable that the situation thus created leaves the gable of the warehouse visible from the street, while it could have been left to be discovered after passing through the porchway.
Light.
Given the depth of the building and the presence of a blind party wall, special care was taken with the redistribution of natural sunlight in the rooms.
A central well of light was created in the centre of the building, allowing the light to be diffused through a series of compactly integrated vertical and horizontal transparent or translucent materials, openwork passageways, a glass floor, cupolas, transparent or translucent walls, the central glazed ring of the table in the meeting room, etc.
Details.
An important series of details were specially designed for this building.
- The walls.
- The passageways and stairways, made of steel to recall the building's industrial past.
- The table in the meeting room was made according to a ring-shaped design. The centre of the table is a glass slab which diffuses the light to the inside of the building.
- The handles of the glass doors of the offices are made of solid turned stainless steel.
- A number of the features dating back to the original warehouse have been maintained, such as the shafts and pulleys operating the transmission belts.

Joël CLAISSE

F LOGEMENTS ET GALERIE D'ART PRIVEE P 52

D'abord conçue pour être habitée par une famille bourgeoise, ensuite fragmentée en appartements, finalement abîmée par l'occupation de bureaux. Le nouveau propriétaire décide de réinsérer du logement et d'y adjoindre une dynamique culturelle : une galerie d'art. Celle-ci se répartit sur deux niveaux. Le rez-de-chaussée est un espace clair. Les annexes vétustes sont épurées pour laisser place à un nouveau volume, l'intérieur est sobre et généreux. Le sous-sol tout en contraste est peint en noir anthracite.
Le visiteur est accueilli par deux anciennes pièces. Il pousse la porte, traverse une passerelle surplombant une ancienne citerne d'eau de pluie. Un volume intemporel le surprend avant qu'il ne soit attiré par une baie de lumière s'ouvrant sur le jardin. Jardin composé de 3 thèmes : l'eau, la terre et le feu.
Aux étages, les éléments structurels existants sont peints en blanc, ils retrouvent leur pureté. Une boîte est posée dans chaque logement, regroupant les fonctions techniques : la cuisine, la salle d'eau. L'intervention est simple et minimale.
Respecter le passé, marquer le présent.
Mimi est le nom de l'oeuvre réalisée par Carlos Da Ponte (vache) dans le cadre de l'exposition réalisée dans la galerie.

N WONING EN PRIVEGALERIJ P 52

Het gebouw was eerst bedoeld als gezinswoning voor gegoede burgers, werd dan opgesplitst in appartementen en ten slotte beschadigd bij gebruik als kantoorruimte. De nieuwe eigenaar beslist er opnieuw een woning van te maken, gecombineerd met een culturel dimensie : een kunstgalerij.
De kunstgalerij beslaat twee niveaus. De benedenverdieping is een heldere ruimte. De oude bijgebouwen zijn opgeknapt, zodal een nieuw volume ontstaat, het interieur is ruim en sober. De contrastrijke kelderverdieping krijgt een antracietzwarte kleur.
De bezoeker komt eerst terecht in twee vertrekken met oorspronkelijke inrichting. Hij gaat door een deur, loopt over een bruggetje over een vroegere regenwatertank. Hij staat verrast stil in een ruimte waar de tijd stilstaat, wordt dan aangetrokken door het licht van een glazen deur die op de uit uitgeeft.
In de tuin houden de 3 oerelementen water, aarde en vuur elkaar in evenwicht.
Op de verdiepingen hebben de witgeschilderde structuurelementen hun zuiverheid teruggevonden. In elke woning groepeert een doos alle technische functies : keuken en badkamer. Een eenvoudige, minimale ingreep volstond.
Het heden komst to zijn recht, het verleden wordt geen geweld aangedaan.
Mimi is de naam van het kunstwerk (koe) van Carlos Da Ponte, die tentoonstelt in de galerij.

E ACCOMODATION AND PRIVATE GALLERY P 52

The building was first designed to be occupied by a middle-class family, then divided into apartments and finally damaged through use as office premises. The new owner has decided to convert the building to be used once again for accommodation purposes and to add a cultural dimension : an art gallery. The art gallery is on two levels. The ground floor is a bright space. In total contrast, the basement is painted with black anthracite.
The visitor first enters two original rooms. Having opened the door, he crosses a passageway overlooking an old rainwater tank. A volume of space lost in time seizes his attention before he is attracted by the light of a glass door which opens out onto the garden. The garden is a combination of three elemental themes : water, earth and fire.
On the upper levels, the existing structural elements are painted white to restore their purity. A cabinet is placed in each accommodation unit containing the technical functions : the kitchen and bathroom. The intervention has been simple, even minimal.
Designing for the present does not mean destroying the past.
Mimi is the name of the work created by Carlos Da Ponte (cow) for the exhibition in the gallery.

F RENOVATION ANCIEN COUVENT : CABINET D'AVOCATS P 110

Situé dans un parc le long de l'avenue de Tervuren, cet ancien couvent a été rénové en bureaux.

Toutes les annexes autour du bâtiment d'origine ont été supprimées.

La façade d'origine néo-classique a été conservée pour respecter les impositions urbanistiques dictées par la concertation. En contraste avec ces façades, les circulations verticales, les nouveaux volumes extérieurs et intérieurs sont conçus dans un esprit minimaliste d'une grande rigueur.

Pour des raisons de sécurité incendie et de surcharge, l'ancienne structure en bois a été démolie et remplacée. La nouvelle structure est en béton armé apparent : colonnes, poutres, dalles, escalier. Les hauteurs sous plafond n'ont pas été modifiées. Chape cirée au sol.

Les techniques sont apparentes. L'éclairage artificiel a fait l'objet d'un concept nouveau, économique et original.

Le design des nouveaux luminaires, du mobilier des parties communes et des réceptions, bibliothèque, salle d'attente a été conçu également par Joël Claisse et Associés.

N RENOVATIE VOORMALIG KLOOSTER : ADVOCATENKANTOOR P 110

Gelegen in een park aan de Tervurenlaan, is dit oud klooster gerenoveerd om als kantoor gebruikt te worden.

Alle bijgebouwen werden gesupprimeerd, de originele neo-klassieke gevel werd behouden om te voldoen aan de stedebouwwundige voorschriften, opgelegd door de schoonheidscommissie.

In kontrast met de bestaande gevels, werden de nieuwe ingrepen zowel binnen als buiten ontworpen in een zeer pure en minimalistische sfeer.

Om veiligheidsredenen, werden de oude houten structuren afgebroken en vervangen door een nieuwe structuur in zichtbaar beton (kolommen, baken, vloer, trap...) gladde beton voor de vloer.

De bestaande plafondhoogte werd niet gewijzigd. Alle technieken zijn zichtbaar. De sfeer verlichting is vernieuwend, origineel en goedkoop.

Het meubilair en de verlichtingsarmaturen zowel in de ontvangstruimte, wachtzaal en bibliotheek, werden eveneens ontworpen door Joël Claisse et Associés.

E RENOVATION OF A FORMER CONVENT : LAW FIRM P 110

This former convent located in a park along the avenue de Tervuren has been renovated as an office block.

All the annexes around the original building have been demolished.

The original neo-classical facade has been preserved to respect the city planning dictates imposed under the consultation agreements. In contrast with these facades, the vertical circulation facilities and the new external and internal volumes have been designed in a highly rigorous minimalist spirit.

For reasons of fire safety and overload, the former wooden structure has been demolished and replaced. The new structure is made of outwardly visible reinforced concrete : columns, beams, slabs and stairways. The height under ceilings has not been modified. The floor is a waxed screed.

The technical fittings are surface mounted. The artificial lighting is designed according to a new, economic and original concept.

The design of the new light fittings, the furniture in the shared areas and in the reception areas, libraries and waiting room were also designed by Joël Claisse et Associés.

COOPARCH scrl (Jean de SALLE, Pierre VAN ASSCHE) Jacques-Yves FRATEUR OZON ARCHITECTURE sc (Bernard BAINES, Pierre VAN ASSCHE)

F PROJET DE REAFFECTATION DES ANCIENS "MAGASINS WAUCQUEZ" DE L'ARCHITECTE VICTOR HORTA EN "CENTRE BELGE DE LA BANDE DESSINEE" P 74

La restitution des qualités initiales de l'architecture des Anciens Magasins Waucquez fut accompagnée des transformations et des aménagements nécessaires de l'espace pour les besoins de l'affectation nouvelle. L'observation et l'analyse minutieuse des espaces conçus par Horta ont servi de fil conducteur pour les choix architecturaux à tous les stades du projet. Les éléments architecturaux caractéristiques qui formaient le décor de l'oeuvre d'Horta - mosaïque de sol, vitraux de plafond, ferronneries, escalier monumental en pierre, cloisons menuisées et vitrées - ont été restaurées dans leur aspect d'origine pour autant qu'il fut connu. L'espace a été débarrassé de tous les cloisonnements et autres éléments qui n'étaient pas d'origine, excepté les mezzanines de Veraart. Quant aux transformations à apporter en vue de la nouvelle destination du bâtiment, elles n'étaient nullement négligeables. Il a fallu créer une brasserie avec sa cuisine, une bibliothèque, des bureaux, un local audio-visuel, deux extensions de mezzanines, un local de conférence, des locaux sanitaires et techniques... Tous ces locaux neufs ont dû être placés dans un espace intérieur qui était totalement dégagé à l'origine. Traitées en accord avec la rythmique du bâtiment initial, ces interventions actuelles veulent exprimer une sensibilité contemporaine sans à priori de soumission stylistique, mais sur base d'un choix de matériaux en harmonie avec ceux du bâtiment initial.
Le traitement spatial des constructions nouvelles confirme les caractères de l'architecture et des espaces existants. Ainsi, les locaux nouveaux ont été disposés en périphérie du plan, de manière à retrouver la primauté de l'espace central, et la continuité visuelle de ce bâtiment fait avant tout d'air et de lumière. Dans certains cas, les interventions nouvelles se fondent avec discrétion dans le décor ancien, notamment par la réutilisation de ferronneries ou de menuiseries anciennes réadaptées à un nouvel usage. Le mobilier d'étalage et d'entreposage de tissus a été partiellement récupéré et est replacé dans certains locaux du rez-de-chaussée, après restauration et transformation en vue des nouvelles utilisations (étagères à livres de B.D.). Dans d'autres cas, la présence d'architectures nouvelles est plus franche, mais toujours, un dialogue intime avec l'existant est recherché.
Partout, l'intention est de respecter la hiérarchie des espaces d'origine, l'ordonnance des structures qui les rythment, la continuité visuelle qui les réunit, la lumière et les matériaux qui les qualifient.

N HERINRICHTING VAN DE OUDE "MAGAZIJNEN WAUCQUEZ" VAN ARCHITECT VICTOR HORTA TOT "BELGISCH CENTRUM VAN HET BEELDVERHAAL" P 74

Om de architectuur van de Anciens Magasins Waucquez in eer te herstellen, moest de ruimte worden aangepast en heringericht overeenkomstig de vereisten van de nieuwe bestemming. De nauwkeurige observatie en analyse van de door Horta ontworpen ruimten diende als leidraad voor de architecturale opties bij alle projectfasen. De typische elementen die het decor vormden voor Horta's werk - vloermozaïek, glas-in-lood in het plafond, smeedwerk, monumentale stenen trap, tussenwanden in hout en glas - werden in hun oorspronkelijke staat hersteld, voor zover men die kende. Alle scheidingswanden en andere elementen die niet oorspronkelijk bleken te zijn, werden verwijderd, op de mezzanines van Veraart na.

De aanpassingen met het oog op de nieuwe bestemming van het gebouw waren allesbehalve gering : er moest een café-restaurant met keuken komen, een bibliotheek, kantoren, een audiovisuele ruimte, twee verlengde mezzanines, een vergaderlokaal, sanitaire en technische voorzieningen... Al deze nieuwe lokalen moesten worden ondergebracht in een binnenruimte die aanvankelijk helemaal leeg was. Alle ingrepen sloten aan bij het ritme van het oorspronkelijke gebouw en wilden een hedendaagse gevoeligheid tot uiting brengen, zonder stilistische a priori's maar op basis van een materiaalkeuze die zou harmoniëren met die van vroeger.

De ruimtelijke behandeling van de nieuwe constructies bekrachtigt het karakter van de bestaande architectuur en de bestaande ruimten. De nieuwe lokalen werden aangebracht aan de buitenzijde van het grondplan, zodat de centrale ruimte de aandacht blijft vatten en de visuele continuïteit van licht en lucht niet in het gedrang komt. Hier en daar versmelt de nieuwe omgeving onopvallend met het oude decor, met name dankzij het gebruik van oud smeed- en houtwerk dat een nieuwe bestemming kreeg. Het etalagemeubilair en het meubilair voor het bewaren van de stoffen werd gedeeltelijk gerecupereerd en opnieuw aangebracht in bepaalde lokalen van het gelijkvloers, na restauratie en aanpassing voor de nieuwe bestemming (legplanken voor strips). In andere gevallen is de aanwezigheid van nieuwe architecturale elementen duidelijker, maar altijd werd gestreefd naar een intieme dialoog met het bestaande.

Overal is te zien hoe werd getracht de hiërarchie van de oorspronkelijke ruimten te respecteren, net als de schikking van de structuren die hen bezielen, de visuele continuïteit die hen verbindt, het licht en de materialen die hen karakter geven.

E PROJECT FOR THE TRANSFORMATION OF THE FORMER "WAUCQUEZ SHOPS" BY THE ARCHITECT VICTOR HORTA INTO THE "BELGIAN CARTOON STRIP CENTRE" P 74

The restoration of the original qualities of the architecture of the former Waucquez Stores was accompanied with the transformation and redesign work needed for the purpose of space reallocation. The observation and painstaking analysis of the spaces designed by Horta provided the guidelines for the architectural choices to be made at every stage in the project. The characteristic architectural features which form the decor created by Horta - floor mosaic, ceiling stained glass, ironwork, monumental stone staircase, joinered and glazed partitions - were restored to their original appearance as far as it could be ascertained. The space was cleared of all partitionings and other features which were not original, with the exception of the mezzanines by Veraart.

As for the transformations to be made in line with the new intended use of the building, they were not by any means insignificant. The work involved creating a brasserie with its kitchen, a library, offices, an audiovisual room, two mezzanine extensions, a conference room, toilets and technical rooms... All these new rooms had to be placed within an interior space which was originally one big open area. In keeping with the rhythm of the initial building, the aim of this work is to express a contemporary feel with particular no stylistic a priori, but based on a choice of materials in harmony with those of the original building.

The spatial treatment of the new constructions reinforces the character of the architecture and of the existing spaces. To this end, the new rooms have been arranged peripherally so as to restore the primacy of the central space and the visual continuity of this building which is characterized above all by air and light. In certain cases, the new work blends discreetly into the old decor, notably by the reutilization of old ironwork or door and window fittings suitably updated for their new use. The furniture used to store and display the fabrics has been partly recovered and replaced in certain rooms on the ground floor, after restoration and conversion work in line with their new function (shelves for comic books). In other cases, the new architectural forms take on a more forceful presence, but the constant aim is to establish an intimate dialogue with the existing forms.

The intention throughout is to respect the hierarchy of the original spaces, the arrangement of the structures which serve to create the rhythm of the space, the visual continuity which binds them, and the light and materials which qualify them.

Marc CORBIAU

F RESIDENCE "LEVY" P 184

Séduit par un petit sanctuaire au pied de la pyramide de Djeser, le Maître de l'Ouvrage a formulé le souhait de concevoir une maison aux formes simples et dépouillées.

Ce parti pris, l'Architecte transposa l'alternance de pleins et de creux, d'ombre et de lumière, de l'enceinte de Sakkarah, en créant trois volumes similaires et hiérarchisés liaisonnés par des serres.

Les matériaux retenus sont la pierre pour le parement et le métal pour les châssis et les ferronneries.

Un soin particulier fut porté à l'élaboration des châssis fabriqués, tels des assemblages de poutrelles.

Cette technicité donne une rigueur à la composition de façade et permet d'inonder les intérieurs d'un flot de lumière.

Le plan des aménagements intérieurs se conforme à la netteté et à la simplicité des formes générales de la maison.

N RESIDENTIE "LEVY" P 184

Onder de indruk van een klein heiligdom aan de voet van de piramide van Zoser, gaf de Bouwheer de wens te kennen dat een woning zou worden ontworpen met eenvoudige en sobere vormen.

Vanuit dat uitgangspunt heeft de Architect de afwisseling van massieve constructiedelen en holle ruimten, van licht en schaduw - zoals bij het heiligdom van Sakkara - vorm gegeven in een hiërarchie van drie gelijkaardige volumes die met elkaar in verbinding staan via glaspartijen.

Als materialen werd geopteerd voor stenen parementwerk en metaal voor raam- en deurlijsten en smeedwerk.

Bijzondere zorg ging uit naar de elementen van de gevelstructuur, zoals de balkcombinaties.

Deze techniciteit verleent de gevelcompositie een zekere strakheid, en laat het licht overvloedig binnenstromen.

De inrichting binnenin sluit aan bij de netheid en de eenvoud van de algemene vormen van het huis.

E RESIDENCE "LEVY" P 184

Attracted by the beauty of a small sanctuary at the foot of the Djeser pyramid, the client wanted to design a house graced with simple, unadorned forms.

Based on this design option, the Architect transposed the alternation of full and hollow spaces, of shade and light, of the Sakkarah sanctuary, creating three similar and hierarchical volumes connected by glasshouses.

The materials chosen were stone for the facing work and metal for the window frames and fittings.

Particular care was taken in the fabrication of the window frames such as the assembly of small beams.

This technicity bestows rigour on the composition of the facade and allows the interior spaces of the building to be flooded with light.

The layout of the interior features harmonizes with the purity and simplicity of the general forms of the house.

Jean COSSE, Henri DOYEN, Brigitte DE GROOF, Willy SERNEELS

F ECOLE D'ARCHITECTURE "FORUM ST-LUC" P 144

Une enveloppe extérieure en briques s'appuie sur les fondations des maisons démolies. Deux voiles de béton indépendants portent les planchers des auditoires.

Quatre colonnes reprennent les circulations horizontales vers les différents locaux.

Une percée sur toute la hauteur du mitoyen relie visuellement la rue d'Irlande à l'intérieur de l'îlot.

L'espace vertical résultant organise les liaisons entre niveaux, créant une multitude de lieux qui offrent des vues surprenantes sur les rues, les arbres, les maisons...

A l'angle des rues, le coin coupé par où on pénètre, ouvert sur toute sa hauteur, manifeste l'espace vertical des distributions. Largement dégagé dans le bas, il se resserre en montant pour donner une forme régulière à la toiture.

Pour cela, les assises de briques s'avancent en encorbellement sur le vide, en respectant rigoureusement les lignes de force de la matière...

Le couronnement reçoit la base des portiques portant la couverture; l'élargissement nécessaire de l'articulation entre la verticale et l'oblique est déplacé vers l'extérieur afin de reprendre une large corniche protectrice.

La hauteur du couronnement permet un raccord précis avec les bâtiments voisins, de hauteurs différentes.

N SCHOOL VOOR ARCHITECTUUR : "FORUM SINT LUKAS" P 144

Een mantel in baksteen berust op de fundering van de gesloopte huizen.

Twee onafhankelijke betonconstructies dragen de vloeren van de auditoria.

Vier zuilen leiden de horizontale doorstroming naar de verschillende lokalen. Een doorkijk over de volledige hoogte van de muur verbindt de Ierlandstraat visueel met het binnenste van het huizenblok.

De daaruit ontstane verticale ruimte staat in voor de verbinding tussen de verdiepingen, met een veelheid aan verrassende zichten op de straten, de bomen, de huizen... Waar de straten samenkomen, geeft de afgesneden hoek waarlangs men binnenkomt - open over de volledige hoogte - een kijk op de verticale doorstroming. Onderaan grotendeels vrij wordt hij naar boven toe geleidelijk samengetrokken, met het oog op de regelmatige vorm van het dak.

Daartoe moest de bakstenen onderbouw uitkragen boven de vide, met strikt respect voor de krachtlijnen van de materie.

De kroon integreert de basis van de portalen die het dak dragen; de vereiste verbreding van de koppeling tussen het verticale en het schuine wordt verplaatst naar buiten toe, met het oog op een brede beschermende kroonlijst.

De hoogte van de kroon maakt een harmonieuze verbinding mogelijk met de aanpalende gebouwen, van verschillende hoogte.

E SCHOOL OF ARCHITECTURE : "ST-LUC FORUM" P 144

An external facing of bricks rests on the foundations of the demolished houses.

Two independent concrete structures support the floors of the auditoria.

Four columns assure horizontal circulation to the various rooms.

An aperture reaching the entire height of the party wall forms the visual link between the rue d'Irlande and the inside of the block.

The resulting vertical space organizes the links between the levels, creating a multitude of points offering striking views of streets, trees, houses,...

At the corner of the streets, the oblique corner on which the entrance stands, which is open from top to bottom, exposes the vertical distribution of space. The opening is spacious at the base and narrows as it rises to give a regular shape to the roof. To achieve this, the brickwork supports, form a corbelled structure on the overhang, rigorously respecting the relevant lines of force.

The crown receives the base of the porticos supporting the covering. The broadening required to form the articulation between the vertical and the oblique is displaced to the outside to accommodate a wide protective cornice.

The height of the crown provides a means of forming a precise connection with the adjacent buildings, which are of different heights.

Jean COSSE

F EGLISE SAINTE-ANNE P 148

La construction de la nouvelle église Sainte Anne posait deux types de problèmes :

1. son insertion sur une place ingrate dominée par l'Hôtel de Ville.

2. trouver les valeurs qu'il convient d'exprimer aujourd'hui à travers la forme architecturale d'une église située dans un contexte précis.

Pour apporter ce facteur de calme, de douceur qui manque cruellement à cette place Vanhuffel, il fallait d'abord masquer les immeubles hauts, gris, secs hérissant l'arrière-plan.

Ensuite, établir un dialogue difficile avec un hôtel de ville qui s'impose plus par sa masse que par ses qualités architecturales.

Plutôt qu'un affrontement axial avec celui-ci, c'est une solution subtile qui a été retenue en introduisant un axe d'équilibre par le déboîtement latéral de l'entrée qui trouve sa place entre la verticale du clocher et l'horizontale de l'assemblée.

Un axe secondaire se dessine à partir de la statue de pierre de Sainte Anne provenant de l'ancienne église.

Cet axe se situe au centre de la façade de l'assemblée et forme avec les contreforts nécessaires à la stabilité du mur un réseau de verticales et d'obliques qui conduit le regard vers la statue.

Ainsi, vu de la sortie de l'hôtel de ville, le côté droit de l'église s'inscrit en continuité avec les gabarits, les rythmes, les couleurs des constructions voisines.
Le côté gauche ouvert par la rue Sergijsels propose une articulation au moyen de la verticale du clocher.
Toutes les proportions sont définies par un tracé régulateur basé sur une suite issue du nombre d'Or.
Pour les matériaux, le choix s'est porté sur le bloc de béton coloré dans la masse ! Peu coûteux, mais de bonne qualité, il évoque un appareillage de pierre.

N KERK SINT ANNE — P 148

Bij de bouw van de nieuwe Sint-Annakerk stelden zich twee problemen :
1. de integratie ervan in een ondankbare omgeving, gedomineerd door het stadhuis,
2. het bepalen van de waarden die vandaag moeten worden uitgedrukt via de architectuur van een kerk in een welbepaalde context.
Ten einde het Vanhuffelplein de rust en de sereniteit te geven die er zozeer ontbreekt, moesten eerst en vooral de hoge, grijze, kale gebouwen op de achtergrond aan het oog onttrokken worden.
Vervolgens moest een delicate dialoog tot stand komen met een stadhuis dat zich meer opdringt door zijn massa dan door zijn architecturale kwaliteiten.
Veeleer dan voor een axiale confrontatie werd geopteerd voor een subtiele oplossing, op basis van een nieuw evenwicht : de ingang werd zijwaarts geïntegreerd tussen de verticale as van de klokketoren en de horizontale as van het "kerkschip".
Een secundaire as tekent zich af van bij het beeld van Sint-Anna uit de oude kerk.
Deze as bevindt zich middenin de gevel van het kerkschip en vormt met de steunberen van de muur een netwerk van verticale en schuine krachtlijnen dat de blik naar het beeld richt.
Gezien vanaf het stadhuis zorgt de rechterzijde van de kerk daardoor voor continuïteit met de hoogte, het ritme en de kleur van de aanpalende gebouwen.
De linkerkant, aan de Sergijselsstraat, introduceert een scharnierfunctie via de verticale lijn van de klokketoren.
Alle verhoudingen werden bepaald door een richttracé op basis van een uitvloeisel van de gulden snede.
Voor de materialen viel de keuze op het doorkleurde betonblok, goedkoop maar van goede kwaliteit, dat een steenverband oproept.

E SAINT ANNE'S CHURCH — P 148

The construction of the new church of Sainte Anne posed two different problems :
1. its insertion on an unattractive square dominated by the Town Hall.
2. finding values which can appropriately be expressed in today's world through the architectural form of a church located within a particular setting.
To introduce an element of calm and serenity which is terribly lacking in this place Vanhuffel, the first task was to mask the grey, monotonous buildings towering in the background.
The task was then the difficult one of establishing a dialogue with the Town Hall which was more remarkable in terms of its mass than of its architectural qualities.
Rather than venture an axial confrontation with the Town Hall, a subtle solution was adopted which involved introducing an axis of equilibrium through the lateral dislocation of the entrance which was placed between the vertical axis of the bell tower and the horizontal axis of the assembly.
A secondary axis was formed using the stone statue of Sainte Anne from the old church. This axis is in the centre of the facade of the assembly and forms with the buttresses required for the stability of the wall a network of vertical and oblique lines which directs the gaze towards the statue.
In this way, seen from the exit of the Town Hall, the right hand side of the church forms a continuation of the dimensions, rhythms and colours of the neighbouring constructions.
The left hand side, which opens out onto the rue Sergijsels, creates articulation through the vertical of the bell tower.
All the proportions are defined by a regulating line arranged according to a sequence based on the Golden Number.
The materials chosen for the building were concrete blocks coloured in the mass ! These blocks are inexpensive but of good quality, and they resemble stone facing.

Martine DE MAESENEER

F MAISON "RECTO-VERSO" — P 218

La maison Lambrecht est une maison mitoyenne à Bruxelles, conçue pour un critique d'art et sa famille. L'idée part des deux surfaces de façade. La façade avant est une projection 'recto-verso' de la façade arrière : une intervention conceptuelle. L'idée vient de la maison Citrohan, construite par le jeune Le Corbusier pour le peintre René Guillette à Anvers. Dans la maison de Guillette, les façades avant et arrière sont des répliques symétriques (au lieu de recto-verso) l'une de l'autre. Par conséquent, comme dans la maison d'habitation traditionnelle, le couloir relie le jardin arrière au jardinet avant, ce qui implique une organisation linéaire des espaces.
Dans la maison Lambrecht, toutefois, le principe du recto-verso décourage toute tentative d'organisation linéaire. L'espace se fragmente, la circulation devient giratoire. Apparaissent alors un centre et une périphérie. Le centre est occupé par une structure de placards qui se projette à travers les différents niveaux. Toutes les fonctions y sont liées. De ce fait, le mur extérieur/mitoyen est entièrement libéré et peut devenir porteur "d'art".
Pour prolonger la structure "centrale" de placards (une cellule dans la cellule), on a expérimenté également au niveau du sol, avec une série de structures de plateaux surdimensionnés (une cellule à côté d'une autre); l'une délimite la salle à manger, une autre le pavillon du jardin, une troisième l'auvent de protection pour auto (dans l'avant- projet en tout cas).
Cette nouvelle donnée de structures répétitives, qui se placent à l'extérieur/intérieur/extérieur, crée une relation visuelle entre le jardin arrière et le jardinet avant, proposant ainsi une alternative au couloir de la maison traditionnelle.

N HUIS "RECTO-VERSO" — P 218

Het Lambrecht huis is een rijwoning in Brussel, ontworpen voor een kunstcriticus en zijn familie. Het idee vertrekt vanuit beide gevelvlakken. De oorgevel vormt een 'recto-verso' projectie van de archtergevel : een conceptuele ingreep. Uitgangspunt is het Citrohan huis gebouwd door de jonge Le Corbusier voor de schilder René Guillette in Antwerpen. In het Guillette huis vormen de voorgevel en achtergevel symmetrische (i.p.v. recto verso) replicas van elkaar. Als gevolg zal, analoog aan het traditionele woonhuis, de gang de achteruin met voortuin verbinden, en wat een lineaire organisatie van ruimten impliceert.
In het Lambrechthuis, zal echter het recto-verso principe elke poging tot lineaire organisatie ontmoedigen. De ruimte splijt, circulatie wordt ringvormig. Wat te voorschijn treed is een kern en een buitenrand. De kern wordt ingevuld door een kastenstructuur die doorheen de verschillende niveaus wordt geprojecteerd. Alle functies zijn hieraan verbonden. Hierdoor komt de buiten/gemene muur volledig vrij, als drager van "kunst".
Ter uitbreiding op de "centrale" kastenstructuur (een cel in een cel) werd er ook geëxperimenteerd op grondniveau met een serie overgedimensioneerde tafelstructuren (een cel naast een cel); één markeert de eetkamer, één het tuinpaviljoen, een derde de carport (althans in voorontwerp).
Dit nieuwe gegevan van repetitieve structuren die buiten/binnen/buiten geplaatst zijn, werpen een visuele relatie tussen voor en achtertuin op, als alternatief voor de gang in het traditionele huis !

E HOUSE "RECTO-VERSO" — P 218

The Lambrecht house, a row house in Brussels designed for an art critic and his family, juggles with facades and surfaces. The rear facade forms a "recto-verso" projection of the front facade, an intellectual conceit, in juxtaposition to the Citrohan house built by the young Le Corbusier for the painter René Guillette in Antwerp. In the Guillette house, as with a traditional row house, the front and rear facades are symmetrical (not recto-verso) replicas of each other. Subsequently, as is traditional, an interior corridor links up front and back door and implements in turn a linear organization of spaces.
In the Lambrecht house, the recto-verso treatment discourages any attempt at linear organization. The space splits. Circulation becomes loop-like. The result is a central core and a boundary. The core exists as a cupboard structure which is projected through the various levels. All functions are linked to this while the outer wall is left entirely free for the hanging of works of art.
As an extension of the central cupboard structure (a cell in a cell), an experiment is made on ground level with a series of oversized table structures (a cell next to a cell) : one demarcates the dining room, one the garden pavilion, and one the carport (in the preliminary design).
This datum of cellular repetition positioned out, in and out between back and front garden, asserts a visual relationship as an alternative to the "separate" corridor in the traditional house !

Xavier DE SMEDT, Thierry COLS

F RESTAURANT "LA MANUFACTURE" — P 58

Projet
Rénovation + nouvelles constructions
Programme
Nouvelle affectation d'anciens bâtiments après rénovation.
Maisons "espagnoles" à rue :
- Rez : entrée logements
- 1er et 2e étages : logements
Bâtiments arrières (anciens ateliers) :
- Rez + 1er étage : restaurant
- 2e étage : loft
Nouvelles constructions : cour intérieure - cour de service.
Parti architectural
Création d'un nouvel îlot intérieur qui par des moyens de restructuration architecturale et urbanistique met en vue et en vie d'anciens ateliers abandonnés.
Par sa forte implantation directionnelle, la galerie parallèle joue un triple rôle :
- signal au niveau de la rue
- rotule entre le dedans (ateliers) et le dehors (rue)
- séparation publics/service
Elle devient fausse façade, portique d'entrée s'alignant au gabarit des maisons anciennes. L'ancien et le nouveau s'associent d'une façon volontairement contrastée mais respectueuse.

N RESTAURANT "DE MANUFACTURE" — P 58

Project
Renovatie + nieuwbouw
Programma
Nieuwe bestemming van bestaande gebouwen na renovatie.
"Spaanse" huizen aan de straatkant :
- Gelijkvloers : toegang woonverblijven
- 1ste en 2de verdieping : woonverblijven.
Gebouwen achteraan (voormalige werkplaatsen) :
- Gelijkvloers + 1ste verdieping : restaurant
- 2de verdieping : loft
Nieuwbouw : binnenplaats - dienstruimte.
Architecturaal uitgangspunt
Creatie van een nieuw geheel binnenin het huizenblok dat dankzij architecturale en stedebouwkundige ingrepen een aantal verlaten werkplaatsen in eer herstelt en nieuw leven inblaast.
Door haar krachtige oriënterende inplanting vervult de parallelgalerij een drievoudige rol :
- signaalfunctie ter hoogte van de straat
- scharnier tussen binnen (werkplaatsen) en buiten (straat)
- scheiding gemeenschappelijke ruimten/ dienstruimten
Ze wordt een valse gevel, een toegangsportaal dat aansluit bij het profiel van de vroegere huizen.
Oud en nieuw harmoniëren hier in een bewust contrasterende opstelling die tegelijk blijk geeft van respect.

E RESTAURANT "THE MANUFACTURE" — P 58

Project
Renovation + new constructions
Program
New use of old buildings after renovation.
"Spanish" street houses :
- Ground floor : entrance to residential accommodation
- 1st and 2nd floors : residential accommodation
Rear buildings (former workshops) :
- Ground floor + 1st floor : restaurant
- 2nd floor : loft
New constructions : internal courtyard - tradesmen's yard
Architectural concept
Creation of a new internal block which by means of architectural and city planning restructuring enhances and revitalizes old abandoned workshops.
Through its strong directional orientation, the parallel gallery plays a threefold role :
- signal to the level of the street
- articulation between the inside (workshops) and the outside (street)
- separation between public area and service area
The gallery becomes a false facade, an entrance portico harmonizing in size with the old houses.
The old and the new are blended to create a purposeful but respectful contrast.

Michel DE VISSCHER, Jean GLIBERT

F SIEGE S.R.I.B. — P 134

L'ensemble est constitué de trois corps bâtis, d'époques et de constructions différentes, se

succédant le long d'une entrée cochère menant à une cour étroite. A rue s'élève un ancien hôtel de maître du milieu XIXème, deux bâtiments plus tardifs et plus communs lui faisant suite vers l'arrière. Un caractère disparate était le trait marquant du complexe et appelait une réorganisation substantielle.
Le premier temps des études a consisté en une refonte de la distribution des trois immeubles. La clé de la démarche a été l'introduction d'une donnée programmatique supplémentaire : la création d'une bibliothèque spacieuse (archives vivantes) équipée de manière à favoriser les rencontres et placée au "centre de gravité" de l'ensemble, accessible de tous les services.
L'entrée générale a été placée au fond de la cour. Celle-ci est ainsi partie intégrante de l'accueil, le cheminement d'approche offrant une première vision du principe actif de la couleur. La tâche de départ de Michel de Visscher a donc consisté, "spatialement, à remettre de l'ordre dans la société". La conséquence immédiate, une fois le schéma fonctionnel mis en oeuvre, a été "de mettre une échelle là-dedans", préoccupation qui s'est developpée dans une recherche commune avec Jean Glibert. C'est l'idée de la mire qui a déterminé le concept spatial, complétée de celle d'une espèce de grille de référence entretenant des relations visuelles assez subtiles avec les lambris et les plafonds polychromes à caissons restaurés dans la partie ancienne. La "graduation" des parties colorées, quant à elle, est en rapport étroit avec les niveaux des trois bâtiments.
L'intervention colorée est le contraire d'un ajout. Elle donne son identité à l'architecture et sa définition est inhérente aux qualités des lieux.
(R&M BALAU)

N HOOFDZETEL S.R.I.B. P 134

Het complex omvat drie gebouwen uit verschillende tijden en in een verschillende stijl, gelegen langs een overdekte toegang die naar een smalle binnenplaats leidt. Aan de straatkant : een oud herenhuis uit het midden van de XIXde eeuw. Daarachter twee gewone gebouwen uit een latere tijd. Het geheel gaf een wat chaotische indruk en vroeg om een ingrijpende reorganisatie.
In eerste instantie werd de indeling van de drie gebouwen herdacht. Uitgangspunt daarbij was de introductie van een bijkomend programmatische gegeven : de creatie van een ruime bibliotheek (voor levende archieven) die bevorderlijk zou zijn voor uitwisseling en ontmoeting en die als "zwaartepunt" van het complex vanuit alle diensten toegankelijk zou zijn.
De hoofdingang kwam achteraan de binnenplaats te liggen. Deze maakt aldus wezenlijk deel uit van de onthaalfunctie. De weg naar de ingang biedt tegelijk een eerste kijk op de dragende functie van de kleur. Michel de Visscher kreeg als eerste taak om "ruimtelijke orde te scheppen in het geheel". Het onmiddellijke gevolg daarvan was dat hij, toen het functionele schema eenmaal op punt stond, "een schaal moest integreren".
Daarvoor werkte hij samen met Jean Glibert. Het ruimtelijke concept berust op de waterpasbaak en werd aangevuld met een referentiekader dat subtiele visuele relaties onderhoudt met de lambrizering en de gerestaureerde polychrome caissonzoldering in het oude gedeelte. De "gradering" van de gekleurde delen staat in nauw verband met de niveaus van de drie gebouwen.
De kleurgeving is het tegendeel van een toevoeging. Ze geeft de architectuur haar identiteit, en de definitie ervan is inherent aan de kwaliteit van de omgeving.
(R&M BALAU)

E HEADQUARTERS S.R.I.B. P 134

The property is composed of three structures made at different times and with different constructions arranged in linear fashion along a carriage entrance leading to a narrow courtyard. Overlooking the street is a former family mansion dating from the middle of the 19th century, with behind it further back two more recent and more ordinary buildings. Disparateness was the key note of the complex, and the project involved substantial reorganization.
The first stage of the study consisted of a redistribution of the three buildings. The key to this part of the project was the introduction of an additional organizational feature : the creation of a spacious library (living archives) equipped to encourage encounters and placed in the "centre of gravity" of the complex to make it accessible to all the services.
The general entrance was placed at the back of the courtyard. It consequently becomes an integral part of the reception area, whereby the approach offers an initial vision of the active ingredient (colour). For Michel de Visscher, the first task was thus "in terms of space, to bring order to society". Once the functional framework was in place, the immediate consequence was the need "to incorporate a ladder", an idea which was developed through joint research with Jean Glibert. The idea of the target determined the spatial concept, to which was added a sort of reference grid establishing rather subtle visual links with the panelling and the restored box-type polychromatic ceilings in the old part. The "graduation" of the coloured parts is directly correlated with the levels of the three buildings.
The coloured intervention is not an addition, in fact quite the contrary. It gives the architecture its identity, and its definition is inherent in the qualities of the place.
(R&M BALAU)

Paul DELABY

F IMMEUBLE A APPARTEMENTS P 220

Un immeuble de six logements, bâtard et délabré comme il en existe beaucoup dans la Capitale, dans toute Capitale. Un environnement banal et chaotique : des rez-de-chaussée commerciaux, pléthore de matériaux, de styles ou d'absences de style, d'enseignes,... pas de dominante, pas d'harmonie, peu de caractère. Un lieu "commun" où le mot "intégration", tellement prisé, laisse perplexe. Mais un immeuble d'angle de 5 niveaux, présent par sa masse recouverte de crépi grossier. Au terme rénovation, tout aussi prisé, l'auteur du projet lui préfère le mot "transformation" et refuse le mot "intégration"...ou alors dans un autre sens que celui que prêtent certains conservateurs peu éclairés.
Exhaussé à l'angle, bigarré mais ordonné, découpé par des formes géométriques nettes, l'immeuble s'affirme et redevient lisible. C'est un choix, il aurait pu s'effacer. Il ponctue, maintenant, l'espace de la rue. Le système constructif "lourd" était extrêmement contraignant et offrait peu de possibilités de modifier les espaces. L'auteur du projet a introduit quelques obliques pour dynamiser les espaces sclérosés. Quelques éléments simples en métal et verre, des faux-plafonds avec éclairages encastrés viennent appuyer cette démarche. Les murs sont blancs et les sols recouverts de sisal. Sobre et lumineux.

N FLATGEBOUW P 220

Een gebouw met zes woonverblijven, bouwvallig en verlaten, zoals er zovele zijn in de hoofdstad, in élke hoofdstad. Een banale, chaotische omgeving : winkels op het gelijkvloers, een wildgroei van materialen, stijlen (of gebrek aan stijl), uithangborden... Geen rode draad, geen harmonie, nauwelijks een eigen toon. Een doodgewone omgeving, waar het populaire woord "integratie" in verlegenheid brengt. Maar een hoekgebouw van 5 verdiepingen, aanwezig door zijn massa, bedekt met een grove pleisterlaag. De projectauteur verkiest het woord "verbouwing" boven het al even populaire "renovatie", en weigert het woord "integratie" in de mond te nemen, tenzij in een andere betekenis dan diegene die sommige bevooroordeelde conservatieven eraan geven.
Verhoogd op de hoek, in een kleurrijke maar ordelijke stijl, doorsneden met strakke geometrische vormen, neemt het gebouw resoluut een eigen plaats in en laat het zich opnieuw vatten. Het is een keuze. Het had er ook niet meer kunnen zijn. Maar nu bepaalt het voor een deel het straatbeeld. Het "logge" bouwsysteem legde bijzonder veel beperkingen op en bood weinig ruimtelijke mogelijkheden. De projectauteur introduceerde een aantal schuine elementen om de verstarde ruimten tot nieuw leven te brengen. Een paar eenvoudige elementen in metaal en glas, verlaagde plafonds met ingebouwde verlichting ondersteunen dit concept. De muren zijn wit, de vloeren bekleed met sisal. Sober en lichtvriendelijk.

E APARTMENT BUILDING P 220

A forlorn and dilapidated six-apartment block like many that can be found in the capital and indeed in any capital. A banal and chaotic environment : on the ground floor, commercial premises, a plethora of materials and styles or absence of style, advertising posters, etc... No dominant feature, no harmony and no character. A "nondescript" place where the oft-vaunted word "integration" leaves one perplexed. But this is a 5-storey corner building characterized by its mass coated with untreated roughcast. Rather than the term "renovation", which is equally in vogue, the project designer prefers the word "transformation" and balks at the word "integration"... or alternatively gives the term another meaning from the one imposed by certain ill-informed traditionalists.
The building emerges on the corner, heterogeneous but nonetheless orderly, cut by clean geometric forms, to assert its presence and once again unveil its secrets. It is a matter of choice. The secrets could have remained sealed. Now, however, it punctuates the space of the street. The "heavy" construction framework was extremely constricting and offered few possibilities for spatial modification. The project designer has incorporated a number of oblique lines to revitalize lifeless spaces. This approach is encouraged by a few simple metal and glass features and by false ceilings with flush-fitting lights. The walls are white and the floors are covered with sisal. The effects produced are sobriety and luminosity.

Luc DELEUZE, Francis METZGER

F STAND GLAVERBEL P 112

Démarche ambiguë que celle de l'architecte qui "travaille" le verre. Sculpteur du vide et de l'espace.
Notre travail se veut plus imagination d'un concept que présentation "épicière" d'une gamme de produits dont l'étendue peut répondre à tous les besoins.
La société a heureusement assez d'envergure pour pouvoir dépasser le mercantilisme obscur et affirmer pleinement son identité.
Travail autour d'un slogan : "Innovation et maîtrise technologique".
C'est dans cette volonté que nous inscrivons notre réflexion.
Matérialiser cette identité.
La matérialiser par l'expression de la non-matière ?
L'espace :
Souci des espaces, induits par l'objet transparent.
L'architecture est alors plus structure d'espace qu'encombrement.
Bouffée d'oxygène au milieu des ruelles étroites du souk.
Le signe :
Image mémoire valorisant la griffe de la société et ses performances avant de proposer l'étendue de ses produits et de ses techniques de mise en oeuvre.
Signal ponctuant la place où l'on puisse ralentir le flot immergeant des allées.
S'abriter en pleine lumière.
Montrer le verre; travailler la matière : pas de châssis...
des arêtes, franches et lisibles.
La profondeur du transparent et de la ligne.
La clarté du translucide et de la surface.
La surprise du réfléchissant et du volume.
Défendre avec conviction l'évidence de l'image architecturale...
dessinée sur fond de néons et spots publicitaires.
Concevoir l'objet architectural de communication.
... Et le plaisir :
Plaisir des rencontres; plaisir de créer; plaisir d'accueillir... et espérons-le, plaisir du regard.

N STAND GLAVERBEL P 112

Een dubbelzinnige benadering, die van de architect die werkt met glas.
Hij wordt immers beeldhouwer van vide en ruimte.
Wij willen veeleer een concept bedenken dan als de eerste de beste kruidenier een produktaanbod uitstallen dat zo ruim is dat het aan alle behoeften tegemoet kan komen.
Het bureau is gelukkig groot genoeg om het mercantilisme te ontstijgen en zijn identiteit tenvolle te profileren.
Het is rond de slogan "Vernieuwing en technologisch vakmanschap" dat wij onze aanpak willen concentreren.
En gestalte willen geven aan onze identiteit.
Maar kan dat via de uitdrukkingskracht van het materieloze ?
De ruimte :
Bekommernis om de ruimte, vormgegeven door het transparante object.
De architectuur is hier veeleer ruimtestructuur dan plaatsruimte.
Een verademing in de smalle steegjes van de soek.
Het teken :
Een geheugenbeeld dat het logo en de prestaties van het bureau prioritair stelt boven de omvang van het produktaanbod en de uitvoeringstechnieken.
Een signaal dat de plaats aanduidt waar de jachtige drukte afgeremd wordt.
Een schuilplaats in het volle licht.
Het glas tonen, ermee werken :
geen chassis... ribben, vrijmoedig en duidelijk.
De diepte van het transparante en de lijn.
De helderheid van het lichtdoorlatende en het oppervlak.
De verrassing van het weerspiegelende en het volume.
Met overtuiging het vanzelfsprekende van het architecturale imago verdedigen...
tegen een achtergrond van neon en reclamespots.
Het architecturale object een communicatietaak meegeven.
... En het genoegen : van de ontmoeting, de creatie, het onthaal...
en - hopelijk - de blik.

E STAND GLAVERBEL P 112

The architect who "works" glass has an ambiguous task indeed. He is the sculptor of the void and of space.

Our work consists of imagining a concept rather than the "market-oriented" presentation of a range of products to cater for all needs.
Fortunately, society has sufficient scope of vision to go beyond obscure mercantilism and to fully assert its identity.
The work centres on a slogan : "Innovation and technological control". Our study takes place within the framework of this declaration of intent.
The task is to materialize this identity.
How can we materialize it through the expression of non-matter ?
Space :
Our concern is with the space induced by the transparent object.
In this way, architecture is more a question of structuring space than filling space.
A breath of fresh air amidst the narrow streets of a souk...
The sign :
A mnemonic image valorizing the sign of society and its performance before proposing the range of its products and its technologies.
A signal punctuating the place where it becomes possible to break the momentum of the surging flow.
Sheltering in the heart of the light. The task is to display the glass and work the matter : no subframe... sharp edges, open and freely read.
Depth of transparency and lines.
Clarity of translucency and surface.
The surprise of reflection and volume.
The task is therefore to defend with a sense of conviction the evidence of the architectural image...
formed against the background of neon lights and hoardings.
Designing the architectural object of communication.
... And the pleasure :
The pleasure of meeting, the pleasure of creating, the pleasure of welcoming... and, we hope, the pleasure of seeing.

F RESTAURATION ET RENOVATION INSTITUT DE SOCIOLOGIE SOLVAY P 78

"La démarche d'une restauration, pour des architectes, implique toutes les interrogations qui doivent sous-tendre leur travail d'approche d'un passé déjà devenu étranger, c'est-à- dire au-delà d'une limite de temps telle que la parole est exclue, que les comportements sont menacés de devenir incompréhensibles et que les écrits, plans, documents, photos ne se laissent saisir qu'au prix d'une patiente recherche comparative.
Du point de vue des architectes, "rendre vie" à l'Institut de Sociologie Solvay, n'est pas possible - à l'instar du mythe de l'humanoïde animé par des savants un peu fous recourant aux plus ingénieux artifices - et n'existe pas en matière de restauration". (...)
"Pour restaurer ce bâtiment moribond, délaissé, meurtri, blessé - mais encore têtu d'exister malgré (...) les ajouts misérables, il fallait vouloir "reconquérir de l'inutile", rechercher l'unité et la splendeur perdues, abandonnées, enfouies sous l'oubli et les mauvais traitements.(...)
Ayant constamment à l'esprit le classement du bâtiment par Arrêté Royal du 8 août 1988, les architectes se sont donc attachés à réfléchir à cette mission avec une extrême rigueur.
"En effet, la grande nef de l'Institut de Sociologie est un des rares vestiges aussi importants de cette époque - par ses dimensions, la qualité des ouvrages et les nombreux éléments authentiques encore présents et conservables : elle fera l'objet d'une restauration à l'identique". (...)
"A l'inverse, ou plutôt complémentairement, les sous-sols ont fait l'objet d'une intervention toute différente : des espaces contemporains, utilitaires y ont été créés, dans un même esprit. Esprit des jeux de lumière, des perspectives obliques, des axes de symétrie". (...)
"L'unité de la partie se conjugue à l'unité du tout. Celle-ci provient de l'acceptation de la diversité des composantes spatiales de l'institut, diversité qui a induit une démarche globale et cohérente parce que différenciée".
(Extraits des textes de G. Lambotte-Verdicq dans "L'Institut de Sociologie Solvay", édité par l'Institut de Sociologie de l'ULB 1994)

N HERSTELLING RENOVATIE VAN DE INSTITUUT VOOR SOCIOLOGIE SOLVAY P 78

"Architecten stellen zich bij een renovatie alle vragen die ten grondslag moeten liggen aan hun benadering van een verleden waarmee de band reeds verbroken is, m.a.w. voorbij een tijdsgrens die het woord uitsluit, het gedrag onbegrijpelijk maakt en de documenten, plannen, foto's pas interpreteerbaar maakt na een geduldig vergelijkend onderzoek.
Vanuit het standpunt van de architect is het onmogelijk het Institut de Sociologie Solvay "tot leven te brengen" - zoals ook de gekke wetenschappers met hun meest vernuftige kunstgrepen onmogelijk een mensachtig gedrocht tot leven kunnen brengen - en is leven onbestaand inzake restauratie." (...)
"Om dit wegkwijnende, verlaten, getekende, gekwetste gebouw - dat koppig standhoudt (...) in weerwil van de armzalige toevoegsels - te restaureren, moet men "het nutteloze willen heroveren", op zoek willen gaan naar de eenheid en de pracht die verloren is gegaan, opgegeven werd, bedolven is geraakt onder onachtzaamheid en mishandeling." Met de klassering van het gebouw door het KB van 8 augustus 1988 in het achterhoofd zijn de architecten zich dus met een uiterste nauwgezetheid aan de slag gegaan. "De middenbeuk van het Institut de Sociologie is immers één van de zeldzame overblijfselen uit deze tijd van deze omvang, vanwege de afmetingen, de kwaliteit van de uitvoering en de vele authentieke elementen die nog aanwezig zijn en behouden kunnen blijven. Hier past dus een getrouwe restauratie." (...)
"Omgekeerd, of liever, aanvullend daarbij, werden de kelderverdiepingen helemaal anders aangepakt : daar werden in de lijn van dezelfde filosofie hedendaagse gebruiksruimten aangebracht, met een spel van licht, schuine perspectieven, symmetrische assen." (...)
"De eenheid van het deel gaat samen met de eenheid van het geheel. Ze vloeit voort uit de aanvaarding van de verscheidenheid van de ruimtelijke bestanddelen van het Institut, een diversiteit die heeft geleid tot een globale en coherente want gedifferentieerde benadering."
(Uittreksels uit de teksten van G. Lambotte-Verdicq in "L'Institut de Sociologie Solvay", uitgegeven door het Institut de Sociologie van de ULB in 1994)

E RESTORATION AND RENOVATION OF SOLVAY'S INSTITUTE OF SOCIOLOGY P 78

"For architects, restoration implies asking all the questions underlying their approach to a past era which has become alienated, that is, an era which is beyond a time limit so that there are no words which can be used, actions are bound to become incomprehensible, and written documents, drawings, documents and photographs can only be grasped through patient comparative research.
From the architect's point of view, "restoring to life" the Solvay Institut de Sociologie is an impossible task like the myth of the humanoid animated by somewhat mad scientists using the most ingenious artifices - and there is no possibility of restructuring". (...)
"To restructure this moribund building which has been neglected, battered and bruised, but still has the stubborn will to exist despite (...) the miserable additions which have been made, the task was to "reconquer futility", and to seek the lost unity and splendour which were abandoned and forlorn due to neglect and maltreatment.(...) Keeping constantly in mind the fact that the building is listed by the Royal Decree of 8 August 1988, the architects set about reflecting on this project with extreme rigour. "In effect, the large nave of the Institut de Sociologie is one of the rare important vestiges of this time - in terms of its dimensions, the quality of the work and the numerous authentic features which are still present and preservable : it will be restored to its original identity". (...)
"Conversely, or rather additionally, the basements were treated totally differently : contemporary utilitarian spaces were created in the same spirit, a spirit conjured up by the play of light, oblique perspectives and symmetrical axes". (...)
"The unity of the part blends in with the unity of the whole. This unity is created by accepting the diversity of the spatial components of the Institut. It is this diversity which has dictated the approach, an approach which is global and coherent because it is differentiated".
(Extracts of texts by G. Lambotte-Verdicq in "L'Institut de Sociologie Solvay", edited by the Institut de Sociologie of the ULB 1994.)

Daniel DELTOUR

F TRANSFORMATION D'UN IMMEUBLE D'HABITATION P 192

La situation du projet (rue du Musée Communal d'Art d'Ixelles) et la typologie du bâtiment à réhabiliter ont guidé la conception vers la réalisation d'appartements destinés à une population active dans les domaines de la culture ou d'une manière générale à des travailleurs intellectuels se trouvant être souvent aussi des célibataires ayant besoin d'une certaine quantité d'espace.
Le projet s'établit dans une conception à caractère social même s'il ne s'agit pas d'habitations à loyer modéré (2500 BEF/m²/an) dans la mesure où l'opération est parfaitement démunie de volonté spéculative et s'inscrit dans le long terme en privilégiant la qualité de l'espace et non la richesse des matériaux.
Tout le projet pivote autour de prises de partis des éléments existants techniques ou esthétiques du bâti originel confrontés à l'intervention contemporaine axée sur la revalorisation des métiers du bâtiment dans une volonté moderniste affirmée.
Chaque élément a fait l'objet d'une étude approfondie en limitant au maximum l'utilisation d'éléments prêts à l'emploi fournis par l'industrie, de même qu'il existe des bâtiments "bio", il peut aussi s'envisager d'en créer qui soient "socio".
Le processus de construction, générateur d'emplois, fournit aux bénéficiaires de ces emplois un logement dont la location reste accessible.

N VERBOUWING VAN EEN WOONGEBOUW P 192

De ligging van het project (Gemeentelijk Kunstmuseumstraat in Elsene) en de typologie van het te renoveren gebouw hebben geïnspireerd tot de realisatie van appartementen voor bewoners die actief zijn op het vlak van de cultuur en in het algemeen voor mensen die intellectuele arbeid verrichten, vaak tegelijk ook vrijgezellen met behoefte aan een zekere ruimte.
Het project kadert in een sociale context, ook al gaat het niet om goedkope huurwoningen (2500 BEF/m²/jaar), aangezien de operatie volledig ontdaan is van elk streven naar speculatie en de lange termijn vooropstaat : de kwaliteit van de ruimte geniet voorrang op het weelderige van de materialen.
Het hele project staat in het teken van een confrontatie tussen bestaande technische of esthetische elementen van het oorspronkelijke gebouw en de hedendaagse ingrepen, die gericht zijn op een herwaardering van het vakmanschap in de bouw, vanuit een uitgesproken modernistisch streven.
Elk element werd grondig bestudeerd, en het gebruik van kant-en-klare industriële elementen werd zoveel mogelijk beperkt. Zoals er "biologische" gebouwen bestaan, moet het ook mogelijk zijn "sociale" gebouwen te creëren.
Het bouwproces zorgt voor werkgelegenheid en bezorgt de begunstigden van die werkgelegenheid een woning waarvan de huurprijs betaalbaar blijft.

E CONVERSION OF A HOUSE P 192

The location of the project (rue du Musée Communal d'Art in Ixelles) and the type of building to be rehabilitated guided the design work geared towards the creation of apartments intended for a population actively involved in the various fields of culture and, more generally, for intellectual workers, many of whom are single people who need a certain amount of space.
The project is based on a social concept, even though the apartments are not for social housing (2500 BEF/m²/year) insofar as the operation is totally devoid of any speculative concern and follows long-term aims to favour the quality of the space and not the richness of the materials.
The entire project centres on decisions regarding the existing technical or aesthetic features of the original building in correlation with the modernization geared towards revalorizing trades in the construction sector within the context of a decidedly modernist approach.
Each feature has been the object of in-depth study to reduce to a minimum the use of ready-made elements supplied by industry. Just as buildings can be "environment- friendly", they can also be designed to be "people-friendly".
The construction process, which creates jobs, provides the beneficiaries of these employment opportunities with accommodation for an affordable rent.

Wim DE VOS

F BOUTIQUE NATHALIE VINCENT P 97

Lignes claires et belles étoffes sont les caractéristiques des collections de mode de la commanditaire, qui ont inspiré la conception et la configuration du magasin.
Dans l'espace de vente - une petite surface de trois mètres sur huit - une spatialité a été générée en plaçant un plafond surbaissé audessus de l'allée centrale.
Ce plafond relie la lumineuse devanture avec la véranda située à l'arrière, rendant ainsi la plus longue dimension du magasin très tangible. Au-dessus de ce plafond se trouvent des lampes fluorescentes qui font couler une lumière rasante sur les murs, créant non seulement une zone de lumière diffuse et sereine mais élargissant aussi l'espace.

N BOETIEK NATHALIE VINCENT P 97

Heldere lijnen en mooie stoffen zijn de hoofdkenmerken van de modecollecties van de opdrachtgeefter, welke als inspiratiebron

hebben gediend bij het ontwerp en de inrichting van de winkel.
In de verkoopruimte - een kleine oppervlakte van drie bij acht meter - kwam een grote ruimtelijkheid tot stand door boven een middenpad en vervloogd plafond aan te brengen. Dit plafond verbindt de verlichte etalage met de veranda achteraan, zodat de langste dimensie van de winkel zeer tastbaar gemaakt wordt. Boven dit plafond bevinden zich fluorescentielampen die een strijklicht over de wanden laten vallen, en daarmee niet alleen een zone met diffuus, sereen licht creëren maar tegelijk ook de ruimte groter doen lijken.

E BOUTIQUE NATHALIE VINCENT P 97

Clear-cut lines and fine fabrics are the characteristics of the client's fashion collections, and these characteristics have inspired the design and layout of the shop.
In the sales area - a small surface measuring three metres by eight - a special feature has been created by placing a lowered ceiling above the central passageway.
This ceiling connects the illuminated shop window with the veranda located at the back, thus making the longer dimension of the shop very tangible. Above this ceiling there are fluorescent lights which make the light skim and flow over the walls, not only creating a zone of diffused and serene light but also broadening the space.

Marc ERRERA

F HOTEL DIERICKX P 208

C'est une réalisation d'harmonie entre un maître de l'ouvrage désireux de respecter l'immeuble qu'il occupe et un architecte soucieux de faire cohabiter l'ancien et le nouveau. La résultante de cette réalisation est la valorisation de chaque époque. Cette maison a été construite vers 1900, avec tout le soin qui caractérise les constructions bourgeoises d'alors.
L'époque moderne a eu raison des maisons voisines et celles-ci ont été progressivement démolies pour être remplacées par des immeubles à étages multiples ce qui a créé une cassure dans l'alignement des corniches.
La décision prise fut de rehausser l'immeuble et de le réinscrire de façon cohérente dans son environnement.
Il s'agissait donc de rajouter 2 niveaux et de remodeler le dernier niveau de l'ancien immeuble qui avait été défiguré.
Le souci du détail et d'un rythme harmonieux a trouvé son expression dans la mise en oeuvre du recouvrement de la façade et des colonnes en carrelage s'associant avec les briques émaillées de la partie ancienne.
S'il fallait résumer le travail accompli, on pourrait dire qu'au-delà de la transformation, les architectes ont été tentés de faire vivre une architecture contemporaine émergeant d'une histoire existante : mission d'architecture remplissant inévitablement un rôle de réparation du tissu urbain.

N HOTEL DIERICKX P 208

Een realisatie in harmonie tussen een opdrachtgever die het gebouw dat hij gebruikt wil respecteren en een architect die het oude met het nieuwe wil laten samengaan.
Resultaat : elke tijd komt uitstekend tot zijn recht.
Deze woning werd gebouwd omstreeks 1900, met alle zorg die zo typisch is voor de burgerhuizen van toen.
De tand des tijds heeft de aanpalende panden klein gekregen. Ze werden één voor één gesloopt en vervangen door gebouwen met meerdere verdiepingen, wat heeft gezorgd voor een breuk in het dakgootprofiel.
Er werd beslist het gebouw op te trekken en het op coherente wijze te integreren in de omgeving.
Bijgevolg kwamen er twee verdiepingen bij, terwijl de laatste verdieping van het oude gebouw een grondige opknapbeurt nodig had.
De aandacht voor het detail en een harmonieus ritme komt tot uiting in de gevelbekleding en de betegelde zuilen die gecombineerd werden met de geëmailleerde stenen van het oude gedeelte.
Als we het project moeten samenvatten, kunnen we stellen dat de architecten hebben getracht de verbouwing te overstijgen en een hedendaagse architectuur tot leven te laten komen geïnspireerd op een bestaande context. Of hoe de architectuur onvermijdelijk een rol speelt in het herstel van het stadslandschap.

E HOTEL DIERICKX P 208

The project is the result of harmony between an owner wishing to respect the existing building which he occupies and an architect whose concern it is to blend the old and the new. The outcome effectively valorizes each of these time periods.
The house was built around 1900 with all the painstaking care which characterizes the middle-class constructions of that period. The modern era has got the better of the neighbouring houses, and they have progressively been demolished and replaced by multi-level buildings which have broken the alignment of the cornices.
The decision was taken to elevate the building and to reincorporate it coherently into its environment. The task was therefore to add two levels and to remodel the upper floor of the old building which had been disfigured.
The care for detail and for harmonious rhythm found its expression in the facing of the facade and the piled columns blending in with the enamelled bricks of the old part.
To sum up the work, it could be said that in addition to the transformation work, the architects have endeavoured to bring to life a contemporary architectural piece emerging from an existing history, whereby the architect's mission inevitably involves repairing the urban fabric.

Florence FRESON

F LES MONOLITHES D'UCCLE P 22

Quasi nécessairement donc, un agencement réfléchi et instinctif, intuitif et évident, élaboré et spontané, de monolithes dressés et couchés, bruts et signifiés, disponibles et indicateurs, susceptibles d'accompagner l'être sur les chemins de sa propre mémoire/de sa mémoire propre, d'assumer la vivacité de son devenir/le devenir de sa vivacité, de retrouver les énergies de son émergence/l'émergence de ses énergies.
Un ensemble mégalithique donc : ensemble pour le sens, méga pour le réel et lithique pour l'origine.
10 pierres bleues des Carrières du Hainaut à Soignies. Dimensions hors sol : 600 x 140 x 140 cm.
Avant tout, un rond-point signal marquant l'entrée d'une zone urbaine, une oeuvre qui cherche à redéfinir ce qu'est un espace de convivialité.
Espérer pour les automobilistes que la présence de ces pierres les incitent à s'adapter sereinement aux comportements exigés dans un espace commun.
Espérer interpeller les passants de manière telle qu'ils ne se contentent plus de simplement regarder "des pierres agencées dans un certain ordre", mais qu'ils retrouvent cette salvatrice ivresse qu'est le "voir"; qu'ils renaissent à cet ineffable désir de vivre que l'oeuvre se donne pour ambition de réactiver.
Se confronter à sa vraie dimension, pénétrer sur le rond-point et se mesurer physiquement à la puissance du minéral, ressaisir la grandeur du monde, ressentir la force dégagée par les masses, se réapproprier l'émotion engendrée par cette matière originelle; entrer en communion avec le côté "sacré", intemporel de la création; réinvestir les intimités du réel.

N MONOLIETEN VAN UKKLE P 22

Bijna onvermijdelijk een installatie die tegelijk doordacht en instinctief is, intuïtief en vanzelfsprekend, gemaakt en spontaan, met liggende en staande monolieten, lomp en betekenisdragend, beschikbaar en oriënterend, in staat om de mens te begeleiden op de wegen van zijn eigen geheugen/zijn eigenlijke geheugen, om de levendigheid van zijn ontstaan/het ontstaan van zijn levendigheid op zich te nemen, om opnieuw aan te knopen bij de energie van zijn verschijnen/het verschijnen van zijn energie. Een megalithisch geheel dus : "geheel" vanwege de zintuigen, "mega" vanwege de werkelijkheid, en "-lithisch" vanwege de oorsprong.
10 blauwe stenen uit de Carrières du Hainaut in Zinnik. Afmetingen boven de grond : 600 x 140 x 140 cm. Maar bovenal een rondpunt met een signaalfunctie als toegang tot een stad, een werk dat een nieuwe definitie van een mensvriendelijke ruimte wil vastleggen.
Hopen nu maar dat de automobilisten bij het zien van deze stenen de neiging krijgen om zich te gedragen zoals het hoort in een gemeenschappelijke ruimte.
Hopen ook dat de voorbijgangers zich er niet langer mee vergenoegen dit te beschouwen als "een reeks stenen in een bepaalde schikking" : mogen zij de reddende roes van het "zien" herontdekken en opnieuw open staan voor de onuitsprekelijke levensdrang waartoe het werk wil inspireren.
Terugkeren naar zijn ware dimensie, op het rondpunt komen en zich fysiek afmeten aan de kracht van de steen, opnieuw de grootsheid van de wereld vatten, de uitstraling van deze massa ervaren, opnieuw kennismaken met de emotie waartoe deze oermaterie aanzet, in communicatie treden met het "sacrale", het tijdeloze van de creatie, opnieuw de intimiteit van de werkelijkheid beleven.

E UCCLE'S MONOLITHS P 22

Almost by necessity, this has become a purposeful and instinctive, intuitive and self- evident, elaborate and spontaneous cluster of monoliths which stand or lie, unfinished and detailed, offering accessibility and direction and able to accompany the individual on the paths of his own memory, to assume the vivacity of his destiny/the destiny of his vivacity, and to restore the energies of his emergence/the emergence of his energies.
This is therefore a megalithic entity : entity in terms of its meaning, mega for its reality and lithic for its origin.
10 blue stones from the Hainaut Quarries in Soignies. Dimensions above ground : 600 x 140 x 140 cm.
Above all, it is a roundabout signal marking the entrance to a built-up area, a work which seeks to redefine the meaning of conviviality of space.
The hope is that the presence of these stones will encourage drivers to adopt serenely the type of road behaviour required in a populated district.
The hope is also that the passers-by will be encouraged not simply to look at "stones arranged in a certain order" but that they will rediscover the redemptive value and thrill of "seeing", and that they will be reborn to this ineffable desire to live, bearing in mind that the ambition of the work is to rekindle this desire.
The work involves coming face to face with its true dimension, approaching and penetrating the roundabout and physically confronting and appreciating the power of the mineral, grasping the grandeur of the world, feeling the force exuding from the masses of material and reinteriorizing the emotion generated by this original matter. This is an apotheosis of communion with the "sacred", the timeless dimension of creation, rediscovering the intimacies of reality.

GROEP PLANNING

F LOGEMENTS ET BUREAUX "LAP/DVV" P 106

Dès le début du concept architectural, toutes les parties concernées étaient conscientes que cette extension de bureaux était indissociable de la vision urbanistique générale du bloc d'immeubles et de la continuité de la structure typique du quartier Léopold. La manière de regrouper, à l'intérieur d'un même bloc d'immeubles, un important développement de bureaux avec une extension résidentielle était donc une demande primordiale.
Le complexe dans son ensemble devait en effet former une clef de voûte dans la transition de l'affectation de bureaux le long de la rue Joseph II vers l'affectation résidentielle en liaison avec les Squares, et devait en conséquence souligner ainsi son caractère urbain réel.
Le projet comprend ainsi tant un immeuble de bureaux qu'un immeuble d'habitations.
L'immeuble de bureaux comprend deux bâtiments principaux qui se situent dans le prolongement des volumes existants de bureaux le long de la rue Joseph II et de la rue Stévin.
Ces volumes d'extension sont en relation mutuelle par l'intermédiaire d'un noyau central d'ascenseurs et par l'agora commune aux deux fonctions.
L'entrée principale existante est maintenue à l'avenue Livingstone. Depuis le hall d'entrée est créée une vue perspective incitant à une promenade animée à travers une galerie transparente menant à l'agora et, avec comme destination, les noyaux d'ascenseurs et de circulation verticale qui, par l'intermédiaire de passerelles, relient à chaque étage les deux ailes du bâtiment.
Cette promenade est soulignée par diverses places intérieures.
L'hébergement de fonctions principalement d'animation et à caractère social fut un souci lors de la réalisation du rez-de-chaussée et du premier étage.
C'est ainsi que le restaurant du personnel anime l'agora et la galerie couverte de la rue Joseph II. De même la déclivité du terrain entre la rue Philippe le Bon et la rue Livingstone a été mise à profit de la surprenante vue.
Des bureaux paysagers sont situés aux cinq étages; du point de vue de leur implantation et de leur organisation, ils offrent une grande flexibilité et beaucoup de confort et sont de plus pourvus des techniques les plus avancées.
L'idée d'une intégration clairement morphologique a fait surgir des volumes de toiture relativement fermés; ceux-ci répondent à des besoins d'espace spécifiques d'archives sur deux niveaux de construction.
La partie résidentielle à la rue Philippe le Bon et la rue Stévin comprend 24 unités d'habitation pour la plupart des duplex par lesquels

les aspects lumineux et privés sont optimisés en relation avec les immeubles de bureaux avoisinants.

L'expression architecturale naît d'une part de la recherche de l'habitabilité de l'assemblage constructif de volumes de bâtiments et d'autre part de leur affectation et de leur relation au sein de leur contexte urbain direct.

Ainsi s'élèvent des volumes séparés qui expriment tant l'homogénéité que la diversité du bloc des bâtiments.

N WOONRUIMTEN EN KANTOREN "LAP/DVV" P 106

Van bij de aanzet van het architectuurconcept waren alle betrokkenen er zich van bewust dat deze kantooruitbreiding niet los te koppelen is van een algemeen stedebouwkundige visie omtrent het bouwblok en de continuïteit van de typische structuur van de Leopoldswijk. De wijze waarop men binnen éénzelfde bouwblok een belangrijke kantoorontwikkeling kan laten samengaan met een woonuitbreiding was aldus de primordiale vraag.

Het gehele concept moest als het ware een sluitsteen vormen in de overgang van de kantoorbestemming langsheen de Jozef II-straat naar de woonbestemming in aansluiting op de Squares, en diende bijgevolg in die zin haar reële stedelijke karakter te onderstrepen.

Het project omvat aldus zovdeel een kantoorgebouw als een woonpand.

Het kantoorgebouw omvat twee hoofdgebouwen die zich in het verlengde van de bestaande kantoorvolumes langsheen de Jozeph II-straat en de Stevinstraat situeren.

Deze uitbreidingsvolumes staan in relatie met elkaar door middel van een centrale liftenkern en de voor beide functies gemeenschappelijke agora.

De bestaande hoofdtoegang blijft behouden aan de Livingstonelaan. Vanuit de toegangshall ontstaat een perspectivistisch zicht als aanzet tot een geanimeerde wandeling doorheen een transparante gaanderij naar de agora, met als eindpunt de centrale lift- en verticale circulatiekernen, die door middel van passerelles de beide kantoorvleugels op iedere verdieping verbinden. Deze wandeling wordt ondersteund door diverse binnenplaatsen.

Bij de uitwerking van de gelijkvloerse en de eerste verdieping werd erover gewaakt deze vooral animeerde en sociaal gerichte functies herbergen.

Zo geeft bijvoorbeeld het personeelrestaurant een sterke beleving aan de agora en aan de gaanderij aan de Jozef II- straat. Ook het bestaande reliëf tussen de Livingstonelaan en de Filips de Goedestraat werd aangewend ter ondersteuning van verrassende zichten en ter vehoging van de belevingswaarde.

Op de vijf verdiepingen bevinden zich landschapskantoren die, wat hun inplanting en organisatie betreft, een grote flexibiliteit en comfort bieden en voorzien zijn van de meeste geavanceerde technieken.

Vanuit de idee van de duidelijke morfologische integratie ontstonden vrij gesloten dakvolumes, die de nood aan specifieke archiefruimte inlossen over twee bouwlagen. Het woongedeelte aan de Filips de Goedestraat en de Stevinstraat omvat 24 woonenheden; het merendeel duplex-woningen, waardoor belichting en privacy geoptimaliseerd worden in relatie tot met de omgevende kantoorgebouwen.

De architectuurexpressie ontstaat enerzijds vanuit het streven naar leefbaarheid van de constructieve opbouw van de bouwvolumes en anderzijds vanuit hun bestemming en relatie binnen hun directe stedelijke context.

Hierdoor ontstaan onderscheiden volumes die zowel homogeniteit als diversiteit van het bouwblok uitdrukken.

E ACCOMODATION AND OFFICES "LAP/DVV" P 106

From the start of the architectural concept, all the parties concerned were aware that this task of extending offices was inextricably tied up with the overall city planning vision of the block of buildings and the continuity of the typical structure of the quartier Léopold. The incorporation, within the same block of buildings, of a major office development with a residential extension was therefore a mission of prime importance.

The aim was in fact to make the entire complex a pivotal point in the transition from what had been allocated as offices along the rue Joseph II towards the allocation of the property for residential purposes connecting up with the Squares, and this consequently involved emphasizing the real urban character of the complex.

The project involves an office block and a residential block.

The office block consists of two main buildings which are allocated in the extension to the existing block of offices along the rue Joseph II and the rue Stévin. These extensions are linked together by a central nucleus of lifts and by the agora shared by the two functions.

The main existing entrance on avenue Livingstone has been maintained. From the entrance hall, there is a view offering a perspective which attracts the observer to take an animated walk through a transparent gallery leading to the agora towards the final destination, the nucleus of lifts and vertical circulation facilities which connect at each floor the two wings of the building by means of passageways. This walk is enhanced by several interior squares.

The incorporation of mainly animating and social functions was an essential aspect of the design of the ground floor and of the first floor.

In this way, the staff restaurant animates the agora and the covered gallery on the rue Joseph II. Similarly, full advantage has been taken of the slope of the terrain between the rue Philippe le Bon and the rue Livingstone to create a surprising view.

There are open-plan offices on the five floors. In terms of their layout and organization, they offer great flexibility and comfort with the most advanced technological features.

The idea of clear morphological integration has engendered relatively closed roof volumes which fulfil the specific spatial needs for archives on two construction levels.

The residential part on the rue Philippe le Bon and the rue Stévin includes 24 residential units most of which are split-level apartments through which the luminous and private aspects are optimized in relation to the neighbouring office blocks.

The architectural expression is created, on the one hand, through the endeavour to assure the habitability of the structure of volumes of the buildings and, on the other hand, through their allocation and their interplay within their immediate urban context.

This has given birth to separate volumes which express both the homogeneity and the diversity of this block of buildings.

F EXTENSION DES COMMISSIONS DU PARLEMENT EUROPEEN P 32

Les bâtiments du Parlement Européen de part et d'autre de la rue Belliard seront reliés par une passerelle enjambant la rue.

La passerelle qui compte deux niveaux a une portée de 20 m, une hauteur d'à peu près 15,50 m et un poids de 60 tonnes.

Un Symbole Européen.

La donnée fonctionnelle de la passerelle a été transposée en signe urbain voulant symboliser l'unification de l'Europe dans cette partie de Bruxelles.

Cette passerelle deviendra ainsi un symbole européen qui marquera le lieu des institutions européennes à Bruxelles.

Au 19ème siècle, le Cinquantenaire soulignait la présence de la Monarchie à Bruxelles.

Aujourd'hui, l'arc enjambant la rue Belliard veut exprimer l'intégration des Etats européens et marquer ainsi l'unification de l'Europe.

A travers l'histoire de l'architecture, l'arc a toujours été utilisé pour ponctuer les moments et les lieux importants.

Une Métamorphose Urbaine.

Actuellement à Bruxelles, en fonction de l'agrandissement de l'échelle - entre autres des fonctions européennes - il est important de rendre les nouvelles institutions plus lisibles pour l'habitant et l'utilisateur et de les souligner par des signes et des métaphores urbains.

La zone européenne est aujourd'hui accessible par la rue Belliard. La passerelle devient ainsi le premier signal visuel de la zone européenne et la porte urbaine de ses institutions.

Le Concept de la Passerelle.

La structure de la passerelle est composée d'un arc métallique transparent, soutenant par des tirants un socle en pierre.

L'arc métallique a reçu une couleur urbaine verdâtre et le socle est revêtu avec la même pierre blanche utilisée par les deux bâtiments du Parlement européen.

N UITBREIDING VAN DE COMMISSIES VAN HET EUROPEES PARLEMENT P 32

De gebouwen van het Europees Parlement langs beide zijden van de Belliardstraat te Brussel worden verbonden met een Bruggebouw. Het Bruggebouw dat twee niveaux telt, heeft een overbrugging van ongeveer 20 m, een hoogte van ongeveer 15,50 m en een gewicht van 60 ton.

Een Europees Symbool.

Het funktioneel gegeven van dit Bruggebouw werd getransposeerd tot een stedelijk teken dat de Europese éénwording in dit deel van Brussel wil onderlijnen.

Het Bruggebouw wordt aldus een Europees symbool dat de plek van de Europese instellingen te Brussel moet duiden.

In de 19de eeuw onderstreepte de Triomfboog van het Jubelpark te Brussel de aanwezigheid van de monarchie.

Vandaag wil de overbrugging door een boog, de groei tussen de Europese staten onderlijnen en aldus de Europese éénmaking te Brussel symboliseren. Doorheen de geschiedenis van de architectuur werd de boog gebruikt om belangrijke momenten en plekken te duiden.

De Stedelijke Metafoor.

Het is vandaag te Brussel - omwille van de schaalvergroting van onder ander de Europese instellingen - belangrijk om nieuwe instellingen leesbaar te maken voor de bewoner en gebruiker en ze aldus te onderlijnen met duidelijke stedelijke tekens en metaforen.

De Europese wijk wordt vandaag vanuit de Belliardstraat bereikt, waardoor het Bruggebouw als eerste zichtbaar signaal en als Poort van de Europese zone zal ervaren worden.

Concept Van Het Bruggebouw.

De structuur van het Bruggebouw bestaat uit een transparante metalen boog met trekkers, waaraan een stenen sokkel hangt. De metalen boog heeft een stedelijke groene kleur, de sokkel is met dezelfde witte steen van de twee parlementsgebouwen opgetrokken

E EXTENSION OF THE COMMISSIONS FOR THE EUROPEAN PARLAMENT P 32

The buildings of the European Parliament on either side of the rue Belliard will be linked with a passageway over the street.

The passageway, which has two levels, has a span of 20 m, a height of around 15.50 m and a weight of 60 tons.

A European symbol.

The functional aspect of the passageway has been transposed to make it into a feature of the urban landscape symbolizing the unification of Europe in this part of Brussels.

This passageway will thus become a European symbol which will mark the location of the European institutions in Brussels.

In the 19th century, the Cinquantenaire archway underscored the presence of the Monarchy in Brussels.

Today, the archway over the rue Belliard expresses the integration of the European states and thus symbolizes the unification of Europe.

Throughout the history of architecture, the archway has at all times been used to symbolize important times and places.

An Urban Metamorphosis.

At the present time in Brussels, given the increase in the scale, inter alia, of the European functions, it is important to make it easier for the city inhabitants and users to understand the new institutions and to underscore their importance with urban symbols and metaphors.

The European district is now accessible via the rue Belliard. The passageway thus becomes the first visual sign of this district and the urban gateway to its institutions.

The Concept of the Passageway

The structure of the passageway is composed of a transparent metal archway supporting a stone socle by means of anchor rods.

The metal archway has been coated with municipal-style green paint, while the socle has received a facing with the same white stone used for the two European Parliament buildings.

Suzon INGBER, Guy HERMANS

F GALERIE "THEOREMES" P 49

Ancien garage transformé en show-room pour meubles et créations contemporaines. Aussi bien la façade que les volumes intérieurs ont été respectés dans l'esprit de leur conception. Le sol de l'entrée a été recouvert d'un dallage de rue, invitant ainsi l'intéressé à passer de l'espace public au show-room. Une fois la passerelle franchie, le sol est recouvert de parquet à l'ambiance plus chaude. L'esprit industriel de l'endroit a été sauvegardé avant tout.

N GALERIE "THEOREMES" P 49

Een voormalige garage die werd omgebouwd tot een showroom voor hedendaagse meubelen en creaties. Zowel van de gevels als van de binnenvolumes werd het oorspronkelijke ontwerp gerespecteerd. De vloer van de ingang werd bekleed met een straattegel, waardoor de belangstellende er makkelijker toe aangezet wordt de showroom binnen te stappen. Als die stap is gezet, krijgt de vloer een warmere parketbekleding. De industriële sfeer bleef behouden.

E "THEOREMES" GALLERY P 49

This is a former garage converted into a showroom for furniture and contemporary creations. Both the facades and the internal volumes have been respected in the spirit of the design. The floor of the entrance has been covered with paving stones which invite the visitor to move from the public space into the showroom. Beyond the passageway, the floor is covered with a warmer parquet floor. Above all, the industrial character of the building has been preserved.

Stephane JOURDAIN

F TRANSFORMATION DE FACADE POUR UN BUREAU D'ARCHITECTURE P 177

Des travaux d'entretien et de rénovation de la façade étant nécessaires, vu la petitesse des ouvrages, nous avons saisi l'opportunité de la redessiner afin de mieux l'adapter aux nécessités fonctionnelles.

Le tracé des rythmes verticaux et leur disposition dans les façades des deux maisons voisines nous ont suggéré la conception d'un graphisme simple sans disparité de vides; à cette fin, nous avons dessiné une baie unique "passage" dans le plan de la façade et reporté à l'arrière les fonctions d'éclairage et de circulation nécessaires à l'utilisation des locaux.

D'autre part, nous avons tenté de conserver l'unité de l'édifice par le choix de matériaux sobres (pierre - métal - verre) qui par leurs seules différences de texture a permis de renforcer rythmes, ombres et détails.

L'étude fonctionnelle de la disposition du mobilier dans les locaux concernés par les travaux a fait partie intégrante du concept qui lie façade et plan.

N VERBOUWING VAN GEVEL VOOR EEN ARCHITECTEN BUREEL P 177

Omdat de gevel toe was aan onderhouds- en renovatiewerken, hebben wij - gezien de geringe omvang van de werken - de gelegenheid te baat genomen om de gevel te hertekenen, ten einde hem beter te laten aansluiten bij de functionele behoeften.

Het tracé van de verticale ritmes en de ordening ervan in de gevels van de twee aanpalende huizen hebben ons geïnspireerd tot een eenvoudige vormgeving zonder verscheidenheid van vides. Daarom tekenden wij één enkele "doorgangsopening" in het vlak van de gevel en verlegden wij de verlichtings- en doorstromingsfuncties voor het gebruik van de lokalen naar achteren.

Anderzijds hebben wij getracht de eenheid van het gebouw te vrijwaren door de keuze van sobere materialen (steen, metaal, glas) die alleen al door hun verschillende textuur een benadrukking van ritmes, schaduwen en details mogelijk maakten.

De functionele studie van de schikking van het meubilair in de betrokken lokalen maakte een wezenlijk deel uit van het concept dat gevel en grondvlak met elkaar verbindt.

E FACADE TRANSFORMATION FOR AN ARCHITECT'S OFFICE P 177

As maintenance and renovation work had to be carried out on the facade, given that the work was relatively small-scale, we seized the opportunity to redesign it so as to adapt it to the functional requirements.

The line of the vertical rhythms and their arrangement in the facades of the two neighbouring houses encouraged us to opt for simple graphic lines with no disparity of empty spaces. To achieve this, we designed one single bay window "penetrating" the plane of the facade and placed further back the lighting and circulation functions required for the use of the rooms.

Furthermore, we endeavoured to preserve the unity of the building through the choice of classical materials (stone - metal - glass) which would reinforce the rhythms, shades and details through their differences in texture alone.

The functional study of the arrangement of the furniture in the rooms concerned by the work was an integral part of the concepts combining the facade and the plan.

Marco KADZ

F AMBASSADE DE LA PRINCIPAUTE D'ANDORRE P 68

Une propriété au coeur du vieux Bruxelles sur les fondations archaïques de rues enclavées suite au tracé audacieux des galeries du Roi et de la Reine.
Une vieille bâtisse épaissie par les "décors" successifs, qu'il a fallu vider, cureter, fendre, creuser.
Pour éclairer le mystère caché depuis longtemps derrière cette façade du XVIIIème, chattemite, délicatement sculptée dans le petit granit, ajourée sans avarice.
Dynamisme, mouvement, "ludisme".
Pour un programme aux priorités complexes, en cascade, définies par le Maître de l'Ouvrage.
Pour cette petite composition impressionnée par le minimalisme grouillant de John Cage, gourmande de petit "jeux" d'équilibre à la Kandinsky, minaudant du coin des lèvres avec la préciosité amidonnée de Peter Greenaway.
Pour une petite folie autour d'un patio.
Une FANTASIA.
Pas une architecture de contemplation, essentiellement du flot et du flux.
Pourquoi ?
Comment ?
Allez savoir, ce qui fait réellement courir la rêverie dans un cerveau d'architecte. Comme dit le diable dans l'HISTOIRE DU SOLDAT : "... on fait son petit métier, son tout petit métier."
Tous mes remerciements vont à l'ensemble des autorités Andorranes que j'ai eu l'immense joie de rencontrer.
Elles m'ont durant cette épreuve continuellement encouragé, souhaitant donner de leur Principauté une image de notre temps, où se côtoient tradition et dynamisme.
Mes remerciements vont également à Monsieur Serge de BEHR.
Son opiniâtreté de maître-tambour de galère a rendu ce rêve possible.

N AMBASSADE VAN HET PRINSDOM OF ANDORRA P 68

Een eigendom in het hartje van het oude Brussel, op de oude fundering van straten die werden ingesloten door het gedurfde traject van de galerijen van de Koning en de Koningin.
Een oud gebouw dat opeenvolgende "jassen" aangemeten kreeg, die één voor één moesten worden weggehaald, schoongemaakt, gekliefd, uitgegraven.
Om het mysterie bloot te leggen dat zich sedert lang verschool achter deze gevel uit de XVIIIde eeuw, sierlijk, subtiel gehouwen uit hardsteen, met gulle hand opengewerkt.
Dynamisme, beweging, speelsheid.
In het kader van een complex programma van op elkaar ingrijpende prioriteiten, vastgelegd door de bouwheer.
Resultaat : een kleine compositie die het stempel draagt van het krioelende minimalisme van John Cage, gekenmerkt wordt door allerlei geraffineerde evenwichtsspelletjes à la Kandinsky, en vanuit de mondhoeken koketteert met de verstijfde gekunsteldheid van Peter Greenaway.
Een folie rond een patio.
Een FANTASIA.
Geen beschouwende architectuur, maar vooral vervloeiing en stroming.
Waarom ?
Hoe ?
Loop er eens langs, en laat de mijmeringen zich nestelen in het hoofd van de architect.
Zoals de duivel het formuleert in "L'HISTOIRE DU SOLDAT" : "We doen gewoon ons best, ons uiterste best."
Mijn oprechte dank aan alle autoriteiten van Andorra, die ik tot mijn groot genoegen mocht ontmoeten.
Zij hebben mij tijdens de werken voortdurend bijgestaan, en wilden van hun Prinsdom een eigentijds beeld ophangen dat traditie koppelt aan dynamisme.
Mijn dank gaat ook uit naar Dhr. Serge de BEHR.
Zijn koppigheid als slavendrijver maakte deze droom mogelijk.

E EMBASSY OF THE PRINCIPALITY OF ANDORRA P 68

A property in the heart of old Brussels on the old foundations of streets which were hemmed in by the bold line drawn by the galleries of the King and Queen.
This is an old building expanded by successive "decors" which had to cleared, curetted, broken up and dug out.
The task was to elucidate the mysteries obscured for many years behind this 18th century facade, which was attractively and delicately sculpted in false granite, with openwork lavishly applied.
Dynamism, movement and play.
The project involved complex priorities in cascade defined by the client......for this little composition marked by the bustling minimalism of John Cage, which thrives on little "games" of balance à la Kandinsky, mincing around with the tight-lipped affectation of Peter Greenaway.
...ready for a mad caper around a patio.
...a FANTASIA.
This is not architecture of contemplation, it is essential a question of flux and flow.
Why ?
How ?
Who can know what triggers the reverie in the mind of the architect.
As the Devil says in HISTOIRE DU SOLDAT : "...it's just a job, it's just a job."
All my gratitude goes out to all the authorities of Andorra whom I had the immense pleasure of meeting.
During this test, they encouraged me continuously, and endeavoured to give of their Principality an image of our times combining tradition and dynamism.
My gratitude also goes out to Mr. Serge de BEHR.
His persistence - truly worthy of a chief drummer on a Roman galley - made this dream come true.

Michel KEYMOLEN

F SALON DE CAFE "SUR LA ROUTE D'ISPAHAN" P 56

Le salon de café est un nouveau concept en Belgique; il se développe essentiellement autour d'un produit : le café. Il a été imaginé dans l'optique d'ouvrir en Belgique comme à l'étranger une chaîne de salons de café sur base d'un même concept.
La carte de l'espace ouvert y est franchement jouée, à la fois parce que c'est un lieu public, donc qu'une lecture rapide des principales fonctions est indispensable, et à la fois parce qu'une seconde enveloppe très présente, réorganise tout l'espace.
Il est marqué par une accroche ponctuelle au niveau de la façade et essentiellement par une atmosphère générée de l'intérieur, identifiant ainsi le lieu, et lui assurant une certaine discrétion propre à un salon.
Celui-ci est développé à partir des caractéristiques propres à son quotidien, il se voit protégé par un jeu de murets architecturés, trouvant leurs origines dans les lambris d'antan.
La tour est un signal, un îlot autonome au centre de l'espace, un peu comme la fontaine au centre du village. Elle se profile sous une forme organique, celle du grain, et est très élancée comme la plante. Elle répond en face avant à une fonction didactique et en face arrière à une fonction pratique : la préparation du café entre les deux pôles que sont le salon et la tour, une zone tampon comporte diverses fonctions :
1. "le café sur le pouce" est une zone déterminée par un muret décliné en une tablette/bar où l'on peut prendre un café debout, à l'italienne
2. "le plateau des desserts"
3. "le vestiaire" s'intégrant lui dans un muret pivotant
4. "la douloureuse" est un bloc utilitaire comportant la caisse enregistreuse et un rangement pour la vaisselle proche de la tour, une cuisine de taille réduite répond aux besoins de la préparation de la petite restauration.
Au sous-sol s'est organisée une table d'hôtes jouissant de la richesse des caves d'antan, et les sanitaires, remarqués par un lavabo coulé dans un monolithe de béton.
La communication entre les deux niveaux est assurée par des ouvertures lumineuses qui ont remplacé les soupiraux.

N KOFFIESALON "SUR LA ROUTE D'ISPAHAN" P 56

Het koffiesalon is een nieuw concept voor België. Het wordt uitgebouwd rond een produkt : koffie. Het moest de aanzet geven om in België, net als in het buitenland, een keten van koffiesalons op basis van hetzelfde concept op te starten.
De nadruk ligt hier vooral op de open ruimte, enerzijds omdat het gaat om een openbare plaats - zodat een snelle interpretatie van de belangrijkste functies onontbeerlijk is - en anderzijds omdat een alomtegenwoordige tweede omhulling de hele ruimte herschikt.
De ruimte wordt overigens gekenmerkt door een opvallende gevel en een specifieke sfeer binnenin, die het gebouw een eigen identiteit geeft en zorgt voor een zekere discretie.
Het salon werd ingericht op basis van de eisen die inherent zijn aan de dagelijkse praktijk. Het wordt beschermd door een stel scheidingsmuurtjes die teruggaan op de oorspronkelijke lambrizering.
De toren is een signaal, een autonoom eiland in het midden van de ruimte, een beetje als de fontein in het centrum van het dorp. Hij profileert zich als een organische vorm, die van de koffieboon, en is net als de plant erg rijzig. Vooraan vervult hij een didactische rol, achteraan een praktische : het bereiden van de koffie tussen de twee polen (salon en toren).
Een bufferzone vervult uiteenlopende functies :
1. "snel even een koffie" : een zone die wordt afgebakend door een muurtje in de vorm van een bar waaraan je staande een koffie kan drinken, op z'n Italiaans
2. "het dessertbord"
3. "de vestiaire", ingebouwd in een draaiend muurtje
4. "la douloureuse", een functioneel blok met de kassa en een bergruimte voor de vaat nabij de toren, terwijl in een kleine keuken de snacks kunnen worden klaargemaakt.
In de kelderverdieping is een stamtafel beschikbaar in de traditie van de kelders van vroeger, terwijl het sanitair wordt gekenmerkt door een wastafel in een betonmonoliet. De communicatie tussen beide niveaus verloopt via lichtopeningen die in de plaats van de kelderramen zijn gekomen.

E CAFE LOUNGE "SUR LA ROUTE D'ISPAHAN" P 56

The salon de café is a new concept in Belgium. It is developed essentially around one product : coffee. It was conceived with a view to opening in Belgium and abroad a chain of cafés based on the same idea.
The notion of open space is the trump card here, not only because it is a public space, which means that the main functions must be

easy to interpret, but also because a second highly vividly present envelope reorganizes all the space.

It is marked by an eye-catcher on the facade and more particularly by the atmosphere generated from the interior, thus identifying the place and providing a certain discretion befitting a salon.

The concept is developed on the basis of the characteristics of its daily use. It is protected by a series of small architectured walls of which the old panelling recalls their origin.

The tower is a signal, an autonomous island in the middle of the space, somewhat like the fountain in the centre of the village. It has essentially an organic form, the form of a grain, and is very thin and pointed like the plant. It has a didactic function on the front and a practical function on the back : the preparation of the coffee between the two poles (the salon and the tower), and a buffer zone offering various functions :

1. "the quick café counter" is a zone delimited by a wall designed as a counter/bar where customers can stand and drink their coffee after the Italian fashion
2. "the dessert tray"
3. "the cloakroom area" integrated into a pivoting wall
4. "the cashdesk" is a utilitarian block featuring the cash register and an area to store crockery close to the tower and where a small kitchen serves to allow snacks to be made. In the basement, a "host table" has been set up to savour the richness of the old cellars. Then there are the toilets, which are marked by a basin cast in a concrete monolith.

The communication between the two levels is assured by illuminated openings which have replaced the small basement windows.

Christian KIECKENS, Joël CLAISSE

F STAND DES ARCHITECTES P 222

Le concept fit un emploi judicieux de l'emplacement en "L". Un mur de 11 mètres en métal déployé, éclairé à la base par des néons bleus, occupait la partie large du stand, dissimulant partiellement le volume fermé se trouvant à l'arrière, la boîte noire.

Les visiteurs entraient dans le stand en percevant en premier lieu un mur avec le logo des Architectes, deux tables (longueur 2 x 3 m) en aluminium de Maarten Van Severen, les chaises noires de Fritz Hansen. Des architectes accueillaient les visiteurs en leur détaillant la nouvelle brochure "Construire avec un Architecte". Ensuite, ces derniers étaient invités à entrer dans la boîte noire, constituée de velours suspendu à 70 cm au-dessus du sol, pour découvrir le diaporama. Projection toutes les 8 minutes de 100 projets sélectionnés au son de l'adagio de Samuel Barber.

Le sol en métal brut avec ses subtiles variations de couleurs faisait ressortir les contrastes des matériaux présents sur le stand, tels que le dur et le doux (le mur en métal déployé et le volume en velours), le chaud et le froid (les néons bleus et les projecteurs).

Grâce à l'interaction de la lumière et des matériaux, la transparence et le cloisonnement, le stand était un cadre idéal pour regarder l'architecture.

Les éléments complémentaires formaient un contexte abstrait pour les images projetées à l'intérieur, permettant ainsi de se distancer des images criardes et éléments stéréotypés, des fermettes et autres... Cette distance est absolument nécessaire pour regarder l'architecture autrement.

Au lieu d'accepter la logique du bâtiment-objet, l'architecture doit se distinguer et s'affirmer par un engagement novateur.

N STAND VAN DE ARCHITECTEN P 222

De L-vormige opstelling werd oordeelkundig aangewend in het ontwerp. Een elf meter lange wand van strekmetaal, met onderaan een blauwe neonverlichting, was opgesteld aan het brede gedeelte van de stand en verhulde enigszins het gesloten volume dat zich achteraan bevond, de zwarte doos.

Bij het betreden van de stand zagen de bezoekers eerst een muur met het logo van de Architecten, twee aluminium tafels (formaat 2 x 3 m) van Maarten Van Severen en zwarte stoelen van Fritz Hansen. het onthaal van de bezoekers werd verzorgd door architecten, di hun de nieuwe brochure "Bouwen met een architect" overhandigden.

De bezoekers werden voorts uitgenodigd binnen te gaan in de zwarte doos gemaakt van zwart fluweel opgehangen tot op zo'n 70 cm boven de vloer.

Daar komen ze de diashow ontdekken met om de 8 minuten een projectie van 100 geselecteerde ontwerpen waarvoor het adagio van Samuel Barber als muzikale achtergrond dienst deed.

De vloer van onbehandelde metaalbladen met hun subtiele kleurvariaties, liet goed de contrasten uitkomen van de in de stand voorkomende materialen : contrasten tussen hard en zacht (de wand van strekmetaal en het fluwelen volume), tussen warm en koud (het blauw neonlicht et de projectoren).

Door het op elkaar inwerken van licht en materiaal, doorzichtigheid en beslotenheid, bood de stand een uitgelezen kader om naar architectuur te kijken.

De omkadering vormde een abstracte context voor de beelden die binnen werden geprojecteerd, en schiepen zo een afstand met de schreeuwerige toestanden en stereotiepe elementen, de fermetes en wat al meer... Die afstand is absoluut vereist voor een andere kijk op architectuur.

In plaats van zich te schikken naar een benadering van het gebouw als object, dient de architectuur zich te onderscheiden en zich te laten gelden door een vernieuwende inzet.

E ARCHITECTS' STAND P 222

This concept took judicious advantage of the L-shape configuration. An 11-metre long expanded metal wall, lit at the base by blue neon lights, occupied the wide section of the stand, partly concealing the closed volume behind, the black box.

As the visitors entered the stand, they could first see a wall with the logo of the Architects, two aluminium tables (length 2 x 3 m) by Maarten Van Severen and the black chairs by Fritz Hansen. Two architects welcomed the visitors, handing them the new brochure "Building with an Architect". Then the visitors were invited to enter the black box, which consisted of a velvet curtain suspended 70 cm above the ground, to discover the slide show. 100 projects were shown every 8 minutes to the sound of Samuel Barber's adagio.

The untreated metal floor with its subtle variations of colours highlighted the contrasts of the materials on the stand, the hard and the soft (the expanded metal wall and the velvet volume), and the warm and cold (the blue neon lights and the projectors).

Thanks to the interaction of the light and the materials, the transparency and the partitioning, the stand was an ideal setting in which to take a new look at architecture.

The complementary features formed an abstract context for the images projected inside, thus providing a means of distancing oneself from the gaudy images and stereotypes, farmhouses and others... This distance is absolutely indispensable if one is to look at architecture under a different light.

Instead of accepting the logic of the building as an object, architecture must distinguish itself and assert itself through a commitment to innovation.

Georges-Eric LANTAIR

F ESPACE NUIT SUR MAISON EXISTANTE P 186

L'habitation existante date de 1970.

Il s'agit d'une structure en béton armé.

Les matériaux de parement sont en briques, béton, bois et verre.

L'habitation est composée de deux niveaux (R + 1) et d'une toiture plate.

Elle accueille un couple et ses quatre enfants.

L'extension a pour objet de créer un espace privilégié pour les parents.

Cet espace se compose d'une alcove-chambre, d'une salle de bains et d'une terrasse- paravent orientée vers le jardin.

Une solution structurelle "légère" (charpente) a dû être envisagée afin de ne pas déforcer les poteaux de l'habitation.

Les matériaux utilisés sont le bois, l'acier et le plafonnage pour l'intérieur. De grandes plaques de Glasal noir pour l'enveloppe extérieure ainsi que l'acier pour la terrasse, le paravent et la partie de mur cintrée.

N SLAAPVERDIEPING BOVENOP BESTAANDE WONING P 186

De bestaande woning dateert uit 1970.

Het is een structuur in gewapend beton.

Het parementwerk bestaat uit baksteen, beton, hout en glas.

De woning bestaat uit twee niveaus (gelijkvloers en verdieping) en een plat dak.

Ze wordt bewoond door een ouderpaar met 4 kinderen.

De uitbreiding heeft tot doel een eigen ruimte voor de ouders te creëren.

Deze ruimte bestaat uit een alkoofkamer, een badkamer en een terras-windscherm dat naar de tuin gericht is.

Ten einde de steunpijlers van het huis niet te overbelasten, moest worden geopteerd voor een "lichte" structuur (gebinte).

Voor binnen werd een beroep gedaan op hout, staal en plafond, voor de buitenomhulling op grote zwarte Glasal-platen en voor het terras, het windscherm en het gebogen muurgedeelte op staal.

E SLEEPING QUARTERS ON AN EXISTING HOUSE P 186

The existing house dates from 1970.

The structure is in reinforced concrete.

The facing materials are of brick, wood and glass.

The house consist of two levels (ground and first floor) with a flat roof.

It is occupied by a couple and their four children.

The object of the extension is to create a privileged space for the parents.

This space consist of an alcove room, a bathroom and a sheltered terrace orientated towards the garden.

It was necessary to envisage a light framework in order to avoid overloading the pillars of the house. The materials employed are wood, steel and plaster for the interior, large sheets of black Glasal for the exterior envelope and steel for the terrace, the screen and the curved part of the wall.

Victor LEVY

F BUREAUX "ACTION VIDEO" P 130

Dépassés par les nouvelles techniques électroniques, les anciens Ets Dassonville étaient empreints des souvenirs de deux générations d'industrie cinématographique belge de sous-titrage mais aussi de production d'actualités Belgavox. Leur réaménagement pour accueillir des nouveaux équipements remplissant les mêmes fonctions avec les techniques actuelles s'est donc fait avec la volonté de conserver et de mettre en valeur des bâtiments dont l'image restait très forte, même s'ils étaient le résultat d'agrandissements successifs et d'une architecture sans grande ambition. L'interstice entre deux constructions permettait d'organiser une circulation centrale couverte par une verrière et de relier les différents corps de bâtiments par un espace de liaison sur lesquel ceux-ci ouvraient par leurs anciennes fenêtres. L'ensemble des bâtiments très hétéroclites a été traité par sablage sans chercher à effacer complètement les traces des activités passées laissées sur les maçonneries par des produits qui ont aujourd'hui disparu de cette industrie. Ces connotations industrielles en harmonie avec le contexte ambiant sont demeurées et lui donnent son caractère.

N KANTOREN "ACTION VIDEO" P 130

Toen zij zich achterhaald wisten door de nieuwe elektronische technieken, ademden de Ets. Dassonville nog altijd de herinnering uit aan twee generaties van de Belgische filmindustrie, actief in ondertiteling en actualiteit (Belgavox). Bij de herinrichting moest een nieuwe uitrusting worden geïntegreerd die dezelfde functies zou vervullen maar dan met de moderne technieken. Het was de bedoeling om de bestaande gebouwen - met hun krachtige uitstraling - te behouden en te herwaarderen, hoewel ze het resultaat waren van opeenvolgende uitbreidingen en een architectuur zonder veel ambitie. De ruimte tussen twee gebouwen bood plaats voor een centrale doorstromingsfunctie onder een glaskap. De verschillende delen van het gebouw staan er in verbinding via een ruimte waarop zij uitgaven langs hun vroegere ramen. De zeer heterogene gebouwen werden allemaal gezandstraald, maar daarbij werd er niet naar gestreefd om alle sporen uit te wissen die in het metselwerk werden gemaakt door produkten die tegenwoordig uit deze sector verdwenen zijn. De industriële connotaties in harmonie met de omgeving zijn gebleven en verlenen het complex een eigen karakter.

E OFFICES "ACTION VIDEO" P 130

Overtaken by new electronic techniques, the former Ets. Dassonville company was permeated with the memories of two generations of subtitling for the Belgian cinema industry and of Belgavox current affairs productions. The conversion work needed to house the new equipment which would fulfil the same functions with updated techniques was therefore carried out with a view to preserving and valorizing buildings of which the image remained very impelling, even though they were the result of successive expansions and the product of an architecture devoid of any great ambition. The interstice between two constructions provided a means of organizing a central circulating area covered by a glass canopy and linking the different structures of the building by a connecting space which could be viewed from the old windows in these parts of the building. All the highly heteroclite buildings were sand-blasted without, however, going as far as to remove completely the traces of past activities left on the masonry by products which have in the intervening period disappeared from this industry. These industrial connotations in harmony with the environment have remained and give the building its character.

F LA BOUTIQUE DE TINTIN P 50

A proximité de la Grand'Place, au rez d'une maison XVIIe, la Boutique Tintin s'adresse aux visiteurs étrangers qui, de passage à Bruxelles, font le tour de ses monuments ou symboles les plus évidents.
L'aménagement respectueux des valeurs architectoniques en place a maintenu les piliers existant en façade et ménagé du même coup un accès à la boutique via une sorte d'atrium. Il permet de passer de l'ambiance de la rue à la boutique elle-même par l'intermédiaire d'un espace de décompression où se déploient quelques citations annonciatrices de l'univers d'Hergé : le dragon du Lotus bleu coulé dans le sol, le
Cigare du Pharaon sur la porte vitrée que l'on s'apprête à pousser tandis qu'à travers elle apparaissent une foule d'objets que l'on pourrait acquérir. Le mobilier en bois clair s'efface volontairement devant ceux-ci, entièrement voué à leur présentation, appuyée par un éclairage très varié étudié en fonction de chaque objet. Le fond de la boutique reproduit subtilement, pour les Tintinologues avertis, la disposition des cartes postales qu'Hergé dessinait lui-même reprenant les objets, symboles ou personnages de son univers. Aux heures de fermeture, l'accès à l'atrium est protégé par des grilles qui font écho aux piliers et qui, la journée, se replient autour d'eux.

N BOETIEK TINTIN P 50

Op een boogscheut van de Grote Markt, op het gelijkvloers van een XVIIde-eeuws huis, richt Boutique Tintin zich tot de buitenlandse bezoekers die op doorreis zijn in Brussel en er alle monumenten of symbolen willen zien.
Bij de renovatie werden de bestaande architectonische waarden gerespecteerd en bleven de bestaande pijlers in de gevel behouden. Tegelijk werd de Boutique toegankelijk gemaakt langs een soort atrium, dat de straat verbindt met het interieur via een bufferruimte waar alles verwijst naar de wereld van Hergé : van de Blauwe Lotus draak in de vloer tot de Sigaar van de Farao op de glazen deur waardoorheen je een hele reeks begerenswaardige objecten bespeurt. Het meubilair in blank hout toont zich bewust ondergeschikt en staat helemaal in het teken van de koopwaar, samen met een objectspecifieke sfeerverlichting. Achteraan in de winkel vinden ervaren Kuifjesfans subtiele verwijzingen naar de postkaarten die Hergé zelf tekende van de voorwerpen, symbolen of personages uit zijn universum. Als de winkel gesloten is, wordt de toegang tot het atrium afgeschermd door hekken in dezelfde stijl als de pijlers, waar ze overdag omheen vouwen.

E TINTIN BOUTIQUE P 50

Close to the Grand'Place, on the ground floor of a 17th century house, the Tintin Boutique is designed to attract foreign visitors passing through Brussels as they go round viewing the city's most striking monuments or symbols.
The remodelling of the property respects the existing architectural values, preserving the original pillars on the facade and at the same time providing access to the boutique via a kind of atrium. This allows the visitor to move from the atmosphere of the street into the boutique itself through a kind of decompression chamber where certain symbols prepare the visitor to enter the world of Hergé : the dragon of the Blue Lotus embedded in the floor, the Pharaoh's Cigar on the glass door which the visitor is about to push open and through which he can see a plethora of objects which he can then buy. The light wood furniture purposefully takes second place to these objects. The furniture is fully devoted to presenting the objects and supported in this task by highly varied lighting studied to suit each object. The back of the boutique, as will be noted by observant Tintin fans, subtly reproduces the layout of the postcards which Hergé himself drew showing the objects, symbols or characters of his world. When the boutique is closed, the entrance to the atrium is protected by gratings which match the pillars and which wind around them during the day.

F TOWER 66 P 24

Cet aménagement d'une station-essence dont le garage a été transformé en snack et commerce de dépannage, de location de cassettes vidéo, de journaux, cigarettes etc. s'est fait en respectant l'allure extérieure du bâtiment originel datant des années '50.
L'enseigne et l'éclairage de nuit ont été soigneusement étudiés, l'auvent revu, et l'essentiel de l'intervention s'est concentré sur l'aménagement intérieur, articulé autour d'un bar central occupant l'endroit de l'ancienne fosse de graissage. Entièrement carrossé en métal, celui-ci évoque l'esthétique des bus américains des années '50-'60 striés de lignes. Les tabourets qui l'entourent et les banquettes voisines, par leur formes et leurs couleurs, rappellent eux aussi le style des "diners" architectures typiques des bords de routes américaines, de même que le design des présentoirs de marchandises en acier inoxydable, surmontés de textes indiquant leur contenu : food, vidéo, newspapers, etc. Sans être une réplique des "diners", cet aménagement en évoque l'ambiance, revisitée par un regard nostalgique qui transforme l'arrêt en bord de route en un instant de plaisir où se déploie un art de vivre, dans un décor et que l'on peut résumer ainsi : voir et être vu.
(Texte de Pierre Loze extrait de A+)

N TOWER 66 P 24

Inrichting van een benzinestation waarvan de garage werd omgebouwd tot een snackbar, werkplaats en winkel voor videoverhuur, kranten, tabakswaren enz... De buitenkant van het oorspronkelijke gebouw uit de jaren '50 werd daarbij gerespecteerd.
Het reclamebord en de nachtverlichting werden zorgvuldig bestudeerd, het afdak kreeg een grondige beurt. De belangrijkste ingrepen vonden echter binnenin plaats. Op de plaats waar de voormalige smeerput zich bevond, staat nu een centrale bar, volledig bekleed met metaal en verwijzend naar de gestreepte Amerikaanse bussen uit de jaren '50-'60... De krukjes en de banken doen door hun vormen en kleuren denken aan de stijl van de typische "diners" langs de Amerikaanse autowegen, net als het design van de displays in roestvrij staal met opschriften betreffende de inhoud : food, video, newspapers... Deze inrichting is geen replica van die "diners" maar roept wel de sfeer ervan op, gezien door een nostalgische bril die van elke halte langs de weg een ogenblik van aangename verpozing maakt, in een decor dat zich als volgt laat samenvatten : zien en gezien worden.
(Text van Pierre Loze uit A+)

E TOWER 66 P 24

This conversion work on a petrol station of which the garage has been transformed into a snackbar and a store offering breakdown services, video cassette hire, newspapers, cigarettes, etc. was carried out in such a way as to maintain the external appearance of the original building which dates from the 1950s.
The shop sign and the night lighting were painstakingly studied, the awnings were redesigned and the main work was focused on the interior layout, which was developed around a central bar standing on what was formerly the vehicle repair pit. The bar is completely clad in metal and streaked with lines to evoke the look of American buses in the 1950s and 1960s. The stools which surround the bar and the nearby benches also reproduce by their shape and colours the style of the "diners", which are typical features of American roadsides, an impression reinforced by the design of the stainless steel presentation shelves which have signs on top indicating their contents : food, videos, newspapers, etc. Without going as far as being a replica of these "diners", the interior decor evokes the atmosphere as seen through a nostalgic flashback which transforms the roadside stop into a moment of pleasure which develops the art of living in a decor which can be summarized as a place to see and be seen.
(Text of Pierre Loze from A+)

Eugeen LIEBAUT

F "PLATEAU"
CENTRE ARTISTIQUE POLYVALENT P 80

La transformation comprend le réaménagement de l'ancienne salle des fêtes d'une école en centre artistique et de danse. Un nouveau sol, à 2,70 mètres de hauteur, dégage une surface en dessous. C'est là que se situent les vestiaires, le foyer, les sanitaires et les équipements techniques.
On garde un mur existant stuqué, entre la scène et la salle. Mais on peut danser aussi dans la partie anciennement réservée au public. La partie sans piste de danse fait office d'espace polyvalent.
Tout au-dessus, sous les combles, il y a un appartement. Il ne rompt l'ouverture de l'espace en aucune façon. Au milieu de l'appartement, un noyau comprend la cuisine et les sanitaires.

N "PLATEAU"
INTERFUNCTIONEEL CENTRUM VOOR PODIUMKUNSTEN P 80

De verbouwing omvat de herinrichting van een oude toneelzaal van een school tot danscn kunstcentrum. Een nieuwe vloerconstructie op 2.70 meter hoogte maakt een onderliggende ruimte vrij. Hier zijn kleedkamers, foyer, sanitair en technische voorzieningen gesitueerd.
Een bestaande, van stucco voorziene wand, tussen scène en zaal blijft behouden.
Alleen kan het dansen zich ook situeren waar vroeger het publiek zat. Het gedeelte waar geen dansvloer is voorzien doet dienst als polyvalente ruimte.
Helemaal bovenaan onder het zadeldak zweeft een appartement. Het doorbreekt de openheid van de ruimte in geen enkel opzicht. In het midden van het appartement is een kern met keuken en sanitair.

E "PLATEAU"
INTERFUNCTIONAL CENTRE FOR PERFORMING ARTS P 80

The reconstruction amounts to the conversion of an old school theatre into a dance and an art centre. A newly constructed floor, 2.7 metres above ground level, makes the underlying space available. This is where the dressing rooms, foyer, sanitary and technical facilities are situated.
An original stuccoed wall between stage and auditorium is left intact. But now the dancing can also take place in the auditorium. A multifunctional space is created where the dance floor ends. Way up under the pitched roof is a suspended apartment. It does not interfere with the openness of the space in any way. The apartment has a central core with kitchen and lavatory.

William LIEVENS

F RENOVATION MAISON "KOTROO-VANNESTE" P 214

Cette maison rénovée se situe dans un quartier populeux de Bruxelles. Les constructions initiales du rez-de-chaussée qui coupaient presque totalement la maison du jardin ont été démolies. Le volume principal, simple et bien conservé, est ajouré et élargi au maximum au niveau du grenier. On obtient ainsi trois niveaux polyvalents complets.
Un bureau a été aménagé au-dessus du garage. A l'arrière, se situe un volume multifonctionnel en double hauteur. Aux étages, se trouvent les pièces de séjour et les chambres à coucher. Trois 'units' sont insérées dans le volume principal : volumes autonomes, ils comprennent un débarras avec sanitaire, une cuisine et une cellule sanitaire.
Les armatures en acier des terrasses et des escaliers transparents confèrent à ces cellules un support spatial et une valeur esthétique. La superposition légère des 'units' laisse entrer la lumière dans la cage d'escalier tandis que leur forme fuyante ouvre le champ de vision sur les environs à partir des pièces d'habitation.
L'utilisation des couleurs et des matériaux (briques rouges émaillées, tôles jaunes en acier profilé et placage en bois de cèdre) accentue l'originalité des différents volumes et les différencie du bâtiment principal. L'ancien et le nouveau se complètent.

N RENOVATIE WONING "KOTROO-VANNESTE" P 214

De gerenoveerde rijwoning ligt in een Brusselse dichtbevolkte wijk. De oorspronkelijke archterbouwsels, die het huis bijna volledig afsluiten van zijn tuin, zijn gesloopt. Het eenvoudige en goed bewaarde hoofdvolume is maximaal opengewerkt en uitgebreid op het zoldernivo. Op die manier worden drie volwaardige polyvalente bouwlagen bekomen.
Boven de garage is een buro geïnstalleerd. Achteraan bevindt zich een dubbelhoge multifunktionele ruimte. Op de bovenliggende verdiepingen situeren zich het leefgedeelte en de slpaapvertrekken. Drie "units", die als autonome volumes op het bestaande woongebouw zijn ingeplugd, bevatten de berging met sanitair, keuken en sanitaire cel.
Transparante stalen terras- en trapkonstrukties geven aan die cellen een ruimtelijke ondersteuning en verlenen het geheel een skulpturale belevingswaarde.
De luchtige stapeling van de units laat het licht ver doordringen in de traphal, terwijl hun wijkende vorm een vrij uitzicht laat vanuit de woonruimtes over de omgeving. Het kleur- en materiaalgebruik (rode geëmailleerde baksteen, geprofileerde gele staalplaten en cederbekleding) versterkt de eigenheid van de verschillende volumes en onderscheidt hen duidelijk van het bestaande hoofdgebouw. Oud en nieuw komplementeren elkaar.

E RENOVATION OF "KOTROO-VANNESTE" HOUSE P 214

This renovated residential house is located in a densely populated district of Brussels. The original constructions of the ground floor, which almost totally cut the house off from the garden, have been demolished. The main volume, which is simple and well preserved, has been extended and given maximum openwork in the loft. In this way, three complete polyvalent levels are obtained.
An office has been installed above the garage. At the back, there is a double-height multifunctional volume. On the upper floors there are the living rooms and the bedrooms. Three "units" are inserted in the main volume. These are autonomous volumes which

include a storeroom with a washroom, a kitchen and a toilet block.
The transparent steel terrace and stairway constructions lend to these cells special support and aesthetic value. The delicate superimposition of the "units" allows light to penetrate far into the stairwell, while their receding form opens the field of vision on the surrounding environment from the living quarters.
The use of colours and materials (red enamelled bricks, yellow profiled steel sheets and cedar wood cladding) accentuate the originality of the various volumes and differentiates them clearly from the existing building. The old and the new complement each other.

Luc MAES

F CENTRE DE FORMATION DE PETITES ET MOYENNES ENTREPRISES "BRUCEMO ASBL" P 146

Le projet a été entamé en 1986, dans le cadre d'un concours d'architecture limité, organisé par le client BRUCEMO. Comme il s'agissait d'un bâtiment subventionné par les pouvoirs publics, le client voulait comparer plusieurs projets à un budget fixe limité.
Il fallait déterminer de nouvelles structures dans les limites de l'ancien entrepôt ERDE et de quelques maisons délabrées de la rue Terre-Neuve, au centre de Bruxelles.
Le bâtiment d'origine, dont seules les façades art-nouveau de la rue Philippe de Champagne et de la rue Rouppe avaient une certaine valeur, avait été conçu en 1909 par l'architecte art-nouveau VIZZANOVA.
Le complexe, de plus en plus fermé et privé de lumière au fil des années, devait être utilisé comme bâtiment scolaire.
Outre des ateliers et des classes, qui pouvaient s'inscrire dans l'espace existant, la circulation, le foyer, la cafétéria et l'auditorium font l'objet d'une conception globale.
La stratégie de conception consiste en quelques interventions à relativement grande échelle, qui transfigurent la donnée amorphe et créent des interactions. Toute anecdote ou fragmentation est rejetée.
Dans certains espaces existants, on découvre des lignes de force, dont la présence est latente dans le bâtiment. L'étude des parties à démolir résulte d'une observation détaillée et minutieuse.
L'espace extérieur circulaire constitue le point d'orgue des différentes interventions.
La nouvelle épine dorsale se traduit graphiquement en trois formes géométriques : le carré, le cercle et le rectangle.

N OPLEIDINGCENTRUM VOOR KLEINE EN MIDDELGROTE BEDRIJVEN "BRUCEMO VZW" P 146

Het ontwerp kwam in 1986 tot stand in het kader van een beperkte architectuurwedstijd op initiatief van de opdrachtgeven BRUCEMO. Gezien het een door de overheid gesubsidieerd gebouw betreft, wilde de opdrachtgever schetsontwerpen, gekoppeld aan een vaste maar beperkte begroting, vergelijken.
De opdracht bestond in het aangeven van nieuwe strukturen binnen de grenzen van het voormalige pakhuis ERDE en enkele bouwvallige huizen aan de Nieuwlandstraat in het centrum van Brussel.
Het oorspronkelijk gebouw, waarvan alleen de Art-Nouveaugevels aan de Philip de Champagne-en Rouppestraat een zeker betekenis hadden, werd in 1909 ontworpen door de Art-Nouveau architect VIZZAVONA.
Het in de loop der jaren mateloos dichtgebouwd en van licht ontnoemen complex diende een bestemming te krijgen als schoolgebouw.
Behalve atelierruimten en klaslokalen, die in de bestaande ruimte konden ingevuld worden, zijn de circulatie, het foyer, de cafeteria en het auditorium het voorwerp van een globale ingreep.
De ontwerpstrategie bestaat uit enkele relatief grootschalige interventies die het amorf gegeven transfigureren en interacties doen ontstaan. Elke anekdote of fragmentatie wordt geweerd.
Binnen de bestaande strukturen worden krachtlijnen blootgelegd die latent aanwezig zijn in het gebouw. De studie van af te breken onderdelen is het gevolg van uigebreide en minutieuze observatie. De cirkelvormige buitenruimte vormt het sluitstuk van de verschillende ingrepen. De nieuwe ruggegraat wordt grafisch vertaald door drie geometrische vormen, met name : het vierkant, de cirkel en de rechthoek.

E INSTRUCTION CENTER FOR SMALL AND MEDIUM SIZED ENTERPRISES "BRUCEMO VZW" P 146

The design was initiated in 1986 within the framework of a limited architectural competition at the initiative of the clients BRUCEMO. As it was a government- subsidized building, the client wanted to compare draft designs, coupled with a fixed but limited budget.
The task consisted of creating new structures within the limits of the former warehouse ERDE and a few tumbledown houses on Nieuwlandstraat in the centre of Brussels.
The original building, of which only the Art Nouveau gables on the Philip de Champagnestraat and Rouppestraat had a certain significance, was designed in 1909 by the Art Nouveau architect VIZZAVONA.
Following years of major closely-compacted building work, the complex, by now removed from the light, was to become a school building. With the exception of the workshop areas and the classrooms, which could be filled in the existing space, the traffic areas, the foyer, the cafeteria and the auditorium were the object of a global approach.
The design strategy consists of a few relatively large-scale interventions which have transfigured the amorphous mass and created interactions. All traces of "anecdotes" and fragmentation were suppressed.
Within the existing structures, any lines of force which were latent in the building were exposed. The study of the parts to be demolished was the result of extensive and painstaking observation.
The circular exterior space forms the key to the various interventions. The new backbone of the building is graphically translated by three geometric forms, namely the square, the circle and the rectangle.

Paul-David PERRAUDIN, Smadar BARON

F VILLA WANDA P 180

Le programme consistait en une villa double sur un terrain boisé, parfaitement rectangulaire et descendant en pente assez prononcée vers le Nord... la voirie étant du côté Sud !
Ce double handicap constaté et évalué, deux priorités se sont imposées à nous lors des premières esquisses :
1. l'équilibre délicat des vues et orientations respectives des deux co-propriétaires.
2. la recherche d'un ensoleillement optimal, malgré des conditions peu favorables.
L'idée -hors programme- de prévoir un pavillon de toiture avec solarium, rivalisant avec la hauteur de la cime des arbres, procède de même intention, sans pour autant grever le budget prévu.
Les prescriptions urbanistiques sévères limitant l'emprise au sol, l'accès et ses dépendances (halls communs et privés, vestiaires, toilettes des visiteurs...), ont été confinés au niveau des garages, afin de favoriser un étalement optimal des zones de jour, et conférer à ces dernières un aspect "bel étage" libéré des contraintes de la déclivité du terrain.
Soucieux de déroger à l'allure habituelle des maisons jumelées, dont le style inévitablement "miroir" sévit depuis de nombreuses décennies, il nous a paru plus subtil de proposer au visiteur la vision d'une villa unifamiliale dont on ne puisse pas se douter, à première vue, qu'elle abrite en réalité deux familles.
Un tracé régulateur rigoureux, reposant sur la Section d'Or, propose une symétrie à la fois solennelle et conviviale qui confère au bâtiment une allure qui n'est pas sans rappeler, en clin d'oeil, la silhouette de certaines villas "palladiennes".

N VILLA WANDA P 180

Het programma betrof een dubbele villa op een bebost stuk grond, volledig rechthoekig en vrij steil afhellend naar het noorden, met de weg aan de zuidkant !
Na een evaluatie van deze tweevoudige handicap drongen zich van bij de eerste schetsen twee prioriteiten op :
1. het delicate evenwicht van het respectieve uitzicht en de respectieve oriëntatie van de twee mede-eigenaars;
2. het streven naar een optimale bezonning, in weerwil van de ongunstige omstandigheden.
De idee - buiten het programma - van een dakpaviljoen met solarium dat ongeveer even hoog zou komen als de kruin van de bomen, kaderde in dezelfde context, zonder evenwel te drukken op het voorziene budget.
Omdat de stedebouwkundige voorschriften beperkingen oplegden qua bebouwde terreinoppervlakte, werden de toegang en de bijhorigheden (gemeenschappelijke en privéhalls, vestiaires, bezoekerstoiletten...) beperkt tot het niveau van de garages, ten einde te komen tot een optimale spreiding van de woonverblijven, die als "bel étage" geen hinder zouden hebben van de helling van het terrein.
Vanuit het streven om af te wijken van de gebruikelijke "look" van twee huizen onder één kap, waarvan de stijl de voorbije decennia onvermijdelijk leidde tot "spiegeleffecten", leek het ons meer aangewezen om het gebouw de aanblik te geven van een eengezinsvilla die de bezoeker reeds op het eerste gezicht vertelt dat er in werkelijkheid twee gezinnen wonen.
Een strikt regulerend tracé op basis van de gulden snede hanteert een tegelijk statige en gemoedelijke symmetrie, die het gebouw een zekere grootsheid verleent die - niet zonder een knipoog - doet denken aan het silhouet van de Palladiaanse villa.

E VILLA WANDA P 180

The program consisted of a double villa on a wooded terrain, perfectly rectangular and descending in a fairly steep slope towards the north... with the road on the south side! In the face of this two-fold handicap, two priorities came to the fore as we were drawing up the initial sketches:
1. the delicate balance of the respective views and orientations of the two co-owners.
2. the endeavour to achieve optimum sunlight, despite unfavourable conditions.
The idea - not included in the program - of creating a loft with a solarium, on a level with the treetops, was based on the same concept, but without any addition to the budget.
As strict city planning regulations limited the use of ground, the access and its outbuildings (shared and private halls, cloakrooms, visitors' toilets,...) were confined to the level of the garages in order to favour an optimum spread of the day areas and to confer on the latter the appearance of an "ornamental level" free of the constraints imposed by the sloping terrain.
In order to get away from the traditional look of semi-detached houses, of which the inevitable "mirror" style has been on the go for several decades, we felt it was a more subtle choice to give the visitor the impression of a detached villa so that he would never guess, at first sight, that the building in fact housed two families.
A rigorous regulating line of force, based on the Golden Cross-section, offers symmetry which is not only solemn but convivial and which confers on the building an appearance which, at first glance, may remind the visitor of the shape of certain "palladian" villas.

Gaetano PESCE

F MAGASIN DUJARDIN P 62

Les 600 m² de l'Espace Dujardin affirment une option pleinement contemporaine.
Complètement métamorphosé et retravaillé par Gaetano Pesce qui le marque de son sceau, cet espace interpelle ou étonne, mais en tout cas ne laisse pas indifférent.
Son travail est aujourd'hui représenté dans tous les grands musées du monde tandis que nombre d'ouvrages s'attachent à l'analyse de son oeuvre.
Ce lieu cultive la spontanéité, encourage l'imagination, suscite le jeu. Gaetano Pesce : "J'ai adhéré au projet parce que ses instigateurs étaient ouverts à l'innovation et ne voulaient pas du "déjà vu". J'ai donc créé un lieu de surprise où plein de petites choses stimulent la créativité de l'enfant, sans tomber dans les archétypes enfantins. J'ai évidemment voulu que l'espace soit joyeux, notamment grâce à l'utilisation des couleurs, soutenues et sublimées par des matériaux souples et translucides (comme la résine et la silicone). Je l'ai également conçu comme un endroit vraiment différent, qui peut servir l'image de Bruxelles et se visiter comme un monument".
(propos recueillis par C.A. pour Privilège).

N BOETIEK DUJARDIN P 62

De 600 m² van de Espace Dujardin kaderen in een uitgesproken hedendaagse optie. Deze ruimte onderging een complete gedaanteverandering waarop Gaetano Pesce, onmiskenbaar zijn stempel op heeft gedrukt. Het spreekt de toeschouwer aan of verbaast hem, maar laat hem nooit onverschillig.
Het werk van Gaetano Pesce is tegenwoordig te zien in alle grote musea over de hele wereld, terwijl aan de analyse van zijn werk tal van boeken werden gewijd. Deze omgeving cultiveert de spontaneïteit, stimuleert de verbeeldingskracht, inspireert tot het spel.
Gaetano Pesce : "Ik heb dit project aanwaard omdat de initiatiefnemers open stonden voor vernieuwing en niet wilden terugvallen op wat eerder door anderen werd gedaan.
Dus creëerde ik een oord vol verrassing, waar talloze kleine dingen de creativiteit van het kind stimuleren, zonder te vervallen in de kinderlijke archetypes. Ik heb uiteraard gestreefd naar een vrolijke ruimte, met name via het gebruik van de kleuren, ondersteund en gesublimeerd door soepele en doorschijnende materialen (zoals kunsthars en silicone). Anderzijds wou ik het ook laten uitgroeien tot een echt aparte omgeving, die het imago van Brussel ten goede komt en zich laat bezoeken als een monument."
(opgetekend door C.A.).

E DUJARDIN STORE   P 62

The 600 m² of the Espace Dujardin are the corroboration of a decidedly contemporary design approach. Completely transformed and remodelled by Gaetano Pesce who has stamped on it his own individual style, this space is one which attracts attention or arouses surprise. At any rate, it does not leave one indifferent.

His work is represented in all the major museums of the world and there are many publications dealing with the analysis of his work.

It is an architectural site which fosters spontaneity, encourages the imagination and invites interplay.

In the words of Gaetano Pesce : "I decided to participate in the project because its initiators were open to innovation and did not want "old hat". I therefore created a place of surprise where a multitude of little details stimulate the creativity of the child, without lapsing into childish archetypes. I of course wanted the space to be joyous, in particular through the use of colours, supported and sublimated by the use of flexible and translucent materials (such as resin and silicone). I also designed it as a really different place which can enhance the image of Brussels and be visited as a monument".
(interview by C.A.).

Mauro POPONCINI, Patrick LOOTENS

F COMMERCES ET APPARTEMENTS "PORTE DES FLANDRES"   P 28

Situé à droite de l'entrée de l'ancienne chaussée qui mène à Gand, l'immeuble tient à former avec l'immeuble d'angle de l'autre côté de la chaussée, la-dite "Porte des Flandres".

Bien que le petit terrain soit un polygone très irrégulier, le bâtiment est doté d'une structure orthogonale simple.

Les deux immeubles s'opposent également l'un à l'autre, celui de gauche érigé en briques visualisant une architecture robuste et masculine, celui de droite revêtu d'aluminium qui par sa forme et matériaux se veut léger et féminin.

L'espace résiduel triangulaire à l'arrière du terrain comprend une zone de circulation verticale extérieure ainsi que l'accès aux appartements à partir de passerelles en verre sablé.

Les deux volumes différentiés (l'un en brique, l'autre revêtu de tôle en aluminium ondulé) forment une charnière, visant à reprendre ainsi le caractère résidentiel le long de la Chaussée de Gand d'une part et le caractère semi-industriel le long du Canal de l'autre part.

La façade en aluminium fait référence à une aile d'avion et tient à symboliser une vision future optimiste, soutenant ainsi la politique de redéveloppement urbain du Maître d'Ouvrage.

N WINKELS EN APPARTEMENTEN "VLAANDERENPOORT"   P 28

Het gebouw ligt aan de rechterkant van het begin van de oude Gentsesteenweg en vormt samen met het hoekgebouw aan de overkant van de steenweg de zogenaamde "Vlaanderenpoort".

Hoewel het terrein een zeer onregelmatige veelhoek vormt, kreeg het gebouw zelf een eenvoudige orthogonale structuur.

Beide gebouwen vertonen een visueel contrast : het linkse in baksteen staat voor een robuuste en mannelijke architectuur, het rechtse is bekleed met aluminium en toont zich in vormen en materialen veeleer licht en vrouwelijk.

De resterende driehoekige ruimte achteraan op het terrein vervult een verticale externe doorstromingsfunctie en biedt toegang tot de appartementen via passerellen in gezandstraald glas.

Beide gedifferentieerde volumes (het ene in baksteen, het andere bekleed met golvende aluminiumplaat) vormen een scharnier tussen het residentiële karakter aan de ene kant van de Gentsesteenweg en het semi-industriële karakter langs het Kanaal.

De gevel in aluminium verwijst naar een vliegtuigvleugel en symboliseert een optimistische toekomstvisie, ter ondersteuning van het beleid voor stadsvernieuwing van de Bouwheer.

E COMMERCIAL PREMISES AND APARTMENTS "PORTE DES FLANDRES"   P 28

Located to the right of the start of the old road to Gent, the building, served to form with the corner building on the other side of the road the "Gateway to Flanders".

Although the small plot of land is a very irregular polygon, the building has a simple orthogonal structure.

The two buildings also offer a contrast, the one on the left constructed with bricks displaying a robust and masculine architecture, while the one on the right is clad with aluminium which gives it a much lighter and more feminine appearance due to its form and materials.

The residual triangular space to the rear of the site includes an external vertical circulation zone as well as the access to the apartments through sandglass passageways.

The two differentiated volumes (one made of bricks, the other with corrugated aluminium sheeting) form a hinge between, on the one hand, the residential character of the buildings along the Chaussée de Gand and, on the other hand, the semi-industrial character of the properties along the Canal.

The aluminium facade suggests the wing of a plane and is used as a symbol of its optimistic future-oriented vision and thus serves to underscore the urban redevelopment policy of the client.

Paul ROBBRECHT, Hilde DAEM, Marie-José VAN HEE

F GALERIE D'ART ET APPARTEMENT "HUFKENS"   P 182

La galerie Hufkens est une maison bourgeoise traditionnelle du 19ème siècle, qu'une rénovation énergique a transformée en galerie d'art avec appartement.

Dans l'ancienne demeure, on a gardé l'escalier monumental en grès blanc, les ornements de plafond et les portes.

Côté jardin, la demeure a été agrandie d'un espace d'exposition à double hauteur, qui comprend une structure de poutre cruciforme asymétrique en béton. La nouvelle façade côté jardin a été élaborée de façon architectonique, en grès blanc français. L'étage supérieur et le toit sont revêtus d'uginox.

Une ouverture dans la toiture laisse entrer la lumière du jour le long des parois obliques, dans la partie centrale du logement au deuxième étage.

L'appartement et la galerie se confondent en douceur et peuvent être tout aussi subtilement séparés.

N GALERIE EN APPARTEMENT "HUFKENS"   P 182

De galerij Hufkens is een traditioneel 19e eeuws burgershuis dat door een ingrijpende wijziging omgevormd werd tot kunstgalerij met woning.

In de oude woning werden de monumentale witte zandsteen trap, plafond-ornamenten en deuren bewaard.

Aan de tuinzijde werd de woning uitgebreid met een dubbelhoge tentoonstellingsruimte, waar een assymetrisch kruisvormig betonnen balkstructuur is aangebracht. De nieuwe tuingevel werd architectonisch uitgewerkt in witte franse zandsteen. De bovenste verdieping en het dak zijn bekleed in uginox.

Er werd een snede gemaakt in het dak, om zo langs schuine wanden het natuurlijk licht te laten binnenvloeien in de middenzone van het woongedeelte op de tweede verdieping.

Wonen en galerij lopen zachtjes in elkaar over en kunnen even subtiel gescheiden worden.

E GALLERY AND APARTMENT "HUFKENS"   P 182

The Hufkens gallery is a traditional 19th century middle-class residential house which has undergone extensive conversion work to be transformed into an art gallery with an apartment.

The monumental sand stone stairway, the ceiling ornaments and the doors of the old apartment have been preserved.

On the garden side, the building has been extended with a double-height exhibition area in which an asymmetrical cross-shaped concrete beam structure has been incorporated. The new garden facade has been architecturally refurbished in white French sandstone. The top level and the roof are covered with Uginox stainless steel.

The roof has been cut so as to allow natural light to penetrate by way of oblique walls into the central zone of the residential part on the second floor.

The apartment and gallery gently overlap each other and can also be separated just as subtly.

Paul ROBBRECHT, Hilde DAEM

F PENTHOUSE MEERT   P 216

Le penthouse se trouve au sommet d'un bâtiment art-nouveau, dans le vieux centre de Bruxelles.

La galerie du penthouse Mariën-Meert expose de l'art d'avant-garde contemporain dans le cadre d'une maison.

Nous distinguons trois éléments dans la structure du penthouse : l'ancienne habitation sur le toit, transformée en résidence pour les artistes, la grande terrasse où Isa Genzken a placé une sculpture "Caméra", comme un caléidoscope dirigé vers la ville, et les anciens locaux techniques qui ont été entourés d'une haute grille en acier.

L'habitation proprement dite se compose d'une structure d'acier légère revêtue d'uginox.

La zone d'habitat se fond dans la bibliothèque qui, elle aussi, donne une vue panoramique sur Bruxelles.

Ces interventions spatiales sur le toit constituent une nature morte architectonique dont le bâtiment existant est le socle.

N PENTHOUSE MEERT   P 216

Het penthouse bevindt zich bovenop een art-nouveau gebouw in het oude centrum van Brussel.

In de galerij van het penthouse Mariën-Meert wordt hedendaagse avant-garde kunst tentoongesteld in de kontext van een huis.

In de opbouw van het penthouse onderscheiden zich drie elementen : de oude dakwoning die omgevormd werd in een verblijf voor kunstenaars, het grote terras waar Isa Genzken een sculptuur "Camera" plaatste, als een kaleidoscoop gericht op de stad, en de oude technische kernen die omsloten werden door een hoog stalen hek.

De woning zelf il opgebouwd uit een lichte staalstructuurbekleed met uginox.

De leefzone loopt over in de bibliotheek die nogmaals een panoramisch uitzicht geeft over Brussel.

Deze ruimtelijke ingrepen op het dak vormen een architectonisch stilleven waarvoor het bestaande gebouw de sokkel is.

E PENTHOUSE MEERT   P 216

The penthouse is at the top of an art-nouveau building in the old centre of Brussels.

In the gallery of the Mariën-Meert penthouse contemporary avant-garde artworks are exhibited in the context of a residential house.

The structure of the penthouse consists of three separate elements : the old loft which has been converted into an artists' residence, the large terrace where Isa Genzken has placed a sculpture entitled "Camera" as a kaleidoscope focused on the city, and the old technical core of the building which is enclosed in a high steel shell.

The building itself was constructed using a light steel structure covered with Uginox stainless steel.

The living quarters are related to a library which also offers a panoramic view of Brussels.

These spatial interventions on the roof form an architectural still life for which the existing building forms the socle.

Serge ROOSE

F GALERIE WILLY D'HUYSSER   P 54

Le projet s'inscrit dans la typologie du parcellaire bruxellois traditionnel. Le terrain est long et étroit, informel, usé et sans grande qualité.

A partir de cet espace situé dans un site sensible, le projet vise à créer une galerie d'art contemporain en tenant compte du contexte architectural environnant.

Un plateau libre de 56 mètres de long se développe au rez-de-chaussée. Quatre colonnes supportent l'ensemble du bâtiment composé aux étages de logements.

Les hauteurs variables des différents volumes permettent d'exposer des oeuvres de différents formats et thèmes, de créer diverses atmosphères et de varier la qualité de la lumière.

Le plafond courbe de l'étage se tend et se projette vers l'extérieur. Une grande baie vitrée horizontale filtre les rayons solaires à l'aide d'un pare-soleil intégré dans le double vitrage. A l'arrière des puits de lumière tournés vers le Nord permettent d'obtenir un éclairage zénithal de qualité.

La façade côté place du Sablon a conservé ses percements d'origine pour les étages; au rez-de-chaussée, des ouvertures ont été créées à l'arrière de la structure colonne supportant la façade. L'écriture architecturale se veut contemporaine et les matériaux traditionnels.

La deuxième peau située à l'intérieur du bâtiment se veut résolument "moderne" et exprime davantage la fonction des lieux par un jeu graphique des lignes verticales et horizontales. Les thèmes intériorisés de la modernité

sont repris, à savoir espace libre et modulable, structure colonne, travail de la lumière et des cadres de vision, alternance de pleins et de vides pour les cloisons et murs porteurs. La limitation volontaire des matériaux (murs et plafonds blancs, sol en bois, mobilier en acier et verre) assure une cohérence globale du projet et évite à l'amateur d'art de disperser son attention.
Une attention toute particulière est apportée au dessin du mobilier, des éléments architecturaux tels que l'escalier et les balustrades, aux huisseries et équipements de bureaux.

N GALERIE WILLY D'HUYSSER — P 54

Het project kadert in de typologie van de traditionele Brusselse perceelindeling. Het terrein is lang en smal, vormeloos, uitgeput en zonder grote kwaliteiten.
Uitgaand van deze ruimte in een delicate omgeving heeft het project tot doel de inrichting van een galerie voor hedendaagse kunst, rekening houdend met de bestaande architecturale context.
Op het gelijkvloers is er een vrij plateau van 56 meter lang. Vier zuilen dragen het hele gebouw met de woonverdiepingen.
De wisselende hoogte van de verschillende volumes maakt het mogelijk om werken van verschillende omvang en thematiek tentoon te stellen, uiteenlopende sferen te scheppen en te spelen met de aard van de verlichting.
Het gebogen plafond van de verdieping strekt zich uit naar de buitenwereld. Een grote horizontale glaspartij filtert de zonnestralen door middel van een zonnewering die geïntegreerd werd in de dubbele beglazing. Achteraan zorgen op het noorden gerichte lichtkokers voor een optimale zenithverlichting.
Aan de kant van de Zavel behield de gevel zijn oorspronkelijke openingen op de verdiepingen. Op het gelijkvloers werden openingen gemaakt achter de zuilstructuur die de gevel draagt. De architectuurtaal wil hedendaags zijn, de materialen zijn traditioneel. De tweede omhulling binnenin het gebouw is resoluut "modern" en concretiseert de functie van de ruimten door een grafisch spel van verticale en horizontale lijnen. De inherente thematiek van de moderniteit komt terug in de vrije en moduleerbare ruimte, de zuilstructuur, het spel van het licht en de openingen, de afwisseling van volle elementen en vides voor de tussenwanden en de draagmuren.
De bewuste soberheid van de materialen (witte muren en plafonds, houten vloer, meubilair in staal en glas) bezorgt het hele project de nodige coherentie en voorkomt dat de aandacht van de kunstliefhebber wordt afgeleid.
Bijzondere aandacht ging uit naar het ontwerp van het meubilair, naar architecturale elementen zoals trap en balustrades, naar raam- en deurlijsten en naar de kantooruitrusting.

E WILLY D'HUYSSER GALLERY — P 54

The project is incorporated within the typology of traditional Brussels land zoning. The terrain is long and narrow, informal, well-worn and with no notable quality.
Using this space located on a sensitive site, the project involves creating a contemporary art gallery taking into account the surrounding architectural context.
The ground floor is a 56 metre long open-plan. Four columns support the entire building consisting of several floors of apartments.
The variable height of the different volumes provide a means of exhibiting the works in different formats and themes, creating different atmospheres and varying the quality of the light.
The curved ceiling of the upper floor is directed towards the exterior where it is projected. A large horizontal bay window filters the sunlight through a sunscreen incorporated in the double glazing. At the back, wells of light oriented towards the North provide quality zenith lighting.
The facade on the side overlooking the place du Sablon has preserved the original wall openings for the upper floors. On the ground floor, openings have been created at the rear of the column structure supporting the facade. The architectural style is intentionally contemporary, while the materials are traditional. The second skin inside the building is decidedly "modern" and expresses the function of the rooms more in terms of a graphic interplay of vertical and horizontal lines. The interiorized themes of modernity are incorporated, that is, free and modulable space, column structure, lighting effects and visual frameworks, as well as alternating full and empty volumes for partitions and bearing walls.
The purposeful limitation of materials (white walls and ceilings, wooden floor, steel and glass furniture) guarantee the overall coherence of the project and ensure that the art lover's attention is not dispersed.
Particular care has been taken with the design of the furniture, certain architectural features such as the stairway and the balustrades, the door fittings and the office equipment.

Philippe SAMYN

F COMPLEXE BUREAUX "BRUSSIMMO" — P 100

La situation de l'immeuble est remarquable, au coeur du quartier Léopold, le centre d'affaires de Bruxelles, proche des principales institutions européennes. En raison de sa situation, le site est exposé au bruit, à la poussière et à d'autres types de pollution.
L'immeuble accueille tous les types possibles d'aménagement de bureaux, partant des bureaux individuels à un aménagement entièrement ouvert, y compris des concepts comme le "bureau-combiné" scandinave, qui s'est révélé si efficace et convivial.
Une attention particulière a été accordée à la qualité architecturale du parking souterrain, dans la mesure où il est souvent le premier contact du visiteur avec l'immeuble.
La disposition a été conçue de façon à permettre :
- l'installation facile de matériel électrique et mécanique, indépendamment des cloisons;
- le déplacement aisé des cloisons, sans endommager le plafond, avec une isolation acoustique suffisante entre les différents espaces;
- l'installation de matériel compatible avec les besoins actuels des grandes entreprises de rang international;
- un cadre de travail agréable et silencieux, indépendamment de son emplacement;
- la réalisation concurrentielle du projet, en termes financiers.
L'immeuble comprend un rez-de-chaussée avec des zones de réception, un premier étage avec des salles de réunion et des bureaux, cinq étages de bureaux normaux et un septième étage dont la première moitié réservée à une grande salle de conférence avec cabines de traduction est recouverte d'une voûte en demi-lune et l'autre moitié couverte par les locaux techniques est réservée à la cafétéria.
La surface de la superstructure, d'une largeur intérieure de 10,8 m, est entièrement dégagée de colonnes ou autres obstacles et permet une liberté complète d'aménagement. Les étages de bureaux sont soutenus par deux rangées de cinq colonnes, sur lesquelles reposent deux poutrelles qui soutiennent des poutrelles transversales, fournissant un soutènement à encorbellement pour les façades extérieures vitrées. Un plancher en béton armé sur panneaux préfabriqués repose sur ces poutrelles auxiliaires.
Les espaces entre les poutrelles principales et secondaires permettent d'installer sans difficulté tous les équipements intérieurs de l'immeuble.
Une caractéristique originale, c'est que les étages sont équipés d'évacuations sanitaires régulièrement espacées, ce qui permet d'installer les toilettes où l'on veut.
L'immeuble est pourvu d'une "double façade" qui présente les avantages suivants :
- bonne isolation thermique (y compris en été), acoustique;
- façade extérieure entièrement vitrée et facile à entretenir;
- utilisation de vitrage pratiquement transparent sans compromettre le confort ni affecter la température à l'intérieur du bâtiment;
- afflux considérable de lumière du jour par les façades entièrement vitrées du sol au plafond sans pâtir du gain solaire;
- répartition facile du matériel mécanique et électrique;
- utilisation de l'espace prévu comme canalisation de reprise d'air pour la climatisation;
- la simplicité de la conception, en termes de physique du bâtiment, élimine les problèmes liés aux ponts thermiques.

N KANTOORCOMPLEX "BRUSSIMMO" — P 100

Het gebouw is uitstekend gelegen, in het hart van de Leopold-wijk, de draaischijf van het Brusselse zakenleven, en dicht bij de belangrijkste Europese instellingen. Vanwege deze ligging heeft het gebouw te lijden onder geluidsoverlast, stof en andere vormen van vervuiling.
In het gebouw moest elke mogelijke vorm van kantoororganisatie terecht kunnen, van individuele kantoren tot een volledige kantoortuin, met inbegrip van concepten zoals het erg efficiënte en gebruikersvriendelijke Scandinavische "combi-kantoor".
Speciale aandacht werd besteed aan de architecturale kwaliteit van de ondergrondse parking, aangezien die vaak het eerste contact is dat de bezoeker met het gebouw heeft.
De accomodatie moest geschikt zijn voor :
- de probleemloze installatie van elektrische of mechanische apparatuur, ongeacht de indeling,
- snelle aanpassing van de indeling, zonder beschadiging van plafonds en met voldoende geluidsisolatie tussen de afgesloten ruimten,
- de installatie van apparatuur die aansluit bij de moderne behoeften van grote bedrijven met internationale faam,
- een stille en aangename werkomgeving, in weerwil van de ligging.
Bovendien moest de uitvoering van het project tegemoet komen aan de budgetvereisten.
Het gebouw omvat een benedenverdieping met onthaalruimten, een eerste verdieping met vergader- en kantooraccomodatie, vijf standaard kantoorverdiepingen en een zevende verdieping waarvan de helft onder een half-cilindrisch gewelf en de andere helft onder een technische dienstruimte.
De superstructuur heeft een breedte van 10,8 meter, is over zijn volledige oppervlakte vrij van zuilen of andere obstakels en kan volledig naar believen worden ingedeeld. De kantoorniveaus worden ondersteund door twee rijen van 5 zuilen, waarop twee steunbalken rusten die op hun beurt ondersteuning bieden aan dwarsliggers met vrijdragende balken voor de buitenste glasgevels. Op deze secundaire steunbalken rust een gewapende betonvloer met prefab-platen. In de ruimten tussen de primaire en de secundaire steunbalken kan alle technische uitrusting van het gebouw terecht.
Uniek is dat de vloeren op regelmatige afstanden voorzien zijn van sanitaire afvoergaten, zodat de toiletten om het even waar kunnen worden geplaatst.
Het gebouw is voorzien van een "dubbele gevel", wat de volgende voordelen biedt :
- goede thermische isolatie (ook in de zomer) en goede geluidsisolatie,
- een volledig glazen en gemakkelijk te onderhouden buitengevel,
- het gebruik van een nagenoeg transparante beglazing die het comfort niet in het gedrang brengt en de binnentemperatuur niet beïnvloedt,
- overvloedige inval van natuurlijk licht door gevelpartijen die volledig beglaasd zijn van vloer tot plafond, en dit zonder problemen van overmatige zonnelast,
- vlotte installatie van elektrische en mechanische apparatuur,
- optimaal gebruik van de beschikbare ruimte, bijvoorbeeld voor de leidingen van de airconditioning,
- het eenvoudige design, wat de fysieke kenmerken van het gebouw betreft, voorkomt problemen met thermische bruggen.

E OFFICE COMPLEX "BRUSSIMMO" — P 100

The site of the building is outstanding, in the heart of the Léopold district, the hub of Brussels business activities and close to the main European institutions. Because of its location, the site is exposed to noise, dust and other kinds of pollution.
The building had to accommodate every possible form of office organisation, from individual offices to a full open-plan arrangement, including such concepts as the Scandinavian "combi-office", which has proved so efficient and user-friendly.
Special attention was given to the architectural quality of the underground parking area, as this is often the visitor's first contact with the building.
The layout was designed in such a way as to allow :
- easy installation of electrical or mechanical equipment, irrespective of partitioning
- simple alteration of the partitioning, without damaging the ceiling and with sufficient sound insulation between enclosed spaces;
- the installation of equipment compatible with the present needs of large entreprises of international standing.
- a quiet and pleasant working environment, notwithstanding the location;
- the competitive execution of the project in financial terms.
The building comprises a ground floor with reception areas, a first floor with meeting and office accomodations, five standard office floors, and a seventh floor, half of which is under semi-cylindrical vaulting, with a technical services space above the other half.
The superstructure level, with a 10,8 m clear span, is entirely free of columns and any other obstacles, and affords complete freedom of layout. The office levels are supported by two rows of five columns, on which rest two girders that support transverse girders providing cantilevered support for the glazed outer facades. A reinforced concrete floor on precast panels rests on these secondary girders. The spaces between the main and secondary girders allow the trouble-free installation of all the building's internal equipment.
A unique feature is the equipment of the floors with regularly spaced sanitary outlets which allows for free localisation of the toilets.
The building is provided with a "double facade" having the following advantages :
- good sound insulation;
- an entirely glazed and easily maintained, outer facade;
- the use of virtually transparent glazing without imparing the comfort or affecting the temperature inside the building;
- a large influx of natural light through facades which are entirely glazed from floor to ceiling;
- easy distribution of mechanical and electrical equipment;

- use of space provided, as ducting for the air-conditioning system;
- simplicity of design, in terms of the physics of the building, eliminates the problems associated with thermal bridges.

F AGENCE GRAPHIQUE "DESIGN BOARD SA" P 132

Les exigences en matière de surface et l'étroitesse du site nécessitent la construction d'un bâtiment à deux niveaux, le niveau inférieur étant quelque peu submergé dans le jardin.
Les terres déplacées servent à accroître le sentiment d'espace en formant le jardin inférieur.
Le bâtiment se compose de trois parties principales :
- D'abord, les éléments qui sont en contact avec la terre : la dalle de sol et le mur arrière de retenue sont en béton et en brique.
- Deuxièmement, la structure interne principale en bois qui détermine les postes de travail; c'est envisageable dans la mesure où une partie du mobilier est en pin.
- Troisièmement, la structure arrondie qui couvre le couloir et soutient une toiture légère se compose de petites arcades en acier tubulaire.
L'armature triangulaire en bois et les arches circulaires en acier rappellent la structure et le porche de la Maison de maître existante.
Les refends de stabilisation nécessaires pour soutenir les murs contre terre sont conçus pour abriter les armoires de bureaux.
La conception des postes de travail et du mobilier encastrés permet une intégration en profondeur de toutes les utilités (chauffage, électricité, réseau local, télécommunications).

N GRAFISCH BUREAU "DESIGN BOARD SA" P 132

De oppervlakte-vereisten en het smalle terrein dwingen tot de constructie van een gebouw over twee verdiepingen, waarvan de onderste enigszins verzonken zit in de tuin.
De uitgegraven aarde wordt gebruikt om het ruimtelijk gevoel te vergroten en vormt het laaggelegen tuingedeelte.
Het gebouw bestaat uit drie grote delen :
- de elementen die in contact staan met de grond : de vloerplaat en de achterste keermuur zijn van beton en baksteen,
- de interne houten hoofdstructuur voor de werkstations die kan worden beschouwd als een deel van het meubilair, is in dennehout,
- de gebogen structuur boven de gang, die het lichte dak draagt, bestaat uit kleine bogen in rondstaal.
De driehoekige houtstructuur en de cirkelvormige stalen bogen zijn een verwijzing naar de bestaande Masterhouse structuur met portaal.
Tussen de wanden die de keermuren moeten schragen, wordt het kantoormeubilair geplaatst.
Het ontwerp op basis van ingebouwde werkstations en meubilair maakt een doorgedreven integratie mogelijk van alle nutsvoorzieningen (verwarming, elektriciteit, LAN, telecommunicatie).

E GRAPHICS AGENCY "DESIGN BOARD SA" P 132

The surface requirements and the narrowness of the site necessitate the construction of a building on two levels, the lower being somewhat submerged into the garden. The displaced earth is used to enhance the feeling of space while forming the lower garden.
Three major parts form the building :
- First, the elements in contact with the earth : the floor slab and the back retaining wall are in concrete and brick.
- Second, the major internal structure defining the workstations; that can be considered as part of the furniture is in pine.
- Third, the curved structure covering the corridor and supporting a lightweight roof is composed of small tubular steel arches.
The triangular wood frame and the circular steel arches are meant to echo the existing Masterhouse structure and porch.
The fin walls needed to support retaining walls are designed to house the office cupboards.
The design of built-in workstations and furniture allows a detailed integration of all utilities (heating, electrical,LAN, telecommunication).

F AUDITOIRE DE PREMIERE CANDIDATURE, FACULTE DE MEDECINE P 140

Même s'il n'est que de dimension moyenne (surface de 2.000 m² environ), le projet revêt une importance symbolique, en raison des activités qu'il est destiné à abriter.
Trois objectifs principaux ont influencé la conception du projet :
- Répondre aussi complètement que possible à des exigences fonctionnelles variées.
- Respecter un budget limité.
- Créer un bâtiment symbole de sa position privilégiée sur le campus, tout en étant très fonctionnel.
L'auditorium circulaire, l'espace central du bâtiment, fournit 500 places assises, sur une superficie minimum, avec une perception visuelle et acoustique optimale du podium.
La disposition des sièges a été pensée, surtout, pour assurer une visibilité optimale.
L'habillage acoustique des parois cylindriques de l'auditorium garantit de bonnes conditions acoustiques.
Le couloir central en S offre une solution originale aux problèmes de conception posés par la grande dimension de l'auditorium, il respecte la réglementation incendie stricte imposant des rangées de 20 sièges maximum.
Les entrées de l'auditorium sont dessinées en chicane, en plaçant les portes d'entrée tangentiellement aux murs, ce qui rend l'accès au couloir à la fois plus agréable et plus discret et filtre également la lumière et le son.
La lumière du jour est une caractéristique importante dans un tel espace, elle contribue à la qualité de la vie et fait disparaître le sentiment de claustrophobie ou de panique. De plus, les vues sur l'extérieur fournissent aux utilisateurs des points de référence dans le monde extérieur.
Les blocs de ventilation se situent dans un plafond suspendu, ce qui facilite leur entretien. Dans l'auditorium, les extracteurs se trouvent sous les sièges : ce sont des ouvertures dans l'angle des marches. Ils sont reliés aux conduites qui acheminent l'air vicié vers le niveau inférieur de l'espace entre le mur de l'auditorium et la structure portante. L'air propulsé par des ventilateurs se déplace dans le niveau supérieur de cette cloison.
L'auditorium est le centre de cette conception et sa forme circulaire a été étendue au reste du projet. La forme circulaire du foyer crée une entrée et une salle de réception accueillantes. Le foyer concrétise la double fonction du projet : à la fois ouvert vers l'extérieur et refermé sur lui-même. Dans le sous-sol, la disposition circulaire profite aux salles de conférences, au secrétariat et au bureau du doyen de la faculté de médecine, sur le plan visuel, acoustique et de la conception.

N FACULTEIT GENEESKUNDE : AUDITORIUM EERSTE KANDIDATUUR P 140

Dit project - hoewel van relatief geringe omvang (ongeveer 2.000 m² vloeroppervlakte)
- is van symbolisch belang, gezien de activiteiten waaraan het onderdak moet bieden.
Bij het ontwerp stonden drie grote doelstellingen voorop :
- een zo volledig mogelijke oplossing aanreiken voor verschillende functionele vereisten;
- binnen een beperkt budget blijven;
- een gebouw optrekken dat symbolisch is voor zijn bevoorrechte plaats binnen de campus, maar dat toch uitermate functioneel blijft.
Het ronde auditorium, de centrale ruimte in het gebouw, biedt op een beperkte ruimte plaats aan 500 mensen die een optimaal visueel en akoestisch contact hebben met het podium. Met name de indeling van de zitplaatsen was gericht op een optimale zichtbaarheid, terwijl de akoestische bekleding van de cilindrische wand van het auditorium garant staat voor een goede akoestiek.
Een originele oplossing voor de design-problemen die gepaard gaan met de grootte van het auditorium is de S-vormige middengang, die conform is aan de strenge brandweernormen die onder andere bepalen dat de rijen uit maximaal 20 zitplaatsen mogen bestaan.
De toegangen tot het auditorium kregen een chicane-vorm. Daartoe werden de deuren tangentieel op de muren geplaatst, waardoor de toegang tot de hall aangenamer én onopvallender verloopt en licht en geluid gefilterd worden.
Voor een dergelijke ruimte is het natuurlijke licht heel belangrijk. Het draagt bij tot de levenskwaliteit en vermindert het gevoel van claustrofobie of paniek. Openingen naar de buitenwereld bieden de gebruikers een extern houvast.
De ventilatorblokken bevinden zich in een zwevend plafond, wat het onderhoud vergemakkelijkt. In het auditorium zitten er luchtzuigers onder de stoelen, in de vorm van openingen in de optreden. Deze openingen staan in verbinding met de leidingen, die de gebruikte lucht terugsturen naar het onderste niveau van de ruimte tussen de muren van het auditorium en de draagstructuur. Ventilatorgestuwde lucht circuleert door het bovenste niveau van deze ruimte.
Het auditorium is het hart van het design en het cirkelvormige ontwerp ervan werd overgenomen voor de rest van het project. De ronde lobby is een aantrekkelijke toegangs- en onthaalruimte. Deze lobby is overigens tekenend voor de dubbele functie van het project : enerzijds openstaan voor de buitenwereld en anderzijds besloten blijven op zichzelf. In de kelderverdieping resulteert de cirkelvormige organisatie in akoestische, visuele en ontwerpspecifieke voordelen voor de vergaderzalen, het secretariaat en het kantoor van de decaan van de medische faculteit.

E FACULTY OF MEDECINE : AUDITORIUM FOR FIRST YEAR STUDENTS P 140

The project is of symbolic importance by virtue of the activities which it is designed to house although of only average size (about 2,000 sqm surface area). Three major objectives influenced the conception of the project :
- To respond in the most complete fashion to varied functional requirements.
- To remain within a limited budget.
- To create a building symbolic of its privileged position in the campus but still highly functional.
The circular auditorium, the central space in the building, accomodates within a minimum area, 500 seats with optimum visual and acoustic access to the podium. The layout of the seating was, in particular, designed for optimum viewing. The cylindrical shape of the auditorium ensures good acoustics conditions.
An original solution to design problems posed by the large size of the auditorium is the S-shaped central corridor which respects strict fire regulations requiring rows having a maximum of 20 seats and avoids encroaching on the central seats.
The entrances to the auditorium are designed in chicane form by placing the entrance doors tangential to the walls, making access to the hall both more pleasant and more discrete and also filtering out light and sound.
Natural light is an important feature for such a space, it contributes to the quality of life and eliminates the feeling of claustrophobia or panic. In addition, exterior views provide the users points of reference in the outside world.
The ventilator blocks are situated in a suspended ceiling which facilitates their maintenance. In the auditorium, air extractors are to be found under the seats, in the form of openings placed in the angle of the steps. These are connected to the ducts which return used air to the lower level of the space between the wall of the auditorium and the load bearing structure. Fan driven air travels through the upper level of this partition.
The auditorium is the core of the design and its circular form was extended to the rest of the project. The circular form of the lobby creates a hospitable entrance and reception area. The lobby is emblematic of the dual function of the project; simultaneously open to the outside and closed upon itself. In the basement, the circular organisation lends acoustic, visual and design advantages to the conference rooms, the secretariat and the chairman's office.

PAUL STERNFELD, NELE HUISMAN

F IMMEUBLE A APPARTEMENTS P 188

Avec un systématisme de baies identiques pour les chambres et les séjours et un vocabulaire minimaliste pour les matériaux, la pierre grise et les vagues blanches des garde-corps, ce bâtiment d'angle radicalement simple et lisse, s'inscrit dans la continuité d'un art de bâtir qui, depuis Adolf Loos à Vienne, renoue avec la tradition classique.

N FLATGEBOUW P 188

Met de systematiek van identieke muuropeningen voor de slaap- en woonkamers, een minimalistisch vocabulair wat betreft materiaalgebuik, de grijze steen en witte golvende borstweringen, past dit radicaal eenvoudige en gladde hoekgebouw zich in de continuiteit van een bouwkunst in, die sinds Adolf Loos in Wenen, weer met de klassieke traditie aanknoopt.

E APARTMENT BUILDING P 188

With an ordered arrangement of identical bays for the bedrooms and living rooms, and a minimalist vocabulary for the materials, apparent in the grey stone and white waves of the balcony rails, this radically simple and smooth corner building is in keeping with an art of building which, since Adoolf Loos in Vienna, has revived a classical tradition.

Eric VELGHE, Quentin WILBAUX

F SONY MUSIC P 72

A l'ombre de la tour de la radio et de la télévision, se trouvait le centre d'écolage des conducteurs de tramways; c'est dans ce bâtiment désaffecté que Sony Music choisit d'installer ses nouveaux bureaux. Excepté la façade dont la surélévation prolonge l'architecture existante en lui faisant comme un cadre de pierre et de verre, le bâtiment a été entièrement restructuré. Au programme, près de 2000 m² de bureaux répartis par services autour d'un espace de rencontre, grand volume libre destiné à être le centre nerveux de la société. Les cinq niveaux s'organisent autour de cette agora où la lumière coule à flots d'une grande verrière oblique ouverte sur un coin de ciel et des arbres miraculeusement sauvegardés au coeur de l'îlot. C'est dans cet espace que s'enroule un audacieux escalier de bois et de métal, prétexte à de savants jeux de lumière, et qui d'un seul mouvement relie tous les étages.

N SONY MUSIC   P 72

In de schaduw van de radio- en TV-zendmast bevond zich het opleidingscentrum voor de trambestuurders. In dit verlaten gebouw besloot Sony Music zijn nieuwe kantoren in te richten. Afgezien van de gevel, waarvan de verhoging de bestaande architectuur verlengt als een kader van steen en glas, werd het gebouw volledig geherstructureerd. Op het programma : meer dan 2.000 m² kantoorruimte, over verschillende diensten verspreid rond een ontmoetingsruimte, een groot vrij volume dat het zenuwcentrum van het bedrijf moet worden. De vijf verdiepingen zijn georganiseerd rondom deze agora, waar het licht overvloedig binnenvalt door een grote schuine glaspartij met uitzicht op de hemel en op een aantal bomen die als bij wonder behouden bleven in het midden van het terrein. In deze ruimte domineert een fraaie trap van hout en metaal, die aanleiding is tot een complex lichtspel en in één beweging alle verdiepingen verbindt.

E SONY MUSIC   P 72

It is in this disused building in the shadow of the radio and television tower which formerly housed the tram drivers' training centre that Sony Music chose to set up its new offices. With the exception of the facade of which the superelevation extends the existing architecture forming a framework of stone and glass to cover it, the building has been completely restructured. The project involves creating around 2000 m² of office space divided according to services around a meeting-point, which consists of a large free volume designed to act as the nerve centre of the company. The five levels are organized around this central agora where the light flows from a large oblique glass canopy which opens out onto a pool of sky and a cluster of trees miraculously salvaged in the centre of the building. It is in this central space that an audacious wood and metal staircase unwinds, forming the pretext for clever lighting effects and connecting all the floors in one single movement.

Vincent VAN DUYSEN

F BOUTIQUE "NATAN"   P 70

Dès l'entrée dans le magasin, on est envahi du sentiment abstrait d'habiter, dans le sens d'une familiarité agréable.
La seule présence architecturale, ce sont les éléments structurels. L'aspect décoratif est omis. L'espace s'exprime dans les lignes strictes qui délimitent chaque plan et créent un jeu habile de division graphique des plans. L'architecture tend vers l'absence, en quelque sorte. Voilà pourquoi, des nuances de blanc sont pratiquement les seules couleurs utilisées.
Chaque plan emprunte son individualité toujours mouvante aux variations de la lumière. L'espace de la boutique devient ainsi un ensemble dense, qui forme un tout incontestable.
Ainsi, le choix des matériaux et des détails est l'instrument de l'approche spatiale du concept. Dans leur simplicité, le tapis plain d'un chaud gris clair, avec bord de chape, les hauts murs qui captent la lumière entrante, le marbre blanc comme neige et les miroirs pivotants étreignent le visiteur, en quelque sorte.

N BOETIEK "NATAN"   P 70

Zodra men de winkel binnenstapt, wordt men ondergedompeld in een abstract gevoel van wonen, hier opgevat in de zin van een aangename vertrouwdheid.
De enige architecturale aanwezigheid vormen de structurele elementen. Het decoratieve wordt weggelaten. De ruimte wordt uitgedrukt in de strakke lijnwerking van de grenzen tussen ieder vlak, waardoor een sterk spel van grafische vlakverdeling ontstaat. De architectuur deint als het ware naar afwezigheid.
Daarom werd ook bijna uitsluitend tinten van wit -als kleur- toegepast.
Ieder vlak ontleent zijn steeds wisselende eigenheid aan het variërende licht.
Hierdoor ontstaat een dense totaliteit van de winkelruimte die een ontegensprekelijke eenheid vormt.
Aldus vormde de materiaal - en detailkeuze het instrument voor de ruimtelijke aanpak en de nagestreefde eenvoud van het concept. Het lichte warmgrijze kamerbreed tapijt met chapebord, de hoge wanden die het invallend licht capteren, de sneeuwwitte marmer en de pivoterende spiegels zijn als het ware de omhelzing van de aanwezige bezoeker.

E BOUTIQUE "NATAN"   P 70

As soon as you walk into the store, you are immersed in an abstract feel of living, summed up here in the general sense of familiarity.
The only architectural presence forms the structural elements. The decorative aspect is excluded. The space is expressed in the rigid lines of the boundary between each surface, resulting in the strong interplay of graphic surface distribution. The architecture, as it were, tends toward absence. For this reason, it was decided to use exclusively shades of white to provide the colour.
Each surface derives its constantly changing unity from the varying light. This creates a dense totality of the store space which forms an irrefutable unity.
In this way, the choice of materials and details formed the instrument for the spatial approach and the desired simplicity of the concept. The light warm grey carpeting, surrounded by a cement screed, the high walls which attract and absorb the penetrating light, the snow-white marble and the pivoting mirrors, as it were, embrace the visitor.

Marie-José VAN HEE,
Johan VAN DESSEL

F MAISON PAY, SHOWROOM ET DEPOT   P 206

Comme dans le cas de la maison Derks-Lowie, à Gand, il s'agit d'une maison à trois façades. Au rez-de-chaussée, il y a un atelier ouvert, que le maître de l'ouvrage utilise actuellement pour présenter les collections de chaussures. Au-dessus, se situe le logement, dont le séjour se trouve à l'étage supérieur. Un facteur déterminant dans la conception, c'était la demande d'une possibilité de séparation totale des deux parties, tout en gardant un maximum de relation dans la construction. La ligne oblique au rez-de-chaussée donne un lien visuel captivant entre le volume rectangulaire à l'avant et la partie arrière à toit oblique.
La deuxième ligne oblique forme la limite entre le séjour et la terrasse; elle souligne le superbe panorama de l'intérieur sur l'Atomium, symbole de l'exposition universelle de Bruxelles en 1958.
(Marc Dubois)

N WONING PAY, SHOWROOM EN OPSLAGRUIMTE   P 206

Zoals woning Derks-Lowie te Gent, gaat het om een driegevelwoning. Op de begane grond is er een open atelierruimte, momenteel door de bouwheer gebruikt als ruimte voor het presenteren van schoencollecties. Daarboven een woning met de woonkamer op de bovenste verdieping. Erg bepalend voor het ontwerp was de vraag naar een volledige opsplitsbaarheid van de twee delen, echter met dien verstande dat bij het gebouwde een maximale relatie moest bestaan. De schuine lijn op de begane grond geeft een boeiende visuele begeleiding tussen het rechthoekig bouwvolume vooraan, en het achterste gedeelte met een schuin dak.
De tweede schuine lijn is de grens tussen de woonkamer en het terras; zij accentueert het mooie zicht vanuit het interieur op het Atomium, het symbool van de Brusselse wereldtentoonstelling van 1958.
(Marc Dubois)

E PAY HOUSE, SHOW-ROOM AND STORAGE   P 206

Like the Derks-Lowie house in Gent, this house has three exposed façades. The ground floor is an open studio, which the client currently uses as a show-room for shoe collections. On top of this, is an apartment with its living room on the top floor. Crucial to the design was the requirement that the two parts be fully separable while maintaining an optimum relationship. The diagonal on the ground floor creates a fascinating visual link between the rectangular building volume at the front and that part at the back with a sloping roof.
The second diagonal is the border between living-room and terrace; it gives extra emphasis to the beautiful view, from the interior, of the Atomium, symbol of the 1958 World Exhibition in Brussels.
(Marc Dubois)

Bob VAN REETH

F STADE ROI BAUDOUIN   P 30

Le concept de la reconstruction part de la conservation et de la restauration de l'ensemble de l'entrée principale.
L'ancien stade se composait de deux constructions très différentes :
1. un bâtiment à l'avenue du Marathon
2. un "amphithéâtre" creusé dans la déclivité naturelle.
L'entrée à restaurer a été intégrée dans une nouvelle construction.
Les gradins dans la déclivité sont entièrement neufs.
Le bâtiment se compose de tours d'escaliers, d'un "mur creux" en guise de circulation horizontale et de places assises réparties sur deux étages.
La finition extérieure, avec des briques collées orange-rouge revêt un caractère monolithique, intemporel, qui s'harmonise avec la forme archétypale du stade.

N KONING BOUDEWIJN STADION   P 30

Het concept voor de reconstructie heeft als aanleiding het behoud en de restauratie van de hoofdingangspartij.
Het oude stadion bestond uit twee zeer verschillende bouwvormen :
1. een gebouw aan de marathonlaan
2. een uit de natuurlijke helling uitgegraven "amfitheater".
De te restaureren inkom werd in een nieuw gebouw geïntegreerd.
De gradins in de hellingen werden nieuw gemaakt.
Het gebouw bestaat uit traptorens, een "holle muur" als horizontale circulatie, en zitplaatsen over twee verdiepingen.
De buitenafwerking met gelijmde oranjerode baksteen een monoliet, tijdloos karakter dat samengaat met de archetypische vorm van het stadion.

E KING BAUDOUIN STADIUM   P 30

The aim of the reconstruction project is to maintain and restore the main entrance.
The old stadium consisted of two different structures :
1. a building on Marathon avenue
2. an "amphitheatre" formed from the natural slope.
The entrance to be restored was integrated in a new building structure.
The steps and the slopes have been renovated.
The building consists of trapdoors, a "hollow wall" as horizontal circulation, and seating areas on two levels.
The external finishing work with bonded orange-red bricks suggests a monolithic, timeless character which harmonizes with the archetypical form of the stadium.

Coordination éditoriale / Redactionele coördinatie / Editorial coordination
PIERRE LOZE, LILIANE KNOPES, GIOVANNA GARRINO, FRANCE HALLER

Graphistes / Grafici / Graphists
CARLO PIEREN & ANNY BIGARE

Traductions / Vertalingen / Translations
TRANSLATE INTERNATIONAL WORLDWIDE SA

Imprimeur / Drukker / Printer
HAYEZ IMPRIMEURS SA

D/1995/7555/1
ISBN : 2-9600103-0-2

© Tous les droits de reproduction, de traduction, et d'adaptation (même partielle) sont réservés pour tous pays.
Kopijrechten, vertaalrechten en rechte voor (zelfs gedeeltelijke) bewerking voorbehouden voor alle landen.
All rights of reproduction, translation and adaptation (even partial) are reserved for all countries.

Couverture / Omslag / Cover :

Auditoire Faculté de Médecine ULB /
Faculteit Geneeskunde Auditorium /
Faculty of Medecine Auditorium
SAMYN et Associés sprl - Architect / Architect
BASTIN & EVRARD - Photographes /
Fotografen / Photographers

Minimalisme dans une maison bruxelloise /
Minimalisme bij een Brusselse woning /
Minimalism in a Brussels house
Joël CLAISSE et Associés scrl - Architecte / Architect
Philippe LERMUSIAUX - Photographe / Fotograaf /
Photographer

Esquisse / Schets / Sketch
Georges-Eric LANTAIR - Architecte / Architect

Crayon de couleur sur papier / Kleurpotlood op papier /
Colored pencil on paper
Michel KEYMOLEN - Architecte d'Intérieur /
Binnenhuisarchitect / Interior Architect

PRISME EDITIONS
AVENUE MOLIERE 191
B-1050 BRUXELLES